Finanznarrative als Krisennarrative

LITERATUR — KULTUR — ÖKONOMIE
LITERATURE — CULTURE — ECONOMY

Herausgegeben von / Edited by
Christine Künzel, Axel Haunschild, Birger P. Priddat,
Thomas Rommel, Franziska Schößler und Yvette Sánchez

BD. / VOL. 8

Zu Qualitätssicherung und Peer Review der vorliegenden Publikation

Die Qualität der in dieser Reihe erscheinenden Arbeiten wird vor der Publikation durch einen externen, von der Herausgeberschaft benannten Gutachter im Double Blind Verfahren geprüft. Dabei ist der Autor der Arbeit dem Gutachter während der Prüfung namentlich nicht bekannt; der Gutachter bleibt anonym.

Notes on the quality assurance and peer review of this publication

Prior to publication, the quality of the work published in this series is double blind reviewed by an external referee appointed by the editorship. The referee is not aware of the author's name when performing the review; the referee's name is not disclosed.

Kurt Hahn / Marita Liebermann (Hrsg.)

Finanznarrative als Krisennarrative

Literarische und filmische Modellierungen *kapitaler* Erschütterungen in der Romania

PETER LANG

Bibliografische Information der Deutschen Nationalbibliothek
Die Deutsche Nationalbibliothek verzeichnet diese Publikation in der Deutschen Nationalbibliografie; detaillierte bibliografische Daten sind im Internet über http://dnb.d-nb.de abrufbar.

Umschlagabbildung:
© Thilo Reuther:
Szenenfoto aus *Gespenster des Kapitals* nach Honoré de Balzac
(Schauspielhaus Bochum, 2014)
https://www.thiloreuther.de

Herausgeber und Verlag danken der Ludwig-Maximilians-Universität München
und der Katholischen Universität Eichstätt-Ingolstadt
für die Förderung der Publikation.

ISSN 2364-1304
ISBN 978-3-631-80505-3 (Print)
E-ISBN 978-3-631-85893-6 (E-Book)
E-ISBN 978-3-631-85894-3 (EPUB)
E-ISBN 978-3-631-85895-0 (MOBI)
DOI 10.3726/b18731

Peter Lang – Berlin · Bern · Bruxelles · New York ·
Oxford · Warszawa · Wien

Diese Publikation wurde begutachtet.

www.peterlang.com

Inhaltsverzeichnis

Krisenszenario III: Modernes Unbehagen am Kapital

Krisenszenario IV: Zeitgenössische Insolvenzen

Kurt Hahn

Einleitung: Scheitern als narrative Chance

Abstract: This introduction tries to delimit the horizon of argumentation for the narrative productivity of economic crises scenarios explored in this volume. It draws on Rafael Chirbes' *En la orilla* (2013), a devastating novel of virtuosic composition, to outline the path that subsequent readings pursue when they describe and analyse dazzling financial fictions and upheavals of capital.

Keywords: financial economy, crisis, capital, narrative, Rafael Chirbes, *En la orilla*

Einer der eindrücklichsten Romane, die sich im europäischen Horizont dem Zusammenbruch der Kapitalmärkte nach 2007/2008 zuwenden und die drastischen Auswirkungen auf Realwirtschaft, Arbeitswelt sowie Gesellschaftsstruktur beleuchten, stammt vom mittlerweile verstorbenen Spanier Rafael Chirbes. Seine 2013 erschienene, preisgekrönte und 2014 ins Deutsche übertragene Diagnose *En la orilla* (dt. *Am Ufer*)[1] schildert die iberische Malaise[2] jedoch nicht nur im Lichte wirtschaftlicher und politischer Aktualitäten. Chirbes' Roman rekonstruiert vielmehr eine polyphone Mentalitätsgeschichte, die die sozioökonomische Zäsur zum Auftakt des 21. Jahrhundert zugleich ätiologisch zurückverfolgt und sowohl auf die weiterhin schwelenden Wunden der nationalen (Bürgerkriegs-)Vergangenheit als auch auf den trügerischen Subventionsregen des EU-Beitritts (1986) und dessen unvermeidliche Entzauberung bezieht.[3] Das Personal,

---

1 Vgl. Chirbes, Rafael: *En la orilla*. Anagrama: Barcelona 2013; dt.: *Am Ufer*, übers. von Dagmar Ploetz. Antje Kunstmann: München 2014. Unmittelbarer noch auf die Lehman-Pleite von 2008 bezogen, wiewohl aus ähnlich desillusionierter Warte, erscheint etwa 2012 mit *Democracia* von Pablo Gutiérrez ein anderer bemerkenswerter Roman über die Finanzkrise in Spanien.

2 Ein facettenreiches Panorama zu kulturellen Manifestationen der globalen Finanzkrise in Spanien bietet das Kompendium von Junkerjürgen, Ralf et al. (Hrsg.): *Discursos de la crisis: respuestas de la cultura española ante nuevos desafíos*. Iberoamericana / Vervuert: Madrid u.a. 2017.

3 Zu den tiefgreifenden historiographischen Dimensionen, die sich in *En la orilla* aus den Individualbiographien der Romanfiguren schälen, siehe u.a. Sperber, Daniela Cecilia: „*En la orilla*, de Rafael Chirbes: la relectura de la Guerra Civil

das *En la orilla* diesbezüglich zu Wort kommen lässt und perspektivisch einfängt, umfasst folgerichtig verschiedenste Klassen, Berufsstände, ideologische Lager, ja ganze Generationen und neben dem (genuin) spanischen Spektrum freilich auch das noch ‚prekärere Prekariat' der Arbeitsmigrant*innen.

Am anderen Ende der Skala, an der Spitze der auf Egozentrismus, Geltungsdrang und Rachsucht gebauten Sozialpyramide thront hingegen der korrupte Bauunternehmer Pedrós, der den Protagonisten des Romans, den Schreiner Esteban, Leiter eines Familienbetriebs, zunächst zu hochspekulativen Anlagen und nach dem Platzen der Immobilienblase in den Konkurs und schließlich in den Selbstmord treibt. Bezeichnenderweise schließt *En la orilla* nicht mit dem desillusionierten Bewusstseinsstrom des lebensmüden Vertreters aus dem mittelständischen Handwerk (Esteban), sondern mit einer Gedankenrede des gewieften Pedrós, der auf seinen vermeintlichen Bankrott in der Heimat – der Sumpflandschaft nahe Olba, die als symptomatischer Schauplatz fungiert – und mithin überhaupt auf die nationale Misere Spaniens gänzlich anders zu reagieren vermag. Um seine Schäfchen ins Trockene zu bringen, dem Fiskus und der einheimischen Justiz zu entgehen sowie in der Ferne eventuell noch üppigere Renditen einzufahren, macht er sich kurzerhand aus dem Staub. Auf der Schwelle zwischen Traum und Erwachen situieren sich sonach folgende Schlusssätze des Romans, in denen der Bauunternehmer doppelzüngig die Gutmütigkeit seiner fürsorglichen Frau Amparo rühmt und dabei im Grunde die Quintessenz zeitgenössischer Kapitalzirkulation offenlegt – was in den Ohren deren zahlreicher Opfer in *En la orilla* nicht wenig sarkastisch anmuten muss:

> *Abro los ojos, descubro que me pasa un kleenex por las comisuras de la boca y por la barbilla, me emociono, qué otra cosa puede ser el amor en estos tiempos difíciles: esos pequeños detalles. Con las nuevas condiciones, hemos aprendido a valorar los pequeños detalles. Veo la cristalera tras la que levanta el vuelo uno de esos enormes aviones que efectúan trayectos transoceánicos. A ras de suelo se arrastra otro en dirección al finger. En el fuselaje lleva dibujado el perfil del*

Española desde la pos/desmemoria". *Caracol* 11, 2016, S. 52–85, und Geeroms, Maarten: „La escritura-constelación de Walter Benjamin como alternativa de la historia: *En la orilla* (2013) de Rafael Chirbes". *Bulletin of Hispanic Studies* 94 (7), 2017, S. 747–765.

pájaro Garudá. Amparo tira el pañuelo en la papelera que tiene al lado y me pregunta: ¿qué moneda utilizan allá?, eso me pregunta mi querida Amparo. De verdad que es una mujer maravillosa, siempre cuidando los detalles. ¿El real? ¿el sol? ¿el bolívar? ¿el quetzal? ¿la rupia? Le sonrío como se le puede sonreír a un ángel: da lo mismo, amor: el dinero no tiene patria, tú procura que no te falten en el bolso euros convertibles, dólares convertibles, ¿se dice así?, procura, sobre todo, almacenar lingotes de oro, que fíjate si hace siglos que van en danza los lingotes de oro, las joyas, brillantes, rubíes y zafiros, milenios de acá para allá, y siguen conservando el valor que tenían el octavo día de la creación del mundo, cuando Eva vio una serpiente y le echó mano creyéndose que era un collar de esmeraldas.[4]

Noch im Halbschlaf verlässt den zwielichtigen Immobilienspekulanten sein Gespür für das ‚Wesentliche' seines Fort- und Auskommens nicht. Denn in der Tat: Geld, umso mehr wie es heute gehandelt und konzeptualisiert wird, entbehrt per se eines Vaterlandes, einer nachvollziehbaren Herkunft, eines bindenden oder verbindlichen Territoriums. Geld – verstanden nicht nur als Bargeld, sondern ebenso als frei flottierender Finanzwert – hat, kaum ist es in die Welt getreten, seinen Ursprung bereits vergessen; es verselbstständigt sich, wandert parasitär von Hand zu Hand und ist jeweils schon wieder im Aufbruch begriffen, um seinen Wert andernorts

---

4 Chirbes: *En la orilla*, S. 436f. (Kursivierung im Orig.) / Übers. Chirbes: *Am Ufer*, S. 430: „*Ich öffne die Augen, merke, dass sie [sc. Pedrós' Frau Amparo] mir mit einem Kleenex über die Mundwinkel und das Kinn wischt, und bin gerührt. Wie sonst kann sich Liebe in diesen schweren Zeiten zeigen als in solchen Kleinigkeiten. Unter den neuen Bedingungen haben wir gelernt, die kleinen Gesten wertzuschätzen. Ich sehe die Fensterfront, hinter der eines dieser riesigen Flugzeuge für Transkontinentalflüge abhebt. Auf Bodenhöhe schleicht eine andere Maschine Richtung Fluggastbrücke. Auf den Rumpf ist der Umriss des Vogels Garuda gemalt. Amparo wirft das Taschentuch in den Papierkorb neben sich und fragt: Was haben Sie dort für eine Währung? Das fragt mich meine geliebte Amparo. Sie ist wirklich eine wunderbare Frau mit ihrem Sinn für Kleinigkeiten. Real? Sol? Bolívar? Quetzal? Rupie? Ich lächle ihr zu, wie man einem Engel zulächeln könnte. Das ist egal, mein Liebling. Geld hat kein Vaterland, achte du nur darauf, dass du immer konvertible – sagt man so? – Euro oder Dollar in der Handtasche hast, versuche auch, Goldbarren zu horten, das vor allem, denn schau, seit Jahrhunderten ist das Gold beim Tanz dabei, so wie Juwelen, Brillanten, Rubine, Saphire, Jahrtausende von hier nach dort, und immer noch bewahren sie ihren Wert, den sie am achten Schöpfungstag hatten, als Eva eine Schlange sah und die Hand nach ihr ausstreckte, weil sie glaubte, das sei ein Smaragdcollier.*“

zu vervielfältigen oder einzubüßen. Derart radikale Ort- und Heimatlosigkeit manifestiert sich umso plastischer, seitdem die Zeiten der vielfältigen, munter und meist ungünstig getauschten Landeswährungen zumindest in Europa größtenteils der Vergangenheit angehören, seitdem sich einige harte, allseits konvertierbare Devisen durchgesetzt haben und den weltweiten Ton angeben; Pedrós zufolge gilt es daher, stets ausreichend „*Euro oder Dollar in der Handtasche*"[5] zu haben. Hinzu kommen einerseits die Einsicht und die Gewissheit, dass die Unstetigkeit des geldwerten Kapitals mittlerweile auf sämtliche Gesellschaftsschichten, Alltagsverrichtungen und existentielle Entscheidungen durchgreift. Andererseits tritt solch ubiquitäre ‚Volatilität' – will man diesen im Finanzjargon geprägten Terminus bemühen – im dritten Jahrtausend den davon betroffenen Individuen immer und überall ungefiltert ins Bewusstsein, ohne dass man sich ihrer in unseren durchmedialisierten Lebenswelten noch entziehen könnte. Die Figuren aus Chirbes' Roman erfahren dies je nachdem leid- oder lustvoll, schmerzlich oder euphorisch, buchstäblich tödlich oder lebensstiftend am eigenen Leib, was ihre Schicksale in eine diametrale Frontstellung zueinander bringt. Konkreter gefasst, begeht mithin der insolvente Schreiner Esteban Suizid im besten Wissen um die wirtschaftlichen, gesellschaftlichen und kulturellen Erfolge, die währenddessen einstige Weggefährten – wie der ehedem engste Freund Francisco als Weinkenner und kulinarischer Trendsetter, der besagte Baulöwe Pedrós oder der Teerpappenfabrikant Bernal und der Sparkassenchef Carlos – selbstzufrieden in Anbetracht ihres Vermögens auskosten.[6]

---

5 Ebd.

6 Die Omnipotenz finanzökonomischer Verhältnisse in *En la orilla* diskutieren beispielsweise Ryan, Lorraine: „The Economic Degeneration of Masculinity in Rafael Chirbes's *En la orilla*". *Romance Quaterly* 62 (2), 2015, S. 83–96, und Mornat, Isabelle: „De Marx a Poe: notas para una poética de la crisis. *En la orilla*, Rafael Chirbes". *Hispanismes* 9, 2015, S. 58–75; sowie hinsichtlich einer dezidiert anökonomischen Narration siehe Nesselhauf, Jonas: „‚La vida, derroche'. Formen und Funktionen eines ‚unökonomischen' Erzählens in Rafael Chirbes' Roman *En la orilla*". In: Komorowska, Agnieszka / Nickenig, Annika (Hrsg.): *Poetiken des Scheiterns. Formen und Funktionen unökonomischen Erzählens*. Fink: Paderborn 2018, S. 283–296.

Gewinner und Verlierer, Profiteure und Bankrotteure rücken in *En la orilla* bedrohlich eng zusammen, ja mehr noch: Mit bitterem Zynismus seziert die romaneske Fiktion die Mechanismen, kraft derer das große Nullsummenspiel des Kapitalismus die einen auf Kosten der anderen prämiert sowie das ‚Scheitern' der Ent-Eigneten und Ent-Rechteten obszönerweise als ‚Chance' unermesslicher An-Eignung und An-Maßung für einige wenige ausweist. Wie man inzwischen weiß und wie kaum noch jemand leugnen wird, ist der Selbstmord – der ‚einfache' Freitod, wie ihn der Protagonist Esteban infolge seines materiellen und emotionalen Desasters wählt – keineswegs die einzige Option, um auf derart scharfe, unmenschliche und weltweit sich immer mehr gleichende Ungleichheiten zu antworten. Die wohlfeil so genannten ‚Abgehängten' auf sozioökonomischem Terrain sind längst imstande, ihre Deklassierung oder ihre schlichte Besitzlosigkeit auch in anderen Energien zu kanalisieren, wobei selten einmal die Komponente der Gewalt – auch die mörderische Kollektivgewalt, die der epochemachende Terrorismus sät – fehlt. An der Oberfläche der Geschichte verzichtet Chirbes' Roman hingegen auf solche Verallgemeinerung. Umso schonungsloser deckt stattdessen die Profilierung der einzelnen Charaktere und ihrer Beziehungen auf, wie frappant der Ruin im Privaten, gerade der finanzielle Ruin, stets auch auf eine Krise des Systems hindeutet, mag diese noch so beharrlich und manipulativ eskamotiert werden. Erzählerisch meisterhaft organisiert und atmosphärisch niederschmetternd manifestieren sich in *En la orilla* die ebenso undurchschaubaren wie unerbittlichen Verstrickungen, die die so genannten kleinen Sparer, die Angestellten, Händler oder eben Pleitiers ans große Geld binden und sie den Machinationen eines scheinbar global verselbstständigten Kapitals aussetzen.

Nicht von ungefähr konstatiert Joseph Vogl in seiner aufsehenerregenden, 2010 erstmals veröffentlichten Studie das Unbehagen, das heute ‚gespenstergleich' jedwedes Wirtschaftsgeschehen umgibt.[7] Die Allgegenwart der

7 Vgl. Vogl, Joseph: *Das Gespenst des Kapitals*. Diaphanes: Zürich ³2010/2011. Einige fortan skizzierte Argumentationsfiguren finden sich ausgearbeitet in: Hahn, Kurt: „Cash und Crash, Spekulanten und Sündenböcke – Die gespenstische Kommunikation des Kapitals und die Krise der Repräsentation in Julián Martels Roman *La bolsa*". In: Hornung, Christoph et al. (Hrsg.): *Kommunikation und Repräsentation in den romanischen Kulturen (Festschrift für Gerhard Penzkofer)*. Akad. Verlagsgemeinschaft: München 2015, S. 281–302; Hahn,

zuweilen aus dem Nichts der Imagination entspringenden und dorthin zurückkehrenden Finanzströme entzieht sich Erklärungslogiken, die Normalverbraucher ohne das Arkanwissen der Expertinnen und Experten einsehen könnten. Die daher rührende „Unheimlichkeit ökonomischer Prozesse"[8], die der Germanist einer erhellenden, kultur- wie wirtschaftswissenschaftlich informierten Analyse unterzieht und die in *En la orilla* die Psychogramme vielfach angeschlagener Figuren heimsucht, schürt regelmäßig Misstrauen, welches jedoch angesichts der Komplexität der Materie alsbald wieder ausgeblendet wird. Trotzdem bleibt die damit verbundene grundsätzlichere Frage, ob es in Anbetracht sich zuspitzender Monopole, Besitz- und Verteilungsklüften überhaupt noch ein „plausibles finanzökonomisches Narrativ"[9] geben kann, das die Legende eines selbstregulierten Marktes stützt. Es nimmt nicht wunder, dass sich Vogl diesbezüglich einigermaßen skeptisch zeigt und den Fortbestand des okzidental überkommenen *grand récit* von einer „liberalen oder kapitalistischen *Oikodizee*"[10] in Zweifel zieht. Mit guten Gründen sicherlich – insoweit das hier vermutet werden kann. Dennoch ließe sich das Nachdenken über die „Erzählbarkeit"[11] finanzieller Entgleisungen und wirtschaftlicher Gratwanderungen vielleicht auch in seiner epistemologischen Reichweite einschränken und ins Experimentelle, Hypothetische und Individuelle, wiewohl nicht weniger Aussagekräftige zurücknehmen. Versucht man dies, so stößt man eben auf Romane wie jenen von Rafael Chirbes und, allgemeiner gefasst, auf

---

Kurt: „Ab-, Ent- und Um-Wertung aller Werte: Von der Volatilität finanzieller und literarischer Fiktionen Ende des 19. Jahrhunderts – mit einem Blick auf Émile Zolas Roman *L'Argent*". In: Huditz, Franziska et al. (Hrsg.): *Geld – Wert und Werte. Interdisziplinäre Annäherungen an ein Kulturphänomen.* Königshausen & Neumann: Würzburg 2017, S. 87–111. Siehe ferner zur Aufnahme einiger Formulierungen unseren Ankündigungstext zu einer Sektion des XXXIV. Romanistenkongresses (Mannheim), aus welcher der hiesige Band hervorgegangen ist.

8 Vogl [3]2010/11, S. 7.

9 Ebd., S. 29.

10 Ebd. Zur Vorstellung einst sinnlegitimierender Großerzählungen (*grands récits*) und zu ihrem sukzessiven Zerfall siehe die bekannten Erläuterungen bei Lyotard, Jean-François: *La condition postmoderne. Rapport sur le savoir*. Minuit: Paris 1979, bes. S. 63ff.

11 Vogl [3]2010/11, S. 10.

narrative, dramatische, lyrische oder auch filmische Fiktionen, die sich in mannigfaltigen Versuchsanordnungen mit dem seinerseits oft „fiktive[n] Kapital“[12] auseinandersetzen. Schließlich nehmen sich die Literatur und ihre Nachbarkünste immer schon mit Nachdruck und einer meist schmerzlichen Akribie der Verwerfungen an, die das Verhältnis des Menschen zum „Leitmedium Geld“[13] regelmäßig in Mitleidenschaft ziehen. Denn selten einmal geht Letzteres in der nüchternen Objektivität eines reibungslos akzeptierten und transferierten Wertzeichens auf. Stets tendiert es zum Exzess und fordert das Zu-Viel oder das Zu-Wenig heraus. Ebendarum erweist sich Geld in all seinen materiellen oder immateriellen Ausprägungen zugleich als „Krisenmedium schlechthin“,[14] wie Jochen Hörisch formuliert und wie in diesem Buch etliche Konstellationen illustrieren werden.

Gewiss, angesichts ungeheurer medientechnischer Beschleunigung und stetiger Potenzierung der umlaufenden Summen steht zu erwarten, dass die Kapitalflüsse in neuerer Zeit fortwährend unkontrollierbarer werden und dass dadurch der Druck auf die alltäglichen Lebenszusammenhänge des – seit Langem so geheißenen – *homo oeconomicus* als „entrepreneur de lui-même“[15] unentwegt steigt. Daran ändern auch die Regulierungsschwüre,

---

12 Der Begriff stammt bekanntlich von Karl Marx; vgl. *Das Kapital* [1867], Bd. III, Fünfter Abschnitt. In: Marx, Karl / Engels, Friedrich: *Werke*. Dietz Verlag: Berlin 1983, Bd. 25, S. 413–414.

13 Vgl. Hörisch, Jochen: *Kopf oder Zahl? Die Poesie des Geldes*. Suhrkamp: Frankfurt/Main 1998, sowie im knappen Überblick Hörisch, Jochen: „Geld“. In: Schröter, Jens et al. (Hrsg.): *Handbuch Medienwissenschaft*. Metzler: Stuttgart/Weimar 2014, S. 239–244.

14 Vgl. Hörisch 2014, S. 241: „Geld aber ist, um problemlos zu funktionieren, auf Beglaubigung angewiesen. Wenn dem Medium Geld selbst der Kredit entzogen wird, kollabiert es. Aus einem alltäglich milliardenfach sich bewährenden Leitmedium wird dann das Krisenmedium schlechthin.“

15 Foucault, Michel: *La Naissance de la biopolitique: Cours au collège de France (1978–1979)*, hrsg. von Michel Senellart / François Éwald. Gallimard-Seuil: Paris 2004, S. 232. Die begriffs-, wirtschafts- und kulturgeschichtliche Entwicklung des *homo oeconomicus* und seiner Semantiken rekonstruiert u.a. Laval, Christian: *L'homme économique. Essai sur les racines du néolibéralisme*. Gallimard: Paris 2007. Eine konzise Diskussion findet sich etwa bei Vogl, Joseph: „Epoche des ökonomischen Menschen“. In: Hempel, Dirk / Künzel, Christine (Hrsg.): *„Denn wovon lebt der Mensch?“ Literatur und Wirtschaft*. Lang: Frankfurt/Main u.a. 2009, S. 19–36; ausführlicher und literaturwissenschaftlich kontextualisiert siehe Ders.: *Kalkül und Leidenschaft. Poetik des*

die seit geraumer Zeit staatliche Institutionen mantrengleich wiederholen und die Banken wie Börsen ebenso geflissentlich überhören, wenig. Aus dem *Weltinnenraum des Kapitals* gibt es, mit Peter Sloterdijks suggestivem Titel gesprochen,[16] im 21. Jahrhundert kein Entkommen mehr oder schlimmer und folgenreicher noch: Es bleibt einem der Eintritt zu diesem einzig möglichen Raum des Lebens und Überlebens gänzlich verwehrt. Die „total bankerization of existence",[17] die Jean-Joseph Goux registriert, ist zweifelsohne der Effekt eines im Nanosekundentakts der Mausklicks agierenden Neoliberalismus, einer digital entgrenzten *société de consommation* (Jean Baudrillard). Ungeachtet rezenter Eskalation erwächst der uns bekannte universale Kapitalismus indes auch einer immanenten Genealogie und hat die ‚Heimatlosigkeit' des Geldes, derer sich der skrupellose Immobilienhai aus *En la orilla* erfreut („*Geld hat kein Vaterland*"[18]), eine lange Vorgeschichte, die sich vermutlich bis zu den Anfängen monetärer Systematiken zurückverfolgen ließe. Einigermaßen sicher annehmen darf man dabei, dass der Deckungsgrad ständig abnimmt und die materiellen Gegenwerte (Güter, Boden, Gold, etc.) des Geldes sowie seiner noch weitaus virtuelleren Derivate zunehmend an Bedeutung verlieren. Es ist hier selbstverständlich nicht der Ort, um den Entwicklungsgang von der schlichten Münze über Schuldscheine, Wechsel, Kredite und dergleichen bis zu den hoch aleatorischen Termingeschäften der Gegenwart nachzuzeichnen; für die Rekonstruktion wichtiger Stationen sei an andere, fachlich kompetente Stelle verwiesen.[19]

ökonomischen Menschen [2002]. Diaphanes: Berlin/Zürich 2008. In jüngerer Zeit stellt auch Urs Urban (*Die Ökonomie der Literatur. Zur literarischen Genealogie des ökonomischen Menschen.* Transcript: Bielefeld 2018) jenen ‚ökonomischen Menschen' ins Zentrum seiner ebenso klugen wie facettenreichen Genealogie literarischer Ökonomien.

16 Sloterdijk, Peter: *Im Weltinnenraum des Kapitals: Für eine philosophische Theorie der Globalisierung*. Suhrkamp: Frankfurt/Main 2005.

17 Goux, Jean-Joseph: „Cash, Check, or Change". In: Osteen, Mark / Woodmansee, Martha (Hrsg.): *The New Economic Criticism: Studies at the Intersection of Literature and Economics* [1999]. Routledge: New York u.a. 2005, S. 98–110, hier S. 99.

18 Siehe nochmals Chirbes: *Am Ufer*, S. 430 / Orig. Chirbes: *En la orilla*, S. 437.

19 Einen Überblick gibt etwa North, Michael: *Kleine Geschichte des Geldes. Vom Mittelalter bis heute*. Beck: München 2009.

Fest steht aber, dass der Handel mit „offenen Zahlungsversprechen" eine „ruinöse Entreferenzialisierung" in Gang setzt und – wie wiederum Joseph Vogl fortfährt – eine „Geldmenge [erfindet], die sich von der Menge zirkulierender Güter abgelöst hat." Dass derlei Prozesse der Entkoppelung sogar „unproduktives Geld mit Zeugungskraft versehen und mittels der Verkäuflichkeit von Schulden den Umlauf von Kapital mobilisieren",[20] bringt zwangsläufig eine Ökonomie permanenten Aufschubs hervor, deren Unverzichtbarkeit die entsprechenden Lobbys gerne betonen und deren generische Labilität gleichwohl keine Einsicht neueren Datums ist. Für Letztere bedurfte es weder der einschneidenden Banken-, Börsen- und Immobilien-Misere der Jahre 2007/2008 (die viel beschworene Subprime- oder Lehman-Krise) noch verdankt sie sich erst dem Schwarzen Freitag und seinen weltwirtschaftlichen Folgen (1929), dem Gründerkrach (ab 1873) oder historisch noch weiter zurückreichenden Crashs. Denn auch wenn frühere Jahrhunderte ohne die immense technologische Zurüstung unserer Tage auskommen mussten und die Zahlungsverkehre darum vergleichsweise gemächlich verliefen, ahnt man längst, dass die „Idylle des Marktes" nichts als eine Chimäre ist, die dort Stabilität, Vernunft und kühle Berechenbarkeit verheißt, wo genau besehen maximal entregelte Kontingenz waltet.[21] Gleich wo, was und mit wem gehandelt wird, gleich ob in den unendlichen Weiten des Netzes, auf Börsenparketten, in Hinterzimmern internationaler Großbanken oder ehedem an herrschaftlichen Kontoren; gleich ob Futures und Kryptowährungen, Aktien und Anleihen oder, nachgerade archaisch, Immobilien und Gold – die irrationale Dynamik ist dem Finanz- und Spekulationswesen wesenhaft eingeschrieben, und die damit einhergehenden Risiken sind einzelnen Brokern wie jeder

---

20 Alle vorangehenden Zitate: Vogl [3]2010/11, S. 79f. Die komplexen Relationen zwischen Zeit und Geld innerhalb der angedeuteten Finanzökonomie des Aufschubs untersucht erhellend etwa Esposito, Elena: *Die Zukunft der Futures. Die Zeit des Geldes in Finanzwelt und Gesellschaft*. Carl-Auer-Verlag: Heidelberg 2010.

21 Zur trügerischen „Idylle des Marktes" siehe ebenfalls Vogl [3]2010/11, S. 31–83. Die überkommene „Enthistorisierung des Gegenstands", der zufolge „das Gesellschaftliche [...] vor der Moderne vom Ökonomischen irgendwie unberührt geblieben" sei, problematisiert seinerseits konzise Urban 2018 („Einleitung"), S. 10 sowie ferner S. 16–18.

Privat- oder Volkswirtschaft (also im Grunde der ganzen Welt) bestens bekannt. Der ‚Sündenfall', für den die Sachkundigen diesen oder jenen Markstein in der Historie voranschreitender Entstofflichung des Geldes haftbar machen, hat vielleicht schon früher begonnen, als es überhaupt zu datieren wäre: Denn wie die Figurenstimme in Rafael Chirbes' zitiertem Romanfinale genderpolitisch wenig korrekt mutmaßt,[22] treibt die Obsession sagenhafter Schätze und Vermögen die Menschheit – insgesamt wohlgemerkt, nicht nur die weibliche Hälfte – seit jeher um, weshalb das Paradies der Besitzlosigkeit, gleich wer es ausrufen mag, ohnehin Makulatur, entweder abgehobene Vision oder interessiertes Ideologem ist.

Doch altkluge Bemühungen wie diese, die das Faszinosum des Kapitals und die fixe Idee seiner (Selbst-)Vermehrung argumentativ zu entzaubern trachten, mindern keinesfalls den ungemeinen Reiz, der darin gründet, jenes Faszinosum, jene berauschende Idee und mehr noch ihre jähe Desillusionierung in Geschichten zu kleiden, qua Zutat der Phantasie zu erweitern und kolossale Gewinne oder spektakuläre Verluste zu imaginieren. Herzzerreißende Armut und unerschöpflicher Reichtum, maßloses Begehren und ebensolche Verschwendung geben immer schon zu denken und mehr noch zu erzählen; in ihrer transgressorischen Qualität befeuern sie die Einbildungskraft, generieren wie von selbst Plots oder Motive und heben schillernde Protagonisten samt ihren Kontrahenten aus der Taufe. Das Dilemma, nichts oder jedenfalls nicht genügend zu haben; das Verlangen, immer mehr haben zu wollen; oder die entfesselnde Gewissheit, nachgerade alles zu haben, veranschaulichen in je verschiedener Ausprägung die obsessive Natur des Geldes, das gemäß Georg Simmels *Philosophie des Geldes* per se dazu neigt, sich von einem bloßen Mittel (der Kaufkraft) zu emanzipieren und „psychologisch für die meisten Menschen zum absoluten Zweck zu werden"[23]. Die Konsequenz solcher Verabsolutierung zeigt sich in extremen Reaktionen, in scharfen Kontrasten und starken Emotionen, kurzum: in einer affektischen Bindung, in der das Kapital die damit befassten Subjekte in Beschlag nimmt, ihnen unablässig zusetzt, sie

---

22 Vgl. nochmals Chirbes: *En la orilla*, S. 437 / Übers. Chirbes: *Am Ufer*, S. 430.

23 Simmel, Georg: *Gesamtausgabe*, Bd. 6: *Philosophie des Geldes* [1900/1907], hrsg. von Otthein Rammstedt et al. Suhrkamp: Frankfurt/Main 1989, S. 298.

unermüdlich anspornt, sie aber auch in den Wahnsinn und in den Abgrund treibt.

Derlei ‚kapitale Erschütterungen' zu diagnostizieren und auf diesem Weg Erzählmuster, Konfliktherde und Figurenkonfigurationen zu systematisieren, macht sich die vorliegende Interpretationssammlung zur Aufgabe. Sie bewegt sich damit in einem klar umschriebenen, gezielt limitierten Erklärungsradius, dessen (trans-)historisch vergleichende Konturierung ihr maßgebliches Anliegen ist. Denn blickt man nur einmal synoptisch auf die Vielzahl gewichtiger Forschungsarbeiten,[24] die in jüngerer Zeit zum

24 Wir können lediglich exemplarisch einige einschlägige Studien nennen, die aus Reihen der Germanistik, Anglistik, Romanistik sowie der vergleichenden Literatur- und Kulturwissenschaft das Themenspektrum einer literarischen Finanzökonomie ausmessen: Goux, Jean-Joseph: *Les monnayeurs du langage*. Galilée: Paris 1984; Purdy, Anthony (Hrsg.): *Literature and Money*. Rodopi: Amsterdam u.a. 1993; Jameson, Frederic: „Culture and Finance Capital". *Critical Inquiry* 24 (1), 1997, S. 246–265; Gallois, William: *Zola: The History of Capitalism*. Lang: Oxford u.a. 2000; Delany, Paul (Hrsg.): *Literature, Money and the Market: From Trollope to Amis*. Palgrave Macmillan: Basingstoke u.a. 2002; Capitanio, Sarah (Hrsg.): *Currencies: Fiscal Fortunes and Cultural Capital in Nineteenth-Century France*. Lang: Oxford u.a. 2005; Fulda, Daniel: *Schau-Spiele des Geldes. Die Komödie und die Entstehung der Marktgesellschaft von Shakespeare bis Lessing*. Niemeyer: Tübingen 2005; Reffait, Christophe: *La Bourse dans le roman du second XIXe siècle – Discours romanesque et imaginaire social de la spéculation*. Honoré Champion: Paris 2007; Poirson, Martial et al. (Hrsg.): *Les Frontières littéraires de l'économie (XVIIe-XXe siècles)*. Desjonquères: Paris 2008; Poirson, Martial: *Spectacle et économie à l'âge classique (XVIIe-XVIIIe siècles)*. Classiques Garnier: Paris 2011; Künzel, Christine / Hempel, Dirk (Hrsg.): *Finanzen und Fiktionen. Grenzgänge zwischen Literatur und Wirtschaft*. Campus: Frankfurt/Main u.a. 2011; Kuschel, Karl-Josef / Assmann, Heinz-Dieter (Hrsg.): *Börsen, Banken, Spekulanten. Spiegelungen in der Literatur – Konsequenzen für Ethos, Wirtschaft und Recht*. Gütersloher Verl.-Haus: Gütersloh 2011; Bermejo Cabrero, José Luis: *Economía y hacienda a través de la literatura española de Berceo a Cervantes*. Fundación Universitaria Española: Madrid 2011; Landreth, David: *The Face of Mammon – The Matter of Money in English Renaissance Literature*. Oxford University Press: Oxford u.a. 2012; Rowlinson, Matthew Charles: *Real Money and Romanticism*. Cambridge University Press: Cambridge u.a. 2013; Beckman, Ericka: *Capital Fictions: The Literature of Latin America's Export Age*. Minnesota University Press: Minneapolis 2013; Spandri, Francesco (Hrsg.): *La littérature au prisme de l'économie – Argent et roman en*

abgründigen Verhältnis von Ökonomie und Literatur/Kunst publiziert wurden, so stellt sich unweigerlich die (alles andere als neue) Frage, wie eng die Bande der beiden Bereiche tatsächlich sind, inwiefern sie interagieren, sich eventuell gegenseitig beleuchten bzw. erhellen und was gerade die Literatur jenseits ihrer unleugbaren Teilhabe am kulturellen ‚Überbau' einer sozioökonomischen ‚Basis' – oder weniger marxistisch und mit Pierre Bourdieus Feldtheorie[25] gesprochen: jenseits ihrer Ausdifferenzierung einer eigenen, vornehmlich ‚symbolisch' gegründeten Kapitalzirkulation – in diesem Bedingungsverhältnis zu leisten vermag. Mitunter drängt sich nämlich der Eindruck auf, dass die Veranschlagung mehr oder minder konsistenter Konvergenzen zwischen wirtschaftlichen bzw. finanziellen und literarästhetischen Prozessen mittlerweile ohnehin unhintergehbar sei und einen nicht aufzukündigenden Konsens bilde.[26] Nur nebenbei sei daran erinnert,

France au XIXe siècle. Classiques Garnier: Paris 2014; Laera, Alejandra: *Ficciones del dinero: Argentina 1890–2001*. Fondo de Cultura Económica: Buenos Aires 2014; Schuchhardt, Beatrice / Urban, Urs (Hrsg.): *Handel, Handlung, Verhandlung. Theater und Ökonomie in der Frühen Neuzeit in Spanien*. Transcript: Bielefeld 2014; Hermand, Jost: *Das liebe Geld! Eigentumsverhältnisse in der deutschen Literatur*. Böhlau: Köln u.a. 2015; Gil Capeola, Isabel / Gonçalves da Silva, Helena (Hrsg.): *The Cultural Life of Money*. De Gruyter: Berlin u.a. 2015; La Berghe, Leigh Claire: *Scandals and Abstraction: Financial Fiction of the long 1980s*. Oxford University Press: Oxford u.a. 2015; Mattern, Nicole / Rouget, Timo (Hrsg.): *Der große Crash. Wirtschaftskrisen in Literatur und Film*. Königshausen & Neumann: Würzburg 2016; Huditz, Franziska et al. (Hrsg.): *Geld – Wert und Werte. Interdisziplinäre Annäherungen an ein Kulturphänomen*. Königshausen & Neumann: Würzburg 2017; Bertolet, Craig E. / Epstein, Robert: *Money, Commerce, and Economics in Late Medieval English Literature*. Palgrave Macmillan: Cham 2018; Urban 2018; Vogl, Joseph / Wolf, Burkhardt (Hrsg.): *Handbuch Literatur & Ökonomie*. De Gruyter: Berlin u.a. 2019; Jekel, Franziska et al. (Hrsg.): *Writing (for) the Market: Narratives of the Global Economy*. Lang: Berlin u.a. 2020.

25 Siehe kanonisch insbesondere Bourdieu, Pierre: *Les Règles de l'art. Genèse et structure du champ littéraire* [1992]. Seuil: Paris 1998.

26 Luzide erörtern Beatrice Schuchardt und Urs Urban in der Einführung („Handel, Handlung, Verhandlung: Theater und Ökonomie") ihrer Sammelpublikation (2014, S. 7–33, hier S. 17), inwiefern die generelle Eingemeindung der „Literatur als ei[nes] konstitutive[n] Bestandteil[s] der Ordnung ökonomischen Wissens" die mitunter konterdiskursive Widerständigkeit literarischer Fiktionen zu kassieren droht. Im Anschluss an J. Vogl und M. Poirson klassifizieren Schuchardt und Urban (ebd., S. 14–15) präzise die möglichen Beziehungsverhältnisse der

dass die Literatur- und Kunstgeschichte auch Schulen, Strömungen oder Filiationen kennt, die sich in ihrem Selbstverständnis ausdrücklich eine Belangung, eine Infiltration seitens der Welt der Waren, des Geldes und des Kommerzes verbitten. Freilich, selbst der Ästhetizismus (in seinen reichen Spielarten von der Parnasse-Lyrik bis zur präraffaelitischen Malerei), von dem hier die Rede ist, sieht sich früher oder später gezwungen, seine Bindung an den oder zumindest einen Markt – den Literatur- und Kunstmarkt – anzuerkennen und Konsumierbarkeit immerhin in exklusiven Reservaten zuzulassen. Nichtsdestoweniger ist die dezidierte Weigerung, sich in den umfassenden Kreislauf kulturell gehandelter Güter eingemeinden zu lassen, nicht allein elitäre Pose, sondern poetologisch überaus ertragreiches Programm.

Eingedenk dieser nur beispielhaft evozierten Kautelen gilt es auch diejenigen Strukturhomologien zu prüfen, die, statt auf partikuläre Ausformungen des Literarischen zu zielen, dessen allgemeine Wirkweise im Bund mit vergleichbaren Mechanismen und Funktionen finanztechnischer Observanz wähnen. Einer sorgfältigen Erprobung am jeweiligen Text bedarf deshalb noch die rekurrent zu verzeichnende Argumentation, der zufolge die Kreditwürdigkeit, mit der Geldwerte oder andere Kapitaltypen ihre Deckung gleichermaßen gewährleisten wie aufschieben, analog auch in literarischen Fiktionen greife. Auch Letztere, so die Annahme, müssten

---

beiden, nur scheinbar geschiedenen Bereiche: „Die Bezüge zwischen ‚Literatur und Ökonomie‘ sind ebenso vielfältig wie die Modalitäten des Wirtschaftszusammenhangs. Die – wieder rein heuristische – Unterscheidung zwischen inhaltlichen und formalen Aspekten dieser Bezüge hilft ihre Vielfalt besser zu überblicken: So lassen sich zum einen die Thematisierung der oben genannten ökonomischen Zusammenhänge in Texten oder Aufführungskontexten, die wir heute als ‚literarische‘ beschreiben, zum anderen ‚Strukturhomologien‘ zwischen literarischer (oder einer bestimmten gattungsmäßigen) und ökonomischer Logik untersuchen […]. Begreift man jedoch mit Joseph Vogl das Ökonomische als einen Diskursraum, in dem Möglichkeiten des Menschseins und menschlicher Verhaltensweisen – oder ‚Anthropotechniken‘ (Sloterdijk) – neu verhandelt werden […], so wird schnell ersichtlich, dass eine hierarchische Perspektivierung, die das Literarische einem ihm vorgängigen Ökonomischen nach- oder unterordnet, der Komplexität dieses Zusammenhangs nicht gerecht wird. Die Literatur figuriert dann vielmehr als eine interdiskursive Schnittstelle, die an der Herausbildung ökonomischen Wissens in konstitutiver Weise beteiligt ist […].“

immer schon Kredit nehmen, um ihre bloß imaginativen Setzungen des Wirklichen zu verbürgen, um ihre allein in Signifikanten verbrieften Signifikate und Referenzen bei Leserinnen und Lesern, ihren Gläubigern sozusagen, zu plausibilisieren. Es versteht sich von selbst, dass die Metaphorizität dieser Engführung schwerlich zu überwinden ist – und eventuell gar nicht überwunden werden muss – und dass obendrein allerlei ‚Falschgeld' kursiert und ‚Falschmünzer'[27] am Werk sind, wenn es um die Bonität, die Glaubwürdigkeit literarischer, gleichermaßen der Wirklichkeit wie der Vorstellung verpflichteter Mischkalkulationen geht.

Im Bestreben, kategoriale Nivellierungen im Voraus zu vermeiden und ebenso wenig die explosive Eigengesetzlichkeit der Kunst preiszugeben wie deren sozioökonomisches Deutungspotential zu überfordern,[28] setzen die folgenden Lektüren auf gezielte Bescheidung. Sie vermögen weder kulturwissenschaftlich breit die Ökonomie im Ganzen als „privilegierten Ort in der Selbstbeschreibung der Gesellschaften"[29] auszumessen, noch sind sie imstande, theoretisch stringent „l'intérêt des études littéraires portant sur les représentations de l'économie"[30] zu legitimieren. Exemplarisch zugespitzt konzentrieren sie sich stattdessen auf den modellbildenden Charakter, der Fiktionen und den von ihnen entworfenen Ereignisordnungen insofern zukommt, als sie extrafiktionale Wirklichkeiten ebenso reflektieren und

---

27 Angespielt wird freilich auf Charles Baudelaires berühmtes Prosagedicht „La fausse monnaie" (1864; hier belegt nach: Charles Baudelaire: *Œuvres complètes*, Bd. 1, hrsg. von Claude Pichois. Gallimard: Paris 1975, S. 324f.) – mit dem sich prominent Jacques Derrida (*Donner le temps. 1: La fausse monnaie*. Galilée: Paris 1991) befasst – und auf André Gides Roman *Les Faux-monnayeurs* (1925; hier nach: Paris: Gallimard/Folio 1995). Zu Baudelaires abgründiger poetischer Ökonomie vgl. auch die Beiträge von Herle-Christin Jessen und Cornelia Wild in vorliegendem Band.

28 Ebenso originell wie aus literaturwissenschaftlicher Warte fragwürdig erscheint daher etwa die Beschreibung von Michel Houellebecqs Romankosmos als vollendete Symptomatologie eines Kapitalismus in der Agonie; sie stammt von Bernard Maris (*Houellebecq économiste*. Flammarion: Paris 2014), der beim Attentat auf die Redaktion von Charlie Hebdo grausam ermordet wurde.

29 Vogl, Joseph: „Geschichte, Wissen, Ökonomie". In: Neumann, Gerhard (Hrsg.): *Poststrukturalismus. Herausforderung an die Literaturwissenschaft*. Metzler: Stuttgart/Weimar 1997, S. 462–480, hier S. 472.

30 Poirson / Citton: „Introduction". In: Dies. 2008, S. 19.

bilanzieren wie dementieren oder unter Umständen konterkarieren.[31] Wie in einem Brennglas vermögen sie derart auch die aufgerufene Spirale von Exzess, Verknappung oder schierer Insolvenz in monetären Angelegenheiten zu verdichten, d.h. in der Nahaufnahme entweder scharfzustellen oder nicht minder symptomatisch zu verzerren. Es ist mithin eine Art subjektiver und intersubjektiver ‚Mikro-Geschichte'[32] finanzieller Umwälzungen und Ausnahmesituationen, welche die fortan rezipierten Werke – Texte vornehmlich und in einem Fall Filme – offenbaren und die zugehörigen Deutungen hermeneutisch möglichst perspektivenreich zu erschließen suchen. Wie kaum anders zu erwarten, tritt hierbei weniger die Dokumentation makroökonomischer Verflechtungen in den Aufmerksamkeitsfokus als vielmehr die realitätsgesättigte Imagination jener Bedrängnisse, Aporien sowie kleineren und größeren Katastrophen, die aus dem menschlichen Umgang mit Geld und seinen diversen Substituten resultieren. Das tangiert die Ebene der Inhalte und der darin entfalteten Sinn-, Erlebnis- oder Gefühlswelten in gleichem Maße wie die Dimensionen künstlerischer Vermittlung, wo Stil- und Strukturmuster, Darstellungsverfahren und Schreibweisen, Vertextungsmodi und Bildarrangements ihrerseits Niederschlag krisenhafter Finanzerfahrungen sein können.

Allein in der Romania, auf die sich unser Augenmerk richtet, tut sich vor diesem Hintergrund ein weites Epochen-, Themen- und Gestaltungsspektrum auf. Dieses reicht von der spanischen Renaissance der verhandlungssicheren *Celestina* und des Pícaro *Lazarillo de Tormes* (siehe hierzu die Beiträge von Yvette Sánchez und Jens Elze) bis zur subtilen Wirtschaftsanalytik eines Balzac und Baudelaire (siehe hierzu die Beiträge von Anne

---

31 Zur literarischen Fiktion als ‚sekundärem modellbildendem System', vgl. Lotman, Jurij M.: *Die Struktur literarischer Texte* [1972]. Fink: München 1989, S. 22f./311–347. Zum Prozess literarischer Wirklichkeitsbilanzierung siehe u.a. Iser, Wolfgang: „Die Wirklichkeit der Fiktion – Elemente eines funktionsgeschichtlichen Textmodells". In: Warning, Rainer (Hrsg.): *Rezeptionsästhetik. Theorie und Praxis*. Fink: München 1975, S. 277–324.

32 Zum Forschungsansatz der *Mikrohistorie*, der die Zeitgeschichte als Individual- und Alltagsgeschichte reformuliert, vgl. einführend Levi, Giovanni: „On Microhistory". In: Burke, Peter (Hrsg.): *New Perspectives on Historical Writing*. Pennsylvania State UP: University Park 1992, S. 93–113, und Ginzburg, Carlo: „Mikro-Historie. Zwei oder drei Dinge, die ich von ihr weiß". *Historische Anthropologie* 1, 1993, S. 169–192.

Reich, Herle-Christin Jessen und Cornelia Wild); es bringt zudem die sozioökonomisch tiefgreifenden Veränderungen des französischen Siècle Classique (siehe hierzu die Beiträge von Reinhard Krüger und Beatrice Nickel) in einen Vergleich mit dem modernen Unbehagen an der Kapitalmacht (siehe hierzu die Beiträge von Berit Callsen, Marco Menicacci, Marita Liebermann, Stephanie Béreiziat-Lang, Walter Wagner und Patrick Eser) und erfasst auch filmisch und literarisch jüngere Reaktionen auf die Beben globaler Märkte (siehe hierzu die Beiträge von Stefan Müller, Sara Izzo, Elena Görtz und Matthias Hausmann). In vier chronologisch angeordneten Schnitten (Kapitel I-IV) von der Frühen Neuzeit bis in die Gegenwart entsteht so ein Panorama, das trotz markanter historischer Verschiebungen und Verschärfungen, trotz erheblicher kultureller und medialer Differenzen eines in unmissverständlicher Prägnanz zeigt: Gemäß der bekannten Binsenweisheit gilt es, das ‚Scheitern', zumal das Scheitern in Geldfragen, in der Tat als Chance und genauerhin als ‚Chance narrativer Kreativität' zu begreifen.[33] Nicht umsonst stellen Krisenszenarien in der Tradition abendländischer Finanzerzählungen gleichsam den Normalfall dar, sofern

---

33 Der literarisch seit jeher produktiven Inszenierung des Scheiterns und der Krise widmen sich etwa die reichhaltigen Deutungszugänge in: Sánchez, Yvette / Spiller, Roland (Hrsg.): *Poéticas del fracaso*. Narr Francke Attempto: Tübingen 2009; Schafroth, Elmar et al. (Hrsg.): *Krise als Chance aus historischer und aktueller Perspektive / Crisi e possibilità: prospettive storiche e attuali*. Athena: Oberhausen 2010; Fenske, Uta et al. (Hrsg.): *Die Krise als Erzählung. Transdisziplinäre Perspektiven auf ein Narrativ der Moderne*. Transcript: Bielefeld 2013; Kohlrausch, Laura et al. (Hrsg.): *Krise. Mediale, sprachliche und literarische Horizonte eines viel zitierten Begriffs*. Königshausen & Neumann: Würzburg 2018; Komorowska, Agnieszka / Nickenig, Annika (Hrsg.): *Poetiken des Scheiterns. Formen und Funktionen unökonomischen Erzählens*. Fink: Paderborn 2018; Schrott, Angela / Witthaus, Jan-Henrik (Hrsg.): *Crisis e identidad. Perspectivas interdisciplinarias desde América Latina*. Lang: Berlin u.a. 2019; vgl. weiterhin die jüngst erschienene einschlägige Nummer der *Germanisch-Romanischen Monatsschrift* 70 (3/4), 2020: *Narrative der Krise*, hrsg. von Vera und Ansgar Nünning. Zum Terminus der Krise siehe grundlegend Koselleck, Reinhart: „Krise". In: Brunner, Otto et al. (Hrsg.): *Geschichtliche Grundbegriffe. Historisches Lexikon zur politisch-sozialen Sprache in Deutschland*, Bd. 3. Klett-Cotta: Stuttgart 1982, S. 617–650. Dezidiert zur Hyperbolik (finanz-)ökonomischer Krisenrhetorik vgl. die viel beachtete Broschüre von Flassbeck, Heiner: *Zehn Mythen der Krise*. Suhrkamp: Frankfurt/Main 2012; sowie facettenreich Mattern / Rouget 2016.

sie immer und überall Brisanz versprechen, Sujethaftigkeit garantieren und selbst das sujetlose Versagen in Serie kompositorisch fruchtbar machen. Keineswegs handelt es sich deshalb aber um ‚normale Krisen',[34] wie sie die öffentliche Rhetorik heutiger Mediokratien inflationär beschwört, wie sie apokalyptisch gestimmte, ereignishungrige User millionenfach ‚herbeiposten' und wie sie die deutsche Sprache in stupider Kompositabildung (Finanzkrise, Wirtschaftskrise, Eurokrise, Flüchtlingskrise, Coronakrise etc.) zu vervielfältigen erlaubt. Dem griechischen Etymon (*krísis*) entsprechend sind es vielmehr Momente oder Strukturen veritabler Entscheidung, Urteilsfindung oder Schicksalswendung, die die hier interessierenden Fiktionen kunstvoll ausfabulieren.

Indem sie sich dem ökonomisch ‚Anormalen' zuwenden, indem sie überbordende Fülle und eklatanten Mangel, zügellosen Überfluss oder existenzbedrohende Defizite schildern, folgen sie jedoch gänzlich eigenen Gesetzen. Selten einmal ist es ihnen dabei um die Wiederherstellung einer vorgängigen Ordnung zu tun, deren Fragilität, Scheinhaftigkeit oder Perversionen sie oft erst zur Anschauung bringen, in dramatischen Verlaufskurven zuspitzen oder mit allerlei Gegen-Utopien kontern. So kommt es denn auch, dass Ernüchterung, Verzweiflung und Resignation keineswegs die alleinigen Optionen sind, um Krisen des *Geldkomplexes*[35] ästhetisch zu bewältigen. Bestes Beispiel hierfür wäre auf dem Feld der Literatur – gleichsam als berühmter Vorfahre des flüchtigen Bauunternehmers Pedrós, der in *En la orilla* allerdings nur Randfigur des düsteren Geschehens ist – Aristide Saccard, der Protagonist aus Émile Zolas bestechend pointiert betiteltem Börsenroman *L'Argent* (1890/1891). Zwar ist der manische Saccard, der seine Hab- und Geldgier bereits im (Kunst-)Namen trägt,[36] hoffnungslos

34 Der Begriff ist entlehnt bei: Link, Jürgen: *Normale Krisen? Normalismus und die Krise der Gegenwart*. Konstanz University Press: Konstanz 2013.

35 *Der Geldkomplex* ist suggestiv ein Briefroman überschrieben, den Franziska Gräfin zu Reventlow im Jahr 1916 publiziert, den die Autorin laut Untertitel *ihren Gläubigern zueignet* und in dem sie einen Einblick in die Lebenswelt der Münchner Bohème gibt.

36 In *La Curée* (1871), dem zweiten Roman des *Rougon-Macquart*-Zyklus, betont Saccard selbst die programmatische Signatur seines – auf Druck des mächtigen Bruders geänderten – Namens, in dem die französischen Lexeme „sac" und „saccager" (‚verwüsten', ‚plündern') anklingen: „Il y a de l'argent dans ce nom-là; on dirait que l'on compte les pièces de cent sous." (Zola, Émile: *La Curée*

den „poussées folles de la spéculation“,[37] den ‚wahnsinnigen Schüben der Spekulation‘ erlegen und überreizt deshalb die Risiken seiner auf finanzökonomischen Virtualitäten gebauten „Banque Universelle“. Doch weder die krachende Privatinsolvenz, die er daraufhin zum wiederholten Mal anmelden muss, noch Strafverfolgung und Inhaftierung als Wirtschaftskrimineller besiegeln das Ende seiner Geschichte. Schließlich ist narrativ kaum etwas reizvoller als der Konkurs, kaum etwas ‚erzählbarer‘ als die Erschütterungen, die das Kapital seinen ehemaligen Besitzern noch im Entschwinden zufügt. Und in der Fiktion – bedauerlicherweise meist nur in der Fiktion – vermag aus solcher Erzählbarkeit sogar schon der Keim eines Neuanfangs zu erwachsen, zumindest wenn man dem unverbesserlichen Hasardeur Saccard glauben will: „La crise passée, tout allait reprendre et resplendir de nouveau.“[38]

Auch der hiesige Band musste eine gewisse Durststrecke überwinden, ehe er nunmehr gedruckt und gebunden vorliegt. Der herzliche Dank der Herausgeberin und des Herausgebers gilt deshalb vor allen anderen den ebenso engagierten wie geduldigen Verfasserinnen und Verfassern der im Folgenden versammelten Aufsätze. An deren Anfang standen äußerst anregende Präsentationen und Diskussionen im Rahmen einer Sektion auf dem XXXIV. Romanistentag in Mannheim. Der Weg von hier nach dort, von damals nach heute wäre indes nicht zurückzulegen gewesen, hätten wir nicht auf die kontinuierliche Unterstützung seitens des Peter-Lang-Verlags und insbesondere auf die anspornende Umsicht von Michael Rücker und Katja Schubert zählen können. Für die Aufnahme in die Schriftenreihe *Literatur – Kultur – Ökonomie (Literature – Culture – Economy)* danken wir nicht minder nachdrücklich den Reihenherausgeberinnen und -herausgebern. Ferner überrascht es wenig, dass ein Titel, der das narrative Potential prekärer Finanzlagen erkundet, seinerseits auf Finanzierungshilfe

[1871], hrsg. von Henri Mitterand. Gallimard/Folio: Paris 1981, S. 87) / Eigene Übers.: „Dieser Name klingt nach Geld; man könnte beinahe sagen, dass man darin die Hundertsousstücke zählen [hörte].“

37 Zola, Émile: *L'Argent* [1891], hrsg. von Henri Mitterand. Folio/Gallimard: Paris 1980, S. 230.

38 Zola: *L'Argent*, S. 423. Eigene Übers.: „Wenn die Krise (erst) einmal vorübergegangen sein wird, würde alles wieder von vorne beginnen und in neuem Glanz erstrahlen.“

angewiesen ist, für welche wir sowohl der Katholischen Universität Eichstätt-Ingolstadt (Sprach- und Literaturwissenschaftliche Fakultät) als auch der Ludwig-Maximilians-Universität München (Department II der Fakultät für Sprach- und Literaturwissenschaften) sehr verbunden sind. Nicht zuletzt müssen freilich diejenigen Helferinnen Erwähnung finden – darunter insbesondere Sophia Rohwetter, Sara Russo, Julia Wuttig und Vanessa Nowak –, deren unermüdlich akribische Arbeit an der Korrektur und Einrichtung folgender Ausführungen aus diesen erst ein Buch werden ließ. Alles Weitere sei den Leserinnen und Lesern überantwortet, die allein darüber befinden können, ob die Lektüre ebenso wie die Erzählung der Krise lohnt.

Passau, im Februar 2021.

Literaturverzeichnis

Baudelaire, Charles: *Œuvres complètes*, Bd. 1, hrsg. von Claude Pichois. Gallimard: Paris 1975.

Beckman, Ericka: *Capital Fictions: The Literature of Latin America's Export Age*. Minnesota University Press: Minneapolis 2013.

Bermejo Cabrero, José Luis: *Economía y hacienda a través de la literatura española de Berceo a Cervantes*. Fundación Universitaria Española: Madrid 2011.

Bertolet, Craig E. / Epstein, Robert: *Money, Commerce, and Economics in Late Medieval English Literature*. Palgrave Macmillan: Cham 2018.

Bourdieu, Pierre: *Les Règles de l'art. Genèse et structure du champ littéraire* [1992]. Seuil: Paris 1998.

Capitanio, Sarah (Hrsg.): *Currencies: Fiscal Fortunes and Cultural Capital in Nineteenth-Century France*. Lang: Oxford u.a. 2005.

Chirbes, Rafael: *En la orilla*. Anagrama: Barcelona 2013.

Chirbes, Rafael: *Am Ufer*, übers. von Dagmar Ploetz. Antje Kunstmann: München 2014.

Delany, Paul (Hrsg.): *Literature, Money and the Market: From Trollope to Amis*. Palgrave Macmillan: Basingstoke u.a. 2002.

Derrida, Jacques: *Donner le temps. 1: La fausse monnaie*. Galilée: Paris 1991.

Esposito, Elena: *Die Zukunft der Futures. Die Zeit des Geldes in Finanzwelt und Gesellschaft*. Carl-Auer-Verlag: Heidelberg 2010.

Fenske, Uta et al. (Hrsg.): *Die Krise als Erzählung. Transdisziplinäre Perspektiven auf ein Narrativ der Moderne*. Transcript: Bielefeld 2013.

Flassbeck, Heiner: *Zehn Mythen der Krise*. Suhrkamp: Frankfurt/Main 2012.

Foucault, Michel: *La Naissance de la biopolitique: Cours au collège de France (1978-1979)*, hrsg. von Michel Senellart / François Éwald. Gallimard-Seuil: Paris 2004.

Fulda, Daniel: *Schau-Spiele des Geldes. Die Komödie und die Entstehung der Marktgesellschaft von Shakespeare bis Lessing*. Niemeyer: Tübingen 2005.

Gallois, William: *Zola: The History of Capitalism*. Lang: Oxford u.a. 2000.

Geeroms, Maarten: „La escritura-constelación de Walter Benjamin como alternativa de la historia: *En la orilla* de Rafael Chirbes". *Bulletin of Hispanic Studies* 94 (7), 2017, S. 747–765.

Germanisch-Romanische Monatsschrift 70 (3/4), 2020: *Narrative der Krise*, hrsg. von Vera und Ansgar Nünning.

Gide, André: *Les Faux-monnayeurs* [1925]. Paris: Gallimard/Folio 1995.

Gil Capeloa, Isabel / Gonçalves da Silva, Helena (Hrsg.): *The Cultural Life of Money*. De Gruyter: Berlin u.a. 2015.

Ginzburg, Carlo: „Mikro-Historie. Zwei oder drei Dinge, die ich von ihr weiß". *Historische Anthropologie* 1, 1993, S. 169–192.

Goux, Jean-Joseph: „Cash, Check, or Change". In: Osteen, Mark / Woodmansee, Martha (Hrsg.): *The New Economic Criticism: Studies at the Intersection of Literature and Economics* [1999]. Routledge: New York u.a. 2005, S. 98–110.

Goux, Jean-Joseph: *Les monnayeurs du langage*. Galilée: Paris 1984.

Purdy, Anthony (Hrsg.): *Literature and Money*. Rodopi: Amsterdam u.a. 1993.

Hahn, Kurt: „Cash und Crash, Spekulanten und Sündenböcke – Die gespenstische Kommunikation des Kapitals und die Krise der Repräsentation in Julián Martels Roman *La bolsa*". In: Hornung, Christoph et al. (Hrsg.): *Kommunikation und Repräsentation in den romanischen Kulturen (Festschrift für Gerhard Penzkofer)*. Akad. Verlagsgemeinschaft: München 2015, S. 281–302.

Hahn, Kurt: „Ab-, Ent- und Um-Wertung aller Werte: Von der Volatilität finanzieller und literarischer Fiktionen Ende des 19. Jahrhunderts – mit einem Blick auf Émile Zolas Roman *L'Argent*". In: Huditz, Franziska et al. (Hrsg.): *Geld – Wert und Werte. Interdisziplinäre Annäherungen an ein Kulturphänomen*. Königshausen & Neumann: Würzburg 2017, S. 87–111.

Hermand, Jost: *Das liebe Geld! Eigentumsverhältnisse in der deutschen Literatur*. Böhlau: Köln u.a. 2015.

Hörisch, Jochen: *Kopf oder Zahl? Die Poesie des Geldes*. Suhrkamp: Frankfurt/Main 1998.

Hörisch, Jochen: „Geld". In: Schröter, Jens et al. (Hrsg.): *Handbuch Medienwissenschaft*. Metzler: Stuttgart/Weimar 2014, S. 239–244.

Huditz, Franziska et al. (Hrsg.): *Geld – Wert und Werte. Interdisziplinäre Annäherungen an ein Kulturphänomen*. Königshausen & Neumann: Würzburg 2017.

Iser, Wolfgang: „Die Wirklichkeit der Fiktion – Elemente eines funktionsgeschichtlichen Textmodells". In: Warning, Rainer (Hrsg.): *Rezeptionsästhetik. Theorie und Praxis*. Fink: München 1975, S. 277–324.

Jameson, Frederic: „Culture and Finance Capital". *Critical Inquiry* 24 (1), 1997, S. 246–265.

Jekel, Franziska et al. (Hrsg.): *Writing (for) the Market: Narratives of the Global Economy*. Lang: Berlin u.a. 2020.

Junkerjürgen, Ralf et al. (Hrsg.): *Discursos de la crisis: respuestas de la cultura española ante nuevos desafíos*. Iberoamericana / Vervuert: Madrid u.a. 2017.

Kohlrausch, Laura et al. (Hrsg.): *Krise. Mediale, sprachliche und literarische Horizonte eines viel zitierten Begriffs*. Königshausen & Neumann: Würzburg 2018.

Komorowska, Agnieszka / Nickenig, Annika (Hrsg.): *Poetiken des Scheiterns. Formen und Funktionen unökonomischen Erzählens*. Fink: Paderborn 2018.

Koselleck, Reinhart: „Krise". In: Brunner, Otto et al. (Hrsg.): *Geschichtliche Grundbegriffe. Historisches Lexikon zur politisch-sozialen Sprache in Deutschland*. Bd. 3. Klett-Cotta: Stuttgart 1982, S. 617–650.

Künzel, Christine / Hempel, Dirk (Hrsg.): *Finanzen und Fiktionen. Grenzgänge zwischen Literatur und Wirtschaft*. Campus: Frankfurt/ Main u.a. 2011.

Kuschel, Karl-Josef / Assmann, Heinz-Dieter (Hrsg.): *Börsen, Banken, Spekulanten. Spiegelungen in der Literatur – Konsequenzen für Ethos, Wirtschaft und Recht*. Gütersloher Verl.-Haus: Gütersloh 2011.

La Berghe, Leigh Claire: *Scandals and Abstraction: Financial Fiction of the long 1980s*. Oxford University Press: Oxford u.a. 2015.

Laera, Alejandra: *Ficciones del dinero: Argentina 1890–2001*. Fondo de Cultura Económica: Buenos Aires 2014.

Landreth, David: *The Face of Mammon – The Matter of Money in English Renaissance Literature*. Oxford University Press: Oxford u.a. 2012.

Laval, Christian: *L'homme économique. Essai sur les racines du néolibéralisme*. Gallimard: Paris 2007.

Levi, Giovanni: „On Microhistory". In: Burke, Peter (Hrsg.): *New Perspectives on Historical Writing*. Pennsylvania State UP: University Park 1992, S. 93–113.

Link, Jürgen: *Normale Krisen? Normalismus und die Krise der Gegenwart*. Konstanz University Press: Konstanz 2013.

Lotman, Jurij M.: *Die Struktur literarischer Texte* [1972]. Fink: München 1989.

Lyotard, Jean-François: *La condition postmoderne. Rapport sur le savoir*. Minuit: Paris 1979.

Maris, Bernard: *Houellebecq économiste*. Flammarion: Paris 2014.

Marx, Karl: *Das Kapital* [1867], Bd. III, Fünfter Abschnitt. In: Marx, Karl / Engels, Friedrich: *Werke*. Berlin: Dietz Verlag 1983, Bd. 25.

Mattern, Nicole / Rouget, Timo (Hrsg.): *Der große Crash. Wirtschaftskrisen in Literatur und Film*. Königshausen & Neumann: Würzburg 2016.

Mornat, Isabelle: „De Marx a Poe: notas para una poética de la crisis. *En la orilla*, Rafael Chirbes". *Hispanismes* 9, 2015, S. 58–75.

Nesselhauf, Jonas: „‚La vida, derroche'. Formen und Funktionen eines ‚unökonomischen' Erzählens in Rafael Chirbes' Roman *En la orilla*". In: Komorowska, Agnieszka/Nickenig, Annika (Hrsg.): *Poetiken des Scheiterns. Formen und Funktionen unökonomischen Erzählens.* W. Fink: Paderborn 2018, S. 283–296.

North, Michael: *Kleine Geschichte des Geldes. Vom Mittelalter bis heute.* Beck: München 2009.

Poirson, Martial et al. (Hrsg.): *Les Frontières littéraires de l'économie (XVIIe-XXe siècles).* Desjonquères: Paris 2008.

Poirson, Martial: *Spectacle et économie à l'âge classique (XVIIe-XVIIIe siècles).* Classiques Garnier: Paris 2011.

Reffait, Christophe: *La Bourse dans le roman du second XIXe siècle – Discours romanesque et imaginaire social de la spéculation.* Honoré Champion: Paris 2007.

Rowlinson, Matthew Charles: *Real Money and Romanticism.* Cambridge University Press: Cambridge u.a. 2013.

Ryan, Lorraine: „The Economic Degeneration of Masculinity in Rafael Chirbes's *En la orilla*". *Romance Quaterly* 62 (2), 2015, S. 83–96.

Sánchez, Yvette / Spiller, Roland (Hrsg.): *Poéticas del fracaso.* Narr Francke Attempto: Tübingen 2009.

Schafroth, Elmar et al. (Hrsg.): *Krise als Chance aus historischer und aktueller Perspektive / Crisi e possibilità: prospettive storiche e attuali.* Athena: Oberhausen 2010.

Schrott, Angela / Witthaus, Jan-Henrik (Hrsg.): *Crisis e identidad. Perspectivas interdisciplinarias desde América Latina.* Lang: Berlin u.a. 2019.

Schuchhardt, Beatrice / Urban, Urs (Hrsg.): *Handel, Handlung, Verhandlung. Theater und Ökonomie in der Frühen Neuzeit in Spanien.* Transcript: Bielefeld 2014.

Simmel, Georg: *Gesamtausgabe*, Bd. 6: *Philosophie des Geldes* [1900/1907], hrsg. von Otthein Rammstedt et al. Suhrkamp: Frankfurt/Main 1989.

Sloterdijk, Peter: *Im Weltinnenraum des Kapitals: Für eine philosophische Theorie der Globalisierung.* Suhrkamp: Frankfurt/Main 2005.

Spandri, Francesco (Hrsg.): *La littérature au prisme de l'économie – Argent et roman en France au XIXe siècle*. Classiques Garnier: Paris 2014.

Sperber, Daniela Cecilia: „*En la orilla*, de Rafael Chirbes: la relectura de la Guerra Civil Española desde la pos/desmemoria". *Caracol* 11, 2016, S. 52–85.

Urban, Urs: *Die Ökonomie der Literatur. Zur literarischen Genealogie des ökonomischen Menschen*. Transcript: Bielefeld 2018.

Vogl, Joseph: „Geschichte, Wissen, Ökonomie". In: Neumann, Gerhard (Hrsg.): *Poststrukturalismus. Herausforderung an die Literaturwissenschaft*. Metzler: Stuttgart/Weimar 1997, S. 462–480.

Vogl, Joseph: *Kalkül und Leidenschaft. Poetik des ökonomischen Menschen* [2002]. Diaphanes: Berlin/Zürich 2008.

Vogl, Joseph: „Epoche des ökonomischen Menschen". In: Hempel, Dirk / Künzel, Christine (Hrsg.): *„Denn wovon lebt der Mensch?" Literatur und Wirtschaft*. Lang: Frankfurt/Main u.a. 2009, S. 19–36.

Vogl, Joseph: *Das Gespenst des Kapitals*. Diaphanes: Zürich ^{3}2010/2011.

Vogl, Joseph / Wolf, Burkhardt (Hrsg.): *Handbuch Literatur & Ökonomie*. De Gruyter: Berlin u.a. 2019.

Zola, Émile: *L'Argent* [1891], hrsg. von Henri Mitterand. Gallimard/Folio: Paris 1980.

Zola, Émile: *La Curée* [1871], hrsg. von Henri Mitterand. Gallimard/Folio: Paris 1981.

Krisenszenario I: Frühneuzeitliche (An-)Ökonomien

Yvette Sánchez

Management-Konstrukte: *Celestina* als Unternehmerin

Abstract: This article illustrates the timelessness of business practices by presenting an anachronistic reading of the Spanish classical play *Tragicomedia de Calisto y Melibea/La Celestina* (1499/1500) through the lens of today's management practices. Running a dating agency, matchmaker Celestina shares many characteristics with contemporary managers. In the informal economy, she acts with ease, striking business instinct and charisma. Her dense network of free entrepreneurship is based on good public relations, marketing, skilful use of advanced age, cleverness, fame, allure, negotiating skills, persuasiveness, rhetoric and storytelling, which helps her to instrumentalise her employees and mostly clerical customers. The businesswoman lives up to today's discourses and jargons of the 'wolves' and 'geckos' of Wall Street. She follows the models of profit maximisation, shareholder value, supply and demand, and keeps a register of clients, including a database of virgins. One can perfectly apply the management model of Maslow's hierarchy of needs to analyse the satisfaction and objectives for work performance of Celestina and her team. With his clever, lower-class manager taking central stage and thereby upstaging the conventional aristocratic protagonists, the author Fernando de Rojas turns the medieval world order upside down. He breaks (e.g. erotic) taboos and ironically takes up and subverts dominant medieval topics such as love, death, fate and destiny – which might have contributed to the success of the play, already in its time.

Keywords: Celestina, management practices, business narratives, entrepreneurship, informal economy, Fernando de Rojas

Literarische und filmische Fiktionen pflegen nach Wirtschaftskrisen besonders häufig und vehement den Finger auf die wunden Punkte zu legen. Die Hochkonjunktur von entsprechenden Titeln ist auch im spanischen Sprachraum augenscheinlich. Anstatt all diese Werke Revue passieren zu lassen, soll ein spanischer Klassiker vor ebendiesem Hintergrund einer heutigen Lektüre unterzogen werden. „Greed is good", die zynische Formel Gordon Gekkos im Film *Wall Street* (1987) treibt die Figuren des Lese-Theaterstücks *La Celestina* (1499/1500) ebenso ins Verderben wie den Spekulanten an der Wall Street und seine Insidergeschäfte Mitte der 1980er-Jahre. Gekkos Machenschaften hat der Regisseur Oliver Stone dem wirklichen Wall-Street-Millionär Ivan Boesky abgeschaut, aus dessen Rede die erwähnte Formel stammt.[1]

Lassen sich die 21 Akte der *Tragicomedia de Calisto y Melibea* überhaupt durch die heutige Management-Brille lesen? Die nur vermeintlich anachronistische Lesart stützt sich auf die Hauptrolle der Leser, die es sind, die – nach Jorge Luis Borges, Roland Barthes oder Wolfgang Iser[2] – ein Werk in der wirkungsästhetischen Interaktion erst vollenden. Durch die Nähe der beiden Bereiche, Theater und Lebenswelt, kann umgekehrt jedes Unternehmen als Theater betrachtet werden, d.h. der Fiktionalitätsgehalt ist mindestens so hoch wie bei der Inszenierung eines Theaterstücks. Bühnen und Podien der Aktionärsversammlungen von Großunternehmen beispielsweise werden raffiniert von professionellen Theaterleuten entworfen: Bühnenbild oder Lichtgestaltung machen den Inszenierungsgrad des Spektakels deutlich; sogar die Anwälte in der zweiten Reihe, welche den Verwaltungsräten und CEOs im Flüsterton aus dem Hintergrund beratend zur Seite stehen, könnten etwas salopp als Souffleure bezeichnet werden.[3]

Doch richten wir das Scheinwerferlicht auf die Protagonistin der *Tragicomedia*, eine starke Persönlichkeit, welche die zentrale Liebesgeschichte zwischen Calisto und Melibea geradezu verblassen lässt und die Aufmerksamkeit voll und ganz auf sich zieht, was zur Verschiebung im genannten Kurztitel führte. Die soziale und literarische Ordnung wurde durch den Autor revolutionär auf den Kopf gestellt, indem das eigentliche adelige Protagonistenpaar, dem die rhetorische Dominanz im Theaterstück zustehen würde, durch die unterklassige Kupplerin in den Hintergrund verdrängt wurde.

1 Martz, Larry: „True Greed“. *Newsweek* 1, Dezember 1986, S. 48.

2 Vgl. Iser, Wolfgang: *Der Akt des Lesens*. UTB: Stuttgart [4]1994, S. 175: „Der Sinn des Gesagten liegt nicht einfach in den ausgesprochenen und geschriebenen Worten, sondern ergibt sich erst, wenn vom Leser eine Synthese des Vorliegenden vollzogen wird, die über das unmittelbar Gesagte hinausgeht.“

3 Diese These bestätigen die Theateraktivisten von *Rimini Protokoll*, die sich im Zuge der Wirtschaftskrise 2008 unter die Aktionäre der Daimler-Hauptversammlung von 2009 gemischt hatten. Sie erklärten diese kurzerhand zur Theaterinszenierung.

Das Werk lässt sich aus einer gegenwärtigen manageriellen Perspektive lesen. Celestina kann als Erfolgsmodell einer Alleinunternehmerin ausgelegt werden, die ihren Bordellbetrieb und die Kuppelei bestens organisiert führt. Ihre Arbeit ist bedingt vergleichbar mit dem heutigen höchst erfolgreichen Geschäftsmodell der Online-Partnervermittlungen (*Tinder*, *Parship*, *Elite-Partner* usw.), wobei bei Celestina die sexuelle Nachfrage im Vordergrund steht und somit der Prostitution im Freudenhaus näherkommt. Ihr dichtes Netzwerk freien Unternehmertums basiert auf guter Öffentlichkeitsarbeit, Vermarktung, geschicktem Einsatz des fortgeschrittenen Alters, Schlauheit, Berühmtheit, Charisma, Verhandlungsgeschick, Überzeugungstalent und der Kunst der Beredsamkeit. Die rhetorisch gewandte Celestina verführt mit Worten. Ihr markanter Geschäftsinstinkt folgt dem Ertragsdenken, der Profit- und Gewinnmaximierung, dem Modell des Shareholder-Value. Sie ist eine prominente Persönlichkeit mit der Erwartung eines substantiellen Managerlohns. Sie kennt das Gesetz von Angebot und Nachfrage und scheut das hohe Risiko nicht. Die Geschäftsfrau führt ein Kundenregister inklusive einer Datenbank von Jungfrauen.[4]

Liebe und Erotik sind Celestinas Handelsware. Wie heutige Manager und Managerinnen ist sie spitze auf ihrem Gebiet, dienstleistungsorientiert, engagiert, abgeklärt, entschlossen, eigennützig, pragmatisch, professionell. Dennoch wird sie nicht müde, sich zu legitimieren und ihr hohes Berufsethos zu betonen – alles nicht ohne Ironie: „*Una sola soy en este limpio trato.* […]. *Con todos cumplo, los que algo me mandan, como si toviesse veynte pies e otras tantas manos.*“[5] Sie motiviert sich selbst, muntert sich auf, spornt sich an: „Esfuerça, esfuerça, Celestina! no desmayes“

4 Die Lesart wurde kurz zusammengefasst bereits im folgenden Aufsatz thematisiert: Müller-Stewens, Günter / Sánchez, Yvette: „Immer auf der Kippe: Manager in der Fiktion – Fiktion im Management“. In: Dies. (Hrsg.): *Business-Fiktionen und Management-Inszenierungen* (Literatur – Kultur – Ökonomie 2). Lang: Frankfurt/Main 2018, S. 23–49.

5 Rojas, Fernando de: *La Celestina*, hrsg. von Dorothy S. Severin. Cátedra: Madrid 2000, S. 165, Kursivierung im Orig. [alle Belege aus dieser Ausgabe erscheinen fortan im laufenden Text]. / Übers.: Rojas, Fernando de: *La Celestina, oder: Tragikomödie von Calisto und Melibea* [1500], aus dem Spanischen übersetzt und mit einem Nachwort versehen von Fritz Vogelsang. Insel: Frankfurt/Main 1990, S. 109f. [alle Übersetzungen entstammen dieser Ausgabe]: „Ich bin die einzige in der Zunft, die ihr Geschäft mit dieser Redlichkeit betreibt. […]

(*Celestina,* S. 150).[6] Aber sie motiviert auch den Nachwuchs, übernimmt deren Coaching, vor allem auch die Aufforderung zur Ausbildung, vorwiegend junger Frauen: „Pues en aquellas tales te avías de abezar y de provar, de quantas vezes me lo as visto hazer. Si no, aý te estarás toda tu vida, hecha bestia sin officio ni renta. [...] que la mocedad ociosa acarrea la vejez arrepentida y trabajosa." (*Celestina*, S. 209f.)[7] Zudem unterstreicht sie die Wichtigkeit des richtig dosierten Vertrauens im Geschäftsleben und im Verhandeln: „Estremo es creer a todos y yerro no creer a ninguno." (*Celestina*, S. 125)[8] Sie ist höchst vital, autonom und verfügt über die nötige Menschenkenntnis. Manipulativ instrumentalisiert sie ihre Kunden und Mitarbeitenden.

Sie handelt zweckrational, entscheidet nach dem reinen Rational-Choice-Ansatz[9] nutzenmaximierend. Profit und Geld sind Leitmotive in ihren Reden, vor allem in den Grauzonen ihres Geschäfts: „*[H]onrra sin provecho no es sino como anillo en el dedo. Y pues entramos no caben en un saco*" (*Celestina*, S. 206; Kursivierung im Orig.).[10] Geld und körperliche Reize dagegen gehören bei der Kupplerin untrennbar zusammen. Den Körper sollen die jungen Frauen in ihrem Umfeld, so rät sie ihnen wiederholt, großzügig einsetzen, ihn nicht verstecken, sondern mit dessen von Natur aus ‚mitteilsamen' Reizen nicht ‚geizen'. Den Körper als Kapital

---

Für alle, die mich mit irgendetwas beauftragt haben, strample ich mich ab, als ob ich zwanzig Füsse und ebenso viele Hände hätte."

6 Übers.: „Halt die Ohren steif, Celestina! Mach nicht schlapp!" (*Celestina*, S. 92).

7 Übers.: „Wenn du es nicht probierst, bleibst du dein Leben lang eine blöde Kreatur ohne Beruf und Erwerb. [...] eine in Faulheit verjuxte Jugend büßt man im Alter mit Reue und Mühsal." (*Celestina*, S. 167).

8 Übers.: „Allen zu trauen, wäre übertrieben; aber keinem zu trauen, ist auch nicht recht." (*Celestina*, S. 67).

9 Das wirtschaftswissenschaftliche Paradigma der rationalen Entscheidung wurde in den letzten Jahrzehnten von anderen Sozialwissenschaften (etwa der Soziologie, Politikwissenschaften oder Psychologie) deutlich problematisiert, da die Theorie auf das Individuum setzt und weniger auf kollektives Verhalten und so die Komplexität sozialer Probleme unterschätzt. Vgl. Sen, Amartya: „Rational Fools. A Critique of the Behavioural Foundations of Economic Theory". In: Ders.: *Choice, Welfare and Measurement*. Blackwell: Oxford 1982, S. 317–344.

10 Übers.: „Ehrbarkeit, die nichts einbringt, ist nutzlos. [...] Da Ehre und Profit nun mal nicht in den denselben Sack passen" (*Celestina*, S. 162).

bewirbt sie zuerst oxymoronisch zwischen Reichtum und Armut, um danach ihre Beratung mit dem zweideutigen ‚Verkehr' abzurunden: „[N]o seas avarienta de lo que poco te costó; no atesores tu gentileza, pues es de su natura tan comunicable como el dinero." (*Celestina*, S. 202)[11] In diesem Ratschlag an die junge Areúsa zeigen sich einmal mehr Celestinas souveräne rhetorische Fertigkeiten.

Sie diversifiziert ihr Angebot, indem sie neben der Paarvermittlung Kosmetikprodukte anbietet, etwa eine Tinktur zum ‚Blondieren der Haare' oder ein ‚probates' Hausmittelchen gegen Mundgeruch (*Celestina*, S. 169 / Übers.: S. 114). Das Rezept für Letzteres preist sie an als Exklusivprodukt in ganz Spanien. Diese Diversifizierung hängt auch mit ihrer Szenario-Planung[12] zusammen: Celestina denkt sich mögliche Szenarien aus[13] und behält Back-up-Pläne in der Hinterhand, zum Beispiel das Garn in ihrer Tasche anlässlich eines Treffens mit Melibea:

> Aquí llevo un poco de hilado en esta mi faltriquera, con otros aparejos que comigo siempre traygo para tener causa de entrar, donde mucho no só conocida la primera vez: assí como gorgueras, garvines, franjas, rodeos, tinazuelas, alcohol, alvayalde e solimán, [hasta] agujas y alfileres. [...] por que donde me tomare la boz, me alle apercebida para les echar cevo o requerir de la primera vista. (*Celestina*, S. 145)[14]

---

11 Übers.: „[G]eize nicht mit dem, was dich so wenig gekostet hat. Horte nicht die Reichtümer deiner Anmut; denn sie sind von mitteilsamer Natur und genauso zum Verkehr bestimmt wie das Geld." (*Celestina*, S. 157).

12 Diese Prognosetechnik wird in der Unternehmensstrategie angewendet, um unerwarteten Ereignissen zu begegnen und sich abzusichern. Pionier im wirtschaftlichen Bereich (nach der Entwicklung im Militär) war Royal Dutch Shell in den 1960er Jahren und auch später, vor allem um die Erfahrung der Erdölkrise 1972 zu bewältigen. Vgl. *Onpulson Wirtschaftslexikon*, retrieved 24.7.2018, from https://www.onpulson.de/lexikon/szenarioplanung/. Varianten und Alternativen möglicher Reaktionen auf die Früherkennung hypothetischer Situationen werden geprobt und die Extreme (*best* und *worst case*) analysiert. Vgl. Wilms, Falko: *Szenariotechnik. Vom Umgang mit der Zukunft*. Haupt Verlag: Bern 2006.

13 Vgl. *Celestina*, S. 144 / Übers.: S. 86.

14 Übers.: „Hier, in meiner Rocktasche, habe ich ein bisschen Garn samt anderem Krimskrams, den ich immer bei mir trage, damit ich einen Vorwand habe, der es mir erlaubt, erstmals ein Haus zu betreten, wo man mich noch nicht so recht kennt. Ich habe Halskrausen zu bieten, Haarnetze, Fransen, Spitzenborten, Brennscheren, Zänglein zum Haarauszupfen. Lidschatte, Wimperntusche, Puder,

Sie weiß in jeder Situation, was zu tun ist. Mit ihrer Gabe magischer Praktiken agiert sie in ihrer Zeit sehr risikoreich, zumal Hexenverfolgungen mit der Inquisition in der Renaissance einen ihrer Höhepunkte erlebten. Eine kumulative Häufung von Risiken, ein Klumpenrisiko, bleibt ihr insbesondere im Kundensegment des Klerus. Mit Celestinas brisanten Geschäftsbeziehungen zu den katholischen Geistlichen haftete dem Werk in der zeitgenössischen Realität zusätzliche subversive Kraft an. Fernando de Rojas' Kritik am Klerus und an den Machtasymmetrien im sozialen Klassengefüge trugen dazu bei, dass der Autor – auch angesichts der massiven Judenverfolgungen seiner Epoche – aus Sicherheitsgründen anonym bleiben musste. Klerus und Adel jeden Alters gehörten zu den Kunden und Unterstützern von Celestinas Geschäft der Zuhälterei, das hoch im Kurs stand: „En entrando por la yglesia vía derrocar bonetes en mi honor como si yo fuera una duquesa." (*Celestina*, S. 235)[15] Die Edelleute und Geistlichen wurden in ihrer Gegenwart nervös und machten sofort gute Angebote, setzen Zehntenopfer in Form von Naturalien und köstlichen Lebensmitteln als Bezahlungsform für die Kupplerin ein.

Die Lust des Autors an den Tabuthemen der damaligen Gesellschaft übertrug und überträgt sich auch heute auf die Leserschaft des höchst erfolgreichen Theaterstücks. Nicht nur das Lesedrama selbst, sondern auch Celestina in der fiktionalen Dimension polarisierte, obwohl sie eine allseits bekannte Persönlichkeit mit starkem Auftreten in der Stadt war, und obwohl die gesellschaftliche Akzeptanz des ältesten Gewerbes der Welt doch irgendwie gewährleistet war. Die kühnen, ja aufrührerischen Inhalte des Werks, wohl auch die unverblümte Erotik führten dazu, dass daraus sehr schnell ein Bestseller seiner Zeit wurde.[16] Rojas' ironischer Umgang mit den großen Themen des Mittelalters – Liebe, Tod, Schicksal und Vorsehung – war ein Wagnis. Dies alles wurde allerdings nur möglich

---

Quecksilbersublimat, Nähnadeln, Stecknadeln… […] Wann und wo immer man mich braucht – ich habe das Nötige parat, bin allzeit bereit, den Köder auszuwerfen oder mit der Tür ins Haus zu fallen." (*Celestina*, S. 86).

15 Übers.: „Betrat ich die Kirche, so sah ich, wie Birette gelüftet wurden zu meinen Ehren, als wäre ich eine Herzogin." (*Celestina*, S. 197).

16 Siebenmann, Gustav: „*La Celestina*, deutsch. Zur Veröffentlichung der Wirsung-Übersetzung". *NZZ* (61) 14./15.3.1987; wieder in: Ders.: *Essays zur spanischen Literatur*. Vervuert: Frankfurt/Main 1989, S. 146–152.

durch die Orchestrierung des moralischen, opportunistischen Schlussakkords: Bei allem – von Moralin freien – Erfolg Celestinas im informellen Sektor ‚müssen' Gier, Geiz, Machtkalkül und berechnender Opportunismus zur Katastrophe führen. Die Protagonistin geht in Fernando de Rojas' pessimistischem Weltbild nach ihrem Pakt mit dem Teufel zugrunde. Dieser Pakt wird im Stück zelebriert mit Beschwörungsformeln, die der Autor zuvor eingehend recherchieren und studieren musste, genauso wie die magischen Praktiken: „[S]eñor de los sulfúreos fuegos que los hervientes étnicos montes manan [...], *regidor de las tres furias, Tesífone, Megera, y Aleto,* [...] *mantenedor de las bolantes harpías, con toda la otra compañía de espantables e pavorosas ydras.*" (*Celestina*, S. 147; Kursivierung im Orig.)[17]

Das schiere Desaster, in welchem sämtliche Figuren in einer Kettenreaktion enden, einem unglaubhaften, höchst konstruierten und unglücklichen Finale, dient Rojas als reiner Vorwand auf der Bühne politischer Strategien und Zugeständnisse, um jedem die Rolle, die ihm nach seiner Standeszugehörigkeit zugewiesen war, zurückzugeben. Das Scheitern, für das sich die deklariert fiktionale Literatur seit jeher eher interessiert als für erfolgreiche Macher – Erfolg ist unpoetisch – wird hier als eine politische Strategie eingesetzt. Der Konvertit Fernando de Rojas hatte sich den extremen Systemzwängen seiner Epoche zu unterwerfen. Er musste die Botschaft der Umkehrung der sozialen Ordnung durch einen opportunistischen und daher fatalen Schluss relativieren und das Werk anonym publizieren lassen (nur ein Akrostichon verrät seinen Namen). Fernando de Rojas stand unter Druck und wäre durch Inquisition und Zensur verfolgt worden. Deshalb wohl konstruierte er den bis zur Künstlichkeit gesteigerten Ausgang und stellte damit die herrschende gesellschaftliche Ordnung vordergründig wieder her.

Im gesamtgesellschaftlichen Kontext beziehen sich die Kernaussagen auf den durch Habgier und Gewinnstreben erzeugten Domino-Effekt, die verhängnisvolle Rolle des Geldes in einer frühkapitalistischen Epoche sowie

---

17 Übers.: „[G]ebieter der schwefligen Gluten, die aus den brodelnden Höhen des Ätna quellen; [...] Lenker der drei Furien Tesiphone, Megäre und Alekto; [...] Nährvater der fliegenden Harpyien und der gesamten Sippschaft schauriger grauenerregender Hydren!" (*Celestina*, S. 89).

die Vermischung zweier ungleicher Stände. Das Gefälle zwischen dem adeligen Liebespaar (in einer außerehelichen Beziehung) und der unterklassigen Celestina darf nur vorübergehend aufgehoben werden.

Die, wie ihr Name insinuiert, ‚himmlische' Protagonistin inszeniert sich gekonnt und keck zwischen Sein und Schein, zeigt verschiedene Gesichter oder eine Maske. Pablo Picasso verleiht seinem berühmten Celestina-Portrait denn auch ein gesundes und ein krankes Auge. Mehr als Heirats- ist sie Sexvermittlerin, ehemalige Prostituierte, die in ihrem hohen Alter auch selbst immer wieder einmal Lust verspürt. Die Heldin und Managerin rühmt sich nicht nur selber ausführlich – keiner hätte das geschafft –, sondern auch ihre Kundin Melibea schätzt ihre Künste in einem knappen Statement: „En todo as tenido buen tiento, assí en el poco hablar en mi enojo como con el mucho sofrir." (*Celestina*, S. 170)[18]

Celestina fühlt sich auch selber als Heldin und schildert ihren Erfolg Calixtos Diener Sempronio in einer lustvoll bildlichen Sprache. Sie attestiert sich ‚gewitzte Verwegenheit', ‚äußerste Schläue', ‚Zauberkräfte', ‚kluges Schweigen' (Übers.: *Celestina*, S. 117 / Orig.: S. 171): „¡O quántas erraran en lo que yo he acertado! […] y la vieja, como yo, que alce sus haldas passar del vado, como maestra." (*Celestina*, S. 171f.)[19] Im zitierten Gespräch zeigt sie sich einmal mehr als gewiefte, souveräne Rhetorikerin, die für eine unterklassige Frau viel Eloquenz mitbringt und damit die soziale Ordnung der Stände diskursiv auf den Kopf stellt; die adeligen Protagonisten verblassen neben ihr. Sie erhält auch deutlich mehr Sprechzeit und Monologe, in welchen sie auf viel Bildung zurückgreifen kann, vor allem aus der antiken Geschichte und Mythologie (in einem Monolog tauchen etwa Alexander, Hektor, Herkules, Narziss, Orpheus, Hadrian usw. auf; *Celestina*, S. 167 / Übers.: S. 111f.), die Celestina in ihre Reden an die adelige Kundschaft einbaut. Sie kennt deren Diskurs, auch die Rhetorik der höfischen Liebe sehr genau und setzt sie ein, verwendet manch eine rhetorische Figur, z.B. die Hyperbel oder die Anapher, und stellt in ihrer

18 Übers.: „Du hast Fingerspitzengefühl bewiesen, in jedem Moment. Als ich aufbrauste, wurdest du wortkarg; als du Unrecht erlittest, trugst du es mit Fassung" (*Celestina*, S. 116).

19 Übers.: „Oh, wie viele hätten danebengeschossen, wo ich ins Schwarze traf! […] Und eine Alte wie ich versteht es im Effeff" (*Celestina*, S. 118).

Public Relations Offensive gekonnt zahlreiche rhetorische Fragen. Im Verkaufsgespräch mit Melibea, in welchem sie ein sehr hohes Risiko nicht scheut, zeigt sie ihre große Klasse. Aber vor allem wird die bildhafte Rede in ihren Monologen geradezu von einer Metaphernflut durchzogen, die wir auch von den heutigen Manager*innen kennen, die im Schnitt drei – wenn auch nicht besonders originelle – Metaphern pro Minute verwenden.[20] Celestinas Bilder sind weit origineller, und sie durchzieht ihren elaborierten Diskurs zudem ständig mit burschikosen Ausdrücken, ja Fluchworten („putos días", „malvado", „don loquillo"; *Celestina*, S. 120/198),[21] was eine mehrfach überraschende, unterhaltsam zu lesende Mixtur ergibt und bestimmt auch einen Teil des Erfolgs des Texts in seiner Zeit ausmachte.

Im Zusammenhang mit ihren magischen Praktiken und alchemistischen Fertigkeiten verwendet die Protagonistin immer wieder medizinische Metaphern und Vergleiche mit der Schulmedizin. Möchte ein Arzt sein Verdienst steigern, d.h. den Preis der Heilung in die Höhe treiben, macht er die Krankheit zunächst schlimmer, die Wunden tiefer: „Alargarle [a Calixto] he la certenidad del remedio, porque […] tanto gela promete." (*Celestina*, S. 107)[22] Im Sexgewerbe ‚eröffnen [Jungfrauen] ihren Kaufladen', damit Celestina ‚Kunden bei ihnen einführen' kann (Übers.: *Celestina*, S. 82–83 / Orig.: S. 141f.). Sie spinnt diese Profitorientierung weiter: „Bulla moneda e dure el pleyto lo que durare. Todo lo puede el dinero: las peñas quebranta, los ríos passa en seco; no ay lugar tan alto, que un asno cargado de oro no le suba." (*Celestina*, S. 143f.)[23] Um ihre Schweigepflicht bzw. Diskretion hervorzuheben, verwendet sie eine Metapher aus dem semantischen Feld

---

20 Vgl. Bazil, Vazrik / Wöller, Rolland (Hrsg.): *Rede als Führungsinstrument. Wirtschaftsrhetorik für Manager – ein Leitfaden*. Gabler: Wiesbaden 2008.

21 „Hurenlohn", „Schandkerl", „kleiner Herr Klugscheisser" (*Celestina*, S. 61/152).

22 Übers.: „Ich muss sein [Calixtos] Siechtum in die Länge ziehen […], desto höher steigt der Ertrag." (*Celestina*, S. 47f.).

23 Übers.: „Die Taler sollen tanzen und der Handel sich hinziehen, solang er will. Das Geld vermag alles: es sprengt die Felsen, durchquert die Flüsse trockenen Fusses. Kein Berg ist so hoch, dass ein goldbeladener Esel ihn nicht erklimmen kann." (*Celestina*, S. 85).

ihres sexgewerblichen Verkaufsprodukts: „Que será de[s]florar mi embaxada comunicándola con muchos." (*Celestina*, S. 173)[24]

Zu metaphorischen Höhenflügen verleiten sie auch die guten alten Zeiten mit ihren Kunden aus dem Klerus, die ihr – zumindest in ihrem verklärenden Blick zurück – ein Leben in Saus und Braus bescherten. Die Metaphernkette reiht die kirchliche Herkunft der Schlemmereien an die weltlichen Abnehmerinnen, wobei die beiden Metaphern die zwei Gruppen zueinander führen, die Prostituierten jedoch mit einem ironischen Diminutiv. Diese Konstruktion stammt allerdings vom Übersetzer Fritz Vogelsang, denn im spanischen Original ist nicht von ‚Schäflein' und ihren Hirten die Rede, sondern von „devotas" (‚frommen Frauen'):

> Cada qual como lo recibía de aquellos diezmos de Dios, assí lo venían luego a registrar para que comiesse yo y aquellas sus devotas. […] Espessos como piedras a tablado entravan mochachos cargados de provisiones por mi puerta. (*Celestina*, S. 236) [25]

Der Vergleich zwischen dem Schwarmverhalten der Boten und der Sportwelt (mit dem in der Renaissance üblichen Steinewerfen[26]) erscheint heutigen Lesern wohl besonders originell. Auch hier dürfte der nostalgische, idealisierende Blick der Seniorin die Übertreibungen hervorgerufen haben.

Das Managementmodell der Maslow-Pyramide[27] zur Analyse der Bedürfnisbefriedigung und Zielvorstellungen für die Arbeitsleistung der Unternehmerin und ihres Teams könnte hier ebenfalls zur Anwendung kommen. Dieses Motivationsmodell zeigt bei Celestina einen Schwerpunkt auf der rationalen und der materiellen Ebene: Essen und Kleider

---

24 Übers.: „Meine Nachricht verlöre ihren jungfräulichen Schmelz, wenn ich sie vor Hinz und Kunz ausplaudern würde" (*Celestina*, S. 117f.).

25 Übers.: „Dem Herrgott zuliebe als Zehntopfer der Kirche dargebracht, wanderten diese Köstlichkeiten aus der sie verbuchenden Pfaffenhand schnurstracks hierher, damit ich und die Lieblingsschäflein jener Seelenhirten keinen Mangel litten. […] In dichtem Schwarm, wie Steine, die beim Wettwerfen auf das Zielbrett hageln, schirrten die Laufburschen mit ihrer Vorratslast zur Tür herein." (*Celestina*, S. 198f.).

26 Vgl. Levy, Ludwig: „Das ‚Steinewerfen' in Koheleth 3,5, in der Deukalionsage und im Hermeskult". *Monatsschrift für Geschichte und Wissenschaft des Judentums* 55 (N. F. 19), H. 9/10, 1911, S. 531–542.

27 Vgl. Maslow, Abraham H.: *Maslow on Management*. John Wiley & Sons: New York 1998.

sind zentral für sie, aber auch Statussymbole oder Fetischobjekte wie die Goldkette, wobei diese ebenso zur Sicherung der Grund- und Existenzbedürfnisse eingesetzt werden kann. Sie erreicht aber durchaus auch die höhere Bedürfnisebene der Werte und Weltbilder, z.B. Anerkennung bzw. Wertschätzung.

Man könnte in diesem Zusammenhang auch die sowohl intrinsische (aus der Befriedigung durch ihre Tätigkeit selbst) als auch extrinsische Motivation (Anreize der erwarteten Bezahlung in vielerlei Formen und der Anerkennung) der Ich-AG bzw. Einzelunternehmerin Celestina untersuchen. Im Storytelling ist die große Erzählerin Celestina generell spitze, einerseits zur Vermarktung, andererseits, weil sie als Teil ihres Überzeugungstalents genussvoll die Kunst des Geschichtenerzählens beherrscht, wobei in ihren Reden auch immer wieder Floskeln auftauchen. Sie vermittelt so implizit Geschäftsbotschaften an ihre Stakeholder, transportiert ihr Wissen und trägt zur Problemlösung im Business bei.

Wie im heutigen Management-Diskurs redet sich Celestina für das persönliche Branding schön und konstruiert egozentrisch das eigene Image (z.B. als Troubleshooterin), wobei sie Werte wie Eigenverantwortung, Empathie, Engagement, Integrität und Intuition herausstreicht. Es ist interessant zu beobachten, dass die Gesprächsinhalte der Geschäftsfrau der Renaissance so weit weg von den Reden gegenwärtiger Manager*innen nicht liegen. Gerade wenn man etwa Autobiographien von Manager*innen untersucht, begegnet einem auch heute ein Diskurs von Verzerrungen, von Täuschungen, Unterschlagungen, manipulativer Sprache, Vertuschungen, Übertreibungen, Floskeln und Stereotypen. Und noch heute kann der Jargon ins Vulgäre abdriften, indem sich alles nur um Geld und Sex dreht, nicht nur bei den Krisenverursachern bzw. ‚Wölfen' an der Wall Street und an der Grenze zur Kriminalität. Ungezügelter Hedonismus, Exzesse und Dekadenz durchziehen ihre Narrative und geraten immer wieder einmal außer Kontrolle.

Der Autor des spanischen Klassikers muss eingehend über das Geschäft recherchiert haben, was ihm erlaubte, Gepflogenheiten des Unternehmertums, insbesondere der Kuppelei quer durch alle Gesellschaftsschichten hindurch fein zu analysieren und mit ironischer Distanz diskursiv umzusetzen. Er schuf damit einen der großen Klassiker der spanischen Literatur. Celestina kann durchaus auf die Stufe eines Don Juan, Lazarillo oder Don

Quijote gestellt werden, deren Namen stellvertretend für bestimmte Charaktereigenschaften in die spanische Alltagssprache Einzug fanden. Kaum jemand verwendet heute den gängigen Begriff für die Kupplerin, *la alcahueta*, sondern *la celestina*. Es wäre nicht verwunderlich, wenn neuerdings Alleinunternehmer den Geschäftssinn und die Talente der klassischen Kupplerin als *celestinesk* in ihr Storytelling einbauen würden, genauso wie die fiktionale Figur Gordon Gekko die ‚reale' Finanzwelt, nicht nur an der Wall Street, geprägt hat.

Literaturverzeichnis

Bazil, Vazrik / Wöller, Rolland (Hrsg.): *Rede als Führungsinstrument. Wirtschaftsrhetorik für Manager – ein Leitfaden.* Gabler: Wiesbaden 2008.

Iser, Wolfgang: *Der Akt des Lesens.* UTB: Stuttgart ^{4}1994.

Levy, Ludwig: „Das ‚Steinewerfen' in Koheleth 3,5, in der Deukalionsage und im Hermeskult". *Monatsschrift für Geschichte und Wissenschaft des Judentums* 55 (N. F. 19), H. 9/10, 1911, S. 531–542.

Martz, Larry: „True Greed". *Newsweek* 1, Dezember 1986, S. 48.

Maslow, Abraham H.: *Maslow on Management.* John Wiley & Sons: New York 1998.

Müller-Stewens, Günter / Sánchez, Yvette: „Immer auf der Kippe: Manager in der Fiktion – Fiktion im Management". In: Dies. (Hrsg.): *Business-Fiktionen und Management-Inszenierungen* (Literatur – Kultur – Ökonomie 2). Lang: Frankfurt/Main 2018, S. 23–49.

Onpulson Wirtschaftslexikon, retrieved 24.7.2018, from https://www.onpulson.de/lexikon/szenarioplanung/.

Rojas, Fernando de: *La Celestina*, hrsg. von Dorothy S. Severin. Cátedra: Madrid 2000.

Rojas, Fernando de: *La Celestina, oder: Tragikomödie von Calisto und Melibea* [1500], aus dem Spanischen übersetzt und mit einem Nachwort versehen von Fritz Vogelsang. Insel: Frankfurt/Main 1990.

Sen, Amartya: „Rational Fools. A Critique of the Behavioural Foundations of Economic Theory". In: Ders.: *Choice, Welfare and Measurement.* Blackwell: Oxford 1982, S. 317–344.

Siebenmann, Gustav: „*La Celestina*, deutsch. Zur Veröffentlichung der Wirsung-Übersetzung". *NZZ* (61) 14./15.3.1987; wieder in: Ders.: *Essays zur spanischen Literatur*. Vervuert: Frankfurt/Main 1989, S. 146–152.

Wilms, Falko: *Szenariotechnik. Vom Umgang mit der Zukunft*. Haupt Verlag: Bern 2006.

Jens Elze

‚Geld stinkt nicht': *Lazarillo de Tormes* als (utopisches) Finanznarrativ

Abstract: This article analyses the role of money in *Lazarillo de Tormes*; a picaresque novel, that centres on the precarious life of a protagonist who is consigned to poverty and enforced to mobility. Due to Lazarillo's socio-economic marginality, money is present in the novel largely through its absence. There are, however, a few instances in which money appears in its symbolic and indifferent forms and in these, it serves the protagonist conspicuously well. This contribution reads the functions of money in the novel through the lens of Georg Simmel's *Philosophy of Money* and contrasts the efficacy of money for the protagonist with the unsuitability of other forms of possession. I argue that the novel offers a vision of money as an origin-less form of possession and as a symbolic medium that serves the expression of reciprocity and future commitment. In this early modern text, money is thus envisioned as a potentially enabling tool that allows for the malleability of the world through human intersubjectivity and communication about the future – an early modern mobilisation of the world through the symbolic and contextual realm that resonates with what Hans Blumenberg has called 'reality as the result of an actualisation'. In capitalist modernity, however, money belied this utopian early modern vision: under capitalism, money has become reified into an expression of ownership and its abstract symbolic dimension is often reduced to speculative investment for capital accumulation. Therefore, it has strongly contributed to a modernity defined by brute economic facts and divisions rather than by intersubjective and symbolic actualisations of the world.

Keywords: *Lazarillo de Tormes*, money, modernity, Georg Simmel, capitalism, Hans Blumenberg

In seiner *Second Treatise of Government* präsentiert John Locke eine Reihe möglicher Aktivitäten der naturrechtlichen Begründung von Eigentum:

> He that is nourished by the Acorns he pickt up under an Oak, or the Apples he gathered from the Trees in the Wood, has certainly appropriated them to himself. No Body can deny but the nourishment is his. I ask then, when did they begin to be his? When he digested? Or when he ate? Or when he boiled or when he

> brought them home? Or when he pickt them up? And it is plain, if the first gathering made them not his, nothing else could.[1]

Lockes Eigentumsursachen führen immer tiefer aus der Umwelt in den konkreten menschlichen Körper, bis hinein in seine physiologischen Prozesse: Sie beginnen bei der Entnahme aus der Natur, über die Transformation durch Arbeitsprozesse und Introjektion bis zur Digestion. Wenn nicht schon der erste Akt der Aneignung zum Eigentum führe – so fährt Locke fort –, dann können es auch die anderen niemals. Natürlich kann der Nährwert der verzehrten Nahrungsmittel selbst im prekärsten rechtlich-sozialen Kontext, in dem die Aneignung erst durch Übersetzung in den Stoffwechselkreislauf gewährleistet ist, nicht abgesprochen werden, doch kann man an dieser Stelle nicht von Eigentum sprechen, sondern höchstens von dem, was Georg Simmel später momentane ‚Nutznießung' nennen wird, da das Objekt mit der Aneignung auch verschwunden ist. Was das stabile Eigentum von der momentanen Nutznießung unterscheidet, so Simmel, ist die Garantie dafür, dass im Eigentum „die Nutznießung in jedem Augenblick und nach jeder Richtung hin erfolgen kann".[2] Die prekären Identitäts- und Rechtskonstellationen des *Lazarillo de Tormes* und der Pikareske im Allgemeinen machen die Protagonisten dieser Romane zu Recht unwahrscheinlichen Eigentümern der meisten Güter, womit sie vollkommen der Volatilität und Agonalität von reiner Nutznießung verhaftet bleiben. Dieser unsichere Status pikaresker Eigentumsmöglichkeiten und die im Vergleich dazu potenziell ermächtigende Rolle, die Geld für *Lazarillo de Tormes* spielen kann, sollen im Folgenden untersucht werden.

An einer recht prominenten Stelle des ersten *tratado* des *Lazarillo de Tormes* bestätigt Lazarillo bezeichnenderweise die prekären Implikationen der Lockschen Kette abnehmender naturrechtlicher Absicherung an ihrem fast schon unwahrscheinlich wirkenden unteren Ende – also zwischen Verzehr und Verdauung. Der hungrige Lazarillo tauscht heimlich eine alte trockene Rübe gegen eine Wurst, in der Hoffnung, dass sein erster Herr, der blinde Bettler, den Tausch nicht zu schnell bemerkt. Da Lazarillo weiß,

---

1 Locke, John: *Two Treatises of Government*, hrsg. von Peter Laslett. Cambridge University Press: Cambridge 1988, S. 306.

2 Simmel, Georg: *Die Philosophie des Geldes* (*Gesamtausgabe* VI), hrsg. von Otthein Rammstedt et al. Suhrkamp: Frankfurt/Main 1996, S. 413.

dass er die Wurst nicht dauerhaft als Eigentum gegenüber dem Herrn sichern kann, versucht er die ‚momentane Nutznießung' der Wurst zügig durchzusetzen: „no tardé en despacharla longaniza". Somit hat er sich wenigstens auf der unteren Skala der Lockschen Nutznießung angesiedelt und wenn auch kein Eigentum angereichert, doch zumindest den Nährwert der Wurst für sich genutzt. Doch selbst dabei täuscht er sich:

> Levantóse y asióme por la cabeza y llegóse a olerme; y como debió sentir el huelgo, a uso de buen podenco, por mejor satisfacerse de la verdad, y con la gran agonía que llevaba, asiéndome con las manos, abríame la boca más de su derecho y desatentadamente metía la nariz, la cual él tenía luenga y afilada [...]. Y con esto, y con el gran miedo que tenía, y con la brevedad del tiempo, la negra longaniza aún no había hecho asiento en el estómago; y lo más principal: con el destiento de la cumplidisíma nariz, medio cuasi ahogándome, todas estas cosas se juntaron y fueron causa que el hecho y golosina se manifestase y lo suyo fuese vuelto a su dueno. De manera que – antes que el mal ciego sacase de mi boca su trompa – tal alteración sintió mi estómago, que le dio con el hurto en ella, de suerte que su nariz y la negra mal maxcada longaniza a un tiempo salieron de mi boca.[3]

Die lange Nase des Blinden sorgt sowohl für die Aufdeckung des Diebstahls wie auch für die vollständige Rückgabe des Diebesgutes, wenn auch in nicht mehr nutzbarem Zustand durch Erbrechen. Die Zeit zwischen dem Verzehr und der beschriebenen Untersuchung war zu kurz („la brevedead del tiempo"), um die Wurst durch Verdauung wirklich zu sichern. Lazarillo muss sie wieder hergeben und siedelt sich damit auf der untersten und prekärsten Ebene der Lock'schen Skala an bzw. bestätigt sie insofern als mögliche Stufe prekärer Aneignung unterhalb des Verzehrs, als er sie nicht mal erreichen kann. Er macht klar, dass selbst Introjektion nicht zur Sicherung ausreicht – auch wenn man argumentieren könnte, dass er zumindest kurzfristig den Geschmack der Wurst genossen hat: Erst Verdauung sichert die Nutznießung im rechtsfreien Raum pikaresker Dienerschaft, an Eigentum ist nicht zu denken. Quevedos Buscón macht später eine ähnliche Bemerkung über die Prekarität seiner Mahlzeiten: „parecía que aun entre los dientes no la tenía bien segura".[4]

---

3 Beide Zitate: Anonym: *La Vida de Lazarillo de Tormes: y de sus fortunas y adversidades*, hrsg. von Francisco Rico. Cátedra: Madrid 1990, S. 38.

4 Quevedo, Francisco de: *La vida del Buscón llamado Don Pablos*, hrsg. von Domingo Ynduráin. Cátedra: Madrid 1980, S. 211.

Nutznießung ist somit erst gesichert, wenn der Nährwert in den Stoffwechselkreislauf von Lazarillo eingespeist ist, und kann sich an keiner Stelle außerhalb als Eigentum oder potenzielles Objekt manifestieren. Somit ist Lazarillo de Tormes in seiner archetypischen „picaresque art of survival", wie Giancarlo Maiorino es nennt,[5] völlig auf die volatilen, materiellen Gegebenheiten der unmittelbaren Wirklichkeit zurückgeworfen, der er die organischen Überlebensgrundlagen immer wieder neu agonal entreißen muss.

Der Versuch, subjektiven Wert in diese prekäre Wirklichkeit einzuführen, scheitert erst recht. Simmel unterscheidet zu Beginn seiner *Philosophie des Geldes* deutlich zwischen Wirklichkeit und Wert. Die Sphäre des Wertes kann nur über eine gewisse Distanz zu einem Objekt erreicht werden, die erst die Objektivation und Auswahl ermöglicht, die Wert bedingt. Lazarillos Überlebenskunst zielt zwar sehr wohl auf die agonale Überbrückung von Abständen zu Objekten, die sich ganz explizit dem Aneignungswunsch entziehen und somit Wert wären. Er kann aber keine objektivierende Auswahl treffen zwischen diesen für das Überleben des Organismus notwendigen Objekten (Brotkrümel, Zwiebeln, Rüben) – zumindest nicht in den Situationen, in denen er erfolgreich ist. Erst jenseits solcher Auswahl und der unmittelbaren Auflösung der Objekte bei ihrem Erreichen fängt aber subjektiver Wert und, so Simmel, Subjektivität an.[6]

Die Sphäre der objektivierten und einer Auswahl unterzogenen Wertvorstellungen existiert zwar für Lazarillo, diese Objekte bleiben aber unerreichbar oder gleich völlig imaginär. Im dritten Kapitel etwa verwandelt sich die Vorstellung des *escudero*, an Wein zu gelangen, in die Wirklichkeit, in der es immer nur Wasser gibt. Die pikareske Beschränktheit auf die reine Wertvorstellung wird in *El Buscón*, der als Parodie der Pikareske viele der Dinge ausspricht, die im *Lazarillo* nur angedeutet sind, explizit formuliert: „Sustentámonos así del aire. Somos gente que comemos un puerro, y representamos un capon."[7] Wertobjekte bleiben also unerreichbar für

5 Maiorino, Giancarlo: *At the Margins of the Renaissance. „Lazarillo de Tormes" and the Picaresque Art of Survival.* Pennsylvania State University Press: University Park 2003.

6 Simmel 1996, S. 23–55.

7 Quevedo: *La vida del Buscón*, S. 192.

Lazarillo; er kann sie sich nicht dauerhaft durch Diebstahl aneignen oder für sie tauschen. Zugriff hat er nur – und das nur unter größter Anstrengung – auf nichtspezifische Nahrungsobjekte und auf reine Wertvorstellungen: *food for thought.*

Interessanterweise ist es ausschließlich Geld, welches oft gerade nicht mit prekären Figuren wie dem frühneuzeitlichen Pikaro in Verbindung gebracht wird, das in diesen von ökonomischen Knappheits- und kosmologischen Bedeutungskrisen verunsicherten Welten an einigen Stellen als Entität figuriert, mit der Lazarillo operieren kann und deren übertragbaren und haltbaren Wert er sich aneignen und nutzen kann. Dieser Erfolg liegt, wie ich zunächst zeigen werde, in der teilweise sensuellen Indifferenz und Komprimierbarkeit von Geld, die es zum einzig möglichen haltbaren Wert für Besitzlose und mäandernde Pikaros macht; aber auch in seiner zunehmenden Kontextualität, die erlaubt, dass es relativ lange in der Sphäre des Nicht-Materiellen verbleiben kann und sich in seiner Polyvalenz wiederum rein quantitativ in anderen Objekten manifestieren darf, zumindest in der frühneuzeitlichen Welt des *Lazarillo de Tormes*. Während die indifferente Aneigenbarkeit von Geld und seine Immanenzpotenziale in Quevedos Parodie der Pikareske *El Buscón* klar negativ konnotiert sind und einer materiellen wie moralischen Erosion des Adelssystems durch Aufsteigertum und Geldwirtschaft entsprechen, wird Geld im *Lazarillo de Tormes* zur einzigen Besitzmöglichkeit der zur Eigenverantwortung aufgerufenen Unterschichten und bietet in seiner symbolischen Kontextualität vielleicht sogar kurze Momente utopischen Potenzials.

Gerade das erste Kapitel des *Lazarillo de Tormes* ist von konstanten Versuchen geprägt, dem blinden Herren etwas mehr an Nahrung abzugewinnen, als dieser zu geben bereit ist. Meist kommt der Blinde – wie in der oben zitierten Stelle – Lazarillo dabei auf die Schliche. Während er sich dort des Geruchssinns bedient hat, um Lazarillos Diebstahl aufzuspüren, nutzt er an anderer Stelle den Tastsinn, so etwa als Lazarillo versucht, Wein mithilfe eines Strohhalms abzuzweigen. Der Blinde bemerkt den Gewichtsunterschied und bestraft Lazarillo. Nur einmal gleich zu Beginn berichtet Lazarillo von einigen Erfolgen bei der Entwendung von Lebensmitteln aus dem Sack des Blinden. Wir erfahren nichts über den Verbleib dieser Lebensmittel, aber man würde – trotz der unpraktisch großen

Menge – eigentlich vom zügigen Verzehr ausgehen. Der nächste Absatz beginnt dann aber sehr überraschend mit „Todo lo que podía sisar y hurtar traía en medias blancas".[8] Damit wird auf die hohe Komprimierbarkeit, Mobilität und Speicherfähigkeit von Geld hingewiesen, welches er anders als die Lebensmittel längerfristig und gewichtsarm bei sich tragen kann und das zudem dem Sensorium des Blinden unzugänglich ist. Wir erfahren nichts über den Tausch oder Verkauf, der ihm das Geld eingebracht haben soll, sondern die gestohlenen Güter sind mit dem Abschnittswechsel einfach gleichsam in Geld verwandelt. Das ‚en' markiert lediglich ein quantitatives Verhältnis von Äquivalenz zu ‚todo', so als würde der Geldwert von Gegenständen immer schon an ihnen haften und ablösbar sowie speicherbar werden, sobald das Subjekt sie nicht sofort im Verzehr auflösen muss oder anderweitig verliert. Sein Erfolg setzt sich fort, als er mit diesem Startkapital aus halben Blancas, seine Ambitionen völlig auf Geldobjekte und damit auf den visuellen Sinn verlegt:

> Todo lo que podía sisar y hurtar traía en medias blancas, y cuando le mandaban rezar y le daban blancas, como él carecía de vista, no había el que se le daba amagado con ella, cuando yo la tenía lanzada en la boca y la media aparejada, que, por presto que él echaba la mano, ya iba de mi cambio aniquilada en la mitad del justo precio.[9]

Er kann halbe Blancas durch ganze Blancas ersetzen, ohne dass es dem Blinden auffällt. Bezeichnenderweise kann er sie im expliziten Unterschied zur Wurst sogar in der Mundhöhle speichern, ohne dass sie dadurch unbrauchbar werden oder der Blinde sie erriechen kann. Nach einiger Zeit bemerkt der Blinde natürlich durch nachträgliches Ertasten der Prägungen, dass seine Durchschnittseinkünfte das gewohnte Maß unterbieten, doch er kann Lazarillo nichts nachweisen, da seine vorhandenen Sinne ihm in den Situationen der Aneignung nicht beikommen können. Die sprichwörtliche olfaktorische Indifferenz, die in offenkundigem Unterschied zur verzehrten Wurst steht, ist hier also die tatsächliche Grundbedingung für Lazarillos Erfolg in der Sphäre finanzieller Objekte. Geld ist zugänglich und haltbar für Lazarillo, eben weil es sensorisch relativ qualitätslos ist. Marc Shell hat in seiner einflussreichen Studie über Geld und Literatur explizit auf dessen

8 *La Vida de Lazarillo de Tormes*, S. 29.
9 Ebd.

Prädisposition zu „invisibility“ und „invisible transactions“[10] hingewiesen. Eine Prädisposition, die in den komplett ausgesparten Transaktionen, die Lazarillo die halben Blancas erst beschafften, enigmatisch performiert wird. Trotz dieser Unsichtbarkeitspotenziale betrifft der sensorische Rest von materiellem Geld doch am ehesten den visuellen Sinn. Entsprechend taucht es im *Lazarillo de Tormes* erstmals unter den defizitären Augen eines Blinden auf, um dann aber recht schnell wieder zu verschwinden.

Noch deutlicher wird das Potenzial des Geldes für Lazarillo im zweiten Kapitel, auch wenn – oder gerade weil – es hier gar nicht materiell vorkommt. Damit wird nicht nur die Beschränktheit der Pikaros auf Geld, sondern möglicherweise auch auf die Potenziale des Geldes als Medium der menschlichen Selbstrealisierung von Welt verwiesen. Das zweite Kapitel präsentiert die lange Reihe der Versuche, an die Brotstücken des zweiten Herrn, eines geizigen Priesters zu gelangen, die dieser in seinem Schrank versteckt hält. Lazarillo kommt hierbei erst zu dauerhaftem Erfolg, als er auf einen Schlüsselmacher trifft. Unter dem Vorwand, den Schlüssel für die Schublade, in der das Brot lagert, verloren zu haben und der Wut seines Herrn über den Verlust entgehen zu wollen, bittet er ihn, einen neuen herzustellen: „Tío, una llave de este arca he perdido, y temo mi señor me azote. Por vuestra vida, veáis si en esas que traéis hay alguna que le haga [...].“ Der Wunsch wird schließlich durch Aussicht auf Bezahlung zur Kooperation und Transaktion: „que yo os lo pagaré“.[11] Nachdem ihm der Schmied die Schublade geöffnet hat, muss Lazarillo allerdings einräumen: „Yo no tengo dinero que os dar por la llave, mas tomas de ahí el pago.“[12] Der explizite Verweis auf die Abwesenheit des Geldes deutet an, dass es sehr wohl als Zahlungsmittel impliziert und antizipiert war. Durch die Fähigkeit, Geld in seiner symbolischen Reinform als Versprechen einzusetzen, hat Lazarillo hier eine tatsächliche und im wahrsten Sinne des Wortes materielle Besitzgrenze aufgelöst. Geld überbrückt für ihn die Nichtverfügbarkeit eines Tauschobjektes und ist in der Transaktion ‚Geldversprechen für Dienstleistung‘ tatsächlich eine ‚invisible transaction‘. Nachdem

---

10 Beide Zitate: Shell, Marc: *The Economy of Literature*. Johns Hopkins University Press: Baltimore u.a. 1978, S. 34.

11 Beide Zitate: *La Vida de Lazarillo de Tormes*, S. 56.

12 Ebd.

es die Dienstleistung ausgelöst hat, kann Lazarillo es aber in die weniger potenzielle, sondern konkrete Tauschleistung/Bezahlung durch Brot übersetzen. Die Bezahlung funktioniert allerdings nur, weil seitens des Schlüsselmachers Bedarf an Brot besteht und somit eine zumindest quantitative Deckung des Wertversprechens bestehen konnte. Zwar hat Lazarillo nun wieder nur Brot zur Verfügung, welches als absolutes Grundnahrungsmittel der Nutznießung nahe zu stehen scheint. Doch was er eigentlich durch das Geldversprechen erlangt hat, ist der Schlüssel und damit der offene Zugang zum Brot, das er nun jederzeit und in flexiblerer Menge verzehren kann und welches somit die unmittelbare momentane Nutznießung deutlich übersteigt.

In dieser Situation entspricht Geld sehr stark dem neuzeitlichen Realitätsbegriff Hans Blumenbergs von „Wirklichkeit als Kontext“,[13] in dem Realität zunehmend die intersubjektiv realisierten Systeme menschlicher Bedeutungsstiftung und Produktion bezeichnet, die aus einem „konstruktiven Prozeß des Erdachtwerdens“[14] hervorgehen. Analog dazu löst Geld sich in dieser Szene des *Lazarillo* zunächst gänzlich von seinem materiellen und durch höhere Autoritäten garantierten Substrat und wird zur Möglichkeit intersubjektiver Wertkommunikation über und oberhalb materieller Tatsachen. Es wird hier wortwörtlich zum Kontext, um über Realität zu verhandeln, ohne sich selbst direkt zu manifestieren. Die Transaktion wird in der rein kontextuellen und symbolischen Wertsphäre initiiert und Geld wird, wie Blumenberg sagt, „zur zureichende[n] ‚Adäquation‘ zu der gegebenen Wirklichkeit“.[15] Anders als andere Wertvorstellungen im Roman, kann sich Geld – zumindest in dieser ‚Schlüsselszene‘ – aus der reinen Wertsphäre direkt in die Wirklichkeit einspeisen und sie als intersubjektiver Kontext beeinflussen, ja herstellen. Wert wurde hier immanent geschaffen. Nicht nur weil, wie am Ende eigentlich jeden Tauschprozesses, eine Anreicherung der subjektiven Wertsphären beider Transaktionspartner steht;[16] sondern auch weil für einen der beiden Tauschpartner der

13 Blumenberg, Hans: „Wirklichkeitsbegriff und Möglichkeit des Romans“. In: Jauss, Hans Robert (Hrsg.): *Nachahmung und Illusion* (Poetik und Hermeneutik I). Fink: München 1964, S. 9–27, hier S. 12.

14 Ebd., S. 14.

15 Ebd., S. 19.

16 Vgl. Simmel 1996, S. 71–85.

Tauschgegenstand und -wert erst im Tausch selbst geschaffen werden. Auch wenn Lazarillo letztlich über Deckung verfügt und die Kollaboration auf ein schon vorhandenes und zu Unrecht vorenthaltenes Gut zielt, verweist die symbolische Transaktion doch auch auf ein utopisches und immanentes Potenzial von Kollaboration hin; einer Form von Kollaboration, die Kräfte und Potenziale aktualisieren kann, ohne auf sofortigem Ausgleich zu beharren. Geld wäre in dieser Form Grundlage einer intersubjektiven menschlichen Herstellung von Welt jenseits der sofortigen materiellen Verfügbarkeit von Gegenleistung. Es enthält somit prinzipiell das utopische Potenzial der Speicherung von sozialer Reziprozität zur kollaborativen Realisierung von Welt. Auch Alternativen – zumindest moderne Alternativen – zum Kapitalismus wären ohne diese quantifizierende Speicherfunktion von Geld wohl nicht vorstellbar.

Die symbolische Qualität von Geld wird aber nicht nur von Lazarillo selbst genutzt. Auch der verarmte *escudero* des dritten Kapitels, Emblem des unproduktiven spanischen Kleinadels, greift an einer Stelle symbolisch auf Geld zurück. Als er Lazarillo mit seinem Wohlstand beeindrucken will, berichtet und kalkuliert er Folgendes:

> [N]o soy tan pobre que no tengo en mi tierra un solar de casas que, a estar ellas en pie y bien labradas, dieciséis leguas de donde nací, en aquella Costanilla de Valladolid, valdrían más de doscientas veces mil maravedís, según se podrían hacer grandes y buenas. Y tengo un palomar que, a no estar derribado como está, daría cada año más de doscientos palominos.[17]

Um das Ausmaß seiner Besitztümer zu umreißen – die möglicherweise auch rein fiktiv sind –, und deren nicht durch Begehung erfassbaren Wert vergleichbar zu machen, muss er auf Geld zurückgreifen. Geld überbrückt hierbei die örtliche – und vielleicht auch ontologische – Nichtanwesenheit des Besitzes. Es ist dabei doppelt symbolisch, da es durch das *Condicional* („valdrían", „podrían", „daría") auch noch in den Bereich des Irrealen und der Möglichkeit versetzt ist, die morphologisch die Arbeitsleistung ersetzt, die nötig wäre, um die Ländereien tatsächlich mit diesem Wert zu versehen. Diese Bezugnahme macht nicht nur deutlich, dass „die Geldform jede beliebige Entfernung zwischen dem Besitz und seinem Besitzer

17 *La Vida de Lazarillo de Tormes*, S. 102f.

ermöglicht".[18] Die Szene wendet auch negativ und ironisch, dass es in seiner Fähigkeit zur phantasmagorischen Überbrückung den Eigentümer „von den Normen und Obligationen der Sache unabhängig macht",[19] in diesem Fall allerdings nicht – wie Simmel eigentlich meint – durch Investition und Delegierung,[20] sondern durch die Ablösung aus der Wirklichkeit in die Möglichkeit. In den Händen des *escudero* ist Geld rein fiktiv und ersetzt das, was er nicht besitzt oder was mangels Arbeitsleistung nicht dem möglichen Wert entsprechen kann. Diese Szene verweist also auch schon auf das negative Spekulationspotenzial von Geld, das mögliche und zukünftige Werte antizipiert und Arbeitsleistung und Realisierung durch Werterwartung ersetzt oder zumindest vorwegnimmt, wodurch sich Wert in potenziell problematischer Weise von den ökonomischen Realien in Form der verantwortungsvollen Bearbeitung von Natur und Grundbesitz ablösen kann. In seiner Indifferenz, die sonst ideologisch vom Adel abgelehnt wird, fungiert es also auch hier als nötiges Mittel der räumlichen und zeitlichen Mobilisierung von Wert und verweist zudem schon auf die vom Adel eigentlich verabscheuten Distinktionspotenziale von Geld.

Die Symbolizität, Komprimierbarkeit und Indifferenz von Geld bergen erhebliche Vorteile für Lazarillo de Tormes und sind emblematisch für die Angewiesenheit auf Geld, die mobile und mäandernde marginale Subjekte betrifft. Diese Indifferenz sollte idealerweise auch die Seite des Gelderwerbs betreffen. Maiorino weist in seiner Studie *At the Margins of the Renaissance* aber darauf hin: „Lazarillo has never signed a work contract".[21] Durch diesen würde neben dem indifferenten Charakter von Geld nämlich auch eine indifferente und die Persönlichkeit nicht weiter betreffende Form des Verdienstes entstehen. Diese – das Feudalsystem und seine Subsistenzformen letztlich hinterfragende – Form des Erwerbs ist im *Lazarillo* aber nicht einfach nur abwesend: In der Wasserträgerepisode des sechsten Kapitels treffen wir sehr wohl auf eine Form des Verdienstes,

---

18 Blumenberg, Hans: „Geld oder Leben. Eine metaphorologische Studie zur Konsistenz der Philosophie Georg Simmels". In: Haverkamp, Anselm (Hrsg.): *Hans Blumenberg. Ästhetische und metaphorologische Schriften*. Suhrkamp: Frankfurt/Main 2001, S. 177–192, hier S. 186.

19 Ebd.

20 Simmel 1996, S. 527.

21 Maiorino 2003, S. 73.

die der modernen Arbeitsteilung schon recht nahekommt; und Lazarillo ist hier sogar in der Lage, über eine längeren Zeitraum Geld anzusparen. Das Kapitel ruft sogar kurz die mögliche Verstetigung und Fortsetzung des sozialen Aufstiegs durch die deutliche Treppenmetaphorik auf: „Éste fue el primer escalón que yo subí para venir a alcanzar buena vida".[22] Doch hier endet der Text nicht mit dem Verweis auf eine weitere Aktualisierung und einen möglichen sozialen Aufstieg durch den Einsatz von Arbeitskraft und Entschlossenheit, wie es etwa 170 Jahre später in Daniel Defoes *Moll Flanders* passieren wird. Stattdessen nutzt Lazarillo die erworbenen Mittel, um seine Anstellung zu verlassen und in statthafte Kleidung zu investieren, mit der er hofft, sich doch wieder in die prestigebasierten Ökonomien vertikaler Ordnung der *honra* bzw. *hombría de bien* einzuschreiben: Seine Ambition lautet nun „vestir honradamente".[23] Hatte er im dritten Kapitel den verarmten *escudero* noch für seine Diskrepanz zwischen öffentlichem Auftritt und ökonomischer Substanz kritisiert, versucht er nun genau so zum Erfolg zu kommen. Die schließlich erreichte Scheinehe mit der Mätresse des Erzpriesters – für die Lazarillo sich mit seinem Lebensbericht gegenüber ‚vuestra merced' rechtfertigt – und die an sie geknüpfte Anstellung als Ausrufer – mit der sein pikareskes Leben in einen sicheren Hafen zu gelangen scheint – sind somit sehr wohl eine Reaktion auf die paradoxalen Anforderungen der Selbstverantwortung in Kontexten, in denen die Voraussetzungen für Lohnarbeit nicht geschaffen waren, wie Jochen Mecke beschrieben hat.[24] Dennoch wird das transformative Potenzial von Geld und Lohnarbeit sehr wohl kurz aufgerufen, um dann aber zügig wieder verlassen zu werden, ebenso wie das erworbene Geld im ersten Kapitel einfach wieder verschwindet. Dies zeigt höchstironisch – da über die Kleidungstopik in klarem Rückbezug zum verarmten aber sorgfältig ausstaffierten *escudero* –, dass ein sich verbreiternder höfischer Habitus für einen „auf der Akkumulation von Kapital beruhendem Verhaltenskodex wenig

---

22 *La Vida de Lazarillo de Tormes*, S. 126.

23 Ebd., S. 127.

24 Mecke, Jochen: „Die Atopie des Pikaro: Paradoxale Kritik und dezentrierte Subjektivität im *Lazarillo de Tormes*". In: Matzat, Wolfgang / Teuber, Bernhard (Hrsg.): *Welterfahrung – Selbsterfahrung. Konstitution und Verhandlung von Subjektivität in der spanischen Literatur der frühen Neuzeit.* Niemeyer: Tübingen 2000, S. 67–94, hier S. 91.

Raum ließ".[25] Entsprechend wenig Raum nimmt auch dieses Erwerbskapitel ein, was es nicht nur soziologisch, sondern auch formal zu einer Aberration in diesem Roman macht, indem es vier Jahre in wenigen Zeilen rafft. Auch wenn die Summe der Ersparnisse bescheiden ist, wird hier dennoch sowohl auf das prinzipiell garantierte Verhältnis von Zeit und Eigentumszuwachs in indifferenten, durch Geld geregelten Erwerbsverhältnissen als auch auf die zeitlichen und transformativen Möglichkeiten des Romans hingewiesen.

Geld taucht im *Lazarillo de Tormes* also nur an sehr wenigen Stellen auf. Wo es das tut, verweist es aber sehr deutlich auf seine Potenziale. Warum also diese Quasi-Abwesenheit von Geld? Substanzeigentum wie vor allem Grundbesitz, der an eine Person oder Familie gebunden ist, hat gerade in der Vor- und Frühmoderne das Problem der Nichtteilbarkeit. Ländereien etwa können nicht getrennt und nur schlecht in adäquaten Wert übersetzt werden. Wenn sie geteilt oder aus der Ferne verwaltet werden, muss dies im Modus des Geldes geschehen. Daher ist Geld mit der weiteren Erosion – oder vielleicht besser: Liquidisierung – des Feudalsystems verbunden. Dies wird unter anderem auch durch den nun möglichen käuflichen Erwerb von Adelstiteln deutlich. Historisch bedrohte Geld also prinzipiell das Vorrecht des Bodens und des Blutes sowie potenziell der damit verbundenen festen sozialen Strukturen und kosmologischen Ordnungen. In seiner Potenzialität und genealogischen Unbestimmtheit konterkariert Geld zudem die Vorstellung objektiver Ideale, wie sie für kosmologische Weltbilder unabdingbar sind.

Geld ist und macht also liquide. Es teilt Eigentum und ist fast endlos teilbar. Umgekehrt kann es schier endlose Mengen an Wirklichkeit und Wert symbolisch aufnehmen und komprimieren. Damit hat es nicht nur eine Affinität zu eigentumslosen Wanderern wie Lazarillo de Tormes, sondern – durch seine positive Fähigkeit der Eigenschaftslosigkeit und die Abwesenheit jeglichen „Ursprungszeugnisses"[26] – auch zur Überwindung von Ursprung durch soziale Mobilität im Allgemeinen. Susanne Zepp hat vor einigen Jahren den Abstammungsnachweis als generische Folie der

25 Mecke 2000, S. 92.
26 Simmel 1996, S. 527.

Pikareske vorgeschlagen,[27] und Bernhard Malkmus konstatierte in einem Aufsatz das metaphorische Verhältnis von Geld und Pikareske: „[T]he pícaro is as little marked by experience as money is marked by what has been purchased with it".[28] Wenn die Überwindung von Abstammung das Problem der Pikareske und der Grundsatz von sozialer Mobilität ist, dann kann eigenschaftsloses abstammungsnachweisfreies Geld durchaus das Medium dieser Überwindung sein.

Dennoch kann das Verhältnis von Geld und Pikareske kein rein allegorisches oder metaphorisches sein. *Lazarillo de Tormes* steht nicht nur für die Zirkulation und Subtanzlosigkeit von Geld ein. Die Abwesenheit, ja das Verschwinden von Geld im gleichen topischen Raum ist signifikant. Geld ist eine Leerstelle im *Lazarillo de Tormes*, gerade weil es Affinitäten zur abstammungsnachweisfreien sozialen Mobilität hat: im Kapitalismus durch Arbeit, Diebstahl, aber auch Talent und möglicherweise sogar darüber hinaus durch Immanenz und Kooperation. Es kann sich – zumindest in der ‚Schlüsselszene' – aus der imaginären Wertsphäre direkt in die Wirklichkeit einspeisen und diese als intersubjektiver Kontext beeinflussen, ja herstellen. Am krisenhaften Übergang zwischen Transzendenz und Immanenz, Kosmologie und Geschichte sollte und konnte man diese transformativen Potenziale wohl nicht zum Thema und Strukturprinzip von Erzählungen über das Prekariat machen.[29] Geld als Nicht-Substanz und Grundlage indifferenten sozialen Aufstiegs weist somit zwar Affinitäten zu den offenen Temporalitäten des neuzeitlichen Romans als – wie Blumenberg sagt – niemals endgültiges „Resultat einer Realisierung"[30] auf. *Lazarillo de Tormes* versucht am Ende des Romans aber auch das offene

27 Vgl. Zepp, Susanne: *Herkunft und Textkultur: Über jüdische Erfahrungswelten in romanischen Literaturen 1499–1627*. Vandenhoeck & Ruprecht: Göttingen 2010, S. 85–108.

28 Malkmus, Bernhard: „The Picaresque Mode and Economies of Circulation". In: Ehland, Christoph / Fajen, Robert (Hrsg.): *Das Paradigma des Pikaresken / The Paradigm of the Picaresque*. Winter: Heidelberg 2007, S. 179–200, hier S. 197.

29 Vgl. Gumbrecht, Hans Ulrich: „Cosmologial Time and the Impossibility of Closure. A Structural Element in Spanish Golden Age Narratives". In: Brownlee, Marina S. / Ders. (Hrsg.): *Cultural Authority in Golden Age Spain*. Johns Hopkins University Press: Baltimore, MD 1995, S. 304–321.

30 Blumenberg 2001, S. 12.

Syntagma pikaresken Mäanderns zu überwinden und sich wieder – wenn auch hochgradig prekär – in die vertikalen und geschlossenen Versorgungssysteme des Feudalismus einzukaufen.

Diese potenziell positive Qualität von Geld mag uns heute seltsam anmuten, da Geld als Kapital oft eher zersetzende und reproduzierende Kräfte entfaltet, die schon der Roman des 19. Jahrhunderts voll betont mit seiner thematischen Fokussierung von Verschuldung, Geldwechsel und einer abnehmenden sozialen Mobilität, der zudem kein moralisches Sujet entspricht.[31] Für John Locke dagegen war Geld noch stark an die Expansion naturrechtlicher Meritokratie und die Entfaltung menschlicher Möglichkeit zur Selbstbeherrschung gebunden, womit er wohl nicht die propagierte ‚Pseudo-Meritokratie' des Neoliberalismus meinte. Es bot die Möglichkeit, über die eigenen Bedürfnisse hinaus zu produzieren und somit einen Sisyphos-Rhythmus von Subsistenz zu verlassen, der manchmal auf idealisierende Weise mit der Idee einer harmonischen Oikonomia verknüpft wird. Zwar hat die Einführung von Geld bei Locke eine angeblich akzeptierte Ungleichheit ermöglicht, die aber nicht in Subsistenzunsicherheit auf der einen oder in Hortung, Verknappung und Verschwendung auf der anderen Seite eskalieren darf. Auch wenn Locke es nicht explizit wiederholt, da er es fälschlicherweise als gesichert ansieht, besteht weiterhin die Verpflichtung, Eigentum durch sinnvolle Kultivierung, Handel, Arbeit und Verwaltung zu legitimieren, wodurch der Besitzende dem Anspruch verpflichtet bleibt, ohne Verschwendung und „injury to others" zu akkumulieren.[32] Chrematistik mag also die vermeintliche Idylle der Oikonomia durchbrochen haben,[33] Geld bietet aber eben auch die Möglichkeit der Mobilisierung und Erweiterung der symbolischen und subjektiven Wertsphären der Menschen und damit der Expansion von Ressourcen in einer wachsenden Welt. Im Kapitalismus speichert Geld die überschüssige Arbeitsleistung und quantifiziert und reguliert deren Ausbeutung in geregelter Lohnarbeit. Es wäre somit ein wichtiger Zwischenschritt in der sozialen Immanenzfähigkeit des Menschen, da es von den

31 Vgl. Warning, Rainer: *Die Phantasie der Realisten*. Fink: München 1999, S. 46.
32 Vgl. Locke 1988, S. 319.
33 Vgl. Vogl, Joseph: *Das Gespenst des Kapitals*. Diaphanes: Zürich 2011, S. 115–121.

unmittelbaren Zwängen der Natur und materiellen Verfügbarkeit befreit. Vielleicht wurden in der vom Selbstautorisierungsdenken des Humanismus beeinflussten Frühen Neuzeit diese beiden Potenziale noch gelegentlich als offene Entwicklung gedacht.[34]

Im *Lazarillo de Tormes* ist Geld also noch eine Art Leerstelle mit gewissen Mobilitätspotenzialen. Es gab jedoch im Spanien des mittleren 16. Jahrhunderts noch „no evidence that money could change anyone's lot since it is not part of fully fledged stable macro-economic structure" und das „estate system contained the centrifugal forces within the emerging monetary economy".[35] Geld entfaltet dann einige seiner Aufstiegspotenziale vollends im englischen (oftmals semipikaresken) Roman des 18. Jahrhunderts und dient etwa *Moll Flanders* als Medium des ursprungsfreien sozialen Aufstiegs. Hier ist es allerdings zugleich schon an eine moralisch fragwürdige und tendenziell delinquente Form des Utilitarismus, der Akkumulation und der Kasuistik gebunden, die bestimmte moralphilosophische Prinzipien zersetzt, auch wenn Defoe diesbezüglich eher ambivalent bleibt. Im 19. Jahrhundert verliert Geld dann vollends sein utopisches Potenzial sowie seine pragmatisch ermächtigende und aktualisierende Stellung. Es verkommt nicht nur zum falschen Motiv und Ziel von Ambition und degradierter „vertikaler Transzendenz".[36] Es zeigt sich klar als Instrument der Verstetigung einer Hierarchie, in der das naturrechtliche und moralphilosophische Versprechen von Meritokratie und die dadurch begründete bürgerliche Idee der Persönlichkeitsentfaltung aufgrund der Kapitalverhältnisse der bürgerlichen Gesellschaft faktisch nicht zu verwirklichen sind,[37] wodurch der Roman – schon bei Balzac – zunehmend sujetarm wird. Vom möglichen Instrument kontextueller Selbst- und intersubjektiver Weltrealisierung wird es als Kapital zum paradoxen „*factum brutum*",[38] das den Transformationsaspirationen der Moderne Grenzen auferlegt und starre Richtungen vorgibt. Statt Medium naturbefreiter

34 Vgl. Weimann, Robert: *Shakespeare und die Macht der Mimesis*. Aufbau: Berlin 1988, S. 5ff.

35 Beide Zitate: Malkmus 2007, S. 184.

36 Goldmann, Lucien: *Soziologie des modernen Romans*. Luchterhand: Neuwied u.a. 1970, S. 21.

37 Vgl. ebd., S. 35.

38 Blumenberg 1964, S. 14.

Transformation zu werden, wird es zum Mittel sozialer Reproduktion, das es mit der biologischen Verlässlichkeit adliger Reproduktion problemlos aufnehmen kann.

Die wenigen hier besprochenen Situationen weisen also auf eine kontextuelle Transgressions- und Transformationsfähigkeit des Geldes hin, die wohl nicht nur im Spanien der Gegenreformation eingehegt bleiben muss. Diese Einhegung durch die bestehenden Prinzipien der garantierten Realität entspricht insofern dem frühneuzeitlichen Roman, als auch dieser noch lange den Prämissen der Wirklichkeit und Geschichte verpflichtet bleiben muss und sich nicht ohne Verbürgungsfiktionen ‚offiziell' in den Bereich der Fiktion zurückziehen durfte. Gerade in der ‚Schlüsselszene' des *Lazarillo de Tormes* handelt es sich aber nicht nur um ein frühneuzeitliches Vortasten an das Potenzial des Geldes im späteren modernen Kapitalismus, sondern auch um ein Ausloten des Immanenzpotenzials von symbolischen Werten und der Möglichkeit einer durch „*Intersubjektivität* sich vollziehenden [...] Weltbildung".[39] So wie Literatur aber auch als Fiktion nie zur völligen Asignifikanz kam, kam die Menschheit nie zur völligen Immanenz durch intersubjektive Selbstrealisierung, womit Geld als Investitions- und Transformationsmedium meist penibel und merkantilistisch an (transzendente) Wirklichkeitsreihen gebunden bleibt. Im Dienste der Akkumulation freilich darf es heute unabhängig oder zumindest hochspekulativ zu Arbeit, materieller Transformation, Intersubjektivität und Reziprozität stehen und wachsen. Ein Verhältnis, das ökonometrisch begründet sein mag, dessen Kalkulationsfehler, onto-epistemologische Widersprüche und Missbrauch aber zunehmend Vertrauens-, Finanz- und Gesellschaftskrisen auslösen.

Literaturverzeichnis

Blumenberg, Hans: „Wirklichkeitsbegriff und Möglichkeit des Romans". In: Jauss, Hans Robert (Hrsg.): *Nachahmung und Illusion* (Poetik und Hermeneutik I). Fink: München 1964, S. 9–27.

Blumenberg, Hans: „Geld oder Leben. Eine metaphorologische Studie zur Konsistenz der Philosophie Georg Simmels". In: Haverkamp, Anselm (Hrsg.): *Hans Blumenberg. Ästhetische und metaphorologische Schriften.* Suhrkamp: Frankfurt/Main 2001, S. 177–192.

39 Ebd., S. 12.

Goldmann, Lucien: *Soziologie des modernen Romans*. Luchterhand: Neuwied u.a. 1970.

Gumbrecht, Hans Ulrich: „Cosmologial Time and the Impossibility of Closure. A Structural Element in Spanish Golden Age Narratives“. In: Brownlee, Marina S. / Ders.: *Cultural Authority in Golden Age Spain*. Johns Hopkins University Press: Baltimore, MD 1995, S. 304–321.

Anonym: *La Vida de Lazarillo de Tormes: y de sus fortunas y adversidades*, hrsg. von Francisco Rico. Cátedra: Madrid 1990.

Locke, John: *Two Treatises of Government*, hrsg. von Peter Laslett. Cambridge University Press: Cambridge 1988.

Maiorino, Giancarlo: *At the Margins of the Renaissance. „Lazarillo de Tormes“ and the Picaresque Art of Survival*. Pennsylvania State University Press: University Park 2003.

Malkmus, Bernhard: „The Picaresque Mode and Economies of Circulation“. In: Ehland, Christoph / Fajen, Robert: *Das Paradigma des Pikaresken / The Paradigm of the Picaresque*. Winter: Heidelberg 2007, S. 179–200.

Mecke, Jochen: „Die Atopie des Pikaro: Paradoxale Kritik und dezentrierte Subjektivität im *Lazarillo de Tormes*“. In: Matzat, Wolfgang / Teuber, Bernhard: *Welterfahrung – Selbsterfahrung. Konstitution und Verhandlung von Subjektivität in der spanischen Literatur der frühen Neuzeit*. Niemeyer: Tübingen 2000, S. 67–94.

Quevedo, Francisco de: *La vida del Buscón llamado Don Pablos*, hrsg. von Domingo Ynduráin. Cátedra: Madrid 1980.

Shell, Marc: *The Economy of Literature*. Johns Hopkins University Press: Baltimore u.a. 1978.

Simmel, Georg: *Die Philosophie des Geldes* (Gesamtausgabe VI), hrsg. von Otthein Rammstedt et al. Suhrkamp: Frankfurt/Main 1996.

Vogl, Joseph: *Das Gespenst des Kapitals*. Diaphanes: Zürich 2011.

Warning, Rainer: *Die Phantasie der Realisten*. Fink: München 1999.

Weimann, Robert: *Shakespeare und die Macht der Mimesis*. Aufbau: Berlin 1988.

Zepp, Susanne: *Herkunft und Textkultur: Über jüdische Erfahrungswelten in romanischen Literaturen 1499–1627*. Vandenhoeck & Ruprecht: Göttingen 2010.

Reinhard Krüger †[1]

Sganarelles Lob des Tabaks und die Grundlagen der politischen Ökonomie des Bürgertums nach Molière

Abstract: This article proceeds from the observation that since the High Middle Ages a monetarisation of all spheres of life has been emerging, which became undeniable in 17th century France. Of course, literature is not immune to such developments and plays out the increment value of money both metaphorically and concretely, as Molière's theatre, which will be examined in the following, demonstrates. Here, the focus is on the ambiguous comedy *Dom Juan* (first performed in 1665) and, more specific, on the praise of tobacco invoked in the rhetoric of Dom Juan's servant Sganaralle. The latter, as will be shown, testifies to the omnipresent and often crisis-like economisation of social ties, emotional interactions and mental structures.

Keywords: tobacco, monetarisation, bourgeoisie, Molière, *Dom Juan*, Sganarelle

1. Die Monetarisierung des Lebens und der Metaphorik der Kommunikation

Die allumfassende Monetarisierung des Lebens, und das bedeutet auch die Verbürgerlichung, die natürlich auch im 17. Jahrhundert in Frankreich konstatiert werden kann, hinterlässt mehr als nur materielle Spuren. Monetarisierung wird hier erstens verstanden als der Prozess der Ablösung des naturalwirtschaftlichen Austausches durch den Austausch mithilfe von Geld. Zweitens soll Monetarisierung hier bedeuten, dass das Metaphernfeld zur Benennung von Prozessen der sozialen Interaktion und des emotionalen Austausches mit Kategorien des Geldaustauschs gedacht und von ihnen überformt wird.

---

1 Anmerkung der Herausgeberin und des Herausgebers: Dieser Beitrag wird mit dankenswerter Genehmigung der Hinterbliebenen des Verfassers publiziert. Für kollegiale Hilfe bei der redaktionellen Einrichtung sind wir Beatrice Nickel sehr verbunden. In ehrender Erinnerung an Reinhard Krüger, der 2018 viel zu früh verstarb.

Die dem nachfolgenden Essay zugrunde liegende These ist, dass Molière für die sprachkünstlerische Komposition des *Dom Juan* sich umfangreich dieses Metaphernfeldes bedient und dass die metaphorische ‚Ökonomisierung' der Vorgänge des sozialen und emotionalen Austausches stringent bereits in der Tabaksrede Sganarelles nachgewiesen werden kann. Dabei sollte klar sein, dass jede Metaphernbildung eigentlich der Prozess der Erzeugung eines mentalen Modells ist, das grundsätzlich auf wenigen, als charakteristisch interpretierten Aspekten des repräsentierten Sachverhalts errichtet wird.

Der Prozess der Monetarisierung, der seit dem Hochmittelalter alle gesellschaftlichen Bereiche erfasst, stellt eine über allen konkreten Einzelaktionen sozialen Austausches stehende gesellschaftliche Praxis dar. Sie ist eine semiotische Praxis, da im Prinzip alle Objekte und Artefakte als durch Geld repräsentierbar gehandelt werden können. Die Monetarisierung steht damit als soziales Praxisfeld auch als Gegenstand der Wahrnehmung zur Verfügung, von dem gemäß der Differenzierung der monetären Praxis auch zahlreiche differenzierte Metaphern abgeleitet werden können. Soziale Interaktion allgemein wird danach in zunehmendem Maße als ein Austausch von Werten verstanden, der nach dem Prinzip des Geldaustausches vollzogen wird. Es trifft hier zu, was die Sozialphilosophie des 19. Jahrhunderts allgemein formuliert hat:

> Die Bourgeoisie, wo sie zur Herrschaft gekommen, hat alle feudalen, patriarchalischen, idyllischen Verhältnisse zerstört. Sie hat die buntscheckigen Feudalbande, die den Menschen an seinen natürlichen Vorgesetzten knüpften, unbarmherzig zerrissen und kein anderes Band zwischen Mensch und Mensch übriggelassen als das nackte Interesse, als die gefühllose ‚bare Zahlung'. Sie hat die heiligen Schauer der frommen Schwärmerei, der ritterlichen Begeisterung, der spießbürgerlichen Wehmut in dem eiskalten Wasser egoistischer Berechnung ertränkt. Sie hat die persönliche Würde in den Tauschwert aufgelöst und an die Stelle der zahllosen verbrieften und wohlerworbenen Freiheiten die eine gewissenlose Handelsfreiheit gesetzt. Sie hat, mit einem Wort, an die Stelle der mit religiösen und politischen Illusionen verhüllten Ausbeutung die offene, unverschämte, direkte, dürre Ausbeutung gesetzt.[2]

---

2 Marx, Karl / Engels, Friedrich: *Manifest der Kommunistischen Partei*. In: Dies.: *Werke* 4. Dietz: Berlin/Ost 1978, S. 461–493, hier S. 464f.

Der von Marx und Engels hier skizzierte Prozess beschreibt das Eindringen des Geldes in die Austauschbeziehungen und die dadurch bewirkte Zerstörung der mittelalterlichen Feudalbande. Dies ist auch die Grundlage für die Entwicklung der Geldmetapher für alle Formen menschlichen Austausches, auch auf emotionaler Ebene. Wir können hier allgemein darauf hinweisen, dass, wie Lakoff und Johnson es in ihrem Buch *Metaphors We Live By* dargelegt haben, die Metaphorizität unserer Begrifflichkeit und Sprache eine der Grundlagen für die Entwicklung von Weltverständnis überhaupt ist.[3] Wir erzeugen mentale und sprachliche Modelle unserer Wahrnehmungen der Wirklichkeit, mit denen wir imstande sind, über die Wirklichkeit zu kommunizieren. Wird in einem sozialen Gesamtsystem einer seiner Teilaspekte, nämlich der Austausch von Waren, Gütern, Dienstleistungen etc., einem allgemeinen Regiment des Austausches unterworfen, wie die Monetarisierung im Hochmittelalter eines darstellt, so bietet sich gerade dieses vorzüglich dazu an, als Metaphernfeld für das Verständnis und die Kommunikation sämtlicher Aspekte sozialer Interaktion genutzt zu werden.

Florian Coulmas hat in seiner Untersuchung über *Die Wirtschaft mit der Sprache*[4] zeigen können, wie die Geldmetapher vor allem in die Wahrnehmung, Interpretation und Darstellung von verbaler Kommunikation eingedrungen ist. Er gelangt dabei zurück bis in die Frühe Neuzeit. Man hätte wenigstens sogar bis ins Hochmittelalter zurückgehen können, in dem zeitgleich mit der Durchsetzung allgemeiner Monetarisierung auch das Wissen als Ansammlung eines Schatzes aus den Münzen des Wissens verstanden wird. Brunetto Latini mit seinen *Livres dou tresor* und mit seinem *Tesoretto* steht dafür. Es scheint demnach so, als fungierten die Worte nach diesem System als allgemeines Äquivalent des Geldes, mit dem die Menschen sich über bestimmte Sachverhalte verständigen können.

---

3 Lakoff, George / Johnson, Mark: *Metaphors We Live By*. University of Chicago Press: Chicago 1980.

4 Coulmas, Florian: *Die Wirtschaft mit der Sprache*. Suhrkamp: Frankfurt/Main 1992.

2. Der sozioökonomische Hintergrund der monetären Krise des Adels

Was die Monetarisierung der sozialen Interaktion im Mittelalter konkret bedeutet, erkennen wir vor allem an den Gegenständen und am Thema des sozialen Austausches, wie es sich für uns in der mittelalterlichen Literatur darstellt.[5] Es genügt hier, kurz darauf hinzuweisen, dass in der *Chanson de Roland* von 1080 der König Marsilie, der ja der Herr von Saragossa war, dem Kaiser Charlemagne eine Vielzahl von Pfändern anbietet, um sich von eventueller Bedrohung durch die Heere des Frankenkaisers freizukaufen. Unter diesen Gütern befindet sich noch nicht eine einzige Münze, wohl aber umfassen sie Bären, Löwen, Hunde, 700 Kamele, 1000 ausgewachsene Falken sowie 400 Maultiere, die 50 Karren voller Gold und Silber ziehen. Wir sind hier bereits an der historischen Grenze des Übergangs vom Edelmetallbarren zum ausgemünzten Geld angelangt, aber noch haben wir es nicht mit Münzen zu tun. Und auch noch in *Flore et Blanchefleur* (ca. 1150) ‚zockt' Flore mit dem Turmwächter in Kairo beim Schachspiel um 100, 200 und 400 Unzen Gold, also kein ausgemünztes Geld.

Das Aufkommen des Bürgertums seit dem 11. Jahrhundert stürzt nicht nur in Frankreich den alten Feudaladel in die Krise. Zunächst bezieht er dafür, dass er sich idealerweise für den König auf den Krieg vorbereitet, indem er trainiert und als Krieger bereitsteht, einen Teil des Mehrprodukts des Landes, das ihm der König als Lehen zur Verfügung stellt. Da die Geldwirtschaft noch lange nicht bis in die ländliche Ökonomie vorgedrungen war, konsumiert der Adlige das feudale Mehrprodukt, indem er es aus der naturalwirtschaftlichen Zirkulation der Produkte bezieht oder, besser gesagt, gemäß den Bedingungen diverser Treueeide und Verpflichtungen von der Gesamtheit der Produkte für den eigenen Konsum abzweigt.

Konzentriert sich der Krieger auf seine Ausstattung mit Rüstung, Pferd, Waffen und Knappen sowie auf die Produkte der Naturalwirtschaft, so bieten das Bürgertum und speziell die Händler ganz andere Produkte und

5 Vgl. auch das Projekt von Büttner, Andreas: *Geld, Gunst und Gnade. Die Monetarisierung von Politik und Frömmigkeit im 12. und 13. Jahrhundert*, retrieved 6.8.2019, from http://www.jungemediaevistik.uni-freiburg.de/abstracts/buettner-andreas-geld-gunst-und-gnade.html.

Waren: Sie transportieren Luxusgüter bis an den Fuß einer jeden Burg und werden dadurch zu *li borjois*. Sie ließen sich diese Güter, allen voran die Gewürze, dann aber auch Edelsteine und teure Stoffe, die dem ostentativen Luxuskonsum der *leisure class*[6] dienten, mit Geld bezahlen: Darüber verfügten freilich nur die Spitzen der Feudalgesellschaft und reiche Bürger, falls sie diese Waren nicht doch lieber an den Adel verkauften.

Keine 200 Jahre nach der *Chanson de Roland* werden vor allem die nichthöfischen Formen der Dichtung, das heißt vor allem das Fabliau und der Conte und kurz darauf bereits die Novelle, voll sein von Darstellungen monetärer Transaktionen. Das Geld hat die gesellschaftlichen Beziehungen inzwischen derartig neu reguliert, dass es selbstverständlich als Gegenstand sozialer Praxis und des sozialen Austausches auch immer wieder Thema von Literatur ist.

Die Monetarisierung des Lebens stürzt den Adel in die Krise, da er als chronischer Nichtbesitzer von Geld nicht mehr uneingeschränkt am ökonomischen Austausch seiner Zeit teilnehmen kann. In dem anonymen Fabliau *Le Vilain Mire* aus dem 13. Jahrhundert erkennen wir den emblematischen Text, der uns diese Transformation vor Augen führt:

> ***Le Vilain Mire***
> Jadis estoit uns vilains riches,
> Qui mout estoit avers et chiches.
> Une charrue ades avoit;
> Toz tens par lui la maintenoit
> D'une jument et d'un roncin;
> Assez ot char et pain et vin
> Et quanques mestier li estoit,
> Mes por fame que pas n'avoit
> Le blasmoient mout si ami
> Et toute la gent autressi.
> Il dist, volentiers en prendroit
> Une bone, se la trovoit.
> [Et cil dient qu'il li querront
> La mellor que il troveront].
> El païs ot .I. chevalier;
> Viez hom estoit et sanz moillier,
> S'avoit une fille, mout bele

6 Vgl. Veblen, Thorstein: *The Theory of the Leisure Class: An Economic Study of Institutions* [1899]. Penguin: New York 1994.

Et mout cortoise damoisele.
Mes por ce qu'avoirs li failloit,
Li chevaliers pas ne trovoit
Qui sa fille li demandast;
Que volentiers la mariast,
Por ce que ele estoit d'aage
Et en point d'avoir mariage.
Li ami au vilain alerent
Au chevalier, et demanderent
Sa fille por le païsant
Qui tant avoit or et argent,
Plente forment et plente dras.
Il leur dona isnel le pas
Et otroia cest mariage.[7]

Der Vilain obsiegt wegen seines Reichtums, den er durch Fleiß und Geiz erworben hat, wobei man „avers" vielleicht mit ‚Wille zur Thesaurierung', d.h. zu ‚ursprünglicher Akkumulation des Kapitals' übersetzen könnte, um den durch und durch bürgerlichen Charakter dieses ökonomischen Aufstiegs besser zu kennzeichnen. Damit übertrumpft der Vilain die anderen Ritter, die sich eine Heirat mit einer zwar schönen, aber ohne Mitgift ausgestatteten adligen jungen Frau nicht leisten können. Sie sind auf die Mitgift angewiesen, um ökonomisch zu überleben. So sticht sogar der Vilain als Landmann die Adligen aus und nimmt dem alten Ritter die Sorge um die Verheiratung seiner Tochter. Auch wenn dem Vilain dann wegen seines eifersüchtigen Verhaltens und der Prügel, die er seiner Frau gibt, von seiner Frau ein Streich gespielt wird, der dazu führt, dass dieser nun als Arzt wider Willen von anderen verprügelt wird (ein Stoff, aus dem Molière seinen *Médecin malgré lui* geschaffen hat[8]), ist diese ganze Konstruktion ohne eine entsprechende ökonomische Lage im 13. Jahrhundert überhaupt nicht denkbar: Sogar ein Vilain kann dem alteingesessenen Adel inzwischen ökonomisch überlegen sein.

---

7 Anonym: *Das altfranzösische Fablel du Vilain Mire*, kritischer Text mit Einleitung, Anmerkungen und Glossar, dazu Anhang mit photographischer Reproduktion eines Teiles der zugrunde gelegten Handschrift, hrsg. von Carl Zipperling. Niemeyer: Halle/Saale 1912, S. 109f.

8 Desclosières, Gabriel de Joret: *Le vilain mire (le paysan médecin) – Un ancêtre du médecin malgré lui.* (Lecture faite à la séance publique de la société des études historiques du 23 avril 1876). Dumoulin: Paris 1877.

Mit ihren Waren und mit ihrem Geld stellten die Händler die traditionelle Naturalwirtschaft in Frage und langfristig um und zwangen alle, die an den neuartigen Möglichkeiten des Luxuskonsums teilnehmen wollten, sich für Geld und nicht mehr für den naturalwirtschaftlichen Zehnten zu bemühen. Der auf das naturalwirtschaftliche Produkt angewiesene Adlige wird der Verlierer dieses Vorgangs und kann langfristig die neue ökonomische Balance zwischen Naturwalwirtschaft, Luxuskonsum und Geldwirtschaft nicht mehr wahren. Als Verlierer der Kapitalisierung der Ökonomie ist der Adel mit Geld chronisch unterversorgt.

3. Dom Juan und die Schulden

Das bedeutet, dass er am Austausch von Waren und Leistungen, wie er vom Bürgertum mittels des allgemeinen Äquivalents des Geldes organisiert wird, nicht mehr oder nur unzureichend teilnehmen kann. Das ist das Problem des Adligen, das Molière mit der Figur des Dom Juan auf die Bühne bringt. Er kann nicht zahlen und er will auch nicht zahlen, denn an die chronische Unterversorgung mit Geld hat er sich gewöhnt und verwandelt sich in einen systematischen Schuldner auf allen Ebenen.

Aus der chronischen Zahlungsunfähigkeit entwickelt sich das Habitusmodell Dom Juans. Er bleibt allen etwas schuldig: den Frauen, denen er das Leben mit ihm verspricht, dem Schneider und dem Diener, die er für ihre Dienste nicht bezahlen kann.

Machen wir es kurz: Der Adel gehört zu den Verlierern des Prozesses der Monetarisierung der Ökonomie, die das Bürgertum aufgrund der Universalität und Akzeptanz des Geldes als sein Prinzip des Austausches von Waren durchsetzen konnte, wodurch es die Naturalwirtschaft und nichtmonetäre Verfahren des Austausches von Waren marginalisierte. Es kommt hinzu, dass selbst da, wo es dem Adel gelang, an die Stelle des Naturalprodukts die Bezahlung der ihm gebührenden Abgaben zu setzen, es mit der Effizienzsteigerung der Landwirtschaft zu einem Verfall der Preise für Produkte der Naturalwirtschaft kam. Der Adel ist also chronischer Nichtbesitzer von Geld, er ist aber auch chronisch nicht daran gewöhnt, für Waren und Leistungen zu bezahlen. Sein Habitus ist der des Nicht-Zahlers.

Es ist angesichts der Allgegenwärtigkeit des Geldes, über deren historische Herkunft wir uns hier einmal kurz Gedanken gemacht haben, geradezu ausgeschlossen, dass die Monetarisierung auch bei der Darstellung sozialer Interaktion, wie sie in einer Komödie von Molière stattfinden kann, keine Rolle spielen sollte.

4. Molière als *entrepreneur*

Auf diese Weise dringen Informationen über den Geldaustausch – und sei es nur, dass diese als Metaphern für andere Prozesse sozialer Interaktion verwendet werden – selbstverständlich auch in die Werke eines Autors wie Molière ein. Viel mehr noch, als dies heutzutage der Fall zu sein scheint, ist gerade das aus der Monetarisierung stammende Feld sozialer Praxis ein geradezu dominanter Metaphernspender für die Darstellung sozialer Interaktion geworden. Die Literatur ist spätestens seit dem *Vilain Mire* voller solcher Beispiele, und es kann sogar noch am Beispiel des frühneuzeitlichen Hirtenromans gezeigt werden, wie die Monetarisierung der Metaphern der Kommunikation und des Austausches von Gefühlen die literarische Darstellung der Handlungen dieser als Hirten verkleideten Adligen bestimmt, wo doch dem Adligen um den Preis der Derogation nichts ferner liegen sollte als Geld und Handel.[9]

Es ist nun bemerkenswert, dass Molière nicht die Metaphern des Geldes und des monetären Austausches gleichsam nur als einfache Alltagsmetaphern in seinen Werken einsetzt, sondern dass er, wie nachgewiesen werden kann, dies auch hoch reflektiert tut. Dass ein Autor wie Molière auch die Details monetärer Transaktionen genauestens kennt, hängt zusammen mit der besonderen Sensibilität, mit der Autoren, die sich der Wahrnehmung und Darstellung von Prozessen sozialen Austausches verschrieben haben, ebensolche Prozesse präzise beobachten.

Wir wissen beispielsweise aus dem *Avare*, dass Molière bis in die Details der Steuergesetzgebung beziehungsweise der Regulierung von Zinsgeschäften hinein genaueste Kenntnisse von den gesetzlichen Vorschriften hatte. Diese rühren wohl eher von seinem allgemeinen Interesse an Praktiken

---

9 Vgl. Krüger, Reinhard: „Arkadische Wirtschaft: Der Weg des Schäfers vom ‚Unternehmer' zum Lohnarbeiter, oder von der Entdeckung des Mehrwerts in der arkadischen Welt". In: Sánchez, Yvette (Hrsg.): *Business-Fiktionen und Management-Inszenierungen* (Literatur – Kultur – Ökonomie 2). Lang: Berlin u.a. 2018, S. 157–185.

der sozialen, d.h. auch der ökonomischen Interaktion her, als dass er ein Fachmann in Wirtschaftsdingen gewesen wäre. Tatsächlich aber ist er ja auch in Wirtschaftsdingen bewandert gewesen, zumal er als Leiter einer Schauspieltruppe auch immer Geschäftsmann war. Das heißt, Molière musste über Geschäftsgebaren durchaus Bescheid wissen und er hat auch entsprechende Verträge hinterlassen, in denen deutlich wird, wie er sich im Geschäftsleben auskannte. Einen Eindruck davon vermittelt ein Auszug aus dem Vertrag mit den Malern, die die Kulissen für den *Dom Juan* herstellen sollten. Von der Vertragsunterzeichnung, die am 3. Dezember 1664 in Molières Haus an der Place Palais Royal stattfand, lesen wir:

> Furent présents les sieurs Jean Simon et Pierre Prat, peintres a Paris, y demeurant, savoir ledit Simon rue Saint-Sauveur, et ledit Prat rue Platrière, lesquels ont promis et promettent solidairement l'un pour l'autre, un seul pour le tout sans division ni discussion aux sieurs de Molière, du Croisy, Hubert, La Grange et La Thorillière, tant pour eux que pour les autres, tous de la troupe des comédiens de mondit seigneur, ce acceptant, de leur fournir toutes et chacunes les peintures qu'il conviendra et sera nécessaire aux ouvrages portes par le devis ci-devant écrit, et suivant les dessins pour ce fait, paraphes par les parties et des notaires soussignes ne varietur, qui ont ete mis es mains desdits entrepreneurs pour conduire leursdits ouvrages, a la charge de, par lesdits sieurs, fournir auxdits entrepreneurs les châssis nécessaires tendus sur des toiles et les cartons qu'il conviendra, a commencer à travailler par eux auxdits ouvrages le lendemain qu'ils leur auront fourni lesdits châssis, toiles et cartons, et ce, sans discontinuer, pour rendre le tout fait et parfait d'hui en six semaines – à compter du jour que l'on leur fournira lesdits châssis, toiles et cartons, a peine de trois cents livres de dédommagement pour lesdits sieurs, que lesdits entrepreneurs promettent leur payer en cas qu'ils manquent de leur fournir ce que dessus –, a peine, etc.; pour quoi faire, iceux sieurs susnommés seront tenus de leur fournir un logement ou ils jugeront apropos. Ce marche fait moyennant la somme de neuf cents livres tournois, laquelle somme lesdits sieurs susnommés promettent solidairement payer auxdits entrepreneurs, savoir trois cents livres en commençant a travailler auxdits ouvrages, trois cents livres dans le milieu dudit travail et avances d'iceux, et les trois cents livres restant lorsqu'ils seront bien et dument faits et parfaits au contentement desdits sieurs et au dire de gens et experts a ce connaissant, élisant lesdites parties leurs domiciles es maisons ou elles demeurent auxquels lieux nonobstant etc.; promettant etc., obligeant lesdits sieurs solidairement et lesdits entrepreneurs solidairement corps et biens; renonçant etc.
>
> Fait et passé en la maison dudit sieur de Molière, place du Palais royal l'an mil six cent soixante-quatre le trois décembre, et ont signé […].[10]

10 *Devis des ouvrages de peintures*, in: Molière: *Œuvres complètes II*, hrsg. von Georges Forestier et al. Gallimard: Paris 2010, S. 1209–1210 (S. 2010).

Dieses Dokument belegt es: Molière war auch Geschäftsmann und er wird in dem Vertrag sogar als ‚entrepreneur' bezeichnet. Es soll nun am Beispiel des *Festin de pierre* (vulgariter *Dom Juan*) die Präsenz des monetären Denkens im Werk des Autors veranschaulicht werden. Dazu wird hier die Eingangsrede von Sganarelle über die Bedeutung des Tabaks analysiert und die Komplexität des Denkens von Molière in sozialen und ökonomischen Kategorien aufgezeigt. In dieser Rede finden wir nämlich die allgegenwärtige Metapher der Bezahlung. Neben dieser finden wir aber auch eine Vorstellung von dem archaischen Gebaren des Austausches, der der später entwickelten Monetarisierung zugrunde liegt. Es handelt sich hierbei, um es gleich vorweg zu sagen, um das Prinzip der Gabe respektive des Potlatching.

5. Der Tabak des *honnête homme* und das Prinzip der Gabe

Molière beginnt seine Komödie *Dom Juan* zunächst mit einer auf der symbolischen Ebene der Diskussion um den Gebrauch und Nutzen des Tabaks vorgetragenen politischen Invektive gegen die Compagnie du Saint-Sacrement. Diese hatte ein ‚kulturpolitisch-moralisches' Programm entwickelt, das u.a. in der Kontrolle über die Bettler, die Prostitution und der Beseitigung des Theaters bestand. Der Kampf der Compagnie du Saint-Sacrement gegen das Theater war deutlich geworden, als Armand de Bourbon, prince de Conti (1629–1666), der als ehemaliger Schulfreund Molières auch einmal Mäzen der Truppe Molières gewesen ist, während diese in Pézenas weilte, zu einem ‚christlichen' Leben im Sinne der Compagnie du Saint-Sacrement konvertierte. Dabei wandte er sich von Molière ab und ging nach Paris, um dort die Geschäfte der Compagnie an höchster Stelle zu betreiben und schrieb eine polemische Schrift gegen das Theater, und zwar vor allem gegen den Komödienschreiber Molière.[11] Bereits im Jahre 1655, also im Jahr der Konvertierung Contis, beschloss die Compagnie du Saint-Sacrement, einzelne Schauspieler und ihre Familien aus ihren Theatergruppen herauszulösen oder gar herauszukaufen, um ihnen ein ‚anständiges Leben' zu ermöglichen.

11 Vgl. Armand de Bourbon, prince de Conti: *Traité de la comédie et des spectacles selon la tradition de l'Église tirée des Conciles et des Saints Pères*. Paris 1667.

> Sur la proposition qui fut faite le 29e de juillet de retirer de la comédie un fameux comédien avec toute sa famille, cette bonne œuvre fut chèrement embrassée; on prit des mesures pour en venir à bout, et il se fit une grande contribution pour donner moyen à cette famille de sortir d'un état si déplorable.[12]

Die Compagnie du Saint-Sacrement war ein Jahr zuvor Sturm gelaufen gegen Molières *Tartuffe* (1664) und hatte für eine gewisse Zeit insofern auch Erfolg damit, als es ihr zunächst gelungen war, weitere Aufführungen des *Tartuffe* zu verbieten.

Doch Molière ließ nicht locker. Mit dem *Dom Juan* gestattet er sich einen weiteren Hieb gegen die Compagnie du Saint-Sacrement. Dieser war es zuvor gelungen, das von ihr angestrebte Verbot des Tabakgenusses zu lancieren, ohne dass sie es freilich auch massiv durchsetzen konnte.[13] Mit der Diskussion um den Tabakkonsum hatte sie jedoch eine Flanke geöffnet, auf die Molière vor allem aufgrund der politischen Aktualität dieses Themas nun mit seiner ganzen intellektuellen und komödiantischen Brillanz die Treffer setzen konnte.

Er lässt die Dienergestalt des Sganarelle, die er selbst verkörperte, mit einem Tabakbeutel auf die Bühne treten und eine Lobrede auf die Tugenden des Tabaks halten, und dabei die unsichtbare Wahrheit über die Compagnie du Saint-Sacrement aussprechen. Der Name Sganarelles ist dabei nämlich Programm: Er ist hergeleitet vom italienischen Verb *sgannare*, das so viel bedeutet wie „amener à voir ce qu'on ignore ou ce qu'on veut ignorer"[14] oder „Trarre d'inganno facendo conoscere la verità".[15] Es befindet sich in dem gleichen semantischen Feld wie der vor allem in Spanien zu der Zeit vieldiskutierte *desengaño*. Sganarelle ist also jener, den Molière in Szene setzt, um den *desengaño* zu erreichen, um etwas aufzudecken, was man nicht weiß oder was man nicht wissen will. Hinter der Rede über den Genuss des Tabaks verbirgt sich nun die Diatribe gegen die Compagnie du Saint-Sacrement:

---

12 D'Argenson, Comte René de Voyer: *Annales de la Compagnie du Saint-Sacrement*, hrsg. von H. Beauchet-Filleau. Saint-Léon: Marseille 1900, S. 152.

13 Tallon, Alain: *La Compagnie du Saint-Sacrement, 1629–1667*. Ed. du Cerf: Paris 1990.

14 Vgl. https://fr.wikipedia.org/wiki/Sganarelle, retrieved 1.11.2020.

15 Vgl. https://dizionari.repubblica.it/Italiano/S/sgannare.html, retrieved 1.11.2020.

> SGANARELLE, *tenant une tabatière*: Quoi que puisse dire Aristote et toute la philosophie, il n'est rien d'égal au tabac: c'est la passion des honnêtes gens, et qui vit sans tabac n'est pas digne de vivre. Non seulement il réjouit et purge les cerveaux humains, mais encore il instruit les âmes à la vertu, et l'on apprend avec lui à devenir honnête homme. Ne voyez-vous pas bien, dès qu'on en prend, de quelle manière obligeante on en use avec tout le monde, et comme on est ravi d'en donner à droit et à gauche, partout où l'on se trouve? On n'attend pas même qu'on en demande, et l'on court au-devant du souhait des gens: tant il est vrai que le tabac inspire des sentiments d'honneur et de vertu à tous ceux qui en prennent.[16]

Natürlich war dieses Lob des Tabaks zunächst ein Affront gegen die Compagnie du Saint-Sacrement, mit dem Molière, den sie sich nach dem *Tartuffe* als Feind auserkoren hatte, nun zurückschlug. Das können wir nahezu im Klartext nachlesen in der Vers-Fassung des *Festin de Pierre*, die Thomas Corneille im Jahre 1677 vorgelegt hatte. Auch hier hebt Sganarelle mit seiner Lobrede auf den Tabak an, doch dann heißt es jetzt: „Quoy qu'en dise Aristote, et sa digne Cabale, / Le Tabac est divin, il n'est rien qui l'égale."[17] Wenn Thomas Corneille auch sonst das Stück ‚entschärft' hat (so fehlt in Sganarelles Rede die von Molière aufgeworfene Frage der *honnêteté* weitgehend), an diesem Punkt hat er alles sogar noch zugespitzt: Jedem Zuschauer muss es bei dieser Fassung sofort klar gewesen sein, dass hier die Compagnie du Saint-Sacrement gemeint war, die ja als *cabale des dévots* in die Geschichte eingegangen war, und vor allem Thomas Corneille wusste noch zehn Jahre nach dem Verbot der Compagnie du Saint-Sacrement, wer hier von Molière gemeint war.

Molière führt mit dem Thema des Tabaks ein Element der kulturpolitischen Programmatik der Compagnie du Saint-Sacrement auf der Bühne vor, und zwar ausgerechnet in Gestalt einer Komödie, einer Gattung, die ihrerseits von der Compagnie du Saint-Sacrement bekämpft wurde. Damit führte Molière einen doppelten Streich gegen die Compagnie.

Es kommt hinzu, dass mit der Kritik an Aristoteles eine weitere Einrichtung getroffen wurde, nämlich die theologische Fakultät der Sorbonne, die gegen die modernen Experimentalwissenschaften am Bild eines Aristoteles

---

16 Molière: *Le festin de pierre (Dom Juan)*. In: Ders.: *Œuvres complètes II*, hrsg. von Georges Forestier et al. Gallimard: Paris 2010, S. 849.

17 Corneille, Thomas: *Le Festin de Pierre*. In: Ders. / Corneille, Pierre: *Œuvres*. Ed. Fontenelle: Paris 1857, S. 478.

festhielt, wie es von Thomas von Aquin im 13. Jahrhundert geschaffen wurde. Was damals jedoch als materialistisches und sensualistisches Ideengebäude progressiv gegen einen veralteten Neuplatonismus geschaffen war, war jetzt ebenso veraltet, wie es der Platonismus zuvor gewesen war. Diese Haltung der Sorbonne war auch Anlass zu dem gemeinsam von Boileau, Bernier und Racine verfassten Pamphlet *Requête en faveur d'Aristote* oder kurz *Arrêt burlesque* (1674).

Die Kontroverse um den Genuss des Tabaks wird zum Medium und zum Kampffeld, in dem Molière, der sich auch hier zum Sprecher der Interessen des Staates macht, einen viel umfangreicheren Konflikt mit der Compagnie du Saint-Sacrement austrägt. Der Versuch, das Verbot des Tabaks durchzusetzen, war nämlich auch Symbolpolitik: Mit der Durchsetzung eigener moralischer Vorstellungen veranstaltete man ein Kräftemessen mit dem Staat, um zu erkunden, wie stark der eigene Einfluss auf die Staatspolitik sein könnte. Die Compagnie du Saint-Sacrement hatte in Opposition zum Staat aufgrund ihres politischen Einflusses bereits die Einrichtung von Anstalten durchsetzen können, in denen geistig Behinderte, Arme, Bettler, Prostituierte etc. untergebracht wurden, um sie der öffentlichen Wahrnehmung zu entziehen. Dies gilt zum Beispiel für das *Hôpital général de Paris*, das im Jahre 1656 auf Druck der Compagnie du Saint-Sacrement von Mazarin installiert werden musste. Michel Foucault hat in diesem Zusammenhang zu Recht vom *grand enfermement* gesprochen.[18] Jene, die als andersartig definiert wurden oder sich durch ein von den Normen der Compagnie du Saint-Sacrement abweichendes Verhalten auszeichneten, wurden ausgesondert. Diese Strategie war ein Mittel, soziale Kontrolle über Teile der Gesellschaft zu erlangen, die letztlich auch in politische Machtkämpfe mündete.

Ebenso wurde von der Compagnie du Saint-Sacrement nun die Kampagne gegen den Tabakgenuss geführt.[19] Seit dem Beginn des 17. Jahrhunderts

---

18 Vgl. Foucault, Michel: „Die große Einsperrung" / „Le grand enfermement (entretien avec N. Meienberg)". In: *Tages Anzeiger Magazin* 12, 25.3.1972, S. 15, 17, 20, 37. Wieder in: Foucault, Michel: *Dits et Écrits II*, hrsg. von Daniel Defert / François Éwald. Gallimard: Paris 1994, S. 296–305.

19 Vgl. Allier, Raoul: *La cabale des dévots, 1627–1666*. Colin: Paris 1902, S. 243f.: „En même temps, il s'applique, avec une persévérance jamais lassée, à réaliser un autre article du programme du ‚Saint-Sacrement': la proscription du tabac. En 1662, le 1 er septembre, à la suite d'une mort subite, il est ordonné à

sind zahlreiche ergebnislose Versuche zur Eindämmung des Tabakkonsums zu verzeichnen, denn das neue aus Amerika importierte Genussmittel breitete sich in Europa rasch aus,[20] und zwar mit aus damaliger Sicht sozial schädlichen Folgen. Tabakrauchen galt bei seinen Kritikern auch als Handlung, die zu sozialer Unruhe beitrug. Entsprechend schreibt D'Argenson, einer der Protagonisten dieser Gesellschaft, über die Aktivitäten der Compagnie in Marseille: „La Compagnie de Marseille souhaita fort d'empêcher l'usage du tabac en fumée dans les lieux publics, à cause des grands désordres qui arrivaient tous les jours dans ces lieux-là."[21] Dieser Zielsetzung stand wenigstens aus staatlicher Sicht entgegen, dass mit dem Verkauf und der Besteuerung des Tabaks enorme Gewinne zu erzielen waren. So lag zu Beginn des 17. Jahrhunderts beispielsweise der Preis für Tabak beim Zehnfachen des Preises für Pfeffer.

Wenn die Compagnie du Saint-Sacrement nun ihre Kampagne gegen den Tabak unternahm, dann erhob sie sich im Sinne einer sozialen Kontrolle und Machtausübung zu einer Institution, die Mazarin als „un état dans l'Etat, une église dans l'Eglise" bezeichnete:

> Tous ces prétendus serviteurs de Dieu sont en réalité des ennemis de l'Etat. Dans le temps d'une régence, parmi tant de mauvaises intentions du peuple, des grands, des parlements, et quand la France a sur les bras la plus grande guerre qu'elle ait jamais soutenue, un gouvernement fort est absolument nécessaire. Cependant la reine chancelle, elle hésite entre tous les partis, elle écoute tout le monde; et,

---

tous les hôteliers, cabaretiers et académistes, de ne point fournir de pipes aux personnes qui viennent chez eux; et, quelques jours après, le 18, cette ordonnance est étendue à tous les habitants qui ne doivent pas souffrir qu'on fume chez eux. Le 27 novembre 1665, l'assemblée réitère cette défense et décide que ‚sera présenté requête à la Cour pour la supplier de vouloir bien homologuer la présente délibération'. En 1667, elle ajoute à l'amende, qui frappait une première contravention, l'expulsion en cas de récidive; un nommé Dumay est chassé de la ville, ‚prévenu de recevoir journellement chez lui des gens qui prenaient du tabac'."

20 Vgl. Schievelbusch, Wolfgang: *Das Paradies, der Geschmack und die Vernunft: Eine Geschichte der Genussmittel*. Hanser: München/Wien 1980; Menninger, Annerose: *Genuss im kulturellen Wandel. Tabak, Kaffee, Tee und Schokolade in Europa (16.-19. Jahrhundert)*. Steiner: Stuttgart 2008.

21 D'Argenson 1900, S. 97.

> tandis qu'elle communique à ses confidents les conseils que je lui donne, elle ne me dit rien de ceux que lui donnent mes ennemis.[22]

Wenn sie mit dem Argument des Kampfes gegen den Tabakkonsum ihre Stimme gegen die von ihr diagnostizierte ‚soziale Unordnung' erhebt, dann erhebt sie sich zugleich zu einem „appareil idéologique de l'état",[23] der zur sozialen Kontrolle und damit zur Machtausübung drängt und damit an die Kompetenz des frühmodernen Staates und seines Machtmonopols rührt. Abgesehen von dieser politischen Konspiration erkennt Mazarin einen weiteren Aspekt der Aktivitäten der Compagnie du Saint-Sacrement: Sie zieht die Aufmerksamkeit der Königin auf sich und lenkt sie damit von den ihr obliegenden Staatsgeschäften ab:

> Deux personnes différentes sont venues me dire que les couvents, les moines, les dévots et les dévotes, sous prétexte d'entretenir la ferveur de la reine, n'ont d'autre but que de lui faire consumer son temps en toutes ces choses, afin qu'elle n'en ait plus pour ses affaires et pour me parler; et ils espèrent venir à bout de leurs desseins en faisant donner le dernier coup, quand tout sera prêt, à la Meignelay, à Dans, à la supérieure du Val-de-Gràce et au P. Vincent*.[24]

Doch neben diesen politischen Interessen betrafen die Beschlüsse der Compagnie du Saint-Sacrement auch ökonomische Interessen des Staates. Nach der Einführung des Tabaks durch Jean Nicot und seinem systematischen Anbau in Frankreich gehörte der Tabak gemeinsam mit dem Salz und einigen anderen Produkten zu den von Colbert eingeführten *cinq grosses fermes*, aus denen der Staat Steuern bezog.

Die Frage des Tabakanbaus und Tabakkonsums war in dieser Zeit also eine finanzpolitische Frage allerersten Ranges und hochaktuell. So bemühte sich Colbert, den Tabakpreis stabil zu halten, indem er im Jahre 1664, das heißt genau ein Jahr vor dem *Dom Juan*, eine ganze Reihe von Maßnahmen veranlasste. Erstens wurden überzählige Tabakfarmen in Frankreich und den Kolonien verwüstet, so dass der Preis für den Tabak auf hohem Niveau gehalten werden konnte, was sich in den

---

22 Allier 1902, S. 340.

23 Vgl. Althusser, Louis: „Idéologie et appareils idéologiques d'Etat. Notes pour une recherche". *La Pensée* 151, 1970, S. 67–125; Ders.: *Sur la reproduction*. PUF: Paris 1995, S. 253–267.

24 Allier 1902, S. 340.

Steuereinnahmen bemerkbar machte. Zweitens wurde der Tabakanbau auch innerhalb Frankreichs eingeschränkt mit Ausnahme der Pflanzungen in den neu hinzugewonnenen Gebieten wie dem Elsass und anderen, in denen durch Einnahmen aus dem Tabakanbau auch die Bevölkerung dem französischen Staat gegenüber positiv eingestellt werden sollte. Mit der Gründung der *Compagnie des Indes occidentales* wurde im Jahre 1664 zudem das königliche Staatsmonopol für den Import von Tabak errichtet, der – im Gegensatz zu dem schwer kontrollierbaren Tabakanbau innerhalb Frankreichs – im Prinzip gleichermaßen das Monopol wie die Kontrollinstanz über die Importe nach Frankreich darstellte.[25]

Die von der Compagnie du Saint-Sacrement bewirkte Minderung des Tabakkonsums (die eine Folge der Propaganda gegen den Tabak sein würde) war also aus fiskalischen Gründen schädlich, was man unter anderem daran erkennt, dass beständig königliche Erlasse gegen den Import von Tabak als Schmuggelware aus dem Ausland ergingen und veröffentlicht wurden. Die Strafen bei Zuwiderhandlung reichten von drei Tagen Haft für die erste Straftat, über 15 Tage Haft für die zweite, die Konfiszierung der Pferde und Wagen, mit denen die Schmuggelware befördert wurde, bis hin zur Galeere für straffällig gewordene Offiziere.[26] Vor diesem Hintergrund erscheint Sganarelles Lob des Tabaks geradezu wie ein Lob der Tabakpolitik Colberts und der Errichtung des königlichen Tabakmonopols.

Die Rigorosität, mit der die Compagnie du Saint-Sacrement den Genuss des Tabaks verfolgte, lässt Molières Lob des Tabaks sofort als eine politische Kampfansage an die Compagnie erscheinen. Wenn Molière nun aus dem Mund der Sganarelle-Maske sagt, dass der Genuss des Tabaks die Leidenschaft der *honnêtes gens* sei, dann wird sofort klar, dass jene, die gegen den Tabak kämpfen, auch nicht zu diesen *honnêtes gens* gerechnet werden dürfen. Derartige Diskussionen entsprachen vollkommen den in

25 Goodman, Jordan: *Tobacco in History and Culture*, Bd. 1. Thomson Gale: Firmington (Michigan) 2005, S. 240f.

26 Vgl. *Ordonnance du Roy, portant défenses à tous chefs, officiers, cavaliers, dragons et soldats de ses troupes, qui ont et auront ordre de repasser dans le Royaume pour aller en garnison et quartier d'hiver, de se charger d'aucunes marchandises étrangères, tabac, ny de faux sel…* Paris 1693.

den 1660er Jahren erneut aufgekommenen Debatten um die eigentlichen Inhalte der *honnêteté*. Der Genuss des Tabaks wird damit in der Rede Molières zum Distinktivum der *honnêteté* (siehe obiges Zitat): „Non seulement il réjouit et purge les cerveaux humains, mais encore il instruit les âmes à la vertu, et l'on apprend avec lui à devenir honnête homme." Wie der Tabakkonsum geradezu beitragen könne, den *honnête homme* zu bilden, das zeigt Molière nun daran, dass man, wenn man über Tabak verfügt, diesen in alle Richtungen verteile. Man hat vermutet, dass es sich vor allem um Schnupftabak handelt, den Molière hier einer zeitgenössischen Praxis entsprechend meint. Gleiches gilt aber auch für den Tabak, den man kaut oder raucht bzw. nach zeitgenössischer Vorstellung ‚trinkt'.

Es gibt eine bemerkenswerte Parallele zwischen dem freigiebigen Verteilen des Tabaks und der Freigiebigkeit, mit der der *honnête homme* gemäß Nicolas Farets *Honnête homme ou l'art de plaire à la cour* (1630) andere an seinen Qualitäten teilhaben lässt. Die Austeilung des Tabaks erscheint hier geradezu als eine Analogie und eine Metapher für das Verhalten und die Kommunikation des *honnête homme*. Die Art und Weise, wie der *honnête homme* seinen Tabak verteilt, besteht vor allem darin, den Wünschen der anderen in verbindlicher Weise zuvorzukommen:

> Ne voyez-vous pas bien, dès qu'on en prend, de quelle manière obligeante on en use avec tout le monde, et comme on est ravi d'en donner à droit et à gauche, partout où l'on se trouve?[27]

Die Handlung des Verteilens von Tabak konstituiert bereits eine kommunikative Situation, wobei diese Handlung den Anderen zur Teilnahme an der Kommunikation verpflichtet. Es gilt hier, was Paul Watzlawick in seinem ersten kommunikationstheoretischen Axiom formuliert hat, nämlich, dass es in einer sozialen Situation unmöglich ist, nicht zu kommunizieren: „one cannot not communicate."[28] Molière hat gleichartige

27 Molière: *Le festin de pierre* (*Dom Juan*), S. 849.

28 Watzlawick, Paul et al.: „Some Tentative Axioms of Communication". In: Dies.: *Pragmatics of Human Communication – A Study of Interactional Patterns, Pathologies and Paradoxes*. W. W. Norton: New York 1967, S. 48–71, hier S. 49: „First of all, there is a property of behaviour that could hardly be more basic and is, therefore, often overlooked: behavior has no opposite. In other words, there is no such thing as nonbehavior or, to put it even more simply: one cannot not behave. Now, if it is accepted that all behavior in an

Phänomene beobachtet und sie im *Misanthrope* am Beispiel der vergeblichen Kommunikationsverweigerung Alcestes poetisch in Szene gesetzt. Hier zeigt Molière, dass man nicht nicht kommunizieren kann und dass schon die Kommunikationsverweigerung ein Verhalten und damit eine kommunikative Handlung ist. Dies gilt auch für die Gabe: Der den anderen verpflichtende, ihn also zur Gegengabe, d.h. Kommunikation veranlassende Charakter der Gabe wird dadurch hergestellt, dass man den Tabak verteilt, noch bevor jemand danach gefragt haben könnte:

> On n'attend pas même qu'on en demande, et l'on court au-devant du souhait des gens: tant il est vrai que le tabac inspire des sentiments d'honneur et de vertu à tous ceux qui en prennent.[29]

Auf verbindliche Weise den Wünschen der anderen zuvorzukommen und schon zu geben, bevor man darum gebeten wurde, ist das geheime ökonomische Prinzip des *honnête homme*. Es handelt sich hierbei also um die verbindliche, aus freien Stücken gewährte Gabe, die im Mittelalter Frankreichs *largesse* genannt wurde.

Über dieses im Grunde archaische Prinzip des ökonomischen Austausches hat Marcel Mauss seinen berühmtem *Essai sur le don* in den Jahren 1923–1924 geschrieben.[30] Nun müssen wir nicht befürchten, hier einem Anachronismus aufzusitzen, wenn wir Forschungsergebnisse des 20. Jahrhunderts zitieren, denn das Prinzip der den anderen zu Gegenleistungen verpflichtenden Gabe ist schon im 17. Jahrhundert von Baltasar Gracián in seinem *Oráculo manual* aus dem Jahre 1647 als Verhaltensmodell des *varón sabio* erkannt und beschrieben worden. Man musste nur das menschliche Verhalten genau beobachten, wofür Gracián und Molière offensichtlich eine besondere Sensibilität hatten, um zu erkennen, wie das

---

interactional situation has message value, i.e., is communication, it follows that no matter how one may try, one cannot not communicate. Activity or inactivity, words or silence all have message value: they influence others and these others, in sum, cannot not respond to these communications and are thus themselves communicating. It should be clearly understood that the mere absence of talking or of taking notice of each other is no exception to what has just been asserted."

29 Molière: *Le festin de pierre* (*Dom Juan*), S. 849.

30 Vgl. Mauss, Marcel: *Essai sur le don. Forme et raison de l'échange dans les sociétés archaïques* (EA: 1923–1924 in *L'Année Sociologique*). PUF: Paris 1973.

Prinzip der Gabe als Motor des Austausches materieller wie immaterieller Güter funktioniert.

Molière analysiert am Beispiel des Tabaks also zunächst die dem kommunikativen Verhalten des *honnête homme* zugrunde liegenden anthropologischen Dimensionen dieses Austausches, die jedoch noch nicht spezifisch bürgerlichen Charakters sind. Wohl aber erkennen wir hier das Prinzip der verbindlichen und verpflichtenden Gabe als Mechanismus der Auslösung eines Austausches von als gleichwertig erachteten Gütern, der nicht gestört werden darf, solange man die *honnêteté* der so Handelnden voraussetzt.

6. Der *tabac du troupe* und der König als *honnête homme*

Zugleich führt Molière nicht nur die Gabe des Tabaks als eine der ganz spezifischen Eigenschaften des *honnête homme* vor und verbindet beide miteinander, sondern er lobt auch die medizinischen Vorteile, die der Tabakgenuss auf die Funktionen des Gehirns habe, denn er reinige die Gehirne und führe damit faktisch dazu, dass man auch in medizinischer Hinsicht zu einem pharmakologisch gereinigten *honnête homme* werde. Diese Position ist geradezu das Gegenteil dessen, was die Compagnie du Saint-Sacrement in ihrer Propaganda gegen den Tabakgenuss vorgetragen hatte: Hiernach waren nämlich jene, die sich dem Tabakgenuss hingaben, immer in der Gefahr, ein moralisch verwerfliches Leben zu führen. Entsprechendes lesen wir in den Annalen der Compagnie du Saint-Sacrement in Marseille:

> La Compagnie de Marseille souhaita fort d'empêcher l'usage du tabac en fumée dans les lieux publics, à cause des grands désordres qui arrivaient tous les jours dans ces lieux-là.[31]

Und weiter:

> Le 4e de janvier 1658, la Compagnie nomma des commissaires pour conférer des moyens de remédier aux principaux désordres publics, comme aux blasphèmes, aux scandales de femmes débauchées, aux académies de jeux, aux tabacs et aux cabarets mal famés, aux désordres des Bohémiens et des Compagnons du Devoir, aux foires des jours de fête, aux profanations des fêtes par le travail des artisans, aux irrévérences dans les églises, aux mauvais emplois des deniers destinés aux

31 D'Argenson 1900, S. 97.

> grandes œuvres de charité, et à d'autres choses semblables qui servoient de sujet au zèle de la Compagnie.[32]

Die Compagnie macht hier ein ganzes Cluster von verwerflichen Zuständen aus: Gotteslästerung, Prostitution, Glücksspiel, Tabakgenuss, Vagabundieren, Jahrmärkte, Verstoß gegen die Feiertagsruhe etc. sind die sozialen Praktiken, gegen die sie kämpfen will. Später, am 17. April 1664, diskutierte man mit gleicher Intention auch Maßnahmen zum Verbot des *Tartuffe*: „On parla fort ce jour-là de travailler à procurer la suppression de la méchante comédie de *Tartuffe*."[33] Tabak, Prostitution, Glücksspiel und Komödien wie der *Tartuffe*, das waren aus der Sicht der *Compagnie* nur verschiedene Facetten derselben gesellschaftlichen Verderbtheit.

Wenn Molière nun die archaische ökonomische Praxis der Gabe am Beispiel der Verteilung des Tabaks vorführt, dann kommt dem unter den historischen Bedingungen der 1660er Jahre noch eine ganz unerwartete politische Aktualität zu: Bereits unter Louis XIII war der *tabac de troupe* eingeführt worden, d.h. die Soldaten erhielten eine verbilligte Ration Tabak einer bestimmten Qualität zugeteilt.[34] Unter Louis XIV wurde diese Tradition fortgesetzt und im Jahre 1668 sogar eine Gratisration für die Soldaten eingeführt. Im Jahre 1674 wurde von Colbert dann das Staatsmonopol für Tabak so errichtet, dass die Soldaten den Tabak nur noch während der Kriegszeiten kostenlos erhielten. Nun reichen diese verschiedenen Maßnahmen hinsichtlich des staatlichen Umgangs mit der Frage des Tabaks nahezu zehn Jahre über die Entstehungszeit des *Dom Juan* hinaus. Doch ist dies alles nur eine Fortsetzung der ideologischen, religiösen und medizinischen Querelle, die schon lange zuvor in Frankreich tobte, und zwar zwischen den Jesuiten, die den Genuss des Tabaks befürworteten, und der Compagnie du Saint-Sacrement, die ihn ablehnte.

Wenn Molière mit Sganarelle den Genuss des Tabaks lobt, dann greift er mitten hinein in diese aktuelle Debatte, deren politische Tragweite jedem der zeitgenössischen Rezipienten bekannt gewesen sein muss. Zudem lobt Molière hiermit faktisch die Politik des Königs, seine Soldaten mit der

---

32 Ebd., S. 174.

33 Ebd., S. 231.

34 Vgl. Godeau, Éric: *Le tabac en France de 1940 à nos jours: Histoire d'un marché*. PUPS: Paris-Sorbonne 2008.

kostenlosen Gabe der Tabakration zu verpflichten, als die wahrhaft eines *honnête homme* würdige Tat.

7. Liebeshändel als ökonomische Taten

Wenn er dann in der Rede Sganarelles das Lob des Tabaks abbricht und sagt: „Mais c'est assez de cette matière. Reprenons un peu notre discours",[35] dann ist dies nur eine scheinbare Abkehr von der ökonomischen Dimension dieser Rede. Vollständig lautet dieser Teil der Rede:

> Mais c'est assez de cette matière. Reprenons un peu notre discours. Si bien donc, cher Gusman, que Done Elvire, ta maîtresse, surprise de notre départ, s'est mise en campagne après nous, et son cœur, que mon maître a su toucher trop fortement, n'a pu vivre, dis-tu, sans le venir chercher ici. Veux-tu qu'entre nous je te dise ma pensée? J'ai peur qu'elle ne soit mal payée de son amour, que son voyage en cette ville produise peu de fruit, et que vous eussiez autant gagné à ne bouger de là.[36]

Tatsächlich wahrt Molière die Isotopieebene des Austausches respektive der Bezahlung auch in der folgenden Passage. Er trägt gemäß der Horazischen Formel, wonach man das Wichtigste, was geschehen ist, zum geeigneten Zeitpunkt nachtragen solle, nun tatsächlich nach, was bisher geschehen ist. Darauf gibt Sganarelle dem Diener Guzman seine Prognose hinsichtlich des weiteren Verlaufs der Handlung: „Veux-tu qu'entre nous je te dise ma pensée? J'ai peur qu'elle ne soit mal payée de son amour, que son voyage en cette ville produise peu de fruit, et que vous eussiez autant gagné à ne bouger de là."[37] Dreimal verwendet Molière hier ökonomische Kategorien, die er in einem syntaktischen Parallelismus arrangiert:

> J'ai peur *qu'elle ne soit mal payée* de son amour,
> *que son voyage* en cette ville *produise peu de fruit*,
> et *que vous eussiez autant gagné à ne bouger de là*.

Mit den Kursivierungen werden jene Begriffe hervorgehoben, die aus dem ökonomischen Denken stammen. Auch Thomas Corneille hat im *Festin de pierre*, seiner Versfassung des *Dom Juan*, diese Isotopieebene gewahrt:

35 Molière: *Le festin de pierre (Dom Juan)*, S. 849.
36 Ebd.
37 Ebd.

> C'est aimer sottement, mais *tout Voyage couste*,
> Et j'ay peur, s'il te faut expliquer mon soucy,
> *Qu'on l'indemnise mal des frais de celuy-cy.*[38]

Done Elvire würde nach Molière zum Schluss „mal payée" sein, ihre Reise erbrächte „peu de fruit" und sie würde am Ende „autant gagner à ne bouger de là." Da Molière hier von Done Elvires Einsatz in Liebesdingen spricht, ist es evident, dass er jetzt eine vollkommen andere ökonomische Begrifflichkeit wählt, um diese speziellen Austauschbeziehungen der Liebe zu beschreiben. Das Praxisfeld der Geldwirtschaft hat hier vollends die Begriffshoheit und die Deutungsmacht übernommen, wenn es um die Beschreibung der in diesem Falle für Done Elvire wohl wenig erfolgversprechenden oder gewinnbringenden Liebeshändel geht.

Done Elvire hat auf die Worte Dom Juans hin ihr Gelübde hinsichtlich des Klosterlebens gebrochen, um mit Dom Juan die Ehe einzugehen. Sie hat für ein Liebesversprechen ein Versprechen gegenüber Gott annulliert. Für diese Vorleistung erbringt Dom Juan jedoch keine Gegenleistung, indem er etwa ehrbar zu seinem Wort stünde und sich der zukünftig mit Done Elvire eingegangenen Ehe auch als würdig erwiese. Indem er Bedingungen des Austausches auf dem Feld der Liebe nicht einhält, handelt er notwendigerweise auch nicht nach den Kriterien der *honnêteté*.

Wir sind hier nach Molières Konstruktion des Diskurses von Sganarelle auf dem Wege von einer archaischen Ökonomie, die über die Verpflichtungen der Gabe reguliert wird, zu einer Ökonomie der Liebesbeziehungen geraten, wo die Gesetzmäßigkeiten der Gabe zwar eigentlich nach wie vor gelten. Diese werden von Dom Juan jedoch nicht mehr eingehalten, wodurch es zu einer Zerstörung der Beziehungen und des gerechten Austausches auf dem Feld der Liebe kommt.

Wenn man die Liebe in ökonomischen Kategorien denkt, wie es Molière ja auch tut und in dem Stück vorführt, dann wird deutlich, wie nach dem Diskurs über die Gabe des Tabaks jetzt ein anderes Begriffsfeld dominant wird. Und dies wird erforderlich, weil Molière mit Dom Juan eine Figur auf die Bühne bringt, die eigentlich das Bild eines von ökonomischer Not zur Rücksichtslosigkeit getriebenen Adligen vorstellt, dessen gesamtes Handeln letztlich dem erworbenen Handlungsmuster und Habitus des

38 Corneille: *Le Festin de Pierre*, S. 478.

ökonomisch impotenten Adligen unterliegt. Damit aber gehört Dom Juan nicht mehr in eine Gesellschaft, die nach den modernen ökonomischen Prinzipien des verlässlichen Austausches von Werten organisiert ist.

Was mit dieser (bürgerlichen) Verlässlichkeit des Austausches gemeint ist, die Molière hier vorführt, können wir direkt dem oben zitierten Dokument über die ökonomischen Aktivitäten Molières entnehmen. Hier lesen wir vor allem von den wechselseitigen Verpflichtungen, die die vertragschließenden Parteien eingehen, also vom Prinzip der Reziprozität, das die Grundlage der politischen Ökonomie des Bürgertums ist. Im Übrigen haben wir es auch hier wieder mit keinem begrifflichen Anachronismus zu tun: Der Begriff der politischen Ökonomie stammt nicht etwa aus dem 19. Jahrhundert, sondern ist von dem Dramatiker Antoine de Montchrestien in seinem *Traité de l'économie politique* aus dem Jahre 1615[39] ‚geprägt', also als Begriff ‚ausgemünzt' worden.

Literaturverzeichnis

Anonym: *Das altfranzösische Fablel du Vilain Mire*, kritischer Text mit Einleitung, Anmerkungen und Glossar, dazu Anhang mit photographischer Reproduktion eines Teiles der zugrunde gelegten Handschrift, hrsg. von Carl Zipperling. Niemeyer: Halle/Saale 1912.

D'Argenson, Comte René de Voyer: *Annales de la Compagnie du Saint-Sacrement*, hrsg. von H. Beauchet-Filleau. Saint-Léon: Marseille 1900.

Allier, Raoul: *La cabale des dévots, 1627–1666*. Colin: Paris 1902.

Allier, Raoul: *La compagnie du Très Saint Sacrement de l'Autel à Marseille*. Honoré Champion: Paris 1909.

Althusser, Louis: „Idéologie et appareils idéologiques d'Etat. Notes pour une recherche". *La Pensée* 151, 1970, S. 67–125.

Althusser, Louis: *Sur la reproduction*. PUF: Paris 1995.

Corneille, Thomas: *Le Festin de Pierre*. In: Ders. / Corneille, Pierre: *Œuvres*. Ed. Fontenelle: Paris 1857.

Coulmas, Florian: *Die Wirtschaft mit der Sprache*. Suhrkamp: Frankfurt/Main 1992.

---

39 Montchrestien, Antoine de: *Traité de l'économie politique*, édition critique par François Billacois. Droz: Genève 1999.

Desclosières, Gabriel de Joret: *Le vilain mire (le paysan médecin) – Un ancêtre du médecin malgré lui* (Lecture faite à la séance publique de la société des études historiques du 23 avril 1876). Dumoulin: Paris 1877.

Deville, Raymond: *L'école française de spiritualité*. Desclée de Brouwer: Paris 1987.

Foucault, Michel: „Die große Einsperrung" / „Le grand enfermement (entretien avec N. Meienberg)". In: *Tages Anzeiger Magazin* 12, 25.3.1972, S. 15, 17, 20, 37; wieder in: Foucault, Michel: *Dits et Écrits II*, hrsg. von Daniel Defert / François Éwald. Gallimard: Paris 1994, S. 296–305.

Godeau, Éric: *Le tabac en France de 1940 à nos jours: Histoire d'un marché*. PUPS: Paris-Sorbonne 2008.

Goodman, Jordan: *Tobacco in History and Culture*, Bd. 1. Thomson Gale: Firmington (Michigan) 2005.

Krüger, Reinhard: „Arkadische Wirtschaft: Der Weg des Schäfers vom ‚Unternehmer' zum Lohnarbeiter, oder von der Entdeckung des Mehrwerts in der arkadischen Welt". In: Sánchez, Yvette (Hrsg.): *Business-Fiktionen und Management-Inszenierungen* (Literatur – Kultur – Ökonomie 2). Lang: Berlin u.a. 2018, S. 157–185.

Lakoff, Georg / Johnson, Mark: *Metaphors We Live By*. University of Chicago Press: Chicago 1980.

Marx, Karl / Engels, Friedrich: *Manifest der Kommunistischen Partei*. In: Dies.: *Werke* 4. Dietz: Berlin/Ost 1978.

Mauss, Marcel: *Essai sur le don. Forme et raison de l'échange dans les sociétés archaïques* (EA: 1923–1924 in *L'Année Sociologique*). PUF: Paris 1973.

Menninger, Annerose: *Genuss im kulturellen Wandel. Tabak, Kaffee, Tee und Schokolade in Europa (16.-19. Jahrhundert)*. Steiner: Stuttgart 2008.

Molière: *Le festin de pierre (Dom Juan)*. In: Ders.: *Œuvres complètes II*, hrsg. von Georges Forestier et al. Gallimard: Paris 2010.

Montchrestien, Antoine de: *Traité de l'économie politique*, édition critique par François Billacois. Droz: Genève 1999.

Ordonnance du Roy, portant défenses à tous chefs, officiers, cavaliers, dragons et soldats de ses troupes, qui ont et auront ordre de repasser dans le Royaume pour aller en garnison et quartier d'hiver, de se charger d'aucunes marchandises étrangères, tabac, ny de faux sel... Paris 1693.

Schivelbusch, Wolfgang: *Das Paradies, der Geschmack und die Vernunft: Eine Geschichte der Genussmittel*. Hanser: München/Wien 1980.

Tallon, Alain: *La Compagnie du Saint-Sacrement, 1629–1667*. Éd. du Cerf: Paris 1990.

Veblen, Thorstein: *The Theory of the Leisure Class: An Economic Study of Institutions* [1899]. Penguin: New York 1994.

Watzlawick, Paul et al.: „Some Tentative Axioms of Communication". In: Dies.: *Pragmatics of Human Communication – A Study of Interactional Patterns, Pathologies and Paradoxes*. W. W. Norton: New York 1967, S. 48–71.

Beatrice Nickel

Der Aufstieg des Bürgertums, die Krise des Adels und die Transformationen des Romans im 17. Jahrhundert

Abstract: Due to the rise of the bourgeoisie and the crisis of the aristocracy in 17th century France, the themes of trade and finance found their way into the novel, especially into the new genre of the *histoire/roman comique*. This article examines the meaning and function of economic themes in Charles Sorel's *La vraye Histoire comique de Francion* (1622) and Antoine Furetière's *Le Roman bourgeois. Ouvrage comique* (1666), and analyses how these themes are used to narratively stage the gain of power of the bourgeoisie and the decline of the aristocracy. With the genre of the *histoire comique*, bourgeois authors of the 17th century countered the heroic romance and the pastoral novel with their own model of life as literary material. While the aristocracy did not (or at least not officially) economise in order not to forfeit their privileges, in the bourgeois novels we often learn about avaricious citizens trying to accumulate capital, as well as price lists, bankruptcy, money circulation, etc.

Keywords: *histoire comique*, bourgeoisie, aristocracy, economy, capital accumulation

1. Vorbemerkung

Der heroisch-galante und der preziöse Roman ebenso wie der Schäferroman kennen keine Protagonisten, die Geld verdienen oder akkumulieren. Im Gegensatz zum Bürger verfügt der Aristokrat unausgesprochen über die Ressourcen seines Lebens und macht davon sogar kein Aufheben, wenn er über diese nicht mehr verfügt. Geiz ist ihm ebenso fremd wie der Gelderwerb oder die Akkumulation von Besitz.[1] Stattdessen werden von Adligen „Zurschaustellung von Reichtum, demonstrative Verschwendung

1 Zu dieser allgemeinen sozialgeschichtlichen Konstellation vgl. Braudel, Fernand: *Civilisation matérielle, économie et capitalisme, XVe-XVIIIe siècle*, 3 vols. Armand Colin: Paris 1979.

und Großzügigkeit erwartet".[2] Der Adel in der Finanzkrise ist vielfach Thema der französischen Literatur des 17. Jahrhunderts. Diese Krise ist bedingt durch eine zunächst schleichende und dann ökonomisch revolutionäre Machtübernahme durch das Bürgertum im *siècle classique*.[3] Mit der demonstrativen politischen Integration des Bürgertums in das absolutistische Herrschaftsmodell avanciert auch das Bürgertum zum Gegenstand des Romans. Und hier wird gerade das Verhältnis der Bürger zum Geld thematisiert.

Wir können bereits in den ersten deutlich am stadtbürgerlichen Handeln und Wirtschaften ausgerichteten französischen Romanen des 17. Jahrhunderts erkennen, wie diese aufgestiegene ökonomische Klasse zum Gegenstand von Literatur wird. Noch wird das Handeln des Bürgertums in diesen Romanen ganz gemäß der neo-aristotelischen Poetik in einer ‚komischen' Gattung (*histoire/roman comique*) vorgeführt, doch ist hier das Gattungscharakteristikum *comique* fast nur noch der Wahrung der Vorschriften der Ständeklausel geschuldet. Mit der Gattung der *histoire comique* setzen bürgerliche Intellektuelle des 17. Jahrhunderts dem heroisch-galanten Roman und dem Pastoralroman ihr eigenes Lebensmodell als literarischen Stoff entgegen. Während der Adel nicht (oder wenigstens nicht offiziell) wirtschaftet, um nicht seine Privilegien preiszugeben, treffen wir in den genannten Romanen häufig auf geizige Bürger, die versuchen, Geld anzuhäufen, daneben aber auch auf Preislisten, den Bankrott, Hinweise auf die Geldzirkulation etc.

2. Charles Sorel, *La vraye Histoire comique de Francion* (1622)

Mit Blick auf die Thematisierung von Geld sind vor allem die Institutionen Schule, Gericht und Literaturbetrieb in Sorels Roman Gegenstand einer satirischen Verzerrung:

---

2 Thiele, Ansgar: *Individualität im komischen Roman der Frühen Neuzeit (Sorel, Scarron, Furetière)*. Walter de Gruyter: Berlin/New York 2007, S. 123.

3 Vgl. hierzu Pernoud, Régine: *Histoire de la bourgeoisie en France*, vol. II: *Les temps modernes*. Éditions du Seuil: Paris 1962, und Krüger, Reinhard: *Literatur und sozialer Kontext. Studien zur politischen Ästhetik im ‚siècle classique'*. Weidler: Berlin 2001, S. 13ff.

> Le juge corrompu, le conseiller vaniteux, l'avare Du Buisson qui, par sa richesse, veut trancher du noble, lui [scil. Francion; B.N.] offrent, chacun à sa façon, l'image d'une bourgeoisie mesquine, préoccupée de ses seuls intérêts.[4]

Etwa in der Mitte des Romans wird Francion Opfer eines Diebstahls, der ihn in absolute Armut stürzt. In dieser Situation erfährt der Adlige die Missachtung von Vertretern aller Stände: „Je sentis vivement en ce temps là les poignantes espines de mon malheur, car n'estant couvert que de mon pauvre habit, personne ne faisoit estime de moy".[5] Das Anerkennen adliger Identität ist hier untrennbar mit der ostentativen Zurschaustellung von Reichtum in Form von kostbarer Kleidung verbunden. Standeszugehörigkeit wird geradezu durch Kleidung definiert. Dies macht auch folgende Episode deutlich, in der Francion sich nach Lyon aufmacht, wo er sich Geld leihen möchte. Auf dem Weg dorthin begegnet ihm ein Soldat, mit dem er die Kleider tauscht, um dann zunächst die einfache Landbevölkerung zu täuschen:

> Il voulut s'en aller à Lyon emprunter de l'argent pour se remettre en bon equipage [...]. Le premier homme qu'il trouva en son chemin fut un soldat fort leger d'argent, qui avoit un meschant haut de chausse rouge et un pourpoint de cuir fort gras. Il luy demanda s'il vouloit changer d'habit, et luy promit de luy donner du retour. Le soldat s'y accorda et moyennant fort peu de chose il quitta sa noblesse prenant l'habit de Paysan. Francion commença de s'admirer avec ce beau vestement qui luy plaisoit plus que l'autre [...]. (S. 395)

Für Francion ist entscheidend, reich zu erscheinen, nicht, es tatsächlich zu sein. Um sich standesgemäß einkleiden zu können, nimmt er nicht nur den Kleidertausch mit einem Soldaten in Kauf, sondern leiht sich zusätzlich Geld von seiner Mutter und zieht in ein deutlich preiswerteres Zimmer (siehe S. 233f.):

> Environ ce temps là, ma mère m'envoya beaucoup d'argent, dont je me fis habiller d'une façon qui paroissoit infiniment. C'estoit l'Esté: je fis faire un habit de taffetas coulombin, avec les esguillettes, les jartieres et le bas de soye de couleur

---

4 Serroy, Jean: *Roman et réalité. Les histoires comiques au XVII*[e] *siècle*. Librairie Minard: Paris 1981, S. 153.

5 Sorel, Charles: *Histoire comique de Francion*. In: Adam, Antoine (Hrsg.): *Romanciers du XVIIe siècle. Sorel – Scarron – Furetière – Madame de La Fayette*. Éditions Gallimard: Paris 1958, S. 59–527, hier S. 218. Im Folgenden beziehen sich alle Angaben in Klammern auf diese Ausgabe.

bleuë. Je me mis a une pension plus basse que celle où j'avois toujours esté, et l'argent que j'épargnois en cela fut depuis employé a doubler mon manteau d'un autre taffetas bleu. Car voyez les belles coustumes que la sottise a introduittes, et que le peuple s'esbat a suivre: l'homme qui n'a qu'un manteau de taffetas simple est moins estimé que celuy qui en a un de deux taffetas: et l'on fait encore moins d'estat de vous, si vous en portez un de serge doublé seulement de quelque estoffe de soye. Entre les femmes il y a bien d'autres niveteries [...]. (S. 233f.)

Dass Francion so viel Wert auf den äußeren Schein legt, hängt vor allem damit zusammen, dass er als Adliger dem Gebot der Repräsentation folgen muss.[6]

Im Roman nimmt Geld eine zentrale Rolle ein, und zwar sowohl mit Blick auf die Adligen als auch auf die Bürgerlichen. Zu Recht wurde darauf hingewiesen, dass hier differenziert werden muss: „Während Bürgerlichen eher Geiz, eine Fixierung auf Gelderwerb und die Akkumulation von Besitz unterstellt wird [...], werden vom Adel Zurschaustellung von Reichtum, demonstrative Verschwendung und Großzügigkeit erwartet [...].“[7] Das Bürgertum wird im Roman vielfach verspottet, und zwar größtenteils durch seine Haltung zum Geld. Der Lehrer Hortensius, bei dem Francion zeitweilig wohnt, repräsentiert den idealtypischen geizigen Bürger. Statt seinen ‚Untermietern' nahrhafte Mahlzeiten vorzusetzen, spart er beispielsweise lieber das ganze Geld, das sie ihm für ein Zimmer zahlen: „il [scil. Hortensius; B.N.] eust beaucoup de vices insupportables, nous n'en recevions pas d'affliction, comme de voir sa tres estroitte chicheté, qui luy faisoit espargner la plus grande partie de nostre pension, pour ne nous nourrir que de regardeaux“ (S. 171).

Als Francion und sein adliger Herr Clerante als Bauern verkleidet an einer Hochzeit auf dem Land teilnehmen,[8] berichtet Francion über das Verhalten der bürgerlichen Eheleute, die primär finanzielle Absichten verfolgen: „Le repas finy, le marié et la mariée se mirent devant une table chargée d'un beau bassin de cuivre; a chaque piece que l'on leur apportoit

6 Vgl. hierzu Thiele 2007, S. 103.

7 Ebd. Vgl. hierzu auch Rosellini, Michèle / Salvan, Geneviève: *Le* Francion *de Charles Sorel*. Atlande: Neuilly 2000, S. 91ff.

8 Vgl. hierzu Matzat, Wolfgang: „Charles Sorel, *Histoire comique de Francion* (1622–1633)“. In: Baader, Renate (Hrsg.): *17. Jahrhundert. Roman, Fabel, Maxime, Brief*. Stauffenburg Verlag: Tübingen 1999, S. 39–66, hier S. 41ff.

comme une offrande, ils faisoient une belle reverence pour remerciement, en panchant la teste de costé.“ (S. 272)

Außerdem präsentiert Sorel dem Leser junge Bürgersleute, die ihre finanziellen Ressourcen, über die sie beispielsweise durch eine Erbschaft verfügen, vornehmlich dazu verwenden, das Verhalten und Aussehen von Adligen zu imitieren:

> Il [scil. mon hoste; B.N.] me [scil. Francion; B.N.] respondit que de jeunes gens comme le Conseiller que je venois de voir, ne prenoient la robbe, que pour avoir une qualité qui les fit respecter, et trouver des femmes qui eussent de grands avantages, et que leur age les portant aux gentillesses de Cour, estans hors du Palais ils se licentioient de prendre aucunesfois l'espée et l'habit de Cavalier. (S. 217f.)

Um die Prunksucht des Sohnes eines Kaufmanns ins Lächerliche zu ziehen, beschreibt Francion diesen folgendermaßen: „Dieu me sauve, s'il n'y a mis la plus belle estoffe l'estallage. Veritablement il y gaignera bien, car on n'a pas besoin d'aller a sa maison pour voir sa plus riche marchandise: ceste boutique cy est errante, son fils la va montrer par tout“ (S. 242). Im Folgenden beschuldigt Francion den jungen Mann vorzugeben, etwas zu sein, was er nicht ist, nämlich ein Adliger.

Auch Adlige können sich durch übermäßigen Geiz auszeichnen, und zwar vor allem dann, wenn es sich um Bürgerliche handelt, die sich den Adelstitel erkauft haben: An einer anderen Stelle im Roman trifft Francion auf einen Reisenden, der ihm von einem geizigen Adligen namens du Buisson erzählt:

> Le premier discours qu'il luy [scil. Francion, B.N.] tint, fut une loüange qu'il donna a sa liberalité: de ce propos là il tomba sur celuy de l'avarice, de laquelle il disoit qu'il ne pouvoit fournir d'exemple plus remarquable qu'un gentil-homme qui demeuroit a un village où ils iroient au giste le lendemain.
>
> Quand il a des ouvriers a la journée, il retarde a sa fantaisie une horloge de sa maison, et les fait pour le moins travailler deux heures plus qu'ils n'ont de coustume autrepart. Il nourrit tous ses serviteurs le plus mesquinement du monde, et jamais personne ne s'est pû vanter d'avoir banqueté chez luy. (S. 334f.)

Darüber hinaus rühmt du Buisson sich damit, niemals Freunde zu empfangen, um ihnen nichts anbieten zu müssen, und über das Wachstum seiner Kinder beklagt er sich, weil immer mehr Stoff für ihre Kleidung nötig sei. Er selbst trägt nur an Sonn- und Feiertagen teure Kleidung, und dann auch nur mit einem langen Mantel darüber, damit er sie nicht versehentlich beschmutzen kann. An Arbeitstagen hingegen trägt er nur Lumpen wie ein Tagelöhner. Zu Recht dient er als Beispiel des Geizes, und völlig zu Recht wählt Francion für ihn wahlweise die Bezeichnung „l'avare“ oder „l'avaricieux“.[9]

Zumal es für Francion kaum größere Sünden als den Geiz und das Streben nach der Anhäufung von Geld gibt, missachtet er du Buisson – ganz im Gegensatz zu dessen Sohn. Denn diesem drohte aufgrund seiner Verschwendungssucht und seines Luxusbedürfnisses ein Aufenthalt im Gefängnis, bevor Francion ihn retten konnte. Diesem jungen Mann lässt Francion all seine Sympathie zukommen, und er entschließt sich dazu, du Buisson in seinem Schloss aufzusuchen, um ihm eine Lektion zu erteilen. Schließlich ist Francion überzeugt davon, dass du Buisson die alleinige Schuld am Schicksal seines Sohnes trage: „[…] a cause que son pere ne luy donnoit point d'argent, il avoit esté forcé d'en emprunter d'un certain Banquier, qui ayant affaire de ses pieces, le poursuivoit vivement de les luy rendre.“ (S. 339)

Ein wichtiger Bereich, in dem Geld eine bedeutende Rolle spielt, ist im Roman die Literatur. Diese wird vor allem mit Blick auf den ‚Literaturmarkt‘ thematisiert. Dem Leser wird nicht nur vor Augen geführt, wie innerhalb eines Systems des Mäzenatentums die Wahl von literarischen Gattungen vom Streben nach finanzieller Unterstützung durch gesellschaftlich Höherstehende motiviert wird, sondern Sorel berichtet auch davon, wie die Existenz des Schriftstellers von den Eigengesetzlichkeiten des Literaturmarktes und nicht minder vom Geschmack des Lesepublikums abhängt. Literatur wird hier primär in ihrer Objekthaftigkeit präsentiert, und das heißt als käufliche Ware. Die Gleichwertigkeit von literarischen Erzeugnissen und anderen materiellen Gütern hebt besonders jene Episode hervor, in der Francion den armen Dichter Musidore in dessen Zimmer besucht und erfährt, dass dieser seine Kleidungsstücke nach dem jeweiligen Werk benennt, von dessen Bezahlung er sie gekauft hat (vgl. S. 1286). Auf Nachfrage erklärt Musidore Francion die Namensgebung seiner Kleidungsstücke mit der Notwendigkeit für einen Dichter, für seine Arbeit entlohnt zu werden:

9 Vgl. hierzu Serroy 1981, S. 156.

> Apprenez que nostre honneste travail nous fait gaigner souvent quelque petit argent, et que nous le mettons a nous vestir; voila pourquoy pour recognoistre nos habillemens, nous les appelons du nom des Livres que nous avons faicts, et de l'argent desquels nous les avons eus. (S. 1286)

Für Musidore sind die Einkünfte aus seiner Schriftstellertätigkeit deshalb so wichtig, weil er kaum über finanzielle Ressourcen und auch keinen Mäzen verfügt. Seine Armut geht eindrucksvoll aus der Beschreibung seines Zimmers und des spärlichen Mobiliars hervor:

> [...] tout le meuble de sa chambre estoit reduict a une seule escabelle a trois pieds, a un coffre de bois qui servoit de table, de buffet, et de siege. Pour le lict il estoit d'une estoffe si usée que l'on n'en pouvoit pas mesme cognoistre la couleur, et il avoit esté rongé de plus de rats qu'il n'y en avoit au combat que descrit Homere. (S. 1286)

Ist für Musidore Literatur eine Ware wie jede andere auch, so beharrt Francion demgegenüber darauf, dass ein derartig gestaltetes Literatursystem keine qualitativ hochwertige Literatur hervorbringen könne:

> Je juray bien deslors qu'il ne falloit point s'estonner si tous ses ouvrages [scil. de Musidore; B.N.] ne valoient rien, car allongeant ses Livres selon l'argent qu'il desiroit avoir, il y mettoit beaucoup de choses qui n'estoient pas dignes d'estre imprimées, et outre cela il escrivoit avec une telle haste qu'il faisoit une infinité de fautes de jugement. (S. 1286)

Musidores und Francions konträre Einstellungen zu Kasualdichtung bzw. Auftragsliteratur repräsentieren dabei auf paradigmatische Weise das bürgerliche Bestreben um Gelderwerb und die damit einhergehende Beeinflussung der literarischen Produktion durch das Mäzenatentum und den Buchmarkt einerseits und die adlige Haltung, sich nicht um Geld kümmern zu müssen andererseits. Francions Überzeugung ist es, dass Musidores Orientierung auf den zu erwartenden Lohn für seine schriftstellerische Leistung dazu führt, dass ökonomische Überlegungen über ästhetische und künstlerische Grundsätze gestellt werden.

Musidore stellt übrigens eine Parallele zwischen poetischen Texten und juristischen Texten her, zumal beiden eine Arbeit der Verschriftlichung vorausgehe, die gleichermaßen entlohnt werden müsse. Anwaltskosten dienen ihm geradezu als Rechtfertigung für die Veräußerung poetischer Texte. Der Bereich der Justiz wird im Roman zum Paradigma für das bürgerliche Gewinnstreben. *Ad absurdum* wird dieses Streben geführt, wenn juristische Texte so verfasst werden, dass sie möglichst viel Platz auf der Papierseite einnehmen und deshalb mehr kosten (vgl. hierzu S. 160). Juristische Integrität wird hier finanziellen Überlegungen untergeordnet, der Schein ersetzt vollständig das Sein.

Ähnlich wie Musidore ordnet auch der Lehrer Hortensius literarischen Gattungen bestimmte Geldsummen zu, und zwar in seiner utopischen Vision:

> [...] les vers seront tant en credit que l'on leur donnera un prix. Qui n'aura point d'argent portera une stance au Tavernier, il aura demy septier: chopine pour un Sonnet: pinte pour une Ode: et quatre pour un Poëme, et ainsi des autres pièces, ce qui pourvoyra fort aux necessitez du peuple: Car le pain, la viande, le bois, la chandelle, le drap et la soye s'acheteront au prix des vers qui ordinairement auront pour sujet la loüange des Marchands ou de leurs marchandises: L'on aura ce soulagement quand l'on n'aura point de pecune; Voyla ce que j'establiray pour le commerce. (S. 450)

Wird das Verhältnis der Bürgerlichen zum Geld – in Form von Geiz oder einer zu starken Orientierung auf Geld – von Francion ins Lächerliche gezogen, so reagiert er damit seinem sozialen Stand entsprechend. Denn er entstammt einem alten Landadel und tritt aus diesem Grund ein „pour une noblesse vraie, qui ne s'achète pas par l'argent".[10] Damit richtet er sich vor allem gegen den Amtsadel.[11] Francion wird damit zum idealtypischen Repräsentanten des Schwertadels, dem die Macht des Geldes als Mittel des sozialen Aufstiegs missfällt. Parvenus, reiche Bürger, in den Adelsstand erhobene Anwälte etc. erfahren von ihm nur Missachtung. Als Aristokrat misst Francion Geld nur insofern Bedeutung bei, als es ihm hilft, seinen Status zu bewahren. Nichts liegt ihm ferner als Geiz oder die Anhäufung von Geld; für den Adligen erfüllt gerade die Zurschaustellung seines Vermögens eine identitätsstiftende Funktion. Dementsprechend ruft Francion etwa in der Mitte des Romans eine Gruppe junger Männer ins Leben,

10 Serroy 1981, S. 148.

11 Vgl. hierzu Jouanna, Arlette: „Des ‚gros et gras' aux ‚gens d'honneur'". In: Chaussinand-Nogaret, Guy (Hrsg.): *Histoire des élites en France du XVIe au XXe siècle. L'honneur – Le mérite – L'argent.* Tallandier: Paris 1991, S. 15–141.

die Gruppe der „braves et genereux".[12] Implizit zeugt die Gründung dieser Gesellschaft junger Männer von einer Krise der Gesellschaft, in der Adlige sukzessive entmachtet werden und reiche Bürger immer mehr an Bedeutung gewinnen. Denn die Gruppe der „braves et genereux" steht nicht nur Adligen, sondern auch Bürgern offen.[13] Die Mitglieder eint einzig die Ablehnung einer Gesellschaft, in der Geld wichtiger als alles andere geworden ist: „et n'importe pas d'estre fils de Marchand, ny de Financier, pourveu que l'on blasmast le traffic et les Finances" (S. 241). Allerdings lebt Francion paradoxerweise zeitweilig vom Geld reicher Mitglieder dieser Vereinigung.

Zusammenfassend lässt sich festhalten, dass sich der Adlige Francion vornehmlich durch sein Verhältnis zum Geld von den ihn umgebenden Bürgersleuten unterscheidet. Nichtsdestoweniger benötigt er die Geld akkumulierenden Bürger, um seinen hohen Lebensstandard als Adliger beibehalten zu können: „L'aristocrate ne peut désormais être lui-même qu'avec l'argent des bourgeois."[14]

3. Antoine Furetière, *Le Roman bourgeois. Ouvrage comique* (1666)

In diesem Roman spielt – der zeitgenössischen Realität entsprechend, aber im Unterschied zur *Histoire comique de Francion* – Geld fast ausschließlich im bürgerlichen Milieu eine Rolle. Geiz und finanzielle Interessen als Handlungsmotor bilden dabei die Hauptthemen der Bürgersatire, und zwar vielfach im Bereich der Justiz und damit dem „[...] milieu le plus représentatif de la bourgeoisie elle-même".[15] Weitere Bereiche des bürgerlichen Lebens, in denen Geld eine wichtige Rolle spielt, sind unter anderem der Literaturmarkt, die Liebe und die Ehe. Diese werden als „[...] Institutionen dekuvriert, deren eigentliche Funktionen durch materielle Interessen

---

12 Vgl. hierzu Démoris, René: *Le roman à la première personne. Du classicisme aux lumières*. Colin: Paris 1975, S. 25ff. und Alter, Jean: „La Bande à Francion ou les pièges de l'histoire". *L'Esprit créateur* 19 (1), 1979, S. 3–13.

13 Vgl. hierzu Greenberg, Mitchell: *Detours of Desire. Readings in the French Baroque*. Ohio State University Press: Columbus 1984.

14 Serroy 1981, S. 171.

15 Ebd., S. 620.

überlagert werden".[16] Neben der Justiz sollen im Folgenden der Literaturmarkt und zwischenmenschliche Beziehungen in den Blick genommen werden.

Im Bereich des Gerichtswesens sticht zunächst ins Auge, dass es dem jungen Adligen Nicodeme durch eine Geldzahlung gelingt, das Ende eines Prozesses gegen ihn und seine bevorstehende Hochzeit herbeizuführen, wobei dieser Prozess Ausdruck einer Intrige gegen Nicodeme und nicht der Gerechtigkeit ist. Zuvor hatte Nicodeme dem Vater seiner Verlobten Geld dafür gegeben, dass er sie früher heiraten darf: „Ce que Nicodeme fut obligé de souffrir, en regrettant néantmoins l'argent qu'il avoit donné dans l'esperance de se marier deux jours apres."[17]

Daneben präsentiert Furetière dem Leser die prozesssüchtige Collantine, die mit all den von ihr angestrebten Prozessen vor allem finanzielle Absichten verfolgt:

> [...] je parle de ces droits litigieux qu'on achepte à bon marché de gens foibles et ignorans des affaires, dont les plus embrouïllez sont les meilleurs. Car on n'a qu'à se faire recevoir partie intervenante, et pourvu qu'on sçache bien faire des incidens et des chicanes, tantost se ranger d'un party et tantost de l'autre, il faut enfin que les autres parties acheptent la paix, à quelque prix que ce soit. Tel est le mestier dont je subsiste il y a longtemps, et dont je me trouve fort bien. J'ay des-ja ruiné sept gros paysans et quatre familles bourgeoises, et il y a trois gentilshommes que je tiens au cul et aux chausses. (S. 1075)

Die Absurdität von Collantines Verhalten führt Furetière dem Leser vor allem durch jene völlige Unverhältnismäßigkeit des aufwendigen Prozesses vor Augen, den sie um einen Streitwert von lediglich 30 *sous* führt (vgl. hierzu S. 1057f.). Des Weiteren macht der Anwalt Bedout keinen Hehl aus der Geldgier und Korruption seiner Berufsgruppe:

> Il est vray (dit alors Bedout) que la journée d'un procureur du Chastelet n'est taxée que six deniers; mais cette taxe est tant de fois reitérée, et il se passe si grand nombre d'actes eun un jour, que cela monte à des sommes immenses. Je ne

16 Thiele 2007, S. 271.

17 Furetière, Antoine: *Le Roman bourgeois. Ouvrage comique*. In: Adam, Antoine (Hrsg.): *Romanciers du XVIIe siècle. Sorel – Scarron – Furetière – Madame de La Fayette*. Éditions Gallimard: Paris 1958, S. 900–1104, hier S. 952. Im Folgenden beziehen sich alle Angaben in Klammern auf diese Ausgabe.

> m'estonne point qu'il y ait beaucoup de ces Messieurs qui aient fait de grandes fortunes en fort peu de temps. (S. 965f.)

Geld spielt auch im Kontext zwischenmenschlicher Beziehungen eine wichtige Rolle. Käuflich ist die Liebe hier primär im Sinne von Geldehen. Javottes Vater macht von vornherein klar, dass für seine Tochter nur eine ‚gute Partie' als Ehemann in Frage komme:

> [...] deux jours auparavant, on luy [scil. Vollichon; B.N.] avoit parlé d'un autre party pour sa fille, qui estoit plus avantageux, et voulant avoir (comme il disoit) deux cordes à son arc, il ne vouloit differer qu'afin de voir s'il pourroit s'engager avec le plus riche, pour rompre aussi-tost avec celuy qui l'estoit le moins. (S. 953)

Ebenso hält auch Javottes Mutter einen Ehemann nur dann für geeignet, wenn er über ein ausreichendes Einkommen verfügt: „Je veux un homme qui soit un bon mary et qui gagne bien sa vie" (S. 947). Sowohl Madame als auch Monsieur Vollichon repräsentieren dabei „jene streberische Schicht bürgerlicher Pfennigfuchser, bei denen sich die menschliche und soziale Qualifikation an der Summe des zusammengescharrten Geldes bemißt".[18] Und das, obgleich sie selbst über ein beträchtliches Vermögen verfügen.

An einer Stelle im Roman präsentiert der Erzähler dem Leser eine Tabelle („Tariffe ou evaluation des partis sortables pour faire facilement les mariages", S. 919f.), die gesellschaftsfähige und objektiv gute Ehen gewährleisten soll, indem der jeweiligen Mitgift einer jungen Frau die entsprechende Berufsgruppe des zukünftigen Ehemannes zugeordnet wird: „Das Ehekriterium der Standesgleichheit wird hier in eine tabellarische Gegenüberstellung von neun Mitgiftklassen und Statusgruppen umgemünzt [...]."[19] Nach dieser Tabelle wählt übrigens auch Javottes Vater den zukünftigen Ehepartner seiner Tochter aus. Ihm – ebenso wie Javottes Mutter und dem Anwalt Jean Bedout – geht es dabei einzig um die Akkumulation von Geld, ohne dass dieses, „[...] etwa durch Zurschaustellung oder für Geselligkeit,

18 Köhler, Erich / Krauß, Henning: *Vorlesungen zur Geschichte der französischen Literatur*, Bd. 2: *Vorklassik*. Universitätsbibliothek: Freiburg i. Br. ²2006, S. 93.

19 Thiele 2007, S. 273. Vgl. hierzu Köhler / Krauß ²2006, S. 89. Zum soziohistorischen Kontext vgl. Alcover, Madeleine: „Furetière et la stratification sociale: le ‚tariffe des mariages'". *Papers on French Seventeenth Century Literature* 8 (15), 1981, S. 75–93.

gesellschaftlich instrumentalisiert würde",[20] wie dies von einem zeitgenössischen Adligen zu erwarten wäre.

Vom *Tariffe* ist es nur noch ein kleiner Schritt zur ausschließlich körperlichen und käuflichen Liebe, die Furetière dem Leser beispielsweise in der eingeschobenen *Historiette de l'amour esgaré* (S. 983–1002) präsentiert und deren Quintessenz sich folgendermaßen zusammenfassen lässt: „on fait l'amour à prix d'argent, de sorte que désormais l'on peut icy appliquer le proverbe [...]: Point d'argent point de femmes" (S. 1000). Zugleich verdeutlicht der *Tariffe*, dass die Angemessenheit eines Ehemannes nicht von seinem sozialen Stand abhängt, sondern vielmehr von seinem Verdienst. An die Stelle der Ständehierarchie tritt hier nun eine Einkommenshierarchie. In Zeiten des Ämterkaufes trägt Furetière damit der Nobilitierung von Bürgern Rechnung. Finanzielle Mittel werden im Roman zum primären „Kriterium gesellschaftlicher Differenzierung".[21]

Zu Beginn des ersten Buches berichtet der Erzähler von einer Episode, die deutlich macht, dass sich zwischenmenschliche Gefühle in Geldsummen messen lassen. In diesem Sinne soll die Höhe einer gezahlten Summe Rückschlüsse auf die Stärke der Liebesgefühle zulassen:

> Celuy qui donnoit la plus grosse piece estoit estimé le plus amoureux, et la demoiselle qui avoit fait la plus grosse somme estoit estimée la plus belle. De sorte que, comme autrefois, pour soutenir la beauté d'une maîtresse, la preuve cavallière estoit de se présenter la lance à la main en un tournoy contre tous venans, de même la preuve bourgeoise estoit en ces derniers temps de faire presenter sa maîtresse la tasse à la main en une queste, contre tous les galans. (S. 906)

Es ist signifikant für die Rolle des aufsteigenden Bürgertums im 17. Jahrhundert, dass frühere adlige und aktuelle bürgerliche Verhaltensweisen parallelisiert werden.[22] Und es sagt viel über die Bedeutung des Geldes für die neue Klasse der Bürger aus, dass das traditionelle Turnier durch eine Art der Werbung ersetzt wird, in der die Gesetze der Marktwirtschaft

20 Thiele 2007, S. 281.

21 Ebd., S. 273.

22 Vgl. hierzu Elias, Norbert: *Die höfische Gesellschaft. Untersuchung zur Soziologie des Königtums und der höfischen Aristokratie*. Suhrkamp: Frankfurt/Main 1983, S. 96ff., und Nerlich, Michael: *Kritik der Abenteuer-Ideologie. Beiträge zur Erforschung der bürgerlichen Bewußtseinsbildung 1100–1750*. Akademie-Verlag: Berlin 1977, S. 374f.

gelten. Nicht der geschickteste und mutigste Mann bekommt mehr die Zuneigung der umworbenen Dame, sondern der reichste.

Betrachten wir nun den Bereich des Literaturmarktes, der einen großen Raum im zweiten Buch des Romans einnimmt, und zwar vor allem deshalb, weil hier der Schriftsteller Charrosselles – die Anspielung auf Charles Sorel ist unübersehbar – im Mittelpunkt steht. Der Nexus von Geld und Literatur tritt vor allem dann explizit zu Tage, wenn sich Charrosselles zusammen mit dem korrupten Richter Belastre und Collantine dem Nachlass des verarmten Schriftstellers Mythophilacte widmet. Dieser schriftliche Nachlass stellt ein eindringliches Beispiel dafür dar, welch wichtige Bedeutung dem Geld im Bereich des Literaturmarktes und der Literaturproduktion im Roman zugesprochen wird:

> Inventaire de Mythophilacte
>
> [...] Premierement, un lit où estoit gisant ledit deffunt [scil. Mythophilacte; B.N.], consistant en trois aix posés sur deux trestaux, une paillasse, avec une vieille valise servant de traversin, et une couverture faite d'un morceau de tapisserie de Rouen, prisez le tout ensemble vingt-cinq sous, cy. 25 sous.
>
> *Item*, deux chaises de paille, avec un fauteüil boiteux garny de mocquette, prisés dix sous, cy. 10 sous.
>
> *Item*, un coffre de bois blanc, sur lequel avons reconnu nos scellez sains et entiers, et dans iceluy ne s'est trouvé que les papiers cy-apres inventoriez, ledit coffre prisé douze sous, cy. 12 sous. (S. 1077)

Des Weiteren heißt es in diesem Testament:

> En premier lieu, à l'égard de mes funerailles et enterrement, j'en laisse le soin à l'hoste du logis où je seray decedé, me confiant assez d'ailleurs en son humanité, qui prendroit cette peine de luy-mesme, quand je ne l'en prierois point. Je m'attends aussi qu'il le fera sans pompe, sans tenture et sans luminaire, en toute humilité chrestienne, et convenablement à ma position et à ma fortune.
>
> *Item*, à chacun des pauvres autheurs qui se trouveront à mon enterrement, je donne et legue un exemplaire d'un livre par moy composé, intitulé: l'*Exercice journalier du poëte*, dont la delivrance leur sera faite sitost que ledit livre sera achevé d'imprimer, dans lequel ils trouveront un bel exemple de constance pour supporter la faim et la pauvreté, avec une oraison tres ardente que j'ay faite en leur faveur, afin que les riches aient plus de compassion d'eux qu'ils n'ont eu de moy. (S. 1078)

In einer Zeit, da der Literaturmarkt noch kein autonomes System darstellt, kann die Bedeutung eines Mäzens nicht hoch genug eingeschätzt werden.

Es überrascht daher nicht, dass Furetière in seinem Roman auch das zeitgenössische Mäzenatentum thematisiert:

> *Item*, à tous mes pretendus Mecenas, je donne et legue la liberation de ce qu'ils me doivent pour le prix de l'encens que je leur ay fourny et livré, tant par epistres dedicatoires, panegyriques, epitalames, sonnets, rogatons, qu'en quelque autre sorte et maniere que ce soit, ne desirant pas que leur ame soit tourmentée en l'autre monde, comme elle le pourroit estre pour avoir retenu le salaire deub à mes grands travaux. J'en fais la mesme chose à l'égard de ces méchans libraires qui ont mangé tout le fruit de mes veilles, et qui m'ont tant fait souffrir depuis que j'ay esté à leur discretion. Et quoy qu'ils aient souvent pris à tasche de me faire damner, je prie Dieu qu'il ne leur impute point le mal qu'ils m'ont fait, mais qu'il use envers eux de sa misericorde, de toute l'estendue de laquelle ils ont grand besoin. (S. 1079)

Darüber hinaus sind der gesamte zweite und dritte Band der *Somme dédicatoire* des verstorbenen Schriftstellers ausschließlich dem Mäzenatentum gewidmet, und zwar in all seinen Details und auf überaus parodistische Art und Weise (vgl. hierzu S. 1087ff.). Den finanziellen Wert von Literatur betont Furetière übrigens auch durch die namentliche Nennung zeitgenössischer Buchhändler in Paris, wie beispielsweise des Palais, der Rue Saint Jaques und des Puits-Certain (vgl. hierzu S. 1029).

Am deutlichsten tritt der Warencharakter von Literatur in jenem Dokument zutage, in dem der verstorbene Mythophilacte die Summen in zeitgenössischen Währungseinheiten festgesetzt hat, die eine berühmte Persönlichkeit dafür bezahlen muss, um in einer bestimmten literarischen Gattung zu erscheinen („Estat et role des sommes auxquelles ont esté moderement taxées, dans le conseil poétique, les places d'illustres et demyilustres, dont la vente a esté ordonnée pour faire un fonds pour la subsistance des pauvres autheurs", S. 1097). Auf den komischen Charakter dieser Auflistung muss nicht erst hingewiesen werden. Letzten Endes wird hier das zeitgenössische Mäzenatentum *ad absurdum* geführt.

Diese Tabelle zeugt von einer völlig neuen Gattungsstruktur bzw. Architektur des Gattungssystems. Bei Furetière werden allein rhetorisch ausgedrückte Wertrelationen in pekuniärem Klartext erfasst. Hier nun erkennen wir, und zwar durch Geldwerte repräsentiert, ein völlig neues, an den Rezeptionsgewohnheiten und -vorlieben des Publikums ausgerichtetes Gattungssystem, das alleine durch die Verkaufszahlen seine innere Struktur erhält. So nimmt der heroische Roman in zehn Bänden die Spitzenposition ein, wohingegen das Heldengedicht in Alexandrinern nur 2000 *livres* wert ist. Tatsächlich entspricht dies den vollkommen auseinanderlaufenden Verkaufszahlen, wonach die heroischen Romane große Erfolge des Buchgewerbes waren, während die Heldengedichte trotz großer Erwartungen an sie letztlich immer ein finanzielles Desaster für die Buchhändler darstellten. Entzündete der heroische Roman die Phantasien des Lesepublikums im *siècle classique*, so zog das Heldengedicht nicht (mehr) das Interesse auf sich.

4. Schlussbetrachtung

Das 17. Jahrhundert ist in Frankreich vor allem durch eine Krise des Adels und den Aufstieg des Bürgertums gekennzeichnet. Dieser ist das Ergebnis „einer Hinwendung Ludwigs XIV. zum Bürgertum, dessen ökonomische und politische Macht seine junge Monarchie sich […] in erhöhtem Maße zunutze machen möchte."[23] Das Bürgertum gewinnt im absolutistischen Staat nicht zuletzt wegen seiner großen Finanzkraft an Bedeutung und nimmt eine wichtige Rolle ein. Dieser Aufstieg zeigt sich auch darin, dass bürgerliches Handeln zentraler Gegenstand bedeutender Sprachkunstwerke des 17. Jahrhunderts wird. Eine Folge davon ist auch der große Erfolg einer explizit nicht-höfischen literarischen Gattung, die speziell dem Bürgertum gewidmet ist, nämlich der *histoire comique* oder des *roman comique*. Es ist nur konsequent, dass gerade diese Gattung vielfach den Gelderwerb, die Akkumulation von Geld etc. zum Thema hat.

Literaturverzeichnis

Alcover, Madeleine: „Furetière et la stratification sociale: le ‚tariffe des mariages'". *Papers on French Seventeenth Century Literature* 8 (15), 1981, S. 75–93.

Alter, Jean: „La Bande à Francion ou les pièges de l'histoire". *L'Esprit créateur* 19 (1), 1979, S. 3–13.

Braudel, Fernand: *Civilisation matérielle, économie et capitalisme, XV*^{e}*-XVIII*^{e} *siècle*, 3 vols. Armand Colin: Paris 1979.

23 Grimm, Jürgen: *Molière*. Metzler: Stuttgart/Weimar ^{2}2002, S. 21.

Démoris, René: *Le roman à la première personne. Du classicisme aux lumières*. Colin: Paris 1975.

Elias, Norbert: *Die höfische Gesellschaft. Untersuchung zur Soziologie des Königtums und der höfischen Aristokratie*. Suhrkamp: Frankfurt/Main 1983.

Furetière, Antoine: *Le Roman bourgeois. Ouvrage comique*. In: Adam, Antoine (Hrsg.): *Romanciers du XVIIe siècle. Sorel – Scarron – Furetière – Madame de La Fayette*. Éditions Gallimard: Paris 1958, S. 900–1104.

Greenberg, Mitchell: *Detours of Desire. Readings in the French Baroque*. Ohio State University Press: Columbus 1984.

Grimm, Jürgen: *Molière*. Metzler: Stuttgart/Weimar ²2002.

Jouanna, Arlette: „Des ‚gros et gras' aux ‚gens d'honneur' ". In: Chaussinand-Nogaret, Guy (Hrsg.): *Histoire des élites en France du XVIe au XXe siècle. L'honneur – Le mérite – L'argent*. Tallandier: Paris 1991, S. 15–141.

Köhler, Erich / Krauß, Henning: *Vorlesungen zur Geschichte der Französischen Literatur*, Bd. 2: *Vorklassik*. Universitätsbibliothek: Freiburg i. Br. ²2006.

Krüger, Reinhard: *Literatur und sozialer Kontext. Studien zur politischen Ästhetik im ‚siècle classique'*. Weidler: Berlin 2001.

Matzat, Wolfgang: „Charles Sorel, *Histoire comique de Francion* (1622-1633)". In: Baader, Renate (Hrsg.): *17. Jahrhundert. Roman, Fabel, Maxime, Brief*. Stauffenburg Verlag: Tübingen 1999, S. 39–66.

Nerlich, Michael: *Kritik der Abenteuer-Ideologie. Beiträge zur Erforschung der bürgerlichen Bewußtseinsbildung 1100–1750*. Akademie-Verlag: Berlin 1977.

Pernoud, Régine: *Histoire de la bourgeoisie en France*, vol. II: *Les temps modernes*. Éditions du Seuil: Paris 1962.

Romanciers du XVIIe siècle. Sorel – Scarron – Furetière – Madame de La Fayette, hrsg. von Antoine Adam. Éditions Gallimard: Paris 1958.

Rosellini, Michèle / Salvan, Geneviève: *Le* Francion *de Charles Sorel*. Atlande: Neuilly 2000.

Serroy, Jean: *Roman et réalité. Les histoires comiques au XVIIe siècle*. Librairie Minard: Paris 1981.

Sorel, Charles: *Histoire comique de Francion*. In: Adam, Antoine (Hrsg.): *Romanciers du XVIIe siècle. Sorel – Scarron – Furetière – Madame de La Fayette*. Éditions Gallimard: Paris 1958, S. 59–527.

Thiele, Ansgar: *Individualität im komischen Roman der Frühen Neuzeit (Sorel, Scarron, Furetière)*. Walter de Gruyter: Berlin/New York 2007.

Krisenszenario II: Abgründige Finanzanalysten des 19. Jahrhunderts

Anne Reich

Eine Poesie der Verschuldung? Der diabolische Pakt als Finanzierungsmodell bei Balzac

Abstract: This essay focuses on the relation between economic history and its literary representation in the work of Honoré de Balzac and analyses debt as the thriving force in exceeding the boundaries of realism. Balzac's novels often center on protagonists coping with the 'modern' times after 1815, and while some of them try to hold on to former 'Napoleonic' conditions, others adjust very well. Especially honorable military men, like the cashier and former soldier Castanier in Balzac's 'novella' *Melmoth réconcilié*, seem to struggle with the fight against new enemies, like bills of exchange, financial operations and debt. In the light of Balzacian realism, it is particularly interesting to note that crises resulting from excessive debt often seem to be solved by supernatural forces. In *Illusions Perdues*, *La Peau de Chagrin* or *Melmoth réconcilié*, the protagonists enter into 'evil contracts' in order to escape their desperate financial situations. This essay draws attention to such a diabolical pact in the rather less known novella *Melmoth réconcilié* and shows that the elusion of economic laws is more likely to be the rule than the exception as well as an indication for an expanding practice in economic history after the bourgeois revolution in nineteenth century society.

Keywords: Balzac, deal with the devil, debt, realism, *Melmoth réconcilié*

Der Wechsel im Umbruch

Der Wechsel, also ein als Zahlungsmittel verwendeter Schuldschein, erfreute sich einer breiten Anwendung, lange bevor es eine ökonomische Theorie oder feste Rechtsgrundsätze gab, die seine Anwendung gesetzlich geregelt hätten. So heißt es etwa in einem Text des Juristen Simon Carl 1898: „Lange bevor sich die Wissenschaft mit ihm [dem Wechselrecht] beschäftigte, lebte es und entwickelte sich und nahm feste Formen an, an deren Erklärung und juristischer Konstruktion sich die romanistischen Theoretiker vergebens abmühten."[1] Und weiter: „Kein Rechtsinstitut war

1 Carl, Simon: *Das Wechselblankett nach deutschem Recht unter Berücksichtigung des französischen und englischen Rechts* [1898]. Uhde: Darmstadt 2005, S. 1.

in so hervorragendem Masse Produkt des praktischen Lebens wie das Wechselrecht."[2] Es ist daher nicht unüblich, dass zunächst nicht genuin literarisch zu nennende Wissenssysteme literarisch und literaturwissenschaftlich bearbeitet werden. Besondere Umstände, wie etwa eine ökonomische Krisenerfahrung, können das noch verstärken. Erleben solche Thematiken in der medialen Bearbeitung einen Aufschwung, so können sie umgekehrt auch als Indiz für besondere Umbrüche oder Veränderungen in der jeweiligen Lebenswirklichkeit gelesen werden.

Der Mythos des Geldes in der *Comédie humaine*

Als zentrales Thema der *Comédie humaine* wurde schon früh das Geld ausgemacht. So schrieb etwa Hugo von Hofmannsthal in seiner berühmten Einleitung: „Hier ist das Geld, die ungeheure Gewalt des Geldes, die Philosophie des Geldes, in Gestalten umgesetzt, der Mythos des Geldes."[3] Auch in der literaturwissenschaftlichen Bearbeitung wurde Geld als „Leitmotiv der Comédie Humaine"[4] erörtert. Auch neuere Arbeiten beschäftigen sich (wieder) damit.[5] Mich interessieren nun vor allem Schulden und Verschuldung in der *Comédie humaine*, denn Balzacs Werke handeln in den allermeisten Fällen nicht vom Geld – sondern von seiner Abwesenheit. In aller Regel nimmt die Handlung erst dann Fahrt auf oder beginnt gar erst, wenn gerade kein Geld bzw. kein Geld mehr vorhanden ist, wenn die Protagonisten von Geldmangel geplagt, von Schulden erdrückt werden. Dann werden an zahlreichen Stellen der *Comédie humaine* Schulden

2 Ebd.

3 Hofmannsthal, Hugo von: „Einleitung". In: Balzac, Honoré de: *Eugénie Grandet*, übers. von Hedwig Lachmann. Insel: Frankfurt/Main 1997, S. 2.

4 Hier etwa: Buttke, Erika: *Balzac als Dichter des modernen Kapitalismus*. (Romanische Studien 26). Ebering: Berlin 1932, S. 15. Leider bezieht sich Buttke in ökonomischen Fragen ausschließlich auf Werner Sombart. Oder: „La *Comédie humaine* est un corps où, en guise de sang, circule l'argent." (Wurmser, André: *La Comédie inhumaine*. Gallimard: Paris 1970, S. 102). Es ließen sich hierzu noch mehr Autoren anführen.

5 Vgl. bspw. Péraud, Alexandre (Hrsg.): *La comédie (in)humaine de l'argent*. (Diagnostics). Le Bord de l'eau: Lormont 2013 und Péraud, Alexandre: *Le Crédit dans la poétique balzacienne*. (Études romantiques et dix-neuviémistes 24). Classiques Garnier: Paris 2012.

und Verschuldung in unterschiedlichen Formen und Repräsentationen – ob Aktien, Wechsel oder Staatsanleihen bzw. der Versuch ihrer Tilgung oder Beseitigung – zentrales Agens. Die Präzisierung ist wichtig, denn der Begriff Kredit ist in der Regel positiv konnotiert. Er impliziert Glaubwürdigkeit, Verfügungsgewalt, Geldmacht oder wenigstens Geldanspruch. Doch ist der Kredit auf der Habenseite untrennbar mit der Verbindlichkeit, also der Sollseite der Bilanz verbunden. Hier bezeichnet der Kredit die Schuld. Schulden oder ‚Debt', ‚debit', ‚dette' – all diese Begriffe stammen vom lateinischen *debere*, also ‚sollen'. Schulden sind immer eine Verbindlichkeit, eine Aufforderung,[6] in diesem Fall zum finanziellen Ausgleich, und der Weg dorthin ist tendenziell mit Unannehmlichkeiten verbunden. Dazu kommt nicht nur, aber auch im deutschen Sprachraum, eine moralische Konnotation des Schuldenbegriffs, worauf zum Beispiel David Graeber (wieder) aufmerksam gemacht hat. In der *Comédie humaine* gibt es neben der Darstellung rein ökonomischer Verlegenheiten und ihrer Tilgung oder einer Bankrotterklärung – je nachdem – noch eine besondere Variante: und zwar die Verführung des Schuldners zu Pakten diabolischer Natur. Einer davon soll den Schwerpunkt dieses Essays bilden: die kleine Novelle *Melmoth réconcilié* aus dem Jahr 1835. Sie ist weniger bekannt und trug zunächst andere Titel: Unter anderen waren auch „La Dette"[7] und „Melmoth réconcilié à l'église" als Ideen in Balzacs Aufzeichnungen zu finden. Interessant ist bereits hier der Spagat zwischen finanziell und moralisch-religiös konnotierter Schuld, in dem sich die Titelsuche bewegte. Der Begriff der *réconcilisation* wird zudem in der Buchhaltung verwendet.

---

6 Der Begriff ‚Schuld' wird vorwiegend in der deutschen Sprache, aber auch beispielsweise in der englischen, französischen oder spanischen Sprache für vielfältige Formen eines Fehlens von etwas verwendet. Immer unterliegt ihm dabei die Aufforderung, etwas Fehlendes auszugleichen, etwas in eine nicht näher bestimmte Balance zu bringen. Im deutschen Sprachraum kann der Begriff ‚Schuld' sowohl im ökonomischen als auch im juristischen, moralphilosophischen, philosophischen oder psychologischen Kontext verortet werden.

7 Vgl. Meininger, Anne-Marie (Hrsg.): „Préface". In: Balzac, Honoré de: *La Maison Nucingen précédé de Melmoth reconcilié.* Gallimard: Paris 1989, S. 7–64, hier S. 17.

Hier ist damit gemeint, mehrere Konten, Rechnungen oder Bilanzseiten in Einklang miteinander oder mit anderen Informationen zu bringen.[8]

Melmoth réconcilié

Angeregt durch den Roman des Engländers Charles Robert Maturin *Melmoth the Wanderer* von 1820, schuf Balzac eine eigene Melmoth-Figur und verlagerte die Handlung ins Paris zur Zeit der Restauration. Deren moderne Gesellschaft habe seit 1815 das Prinzip ‚Ehre' durch das Prinzip ‚Geld' ersetzt, wie Balzac in einer Art Vorrede zur eigentlichen Erzählung schreibt.[9] Dieser Bruch bildet das Motto der Erzählung und soll gewissermaßen der Leitfaden dieses Essays sein.

Die eigentliche Handlung spielt vermutlich um 1823[10] und setzt ein mit dem Kassierer Castanier, der im Bankhaus Nucingen die Hauptbücher verantwortet. Der ehemalige Soldat hat irgendwann begonnen, sich zugunsten einer Geliebten zu verschulden. Zu diesem Zweck nutzte er zunächst seinen guten Namen, um zusätzliche Ausgaben durch „circulations"[11] zu finanzieren. Deren Funktionsweise wird im Text erläutert:

> C'est des billets qui ne représentent ni marchandises ni valeurs pécuniaires fournies, et que le premier endosseur paie pour le complaisant souscripteur, espèce de faux toléré parce qu'il est impossible à constater, et que d'ailleurs ce dol fantastique ne devient réel que par un non-paiement.[12]

Solange sich also ein Gläubiger findet, funktioniert jede Form der Verschuldung. Denn solange diese Wechsel bzw. Schuldscheine zirkulieren,

---

8 Seit wann die bilanzbuchhalterische Bedeutung existiert, habe ich bisher leider nicht herausfinden können, doch darf man aufgrund des Inhalts der Erzählung mutmaßen, dass Balzac diese Mehrdeutigkeit nicht unpassend erschienen sein dürfte.

9 „notre civilisation qui, depuis 1815, a remplacé le principe Honneur par le principe Argent." (Balzac, Honoré de: *Melmoth réconcilié*. In: *La Comédie Humaine, Tome X*, hrsg. von Pierre Georges Castex. Gallimard (Bibliothèque de la Pléiade 42): Paris 1979, S. 345–388, hier S. 347).

10 Diese Angabe ergibt sich allein durch die Lektüre der Erzählung, es gibt aber auch gute Gründe, die Handlung etwas früher zu datieren, worauf etwa Moïse Le Yaouanc in seiner Einleitung zum Text der Pléiade-Ausgabe näher eingeht.

11 Balzac: *Melmoth réconcilié*, S. 360.

12 Ebd.

findet zwar keine Zahlung statt, aber der Schuldschein wird weitergereicht und also die Zahlung verschoben. Erst wenn er nicht mehr akzeptiert wird, genießt der Schuldner in doppelter Hinsicht keinen Kredit mehr, ist also nicht mehr kreditwürdig oder bankrott. Das ist das Wesen jeglicher Art fiktiven Kapitals, wie es Marx treffend beschrieben hat und zu dem neben Wechseln auch andere verbriefte Schuldformen wie etwa Anleihen oder Aktien gehören können. Erst wenn diese Schuldverschreibungen nicht mehr gehandelt oder revolviert werden können, zeigt sich deren fiktiver Charakter.

Eine solche ‚Rückkehr zur Realität' lässt sich also vermeiden, solange der Unterzeichner noch Kredit, also Glaubwürdigkeit genießt. Dabei gilt: Je größer der Kredit, desto größer das Kapital. Gleichzeitig gilt aber auch umgekehrt: Je höher die Schulden, desto härter eine ‚Rückkehr zur Realität'. Als Kassierer weiß Castanier um diese Doppeldeutigkeit. Und ihm flößt diese Vorstellung Unbehagen ein: „Enfin, quand Castanier se vit dans l'impossibilité de continuer ses manoœvres financières, soit par l'accroissement du capital, soit par l'énormité des intérêts, il fallut faire faillite à ses créanciers."[13]

Doch anstatt seine Insolvenz anzuerkennen, entschließt er sich trotz Unbehagens, im Angesicht seines sich erschöpfenden Kredits, einen letzten großen Coup zu landen und sich danach abzusetzen.[14] Zu diesem Zweck fälscht Castanier nach seiner Arbeit auf mehreren Wechseln die Unterschrift des Bankiers Nucingen, als plötzlich ein geheimnisvoller Fremder im Raum steht. Beschrieben wird die Szene wie folgt:

> Et le faussaire vit derrière le grillage, à la chatière de sa caisse, un homme dont la respiration ne s'était pas fait entendre, qui lui parut ne pas respirer, et qui sans doute était entré par la porte du couloir que Castanier aperçut tout grande ouverte. L'ancien militaire éprouva, pour la première fois de sa vie, une peur [...].[15]

Der Fremde fordert ihn auf: „Monsieur, je viens toucher cette lettre de change".[16] Castanier reagiert zunächst widerwillig, da die Bank eigentlich

---

13 Ebd., S. 360f.

14 Es gab für dieses Vorgehen einige historische Vorlagen, siehe bspw. die „Introduction" von Le Yaouanc in Balzac: *Melmoth réconcilié*, S. 341f.

15 Balzac: *Melmoth réconcilié*, S. 350.

16 Ebd.

bereits geschlossen hat, vermag sich aber letztlich der Forderung des Fremden nicht zu entziehen. Man könnte Zeuge eines gewöhnlichen Wechselgeschäftes gewesen sein. Doch der weitere Verlauf der Handlung erlaubt eine weitere Interpretation der Szene.

Denn was hier geschieht, ist entscheidend für die weitere Erzählung: Castanier fingiert im Augenblick des Auftritts von Melmoth einige Wechsel, er fälscht diese Dokumente im Namen des Bankiers Nucingen. Er fälscht also dessen Unterschrift als Schuldner und hat sich damit bereits für die Verlängerung eines Lebens auf Kredit entschieden. Er zeichnet in diesem Moment für eine abstrakte Schuldverschreibung, auch wenn er den Wechsel noch nicht zum Einsatz bringt. Genau in diesem Augenblick erscheint Melmoth, der den Kassierer auffordert, einen Wechsel einzulösen. Da der Wechsel immer auch ein abstraktes Schuldverhältnis einläutet, muss man an dieser Stelle die Frage aufwerfen, inwiefern Melmoth also ausschließlich Figuration dieses Schuldverhältnisses ist. Denn der Engländer lässt den Leser nicht nur im Unklaren über die genaue Bestimmung des einzulösenden Schuldscheins, über den er nur heißt, es sei ein von Baron de Nucingen akzeptierter Wechsel,[17] sondern Melmoth ist auch der Einzige, der während dieser ganzen Szene einen Wechsel quittiert. Man könnte auch sagen, erst mit seiner Unterschrift wird das Wechselgeschäft komplettiert. Für die Interpretation des Melmoth als Figuration dieser Verschuldung sprechen die identischen Summen sowie die jeweils identischen Beteiligten: In beiden Fällen fungieren das Bankhaus Nucingen und die Bank Watschildine als Bezogener bzw. Gläubiger. Und niemand außer Castanier scheint den eigenartigen Engländer wahrzunehmen.

Zum einen werden an dieser Stelle also Grenzen der Legalität sowie der Realität überschritten. Zum anderen entsteht aus dieser Überschreitung eine Verbindung zwischen Castanier und Melmoth, die so lange durch neue Begegnungen gespeist wird, bis Castanier dessen Rolle eingenommen hat.

Castanier, der seine Wahl im Grunde bereits im Tresorraum getroffen hat, wird durch düstere Vorstellungen von seiner Zukunft dermaßen in Angst und Schrecken versetzt, dass er sich zu einem Handel mit Melmoth bereit erklärt, der deutlich Faustsche Züge trägt:

---

17 „une lettre de change acceptée par le baron de Nucingen“ (ebd., S. 351).

Si le démon te demandait ton âme, ne la donnerais-tu pas en échange d'une puissance égale à celle de Dieu? D'un seul mot, tu restituerais dans la caisse du baron de Nucingen les cinq cent mille francs que tu y as pris. Puis, en déchirant ta lettre de crédit, toute trace de crime serait anéantie. Enfin, tu aurais de l'or à flots. Tu ne crois guère à rien, n'est-ce pas? Hé bien! si tout cela arrive, tu croiras au moins au diable.[18]

Castanier, desillusioniert bezüglich seiner Geliebten, und in Angst bezüglich einer drohenden Verhaftung, bejaht die Frage Melmoths, ob er dessen Stelle einnehmen wolle, und so geschieht es dann auch. Man könnte sagen, dass Castanier auf figurativer Ebene mit dem neuen Prinzip ringt und diesem unterliegt. Castanier fungiert dann als Träger des alten Prinzips ‚Ehre', das durch das neue Prinzip ‚Geld', hinter dem sich tatsächlich ein Prinzip ‚Verschuldung' verbirgt, ersetzt wird.

Zurück zur Handlung: Der von Melmoth geforderte Einsatz ist ein inkommensurabler; die zu hinterlegende ‚Sicherheit' eine ganz besondere: die menschliche Seele. Als Äquivalent für einen Tauschhandel fungiert hier, was schlechthin nicht austauschbar ist.[19] Die Seele als etwas, das sich jeglicher Bemessung und Bezifferung, und somit jeglicher Berechenbarkeit entzieht, ist das Einzige, das sich dem neuen Prinzip des Geldes versagen müsste. Bereits in früheren Erzählungen wie beispielsweise in *La Peau de chagrin* – hier war die zu hinterlegende Sicherheit die Lebenszeit des Protagonisten – hat Balzac vorgeführt, wie Geldschulden durch Pakte mit diabolischen Figuren geradewegs zu neuer, unmessbarer, unbezifferbarer Schuld führen.

In *La Peau de chagrin* ist es Rastignac, der dem Protagonisten Raphaël das System der „dissipation",[20] also der Verschwendung oder der

18 Ebd., S. 368.

19 Balzac selbst schreibt über das „remplaçant" in einer Notiz, die aus allen außer der ersten Ausgabe von *Melmoth réconcilié* entfernt wurde: „Son salut peut se faire encore s'il trouve un *remplaçant*, mot technique qui traduit brievement le sens de cet article secret du pacte." Zitiert nach: Crampton, Hope: *„Melmoth* in *La Comédie Humaine"*. *The Modern Language Review* 61 (1), 1966, S. 42–50, hier S. 47, retrieved 10.3.2020, from http://www.jstor.org/stable/3721551, Hervorhebung im Original.

20 Balzac, Honoré de: *La Peau de chagrin*. In: *La Comédie Humaine*, Tome X, hrsg. von Pierre-Georges Castex. Gallimard (Bibliothèque de la Pléiade 42): Paris 1979, S. 47–294, hier S. 145.

Ablenkung erläutert und damit eben jenes ‚vivre avec excès', für das sich Raphaël beim Anblick des Chagrinleders entscheidet.[21] Rastignac erklärt ihm, dass der Verschwender auch noch über seine Kapitalien verfügt, wenn diese nicht mehr existieren. Dann sogar erst recht. Er lebt von seinem Kredit und durch seinen Kredit. Oder wie Werner Hamacher dies in Bezug auf den Pakt zwischen Faust und Mephisto beschreibt: „Das ist die Logik des Kapitals [...]: dass es nicht einfach dem Kredit entspringt, sondern dem Kredit, der dem Kredit gegeben wird [...].“[22] Je mehr der Verschwender oder anders gesagt – der Schuldner – nicht besitzt, desto mehr wird ihm kreditiert und über umso mehr fiktives Kapital verfügt er. Er lebt vom Glauben an die Zukunft. Im Unterschied dazu muss man den ebenfalls von Rastignac beschriebenen „homme occupé à manger sa fortune“[23] sehen, der im Falle der „liquidation“,[24] was man mit Erfüllung oder Abrechnung übersetzen könnte, erkennt, dass sein Kapital ausgegeben ist, und nicht versteht, dass das Kapitalisieren ein System ist, in dem jeder immer auf den anderen verweist. Der wahre Verschwender dagegen macht sich dieses System zunutze und erschafft weiteres fiktives Kapital. Sein Geld kann er nicht verlieren, da er nie wirklich welches besessen hat. Sowohl Castanier als auch Raphaël begeben sich auf jeweils eigene Weise in dieses Kreditsystem – und scheitern daran.

In beiden Fällen wird eine zunächst rein finanzielle Verschuldung der Figuren verlagert auf eine metaphysische Ebene. Traditionelle Wahrnehmungsmuster werden gebrochen und eine zunächst rein ökonomische Verlegenheit wird mit diabolischen Vertragspartnern und übernatürlichen

---

21 „La dissipation, mon cher, est un système politique. La vie d'un homme occupé à manger sa fortune devient souvent une spéculation; il place ses capitaux en amis, en plaisirs, en protecteurs, en connaissances. [...] puis une liquidation le laisse souvent sans un sou, sans un nom, sans un ami. Le dissipateur, lui, s'amuse à vivre, à faire courir ses chevaux. Si par hasard il perd ses capitaux, il a la chance d'être nommé receveur-général, de se bien marier, d'être attaché à un ministre, à un ambassadeur. Il a encore des amis, une réputation et toujours de l'argent.“ (Ebd.).

22 Hamacher, Werner: „*Faust*, Geld“. In: Behler, Ernst et al. (Hrsg.): *Athenäum 4 – Jahrbuch der Friedrich-Schlegel Gesellschaft*. Schöningh: Paderborn u.a. 1994, S. 131–187, hier S. 174.

23 Balzac: *Peau de chagrin*, S. 145.

24 Ebd.

Kräften in Verbindung gebracht. Wurde zu Beginn der Melmoth-Erzählung das Tilgungsproblem ‚nur' in die Zukunft verschoben, wird später ganz offenkundig Geld aus dem Nichts geschaffen: ‚Fiat money' – ‚Es werde Geld'. Im Moment der Geldschöpfung, beruhend auf dem Prinzip der Verschuldung, taucht die diabolische Figur des John Melmoth auf, als Verkörperung der *creatio ex nihilo*. Und auch Raphaël bedient sich zunächst Wechseln mit immer kürzerer Verfallszeit, bis er schließlich zum Chagrinleder greift.

Die Schuldverschiebung steht einer herkömmlichen Erwartung der Schuldentilgung entgegen und fungiert als Gegenentwurf zu gesellschaftlichen Normvorstellungen. Diese Kollision mit gesellschaftlichen Normvorstellungen dürfte auch eine Erklärung für die diabolische Konnotation (auch in *Peau de chagrin* trug der Händler diabolische Züge) dieser Verschuldungsfigurationen sein. Doch in beiden Fällen entkommen die Schuldner nicht dem ökonomischen Kalkül, denn eine neue Schuld muss beglichen werden.

Castanier als Träger des Prinzips ‚Ehre'

Und während man das Prinzip des Geldes oder der Verschuldung durch die Figur des Melmoth verkörpert sehen kann, agiert der ehemalige Soldat Castanier als Träger des ‚alten' Prinzips ‚Ehre'. Zu Beginn der Erzählung hieß es über ihn, dass in ihm der Kassierer seit zehn Jahren den Soldaten getötet habe,[25] es ist also an der Zeit mit den neuen Verhältnissen zurechtzukommen – oder zu scheitern. Denn der ehemalige Soldat kommt mit der neuen Zeit nicht zurecht. Als Soldat kannte er keine Angst, die lehrt ihn erst das Auftauchen von Melmoth, dem hier die Rolle eines „Gespenstes des Kapitals"[26] zukommt.

Auch sind die Verhältnisse geradezu auf den Kopf gestellt: Der ehemalige Kommandant der Dragoner und Mitglied der Ehrenlegion Castanier fristet nun sein Dasein unter der Führung des ehemaligen Heereslieferanten Nucingen[27] – in einem Tresorraum, bewacht vom automatischen

25 „Castanier, en qui depuis dix ans le caissier avait tué le militaire" (Balzac: *Melmoth réconcilie*, S. 349).

26 Joseph Vogl: *Das Gespenst des Kapitals*. Diaphanes: Zürich 2011.

27 „La boutonnière du caissier était ornée du ruban de la Légion d'honneur, car il avait été chef d'escadron dans les Dragons sous l'Empereur. M. de Nucingen,

Dragoner.[28] Man könnte Castanier als das lesen, was Karlheinz Stierle einen ‚débris', einen ‚Trümmer'[29] nennt: Wie der von Stierle so bezeichnete Colonel Chabert aus der gleichnamigen Erzählung, ist auch Castanier der alten Zeit verhaftet, mit den neuen Verhältnissen nicht zurechtkommend. Den Aufmarsch der Heere hat er überlebt, doch dem Aufmarsch der Zahlen ist er nicht gewachsen.[30]

Die neu gewonnene Macht, die im Übrigen insgesamt recht unbestimmt bleibt, verliert für den Kassierer schnell an Bedeutung. Wie schon seinem Vorgänger, so bringt sie auch ihm keine Befriedigung. Erinnert man sich an die Beschreibung von Melmoth, so sind die Nachteile nicht verwunderlich: Ein Körper, durch den der Wein literweise hindurch rinnt[31] und ein leichenhaftes Auftreten haben ihre Nachteile. Ohne Todesfurcht ist auch das alte Prinzip ‚Ehre', das einherging mit Entscheidungen, die auf dem Schlachtfeld getroffen wurden, wertlos. Der Tod hat für den bereits Leichenhaften jegliche Drohkulisse verloren. Castanier, der nie auf dem Schlachtfeld unterlag, erliegt nun dem Prinzip des Geldes. Mit seiner neu gewonnenen Macht weiß er nichts anzufangen. Wie Melmoth zuvor, sucht er darum einen Handelspartner, der – im Tausch für seine Seele – Castaniers Platz einzunehmen bereit ist. Die Lösung ist schnell gefunden. So sagt sich Castanier:

> Il est un endroit où l'on cote ce que valent les rois, où l'on soupèse les peuples, où l'on juge les systèmes, où les gouvernements sont rapportés à la mesure de l'écu

---

fournisseur avant d'être banquier, ayant été jadis à même de connaître les sentiments de délicatesse de son caissier en le rencontrant dans une position élevée d'où le malheur l'avait fait descendre, y eut égard, en lui donnant cinq cents francs d'appointements par mois." (Balzac: *Melmoth réconcilié*, S. 349).

28 „Cette serrure lâchait un coup de tromblon à la figure de celui qui, ayant surpris le mot d'ordre, ignorait un dernier secret, l'*ultima ratio* du dragon de la Mécanique." (Ebd., S. 348).

29 Vgl. Stierle, Karlheinz: *Der Mythos von Paris*. Dtv: München 1998, S. 404.

30 So heißt es etwa: „L'abîme s'entrouvre alors en vomissant une colonne de chiffres qui marchent quatre par quatre, quand ils devaient aller innocemment trois par trois." (Balzac: *Melmoth réconcilié*, S. 360).

31 „Une tonne de ce vin de Tokay nommé *vin de succession*, il pouvait l'avaler sans faire chavirer ni son regard poignardant qui lisait dans les âmes, ni sa cruelle raison qui semblait toujours aller au fond des choses." (Balzac: *Melmoth réconcilié*, S. 350).

> de cent sous, où les idées, les croyances sont chiffrées, où tout s'escompte, où Dieu même emprunte et donne en garantie ses revenus d'âmes, car le pape y a son compte courant. Si je puis trouver une âme à négocier, n'est-ce pas là?[32]

So geht Castanier zur Börse. Während also John Melmoth, wie Maturin ihn 1820 schuf, noch 150 Jahre durch die Welt wandern musste, nur um dann doch keinen Menschen zu finden, der ihm seine Seele gäbe, braucht Balzacs Kreatur nur zu einem Bankhaus bzw. später an die Pariser Börse zu gehen. Doch die neuen Besitzer ergreift schnell die Furcht vor dem eingegangenen Handel, und sie suchen neue Börsianer in Geldverlegenheit. Der Kontrakt büßt immer mehr an Wert ein, bis schließlich niemand mehr daran glaubt und sich infolgedessen auch kein Käufer mehr findet.[33] Die Seelen werden also in der von Balzac geschilderten Zeit gleich reihenweise und zu Schleuderpreisen verkauft. Was zu Beginn der Erzählung noch eine große Angelegenheit war, verliert sich in der Folge in der Bedeutungslosigkeit. Was zunächst diabolisch erscheint, verläuft sich in Banalität.

Eine solche Handlung ließ sich im Paris der Restaurationszeit plausibel ansiedeln. Bereits seit dem ausgehenden 18. Jahrhundert und der fortschreitenden Industrialisierung war auch dort eine Zunahme der Finanzwirtschaft im gesellschaftlichen Leben zu beobachten. Balzac verschuldete sich selbst zeitlebens und war ein Anhänger der ‚dissipation'. Möglich wurde dies erst durch die bürgerliche Revolution. Sie war es, die der Finanzspekulation in Frankreich (und in der Folge darüber hinaus) erst den Weg ebnete.[34] Auf der einen Seite geriet der Wechsel als Zahlungsmittel also zunehmend zur bürgerlichen Alltäglichkeit, auf der anderen Seite standen gigantische, durch Finanzspekulation erlangte Gewinne, die sich manche Zeitgenossen nur durch übernatürliche Kräfte erklären konnten,[35] was vielleicht auch ein weiterer Hinweis darauf ist, warum

---

32 Ebd., S. 382.

33 „Enfin, à cinq heures, personne ne croyait à ce singulier contrat, et les acquéreurs manquaient faute de foi." (Ebd., S. 385f.).

34 Vgl. Lepenies, Wolf: „Finanzkrisen in der *Menschlichen Komödie*". In: Budde, Gunilla (Hrsg.) *Kapitalismus. Historische Annäherungen*. Vandenhoeck & Ruprecht: Göttingen 2011, S. 17–33, hier S. 29f.

35 Vgl. Ferguson, Niall: *The Ascent of Money: A Financial History of the World*. The Penguin Press: London 2008, S. 86.

eine Erzählhandlung, die sich um verhältnismäßig hohe Beträge dreht, zur Zuhilfenahme phantastischer Figuren einlädt.

Eingangs war die Rede davon, dass seit dem Jahr 1815 das Prinzip ‚Ehre' durch das Prinzip ‚Geld' ersetzt worden sei. Es stellt sich darum die Frage, ob John Melmoth auch als Träger eines neuen – britischen – Prinzips des Geldes zu betrachten ist. Der Aufstieg des ‚Finanzadels' in Frankreich, der die Feudalherrschaft ablöste, wurde von England durchaus wohlwollend betrachtet. Es gibt sogar Stimmen, die in der „Errichtung der Bourbonenherrschaft" einen „Ausdruck englischen Machtkalküls" sehen wollen. England, so heißt es da, habe „wohlwissend, dass die Herrrschaft der Bourbonen die industrielle Revolution bremsen würde, [...] um seine eigene Exportindustrie zu schützen, die Restauration zielstrebig durchgesetzt."[36] Und der Finanzhistoriker Niall Ferguson vertritt die Auffassung:

> Aber [die Schlacht von Waterloo] war nicht nur eine Auseinandersetzung zwischen zwei Heeren, sondern auch ein Wettstreit zwischen konkurrierenden Finanzsystemen: dem französischen, zu dessen Grundlage unter Napoleon die Plünderung (der eroberten Länder) geworden war, und dem englischen, das auf Schulden beruhte. Nie zuvor waren derart viele Anleihen aufgelegt worden, um einen militärischen Konflikt zu finanzieren.[37]

Der Ausgang ist bekannt, und das englische Finanzsystem als eines der Schulden zu bezeichnen, durchaus legitim. Zwischen 1793 und 1815 erhöhte sich die britische Staatsschuld um das Dreifache. Und gab es auch vorher schon große internationale Kreditvergaben wie z.B. durch Genua oder Antwerpen, ist doch ab 1815 ein Unterschied zu bemerken, da „nach Willen der Rothschilds die meisten neuen Schuldverschreibungen nicht in

---

36 Alle vorangehenden Zitate entstammen Schröder, Achim: *Politische Geldkritik in der französischen Literatur des 19. Jahrhunderts im Kontext von Balzac, Vallès, Zola und Jarry* (Dissertation). Universitätsbibliothek Johann Christian Senckenberg: Frankfurt/Main 2001, S. 31: „Die politischen Verhältnisse im Frankreich der Restauration sind auch im Interesse Englands. Herrnstadt interpretiert die Errichtung der Bourbonenherrschaft in Frankreich als Ausdruck englischen Machtkalküls. Wohlwissend, dass die Herrschaft der Bourbonen die industrielle Revolution bremse würde, habe England, um seine eigene Exportindustrie zu schützen, die Restauration zielstrebig durchgesetzt. Eine besonders mächtige Position im politischen und ökonomischen Kräftespiel kommt der Finanzbourgeoisie zu."

37 Ferguson 2008, S. 80.

Währung der ausgebenden Staaten, sondern in Pfund Sterling ausgegeben wurden und die Zinszahlungen in London oder an anderem Rothschild-Standort erfolgten."[38] Dass die Finanzwirtschaft ein großes Thema in Frankreich war, belegen auch Aussagen wie die des französischen Bankiers Laffitte, der 1830 sogar erklärte: „Von nun an werden die Bankiers herrschen."[39] Sein Geldinstitut war zu Beginn des 19. Jahrhunderts eines der größten Europas. Und er sollte Recht behalten: Mit ihm und Casimir Perier bekleideten nacheinander gleich zwei Bankiers das Amt des Ministerpräsidenten. Nicht zuletzt trug eine regelrechte Blüte in der Ausstellung und Verbreitung von Schuldscheinen auch zur ersten sogenannten Weltwirtschaftskrise 1857 bei.

Literaturverzeichnis

Balzac, Honoré de: *La Peau de chagrin*. In: *La Comédie Humaine*, Tome X, hrsg. von Pierre Georges Castex. Gallimard (Bibliothèque de la Pléiade 42): Paris 1979, S. 47–294.

Balzac, Honoré de: *Melmoth réconcilié*. In: *La Comédie Humaine*, Tome X, hrsg. von Pierre Georges Castex. Gallimard (Bibliothèque de la Pléiade 42): Paris 1979, S. 345–388.

Buttke, Erika: *Balzac als Dichter des modernen Kapitalismus*. (Romanische Studien 26). Ebering: Berlin 1932.

---

38 Ebd., S. 80.

39 „Nach der Julirevolution, als der liberale Bankier Lafitte seinen compère [Gefatter; Helfershelfer], den Herzog von Orléans, im Triumph auf das Hôtel de Ville [Stadthaus von Paris] geleitete, ließ er das Wort fallen: ‚*Von nun an werden die Bankiers herrschen.*' Lafitte hatte das Geheimnis der Revolution verraten. Nicht die französische Bourgeoisie herrschte unter Louis-Philippe, sondern *eine Fraktion* derselben, Bankiers, Börsenkönige, Eisenbahnkönige, Besitzer von Kohlen- und Eisenbergwerken und Waldungen, ein Teil des mit ihnen ralliierten Grundeigentums – die sogenannte *Finanzaristokratie*. Sie saß auf dem Throne, sie diktierte in den Kammern Gesetze, sie vergab die Staatsstellen vom Ministerium bis zum Tabaksbüro." Zitiert nach Marx, Karl / Engels, Friedrich: „Die Klassenkämpfe in Frankreich 1848–1850". In: *Werke*, Band 7. Dietz Verlag: Berlin/DDR 1960, S. 12.

Carl, Simon: *Das Wechselblankett nach deutschem Recht unter Berücksichtigung des französischen und englischen Rechts* [1898]. Uhde: Darmstadt 2005.

Crampton, Hope: „*Melmoth* in *La Comédie Humaine*". *The Modern Language Review* 61 (1), 1966, S. 42–50, retrieved 10.3.2020, from http://www.jstor.org/stable/3721551.

Ferguson, Niall: *The Ascent of Money: A Financial History of the World.* The Penguin Press: London 2008.

Hamacher, Werner: „*Faust*, Geld". In: Behler, Ernst et al. (Hrsg.): *Athenäum* 4 – *Jahrbuch der Friedrich-Schlegel Gesellschaft.* Schöningh: Paderborn u.a. 1994, S. 131–187.

Hofmannsthal, Hugo von: „Einleitung". In: Balzac, Honoré de: *Eugénie Grandet*, übers. von Hedwig Lachmann. Insel: Frankfurt/Main 1997.

Lepenies, Wolf: „Finanzkrisen in der *Menschlichen Komödie*". In: Budde, Gunilla (Hrsg.): *Kapitalismus. Historische Annäherungen.* Vandenhoeck & Ruprecht: Göttingen 2011.

Marx, Karl / Engels, Friedrich: „Die Klassenkämpfe in Frankreich 1848–1850". In: *Werke*, Band 7. Dietz Verlag: Berlin/DDR 1960.

Meininger, Anne-Marie (Hrsg.): „Préface". In: Balzac, Honoré de: *La Maison Nucingen* précédé de *Melmoth reconcilié*. Gallimard: Paris 1989, S. 7–64.

Péraud, Alexandre (Hrsg.): *La comédie (in)humaine de l'argent.* (Diagnostics). Le Bord de l'eau: Lormont 2013.

Péraud, Alexandre: *Le Crédit dans la poétique balzacienne.* (Études romantiques et dix-neuviémistes 24). Classiques Garnier: Paris 2012.

Schröder, Achim: *Politische Geldkritik in der französischen Literatur des 19. Jahrhunderts im Kontext von Balzac, Vallès, Zola und Jarry* (Dissertation). Universitätsbibliothek Johann Christian Senckenberg: Frankfurt/Main 2001.

Stierle, Karlheinz: *Der Mythos von Paris.* Dtv: München 1998.

Vogl, Joseph: *Das Gespenst des Kapitals.* Diaphanes: Zürich 2011.

Wurmser, André: *La Comédie inhumaine.* Gallimard: Paris 1970.

Herle-Christin Jessen

Fälscher, Falschspieler und Spekulanten in Baudelaires *Le Spleen de Paris*

Abstract: By examining Charles Baudelaire's prose poems "La fausse monnaie" and "Le joueur généreux" (*Le Spleen de Paris*) as well as his verse poem "L'irrémédiable" (*Les Fleurs du mal*) and the programmatic foreword of the *Spleen*, "A Arsène Houssaye", this article analyses Baudelaire's semantics of money and counterfeit money, of gambling and card-sharping, appearance and illusion, gifting and generosity, speculation and calculation. Particular attention is paid to the poetological dimension of these terms and concepts, which leads to the question of whether (and how) the prose poems themselves can be understood as money or counterfeit money, and as hybrid 'crisis narratives' between tradition and innovation, form and formality.

Keywords: *Le Spleen de Paris*, prose poem, poème en prose, Baudelaire, counterfeit money

Baudelaires Prosagedicht „La fausse monnaie", das XXVIII. des *Spleen de Paris*, handelt von einem Bruch zwischen zwei Freunden: „je ne lui pardonnerai jamais" heißt es unversöhnlich am Ende des kurzen Textes.[1] Es ist nur ein kleiner Satz, der plötzlich zwischen den beiden Figuren steht: „Oui, vous avez raison; il n'est pas de plaisir plus doux que de surprendre un homme en lui donnant plus qu'il n'espère." (S. 324) Doch diesen Ausspruch empfindet der Ich-Erzähler, insbesondere in Kombination mit der völligen Ironiefreiheit dessen, der ihn äußert, als unverzeihlich. Letzterer, bis dato sein Freund, feiert mit der geäußerten Phrase die eigene Großzügigkeit, die er soeben einem Bettler hat zuteilwerden lassen. Anrüchig daran ist, dass seine Spende Blendwerk ist. Er gibt dem Bettler, an dem er das

1 Baudelaire, Charles: „La fausse monnaie". In: Ders.: *Œuvres complètes*, Bd. 1, hrsg. von Claude Pichois. Gallimard: Paris 1975, S. 324f., hier S. 324. Die im Fließtext angegebenen Seitenzahlen beziehen sich auf diese Ausgabe. Gleiches gilt für die Texte „Le joueur généreux" (S. 325–328), „L'irrémédiable" (S. 79f.) und „À Arsène Houssaye" (275f.). Die punktuellen Übersetzungen, kenntlich gemacht durch einfache Anführungszeichen, stammen von mir.

christliche Grundprinzip der tätigen Nächstenliebe aufrichtig unter Beweis stellen könnte, wissentlich Falschgeld, was in den Augen des Ich-Erzählers als ‚verbrecherisches Vergnügen', als „criminelle jouissance" (ebd.), unter Umständen noch erträglich gewesen wäre; absolut unentschuldbar wird das Verhalten des Gebenden allerdings in dem Moment, da er ‚auf [ökonomische bzw.] billige Weise das Paradies [zu] erlangen' versucht, „emporter le paradis économiquement" (ebd.), und insofern nicht nur sich selbst und den Bettler, sondern auch Gott täuschen will. Es ist die Mischung aus Dummheit, Berechnung und Scheinheiligkeit, die den Freund kompromittiert und den Ich-Erzähler das Prosagedicht mit einer Moral schließen lässt, die das Bewusstsein der eigenen Schlechtigkeit auf der Negativfolie einer uneingestandenen Bigotterie als ‚Verdienst' preist: „On n'est jamais excusable d'être méchant, mais il y a quelque mérite à savoir qu'on l'est; et le plus irréparable des vices est de faire le mal par bêtise" (ebd.). Die ironische Pointe des Prosagedichts besteht nicht zuletzt darin, dass der Freund, indem er ‚gratis das Diplom eines karitativen Menschen ergattern' will, „attraper gratis un brevet d'homme charitable" (ebd.), die Grundmaxime der christlichen Erlösung wortwörtlich, allerdings als leere Worthülse befolgt: ‚Gnade' und ‚gratis' gehen beide auf lat. *gratia* zurück.[2] Die Gnade Gottes ist ein Geschenk und insofern tatsächlich ‚gratis': „Die Erlösung durch Gott ist kostenlos; wir können nicht für sie bezahlen, weder durch Taten noch durch Verdienste oder ‚gutes Verhalten'."[3] Gottes Gnade kann man nicht kaufen – ebendies führt uns der Freund mit seiner kostenneutral gehaltenen Gabe pervertiert und unreflektiert vor Augen. Seine zunächst vorbildhaft erscheinende Barmherzigkeit erweist sich als reine Formalität.

Die skizzierte Grundproblematik eines ‚ökonomisch' erschlichenen Paradieses oder, weiter gefasst, das Geflecht aus Täuschung und Enttäuschung, Nähe und Bruch sowie adäquater Form und reiner Formalität soll im Folgenden poetologisch hinterfragt werden. Inwiefern erweist sich „La fausse monnaie" gerade in seiner monetären Semantik – zwischen *monnaie, pièces, offrande, prodigalité, spéculateur, bonne affaire, économiquement,*

---

2 Pfeifer, Wolfgang (Hrsg.): *Etymologisches Wörterbuch des Deutschen.* Dtv: München [6]2003, S. 460–471.

3 Sedláček, Tomáš: *Die Ökonomie von Gut und Böse*, übers. von Ingrid Proß-Gill. Goldmann: München [4]2013, S. 174f.

gratis, pauvres, calcul, etc. – als ‚Finanznarrativ' und welche Funktionen entfalten darin Geld und Falschgeld sowie Spekulation und Täuschung? Die Frage wird unter Einbezug des unmittelbar folgenden XXIX. Prosagedichts „Le joueur généreux" um das Glücks- und Falschspiel ergänzt. In einem dritten Schritt führen uns Falschgeld und Falschspiel über das Versgedicht „L'irrémédiable" aus den *Fleurs du mal* sowie das programmatische Vorwort der *Petits poèmes en prose*, „À Arsène Houssaye", zur Form und Nicht-Form der kurzen Texte und damit zur Frage, auf welche Weise sich die *Petits poèmes en prose* in ihrer von Baudelaire geschaffenen Hybridgestalt aus Prosa und Poesie als ganz eigen modellierte ‚Krisennarrative' zwischen Tradition und (Auf-)Bruch sowie zwischen Form, Formalität und Formvollendung erweisen.

Eine Scharnierfigur aller zu untersuchenden Texte ist neben Fälschern, Falschspielern und Spekulanten ihr gemeinsames Oberhaupt, der höchste Fälscher und Täuscher, der Teufel. In „Le joueur généreux", und indirekt auch in „La fausse monnaie", wird die Figur des Teufels, wenngleich immer im Modus der Ironie, mit ihren motivgeschichtlich bekannten Attributen in Szene gesetzt: als Gegenspieler Gottes, Handlungsträger des Bösen, als reicher und mächtiger Fürst der Unterwelt, als Verwirrer, als Meister von Schein, Täuschung und Metamorphosen aller Art, als Muse dichterischer Inspiration, Initiator philosophischer oder theologischer Reflexionen und vor allem als Verführer. Dabei ist es gerade das Geld, das seit jeher und bis heute hin als sein Medium par excellence fungiert, um den Menschen in Versuchung zu führen und von Gott zu entfernen. „Das Geld ist der Kot des Satans", so Papst Franziskus mit Rekurs auf die ersten Kirchenväter in einer Predigt im September 2013.[4] Ausgehend von Lukas 16, 13 – „Ihr könnt nicht Gott samt dem Mammon dienen" – setzt der Papst Gott und Geld in ein direktes Konkurrenzverhältnis.[5] Geld sei der falsche Reichtum,

---

4 Schwibach, Armin: „Das Geld ist der Kot des Satans". *Katholische Nachrichten*, 20.09.2013, o.S., retrieved 15.7.2016 from http://kath.net/news/42942.

5 Vgl. ebd.: „Aber Pater, ich lese die Zehn Gebote und keines spricht schlecht vom Geld", fährt Franziskus fort. „‚Gegen welches Gebot versündigt man sich, wenn man etwas um des Geldes willen tut?' Gegen das erste! Du versündigst dich durch den Götzendienst! So ist das: weil das Geld zum Götzen wird und du es ehrst! Und aus diesem Grund sagt Jesus, dass man nicht dem Götzen ‚Geld' und dem lebendigen Gott dienen kann."

als Götze der falsche Gott. Figuration dieser Falschheit ist der Teufel. Die Figuren Baudelaires bewegen sich in eben jenem Spannungsfeld zwischen Gott und Teufel, Wahrheit und Falschheit, echter Hingabe und Götzendienerei. Die Falschheit teuflischen Geldes potenziert sich dabei zu Falschgeld, Falschspiel und Spekulation. Darüber hinaus scheint Baudelaires Teufelsfigur, die als dichterische Inspirationsquelle ironisiert wird, selbst zwischen Form und Nicht-Form zu oszillieren und dabei Auskünfte zur Form und Nicht-Form von Vers- und Prosadichtung zu geben.

„La fausse monnaie": Geld, Falschgeld und Spekulation

„La fausse monnaie" wirft grundsätzlich die Frage auf, wie sich Geld und Falschgeld zueinander verhalten. Da Geld als „allg. anerkanntes Tausch- und Zahlungsmittel, […] als Wertaufbewahrungsmittel […sowie] als Recheneinheit"[6] nur einen nominellen, repräsentativen, aber keinen eigenen, keinen wesentlichen Wert aufweist, ist es eine künstlich gesetzte und dynamische Größe.[7] Ein Fünfeuroschein ist nur solange fünf Euro wert, wie gewährleistet ist, dass er einer Ware oder einer Leistung im Gegenwert von fünf Euro entspricht. Geld muss unbedingt gesellschaftlich legitimiert werden, denn, misstraut man ihm kollektiv, so bricht es zusammen.[8] Daher ist, laut Aristoteles, „das Kapitalerwerbswesen, das der Natur nach abläuft, für alle eines, das sich von Feldfrüchten speist und von Tieren".[9] Verliert es seinen direkten Nutzen für die materielle Versorgung des Oikos sowie für die Autarkie in der Polis und ist es nicht mehr direkt auf seinen physischen Gegenwert, sondern auf sich selbst und seine reine Potenzierung bezogen, ist es laut Aristoteles als ‚Wucherei' verdammenswert. Der

---

6 Springer Fachmedien Wiesbaden (Hrsg.): *Kompakt Lexikon Wirtschaft.* Springer Gabler: Wiesbaden [12]2014, S. 219.

7 Mathematik, die „Hauptsprache der modernen Ökonomik" (Sedláček 2013, S. 353), potenziert diese Eigengesetzlichkeit und Künstlichkeit hin zum reinen Selbstbezug. Mathematische Formeln, die außerhalb ihrer selbst nichts bedeuten, eröffnen eine eigene Welt, zu der wir den Zutritt vollkommen neu erlernen müssen (vgl. ebd., S. 361f.).

8 Vgl. Hörisch, Jochen: *Kopf oder Zahl. Die Poesie des Geldes.* Suhrkamp: Frankfurt/Main 1996, S. 19.

9 Aristoteles: *Politik. Schriften zur Staatstheorie*, hrsg. und übers. von Franz F. Schwarz. Reclam: Stuttgart [3]2013, 1258 a 35, S. 97.

Zins beispielsweise sei ‚Geld vom Geld' und insofern eine „Art des Kapitalerwerbs [...], die am meisten der Natur zuwiderläuft".[10] Geld täuscht also – anders als früher Salz oder Gewürze und heute noch immer Gold[11] – einen Wert vor, den es selbst nicht hat, den es aber gemäß gesellschaftlicher Konvention bzw. der Geldpolitik der Zentralbanken repräsentiert.[12] Es ist in dem Maße mit Literatur und Fiktion vergleichbar,[13] wie es im Modus des Scheins eine eigene Welt mit eigenen Regeln schafft, selbstbezüglich und symbolisch konfiguriert ist sowie ein System darstellt, an das man glauben muss, das man aber nicht kollektiv einlösen kann, ohne dass es seinen Wert verliert – man stelle sich vor, jeder wollte auf einen Schlag seine Aktien verkaufen, oder es fände sich ein unvorstellbar großes Goldvorkommen, das plötzlich den Markt überschwemmen würde.

Falschgeld, dessen Geschichte fast so alt ist wie jene des echten Geldes, ist in seiner Grundbedeutung als „(in betrügerischer Absicht) originalgetreu nachgeahmte Banknoten od. Münzen"[14] nun die Potenzierung einer solchen Unnatürlichkeit selbstbezüglichen Geldes. Wenn Geld „als Potential, als Versprechen für die Zukunft, als reale Möglichkeit verstanden"[15] wird, ist Falschgeld analog dazu das gesteigerte Potential, das gebrochene Versprechen, die irreale Möglichkeit. Es ist die Potenzierung der eigenen, ohnehin schon scheinhaften Welt des Geldes. Es täuscht einen Wert vor, den es weder selbst hat noch gemäß gesellschaftlicher Konvention vertritt. So ist es doppelte Täuschung, und damit je nach Perspektive wahrhaftiger als Geld, da es, einmal als Falschgeld entdeckt, wieder mit sich selbst identisch wird: Sein Wert bemisst sich dann an seinem Material und nicht mehr als abstrakte und konventionalisierte Einheit im Handelsverkehr.

---

10 Ebd., 1258 b 5, S. 98.

11 Thommen, Jean-Paul (Hrsg.): *Lexikon der Betriebswirtschaft*. Versus: Zürich ⁴2008, S. 258.

12 Vgl. Asmuth, Christoph et al.: „Einleitung". In: Dies. (Hrsg.): *Texte zur Theorie des Geldes*. Reclam: Stuttgart 2016, S. 9–16, hier S. 10.

13 Vgl. das Forschungsfeld der ‚Geldfiktion', z.B. Künzel, Christine: „Imaginierte Zukunft. Zur Bedeutung von Fiktion(en) in ökonomischen Diskursen". In: Balint, Iuditha / Zilles, Sebastian (Hrsg.): *Literarische Ökonomik*. Fink: Paderborn 2014, S. 143–157.

14 *Duden: Deutsches Universalwörterbuch*. Dudenverlag: Mannheim u.a. ⁵2003, S. 517.

15 Vgl. Asmuth et al. 2016, S. 11.

An dieser Stelle offenbart sich das metaphorische Potenzial des Falschgeldes, das als doppelte Täuschung Wahrhaftigkeit produziert und gerade in Texten der Moderne häufig als Chiffre von Fiktion und Fiktionssteigerung auftritt. Die potenzierte Täuschung des Falschgeldes entspricht demnach der potenzierten Täuschung von Fiktion. Geld und Fiktion sowie Falschgeld und (Meta-)Fiktion treten in ein Korrelationsverhältnis. In diesem Kontext sind einige Überlegungen Jacques Derridas von Interesse. Derrida nimmt Baudelaires „La fausse monnaie" zum Ausgangspunkt, dem Falschgeld und vor allem der (Un-)Möglichkeit der Gabe ein ganzes Buch zu widmen: *Donner le temps. I. La fausse monnaie* (1991).[16] Baudelaires Gedicht, so Derrida, sei Fiktion über Falschgeld und, in der Metapher des Falschgeldes, zugleich Metafiktion seiner selbst: „Ensuite, le récit est une fiction, et une fiction de fiction, une fiction au sujet d'une fiction, la fiction même d'une fiction.".[17] Literatur und Falschgeld seien in dem Maße wesensgleich, wie sie weder als echt noch als falsch klassifiziert werden können, ohne dabei ihren Wesenskern als Literatur bzw. als Falschgeld einzubüßen. Wird ein Geldschein offiziell als Falsifikat erkannt, hört er umgehend auf, Falschgeld zu sein. Er wird zu bloßem Papier und verliert, als Papier, eben seine Identität als Falschgeld:

> La fausse monnaie n'est jamais, *comme telle*, de la fausse monnaie. Dès qu'elle est ce qu'elle est, reconnue *comme telle*, elle cesse d'agir et de valoir comme de la fausse monnaie. Elle n'est qu'en pouvant être, *peut-être*, ce qu'elle est.[18]

Falschgeld ist, so Derrida, immer nur eine Möglichkeit, etwas, das nicht ‚ist', sondern lediglich sein ‚kann': „peut-être". Demnach ist Falschgeld ein Potenzial, das fortwährend einzulösen ist, aber nie eingelöst werden kann, ohne sich selbst zu annullieren.[19] Ebenso verhält es sich mit der Literatur. Sie bietet sich immer nur als Möglichkeit an, als in unzähligen

---

16 Derrida, Jacques: *Donner le temps*, Bd. 1: La *fausse monnaie*. Galilée: Paris 1991.

17 Ebd., S. 113.

18 Ebd., S. 115, Hervorhebung im Original.

19 Diese Eigenschaft hat das Falschgeld mit der von Derrida in das Zentrum seiner Überlegungen gestellten Gabe gemein, was beide, Falschgeld wie Gabe, zu einer „Zumutung für den gesunden Menschenverstand" avancieren lässt (Derrida, Jacques: *Zeit geben*, Bd. 1: *Falschgeld*, übers. von Andreas Knop / Michael Wetzel. Fink: München 1993, S. 40).

Lektüregängen potenziell, aber nie vollständig oder verbindlich einlösbar. Expliziert wird diese stete Bereitschaft zur ‚Selbst-Annullierung' im Moment des Erkennens „comme telle" häufig in metafiktionalen Spiegelungen, wie sich anhand von Baudelaires „La fausse monnaie" anschaulich auf Inhalts- und Figurenebene am Verhalten sowie an der Imaginationskraft des Ich-Erzählers nachvollziehen lässt.

Dem Ich-Erzähler wäre die Spende seines Freundes nur dann erträglich erschienen, hätte dieser den Wunsch gehegt, im Leben des Bettlers ein ‚Ereignis zu verursachen': „créer un événement dans la vie de ce pauvre diable" (S. 324). Wenn der Freund den Bettler durch die falsche Münze in eine Kette froher wie unheilvoller Konsequenzen hätte verstricken wollen, wäre sein Verhalten zwar „curieux, singulier" (ebd.), aber nicht derart unverzeihlich gewesen. Erst als der Ich-Erzähler begreift, dass der Freund das imaginative Potenzial, das das falsche Geld in sich birgt, nicht einlöst, kommt es unweigerlich zum Bruch. Eben diese Haltung macht den Ich-Erzähler zu einem Alter Ego sowohl des Dichters als auch des Rezipienten, vielleicht sogar in ihrer Idealform. Gesegnet mit einem „misérable cerveau" (ebd.) und von der Natur ausgestattet mit einer ganz besonderen „faculté" (ebd.) ist er, der Ich-Erzähler, anders als der scheinheilige Freund, jemand, der das Ereignis sucht und selbst agiert, und zwar in einer ganz besonderen Weise. Er ist immer damit beschäftigt, Schwierigkeiten zu sehen, wo (vermeintlich) keine sind: „chercher midi à quatorze heures" (ebd.), heißt es im Text, was laut *Dictionnaire de l'Académie française* bedeutet: „[c]hercher des difficultés où il n'y en a point".[20] Die ‚zwei' Stunden, die diese Redewendung metaphorisch eröffnet, korrespondieren der falschen Münze, dem *Zwei*francstück. Das Problematisieren im Modus einer blühenden Phantasie ist also die Kehrseite der falschen Medaille: Das Ereignis, das der Freund im Leben des Bettlers erbärmlicherweise gerade nicht auszulösen bereit ist, verwirklicht sich dafür umso lebhafter in der Imaginationskraft des Ich-Erzählers, der als Empfänger einer täuschenden Gabe mit dem Bettler überblendet wird: „Tout aussi bien la pièce fausse

20 ARTFL Project, The University of Chicago (Hrsg.): *Dictionnaire de L'Académie française* [6]*1832–1835*, retrieved 15.7.2016, from http://portail.atilf.fr/cgi-bin/dico1look.pl?strippedhw=quatorze&dicoid=ACAD1835&headword=&dicoid=ACAD183, o.S.

serait peut-être, pour un pauvre petit spéculateur, le germe d'une richesse de quelques jours" (ebd.). Die falsche Münze – sowohl jene auf Inhaltsebene als auch Baudelaires Gesamttext „La fausse monnaie" – beschert dem ‚armen, kleinen Spekulanten' potenziell den Keim tagelangen Reichtums, in materieller wie in ideeller Hinsicht.[21] Gleichzeitig kann der Spekulant durch die gefälschte Gabe einer falschen Münze unheilvolle Konsequenzen erleben, ruiniert werden und sogar seine Freiheit einbüßen. Er ist, so beinhaltet es die Etymologie aus lat. *speculari*, zu gleichen Teilen Grübler sowie mit Risiko nach Gewinn strebender Unternehmer.[22] Als solcher kann er, wie Dichter, Text und Rezipient, Geld und insbesondere das riskantere Falschgeld (lebensweltlich wie imaginativ) wuchern lassen. In seiner Imaginationskraft steht es ihm frei, ‚aus allen möglichen Hypothesen alle möglichen Schlüsse' zu ziehen: „tirant toutes les déductions possibles de toutes les hypothèses possibles" (ebd.). Die einzige Einschränkung besteht darin, jegliche „ineptie de son calcul" (ebd.), jede ‚Schwachköpfigkeit seiner Berechnung', zu vermeiden, indem das falsche Geld, wie es der Freund als Negativbeispiel karikiert, selbstgerecht für bare Münze genommen wird. Das Prosagedicht „La fausse monnaie" ist also insofern selbst Falschgeld, als es durch seine metafiktionalen Implikationen die Fiktion bzw. die Täuschung einerseits potenziert und andererseits gerade in seiner Potenzierung des Imaginierten einen erhöhten Wahrheitsanspruch zum Ausdruck bringt. Er kann in der Fiktionspotenzierung nie sicher identifiziert werden, ohne dadurch seiner selbst verlustig zu gehen. Bezeichnenderweise bleiben die vielen Hypothesen und Schlüsse, die das Falschgeld im Ich-Erzähler im Modus der gesteigerten Imagination auslöst, lediglich als solche angedeutet, ohne weiter ausgeführt zu werden. Der literarische Text, dichterische Intentionen sowie interpretatorische Hypothesen und

---

21 Schon „Geld, das man zur freien Verfügung hat, weckt Träume und Phantasien, ihm wohnt eine eigentümliche Magie inne, gerade solange man es nicht ausgibt." (Deutschmann, Christoph: „Geld, Kapital und Religion. Zur religiösen Natur des Kapitalismus". In: Bergsdorf, Wolfgang et al. (Hrsg.): *Am Gelde hängt, zum Gelde drängt…*Verlag der Bauhaus-Universität Weimar: Erfurt 2007, S. 65–80, hier S. 68). Falschgeld potenziert die Phantasieleistung nicht zuletzt durch das Risikopotenzial, das ihm innewohnt.

22 Vgl. *Duden Etymologie. Herkunftswörterbuch der deutschen Sprache*, hrsg. von Günther Drosdowski. Dudenverlag: Mannheim u.a. ²1989, S. 688.

Schlüsse sind genauso wenig gedeckt wie das Falschgeld oder die Spekulation.[23] Auf Ebene des Inhalts spiegelt sich die fehlende Deckung in der ironischen ‚Moral von der Geschicht', die der Bruch zwischen den Freunden nach sich zieht: Indem man Gottes Gnade rein formell zu kaufen versucht, entlarvt man sich als ‚böse' und, was offenbar noch viel schwerer wiegt, als ‚böse' und ‚dumm' (S. 324); wie aber die vorgeführte Beschränktheit und die eingefahrene Doppelmoral in einem ‚echten Christsein' positiv und reflektiert aufzuheben wären, wie ‚Gottes Herz' (ebd.) wahrhaftig und jenseits reiner Formalität gewonnen werden kann, bleibt offen. Das XXIX. Prosagedicht des *Spleen* erweitert dieses Gefüge aus Geld, Falschgeld und Spekulation als Chiffren für Dichtung um das poetologische Potenzial von Glücks- und Falschspiel.

„Le joueur généreux": Teufel, (Falsch-)Spiel und dichterische Inspiration

„La fausse monnaie" und „Le joueur généreux" folgen nicht nur direkt aufeinander, sondern sie sind auch inhaltlich deutlich aufeinander bezogen. Wieder steht eine schicksalsschwere Begegnung im Zentrum des Gedichts, diesmal nicht mit einem um Almosen bettelnden „pauvre diable" (S. 324), sondern mit „Son Altesse" (S. 327), dem Teufel höchstpersönlich. Während „La fausse monnaie" den plötzlichen Bruch zwischen zwei Freunden in Szene setzt, arrangiert das folgende Prosagedicht das schnelle Entstehen einer neuen Freundschaft, und zwar zwischen dem

23 Vgl. Derrida 1991, S. 121f.: „C'est donc une fiction dont le sujet est une monnaie fictive, une fiction de fiction, et si la fiction racontée *dit* (si elle donne à penser par figuration emblématique ou métonymique mais aussi réflexive ou spéculaire) la fiction narrative elle-même, *la spéculation n'en finit plus.*" (Erste Hervorhebung im Original, zweite H.-C.J.). Vgl. auch: Hörisch, *Kopf oder Zahl*, S. 20/33: „(Roman-)Dichtung hat einen vergleichbaren Doppelstatus: ihre Aussagen brauchen nicht durch Sachverhalte dieser Welt gedeckt zu sein, Dichtung aber hat ebendeshalb in dieser Welt (wo denn sonst?) die Aufgabe, alternative Beobachtungen dieser Welt bereitzuhalten. […] Das Medium, das das geringste Vertrauen in die Möglichkeiten der Deckung religiöser, metaphysischer und ontosemiologischer Aussagen hat, das Medium, das nicht einmal den Anspruch stellen kann (und will!), seine Aussagen seien gedeckt, das poetische Medium beobachtet diese Über- und Untergänge mit gespannter Aufmerksamkeit."

Teufel und dem Ich-Erzähler: „nous étions déjà, en nous asseyant, de vieux et parfaits amis“ (S. 326). Im Rahmen dieser Freundschaft werden wiederum ‚alle Formen der menschlichen Selbstgefälligkeit‘, „toutes les formes de l'infatuation humaine“ (ebd.) verhandelt, viel stärker als in „La fausse monnaie“, aber in einem ironisch distanzierten Modus von „plaisanterie“ und „drôlerie“ beider Protagonisten (ebd.).

In „La fausse monnaie“ tritt der Teufel nur indirekt in Erscheinung: im Falschgeld, das die Götzenhaftigkeit des Geldes durch den reinen Selbstbezug auf das Monetäre noch potenziert und auf besonders perfide Weise ermöglicht, ‚das Böse zu tun‘, „faire le mal“ (S. 324). Im unmittelbar folgenden Prosagedicht wird der Leibhaftige dann zum zentralen Handlungsträger. Als „Le joueur généreux“ lässt er bereits titulativ anklingen, dass die Thematik der tatsächlichen oder vermeintlichen Gebefreudigkeit fortgesetzt wird; sie gestaltet sich sogar zu einer ‚unerhörten Freigebigkeit‘ aus, zu einer „inouïe munificence“ (S. 328). Eine der vielen ‚Unerhörtheiten‘ des Prosagedichts, das sich durch seinen ‚unerhörten‘ Gehalt (ironisch) in die Nähe der Novellistik nach Goethes berühmtem Diktum einer „sich ereignete[n] unerhörte[n] Begebenheit“[24] stellt, ist in unserem Kontext von besonderem Interesse: Wieder handelt es sich um eine Freigebigkeit und um eine Gabe, die sich im Modus der Täuschung oder zumindest der gefürchteten Täuschung vollzieht. Der Ich-Erzähler, der in einem Spiel gegen den Teufel klassischerweise seine Seele verliert, erhält den Gewinn – den „enjeu“ (S. 327), den Einsatz im Spiel, also das mit dem Falschgeld verwandte Spielgeld –, das ihm eigentlich nur bei einem Sieg zugestanden hätte, trotz seiner Niederlage schließlich doch. Die Begründung dafür

---

24 Eckermann, Johann Peter: *Gespräche mit Goethe in den letzten Jahren seines Lebens*, hrsg. von Heinz Schlaffer. Hanser: München/Wien 1986, S. 203. Während des ‚Spiels‘ mit dem Teufel, einem ‚übermenschlichen Vergnügen‘, „le jeu, ce plaisir surhumain“ (S. 326), verliert der Ich-Erzähler seine Seele an den Teufel. ‚Unerhört‘ (wiederum aber als Ironisierung der ‚unerhörten‘ Wende bisheriger Novellistik) daran ist vor allem, dass ihm der Verlust seiner Seele vollkommen gleichgültig ist, da die Seele ohnehin ein ‚so ungreifbares, so oft unnützes und manchmal so störendes Ding‘ sei: „L'âme est une chose si impalpable, si souvent inutile et quelquefois si gênante, que je n'éprouvai, quant à cette perte, qu'un peu moins d'émotion que si j'avais égaré, dans une promenade, ma carte de visite“ (ebd.).

liefert der ‚gute Teufel' ganz unverhohlen und mit einer Ironie, die das gesamte Prosagedicht durchzieht (ebd., Hervorhebung im Original):

> Je veux que vous gardiez de moi un bon souvenir, et vous prouver que Moi, dont on dit tant de mal, je suis quelquefois *bon diable*, pour me servir d'une de vos locutions vulgaires. Afin de compenser la perte irrémédiable que vous avez faite de votre âme, je vous donne l'enjeu que vous auriez gagné si le sort avait été pour vous.

Es handelt sich also um einen falschen Gewinn in einem Spiel und insofern um falsches Spielgeld, an das der Ich-Erzähler, wie zuvor der Protagonist in „La fausse monnaie" mit Blick auf das Falschgeld, aber glauben muss, damit sein Gewinn Früchte tragen kann. Zu gerade diesem Glauben – zu diesem Kredit, aus lat. *creditum* bzw. *credere* ‚(ver)trauen auf', ‚glauben' als Vertrauen in die Aufrichtigkeit und Rückzahlbereitschaft des Schuldners[25] – ist der Ich-Erzähler aber allein nicht fähig. So sieht er sich gezwungen, und darin findet die Unerhörtheit der teuflischen Gabe und ihre Ironisierung wohl ihren Höhepunkt, ausgerechnet zu Gott zu beten, damit dieser das Spielgeld des Teufels decken möge: „Mon Dieu! Seigneur, mon Dieu! faites que le diable me tienne sa parole!" (S. 328). Während in „La fausse monnaie" gleichzeitig ‚vierzig Sou [...] und Gottes Herz' (S. 324) gewonnen werden sollen, schließt „Le joueur généreux" also mit einer nicht minder kuriosen Pointe. In beiden Fällen handelt es sich jeweils um ein pervertiertes Anrufen Gottes, in dem nicht er, sondern der Teufel über die entscheidende Befehlsgewalt verfügt.[26]

---

25 *Duden Etymologie* ²1989, S. 385.

26 Dieses Anrufen des Teufels und das Sich-ihm-Anvertrauen lässt die Befriedigung der ‚animalischen Freuden' des zwischen Gott und Teufel bzw. Geistigkeit und Körperlichkeit zerrissenen Menschen erkennen. Vgl. Baudelaire, Charles: „Mon cœur mis à nu". In: Ders.: *Œuvres complètes*, Bd. 1, hrsg. von Claude Pichois. Gallimard: Paris 1975, S. 676–708, hier S. 682f.: „Il y a dans tout homme, à toute heure, deux postulations simultanées, l'une vers Dieu, l'autre vers Satan. L'invocation à Dieu, ou spiritualité, est un désir de monter en grade; celle de Satan, ou animalité, est une joie de descendre. C'est à cette dernière que doivent être rapportées les amours pour les femmes et les conversations intimes avec les animaux, chiens, chats, etc. Les joies qui dérivent de ces deux amours sont adaptées à la nature de ces deux amours." Vgl. auch Baudelaire, Charles: „Richard Wagner et *Tannhäuser* à Paris". In: *Œuvres complètes*, Bd. 2, hrsg. von Claude Pichois. Gallimard: Paris 1976, S. 779–815, hier S. 794: „*Tannhäuser* représente la lutte des deux principes qui ont choisi le cœur humain pour principal champ

Wieder sind, wie schon in „La fausse monnaie“, falsches Spiel, falscher Einsatz und insofern falsches Spielgeld unmittelbar mit der Dichtung selbst korreliert. Der falsche Gewinn, den der Ich-Erzähler vom Teufel erhält und unmittelbar wuchern lassen will, offenbart sich als Fortsetzung jener durch das Falschgeld entflammten Imaginationsleistung in „La fausse monnaie“. Beide Ich-Erzähler kreisen um jene begehrenswerte ‚faculté‘, durch eine besondere Imaginationskraft das Leiden an *ennui* und *spleen* zu überwinden: „c'est-à-dire la possibilité de soulager et de vaincre, pendant toute votre vie, cette bizarre affection de l'Ennui, qui est la source de toutes vos maladies et de tous vos misérables progrès“ (S. 327). Das wäre insofern wiederum unerhört, als es, in den Worten Walter Benjamins, bedeutete, die „Katastrophe in Permanenz“[27] durch das der Dichtung innewohnende Potenzial zu bezwingen. In beiden Fällen ist es der Teufel bzw. das teuflische Prinzip von Fälschung und potenzierter Fälschung, das sie dazu befähigt. Dabei handelt es sich nun aber weniger um einen unerhörten Topos, denn dass der *daimon* als böser Dämon Quelle dichterischer Inspiration ist, hat spätestens seit der deutschen Romantik international Einzug in die Motivik literarischer Texte gehalten. Bei Baudelaire sind bereits deutliche Ironisierungstendenzen erkennbar. Sein Teufelsversprechen klingt wie ein Märchenklischee: Alle Wünsche des Ich-Erzählers werden sich erfüllen, ihm werden, so er es denn will, Schätze, Märchenschlösser, Siebenmeilenstiefel und nach Blumen duftende Frauen zuteil; „et cætera, et cætera“ schließt der ‚bon diable‘ mit einem ebenfalls ambivalenten „bon sourire“ (S. 327f.). Angesichts der Ironisierung der durch den Teufel eingehauchten dichterischen Inspiration oder imaginativen Fähigkeit richtet sich das

---

de bataille, c'est-à-dire de la chair avec l'esprit, de l'enfer avec le ciel, de Satan avec Dieu.“

27 Benjamin, Walter: „Zentralpark“. In: Ders.: *Schriften*, Bd. 1, hrsg. von Theodor W. Adorno. Suhrkamp: Frankfurt/Main 1955, S. 473–493, hier S. 474. Die Ich-Erzähler verschwimmen dadurch zu einem gemeinsamen Spiegelbild von Dichter und Rezipient, die laut Programmgedicht der *Fleurs du mal* ohnehin wesensgleiche Brüder sind. „C'est l'Ennui! – l'œil chargé d'un pleur involontaire, / Il rêve d'échafauds en fumant son houka. / Tu le connais, lecteur, ce monstre délicat, / – Hypocrite lecteur, – mon semblable, – mon frère!“ Baudelaire, Charles: „Dédicace“. In: Ders. : *Œuvres complètes*, Bd. 1, hrsg. von Claude Pichois. Gallimard: Paris 1975, S. 5f., hier S. 6.

Augenmerk im Folgenden weniger auf den Gehalt als vielmehr auf die *Form* der Dichtung. Denn in erster Linie ist nicht ein besonderer Motivkomplex, sondern eine besondere Gestaltungsform der Gedichte das revolutionär Neue und, mit Blick auf die lange Verstradition der Dichtung, das Anrüchige – eben das Unerhörte an den *Petits poèmes en prose*; und auch ihre Form ist bei Baudelaire unmittelbar mit dem Teufel und seinen Insignien wie Geld, Falschgeld und Falschspiel verbunden.

„L'irrémédiable" und „À Arsène Houssaye": Die ‚Liebe zum Ungestalten'

Im Ich-Erzähler habe sich durch das Falschspiel, so der Teufel, ein ‚unwiderruflicher Verlust' (S. 327) vollzogen, den er ihm allerdings reichlich kompensiert habe, wenn auch durch falsches Spielgeld. Der Verlust der Seele ist in „Le joueur généreux" also insofern Teufelswerk, als es ein Verlust und doch kein Verlust ist. Wenn die Seele des Ich-Erzählers denn verloren geht – was im Unklaren bleibt, da der vermeintliche Verlierer des Spiels mit dem Teufel so vergütet wird, als hätte er ihn besiegt – macht sich ihr Verlust keineswegs bemerkbar. Der Erzähler erwähnt nur beiläufig, seine Seele verloren zu haben, bedauert ihren Verlust zu keiner Zeit und lässt im folgenden Handlungsverlauf weder eine Veränderung seiner Persönlichkeit, geschweige denn den für den Teufelspakt typischen „Persönlichkeitsverlust"[28] erkennen. Der Teufel spricht aber dennoch von einer „perte irrémédiable" (ebd.) und insofern, wenn auch verborgen in den letzten zwei Silben des Adjektivs, von sich selbst. Im ‚irrémédiable', wörtlich im ‚Unheilbaren',[29] steckt der Teufel. In den *Fleurs du mal* ist ihm, als dem Unheilbaren, ein eigenes Gedicht gewidmet: Das LXXXIV. Versgedicht „L'irrémédiable" läuft, indem es das ‚Bewusstsein im Bösen' als ‚höllisch ironisches Leuchtfeuer' und ‚Fackel von Satans Gnadenzeichen' zelebriert (S. 80), auf eben jene Pointe zu wie „La fausse monnaie", das ja nicht das Falschgeld und sein Potenzial zum Bösen per se, sondern nur einen unreflektierten Umgang damit verdammt (vgl. S. 324). „Soulagement et gloire

28 Daemmrich, Horst S. und Ingrid G.: *Themen und Motive in der Literatur*. Francke: Tübingen ^{2}1995, S. 302.

29 „À quoi on ne peut remédier" (vgl. ARTFL Project, The University of Chicago, o.S.).

uniques, / – La conscience dans le Mal!“ (S. 80); heißt es auch im Schlussvers von „L'irrémédiable“.

Das Versgedicht verleiht dem Teufel allerdings ein anderes Antlitz als das bis hierher Besprochene. Er wirkt nicht als großer Verführer zum Bösen und gottferner Finsternis, sondern ist erstens selbst verführt und zweitens selbst auf der Suche nach Licht und Wahrheit: „cherchant la lumière et la clé“ (S. 79). Verführung und Suche nach ‚Licht und dem Schlüssel‘ sind auf eindringliche Weise mit Reflexionen zu Form und Gestaltung verbunden. Gleich im Anfangsvers erscheint „L'irrémédiable“ (und mit ihm *le diable*) als „Une Idée, une Forme, un Être“, das durch seinen Himmelssturz gerade in einen Abgrund aus Unförmigkeit verbannt wurde (ebd.). Ursache dieser Verbannung aus dem ‚klaren Azur‘ des Himmels ist gerade seine ‚Liebe zum Ungestalten‘: „Un Ange, imprudent voyageur / Qu'a tenté l'amour du difforme“ (ebd.). So haben wir es paradoxerweise mit einer Engels-Gestalt zu tun, die in Versuchung geführt und gerade infolge der Liebe zur Ungestalt zum Teufel wird und als solcher, ‚unter Todesgrausen‘, selbst mit dem Ungestalten (verbildlicht in einem ‚gigantischen Wasserwirbel‘) zu kämpfen hat: „Et luttant! angoisses funèbres! Contre un gigantesque remous“ (ebd.). Der Teufel wird hier also, wie das Gedicht „L'irrémédiable“ im Folgenden auf komplexe Weise ausführt, zur Figuration der Spannung zwischen Form und Unform, zwischen Gestaltung und Gestaltlosigkeit, und zwar als Ergriffener der eigenen Dynamik. Eben dieses Bild aus den *Fleurs du mal* ist in Baudelaires Dichtung weder willkürlich noch randständig, sondern bildet zugleich den programmatischen Auftakt der *Petits poèmes en prose* und insbesondere der Metaphorisierung ihrer Form.

Konzeptionell sind sie, so heißt es im ersten Absatz der Widmung „À Arsène Houssaye“, als Gedichtsammlung eine Schlange – und damit die Inkarnation des Teufels –, die Prosagedichte sind jeweils die durch Wirbel getrennten ‚Stücke‘, „morceaux“, des Tieres (S. 275). Bei dieser Metapher lässt es Baudelaire aber nicht bewenden, sondern er konzipiert die ‚Prosadichtungs-Schlange‘, wie er es bereits in „L'irrémédiable“ tat, als Spannungsgefüge von Form und Nicht-Form: Die Schlange bildet einerseits die Gestalt der *Petits poèmes en prose*, gleichzeitig aber wird auch sie wie ‚Der Unheilbare‘ nur im Modus des ‚difforme‘, des Ungestalten bzw. der zerstörten Form – entfernter Wirbel sowie eines zerhackten Körpers – gezeigt:

> Enlevez une vertèbre, et les deux morceaux de cette tortueuse fantaisie se rejoindront sans peine. Hachez-la en nombreux fragments, et vous verrez que chacun peut exister à part. Dans l'espérance que quelques-uns de ces tronçons seront assez vivants pour vous plaire et vous amuser, j'ose vous dédier le serpent tout entier. (Ebd.)

Das Prosagedicht ist, um in Baudelaires poetologischer Bildlichkeit zu bleiben, als ein abgehacktes, aber eigendynamisch weiterlebendes und immerzu changierendes Schlangenglied gleichzeitig Schlange und Nicht-Mehr-Schlange und insofern ein ganz eigenes Krisennarrativ zwischen Form, Nicht-Form und Stets-Anderer-Form. Es ist in Prosa verfasst, versteht sich aber als Dichtung, und das ist nur der Ausgangspunkt einer ganzen Reihe konstitutiver und fruchtbarer Unstimmigkeiten, die das Prosagedicht seit Baudelaire programmatisch auf sich vereint. In seiner komplexen Spannung zwischen Form und Nicht-Form bzw. in seiner ‚Liebe zum Ungestalten' bei gleichzeitigem Kampf gegen die absolute Formlosigkeit entspricht das Prosagedicht also der Teufelsfigur in „L'irrémédiable", oder abstrakter gefasst, dem verneinenden und Widersprüche inszenierenden „esprit satanique"[30] der Texte Baudelaires. Wie diese von Baudelaire neu konzipierte spannungsreiche Form des Prosagedichts poetologisch dem Motivfeld der Täuschung und ‚Ent-Täuschung' durch Geld und Falschgeld korrespondiert, soll abschließend als Fazit und Ausblick skizziert werden.

Das *poème en prose* als Krisennarrativ zwischen Täuschung und ‚Ent-Täuschung'

Am Anfang der Überlegungen stand der Bruch zwischen den beiden Protagonisten in „La fausse monnaie". Ausgelöst wurde er dadurch, dass die Geste des Freundes, einem Bettler als Almosen Falschgeld zu geben, ein rein formaler Akt ist: ‚Ich habe meine Christenpflicht doch erfüllt', scheint er sich trotz der gefälschten Gabe zu sagen und damit eine äußere, veräußerte Moral als reine Formalität zu offenbaren. Der Falschgeld gebende Freund ist vollkommen Unwillens, das eigene Verhalten und die leere Formelhaftigkeit seines Christentums kritisch zu hinterfragen, geschweige denn dessen Wertigkeit wahrhaftig zu besetzen. Seine Borniertheit tritt

30 Greiner, Thorsten: *Ideal und Ironie. Baudelaires Ästhetik der ‚modernité' im Wandel vom Vers- zum Prosagedicht*. Niemeyer: Tübingen 1993, S. 212.

umso deutlicher zu Tage, als das Falschgeld, das er verwendet, gerade ein Medium ist, das konventionalisierte Wertzuschreibungen auf essentielle Weise in Frage stellt. Der Gebende hinterfragt nicht, das Falschgeld schon per se. Dinge haben ihren Preis und werden dadurch in ein Verhältnis zueinander gesetzt. Ihr Wert bemisst sich am Geld, das man zu geben bereit ist. Wenn in monetären Transaktionen nun Falschgeld verwendet wird, gerät das festgesetzte Wertegefüge gefährlich ins Wanken.

Die Sprengkraft des Falschgeldes beginnt bereits mit einer schlichten Rückfrage: Das Falschgeld – sowohl das faktische als auch das literarische in Gestalt von Baudelaires ‚Das falsche Geld' – fragt: Was ist Geld? Und was ist echtes und was ist falsches Geld?

> Compte tenu de cette irréductible modalité, et en tant que le titre peut en relever [„La fausse monnaie"], il vous oblige. Il vous oblige d'abord à vous demander ce que c'est la fausse monnaie, la vraie, la fausse, la fausse vraie ou la vraiment fausse – et la non-monnaie que n'est ni vraie nie fausse, etc.[31]

‚Falschgeld verpflichtet'. Es nimmt diejenigen, die mit ihm zu tun haben, insofern in die Pflicht, als es sie in eine beständige Dynamik von Täuschung und Enttäuschung einbindet. Es täuscht, indem es einen Wert verspricht, der sich als Lüge erweist. Gleichzeitig ‚ent-täuscht' es, im Sinne von „aus einer Täuschung herausreißen".[32] Es enttäuscht, wie der Blick des Ich-Erzählers auf den Bettler suggeriert, ganz unmittelbar denjenigen, der es unwissentlich wie Geld verwendet, sich strafbar macht und dafür zur Verantwortung gezogen wird: „ne pouvait-elle [la fausse monnaie] pas aussi le conduire en prison? Un cabaretier, un boulanger, par exemple, allait peut-être le faire arrêter comme faux-monnayeur ou comme propagateur de fausse monnaie." (S. 324) Auf einer abstrakteren Ebene enttäuscht Falschgeld in dem Maße, wie es die Falschheit, die dem Geld per se innewohnt, offensiv hervorhebt. Geld hat nur einen relativen, aber keinen eigenen, absoluten Wert. Seine Scheinhaftigkeit pflegt es allerdings zu kaschieren: Derjenige, der viel Geld hat, wähnt sich reich. Dass dieser Reichtum trügerisch ist, wenn er nicht durch einen existenten Gegenwert gedeckt ist, führen Inflationen oder Kursstürze an den Börsen fortwährend

31 Vgl. Derrida 1991, S. 115.
32 *Duden* [5]2003, S. 472.

vor Augen. Falschgeld schafft durch seine ‚echte Falschheit' ein Bewusstsein für die kaschierte Falschheit und das Täuschungspotenzial echten Geldes.

Die mehr oder minder explizite Inszenierung der Interaktion von Täuschung und Enttäuschung wohnt der Literatur seit jeher inne und wird in Epochen wie dem Barock, der Romantik oder der Moderne zu einer poetologischen Grunddynamik. Sie kann sich auf unterschiedlichste Weise manifestieren und sowohl auf Inhaltsebene,[33] durch metafiktionale Kommentare oder in der Form (häufig in *abyssalen* Strukturen) in Erscheinung treten. Mit dem *poème en prose* entsteht in der Mitte des 19. Jahrhunderts nun eine neue poetische Gattung, die das Wechselspiel von Täuschung und Enttäuschung auf eine eigene Weise besetzt. Ebenso wie das Falschgeld fragt: Was ist Geld? bzw. Was ist echtes und was ist falsches Geld? – fragt das Prosagedicht: Was ist Prosa? Was ist Dichtung bzw. Was ist echte und was ist falsche oder gefälschte Dichtung? Ebenso wie der Text insbesondere im Motiv des Falschgeldes den wahren Wert von Barmherzigkeit und Nächstenliebe jenseits reiner Formalität auszuloten versucht, fragt Baudelaires Prosagedicht als Ganzes – hervorgehoben in seinem titulativen Selbstbekenntnis als ‚Das falsche Geld' – sowie als Gattung nach dem Wesen von Dichtung und poetischen Formprinzipien jenseits der Formalität von Alexandrinern oder Sonettstrukturen. Dichtung ist seit ihrer Entstehung eng an Konventionen und Vereinheitlichungen geknüpft. Ihre Prinzipien werden durch Regelpoetiken und die dazugehörigen *querelles*

33 In „La fausse monnaie" vollzieht sich die Enttäuschung über das Verhalten des Freundes am Ich-Erzähler im Modus der (unangenehmen) Überraschung: Vor dem Entdecken des Falschgeldes zeigt sich der Ich-Erzähler noch angetan von der Großzügigkeit des Freundes: „Vous avez raison; après le plaisir d'être étonné, il n'en est pas de plus grand que celui de causer une surprise." (S. 323) Indem der Freund auch nach der Preisgabe seines Wissens um das falsche Geld an seinem ‚Vergnügen zu überraschen' festhält – „Oui, vous avez raison; il n'est pas de plaisir plus doux que de surprendre un homme en lui donnant plus qu'il n'espère" (ebd.) –, erlebt der Ich-Erzähler die zweite Überraschung über das Verhalten des Freundes als Enttäuschung bzw. als Entsetzen: „Je le regardai dans le blanc des yeux, et je fus épouvanté de voir que ses yeux brillaient d'une incontestable candeur" (ebd.). Vgl. zur Poetologie der *surprise* bei Baudelaire Nies, Fritz: *Poesie in poetischer Welt. Untersuchungen zum Prosagedicht bei Aloysius Bertrand und Baudelaire.* Winter: Heidelberg 1964, S. 225–256.

expliziert, ausgehandelt und fortgetragen. Kunstgerecht geregelte Metren und Reimschemata gelten als Garanten gelungener Dichtung. So ist z.B. ein Alexandriner vom Dichter wie vom Rezipienten handwerklich gestaltet, wird als bewusst gestaltet identifizierbar und mit einer bestimmten Erwartungshaltung – etwa an die Größe und Bedeutungsschwere der Tragödie – verbunden. Hier offenbart sich eine entscheidende Ähnlichkeit zwischen traditioneller Dichtung und monetärer Währung: Wir glauben an ihre Form. Sie erscheint uns vertrauenswürdig. Blicke ich auf die Form eines Sonetts, gehe ich wie selbstverständlich davon aus, es mit Dichtung zu tun zu haben. Gleiches gilt im Zusammenhang von Geld und Reichtum: Banknoten, obgleich reine Zeichen,[34] suggerieren ebenfalls Sicherheit und Stabilität.

Die Scheinhaftigkeit der Konventionen gebundener Dichtung sowie jene repräsentativen Geldes wird vom Prosagedicht einerseits und vom Falschgeld andererseits pointiert. Beide enttäuschen insofern, als sie den Wert von Geld sowie jenen rhythmisch normierter Dichtung als rein relativen Wert entblößen. Falschgeld zwingt uns, Reflexionen über die Validität und Vertrauenswürdigkeit ‚echten Geldes' anzustellen. Auch das Prosagedicht entlarvt die Form als Vereinbarung und potenzielle Formalität, was verunsichernd wirkt. Es führt uns vor Augen, dass der künstlerische Ausdruck keine festgelegten Formen benötigt, um als Dichtung gelten zu dürfen. Denn Baudelaires Prosagedichte präsentieren sich nicht etwa als ‚petits *textes* en prose', sondern reklamieren trotz ihrer vermeintlichen Formlosigkeit selbstbewusst, ‚poèmes' zu sein. Dadurch erscheinen sie mit Blick auf die vielen Jahrhunderte dichtungstypologischer Ordnung – als Spiegel ihrer motivlichen Inszenierung des Teufels und des Bösen – potenziell selbst diabolisch im Sinne von rebellisch, anmaßend, störend und paradox. Wenn das Prosagedicht in Baudelaires Vorwort „À Arsène Houssaye" verkündet, fortan auf Reim und Rhythmus und damit auf die traditionelle Grundgestaltung der Lyrik nach Maßgabe von Ordnung, Harmonie, Regelmäßigkeit und gegliederter Bewegung verzichten, gleichzeitig aber Lyrik bleiben zu wollen, stellt es sich also selbst, wie üblich im Grundton

34 Vgl. Baer, Josette / Rother, Wolfgang: „Vorwort." In: Dies. (Hrsg.): *Geld. Philosophische, literaturwissenschaftliche und ökonomische Perspektiven.* Schwabe: Basel 2013, S. 7–8, hier S. 7.

ironisch, in den Horizont von Anmaßung und Sündenfall. Einer solchen Lesart korrespondiert neben der Schlange als Figuration der *Petits poèmes en prose* der gesamte ‚teuflische Grundgestus' des Vorwortes, vor allem im Vergleich mit zentralen Motiven der Paradieserzählung: Das Dichter-Ich präsentiert sich und sein innovatives Werk auf den eineinhalb Seiten der „Dédicace" deutlich im Spannungsfeld von Hochmut und Hybris, Neid und Eifersucht, Erkenntnisdrang, Widerspenstigkeit, Ungehorsam und Fall.

So ist das Prosagedicht, wie das Falschgeld, neben den Momenten der Enttäuschung auch selbst mit der teuflischen Motivik aus Täuschung und Versuchung verbunden, was wiederum in einem Vergleich mit traditioneller Dichtung erläutert werden kann. Die Welt, die ein Alexandriner eröffnet, verhehlt ihre Eigengesetzlichkeit nicht. Ein Versgedicht ist durch Reime, Rhythmik, Versmaß, etc. offensiv auf sich selbst und seinen eigenen Kunstcharakter und dessen Autonomie bezogen. Prosadichtung gibt sich in der Aufsprengung solcher Formfesseln, durch eine schlichtere Klanggestalt sowie durch einen oftmals stärkeren Bezug zur außerliterarischen Wirklichkeit hingegen scheinbar eher für bare Münze aus. Die Prosagedichte „La fausse monnaie" und „Le joueur généreux" fingieren, ‚eine Geschichte zu erzählen', deren Hauptkriterien gerade Linearität und der aristotelische Dreischritt aus Anfang, Mitte und Ende sind. Das ist allerdings ein Trugschluss. Denn gleichzeitig heißt es im Vorwort, dass an der Prosadichtung ‚ja im Gegenteil alles [...] gleichzeitig Kopf und Schwanz, abwechselnd und vertauschbar' (S. 275, Übers. H.-C.J.) sei und sich insofern jede vermeintlich lineare Narration in zu zerhackende, vertauschbare und eigendynamische Glieder als autonome Bedeutungsträger aufsprengt. Baudelaire hat gerade mit seinen vermeintlich freieren *poèmes en prose* sehr gekämpft: Er selbst hielt sie, anders als viele seiner Rezipienten, inklusive noch weiter Teile der heutigen Kritik, für „plus singulier, plus volontaire" als die so durchkomponierten *Fleurs du mal*, wie er in einem Brief an Madame Aupick vom 9. März 1865 formuliert.[35] Die Prosadichtung suggeriert gerade in ihren Anfängen bei Baudelaire eine Natürlichkeit,

35 Baudelaire, Charles: *Correspondances*, Bd. 2, hrsg. von Claude Pichois. Gallimard: Paris 1973, S. 473.

die sie letztendlich nicht einzulösen bereit ist. Das macht sie zu einer sehr künstlichen Gattung.

Die Prosagedichte entfalten sich also insofern in einer Dialektik aus Täuschung und Enttäuschung, als sie in ihrer freien Form und ihrer scheinbaren Mimesis zunächst zugänglicher erscheinen mögen als Verslyrik in ihrem Absolutheitscharakter, sich aber gleichzeitig in poetischer wie poetologischer Hinsicht als deren Weiterentwicklung verstehen. Das *poème en prose* ist, vergleichbar mit dem Falschgeld in Relation zum Geld, eine noch gesteigerte *potentia*,[36] eine risikoreiche und potenzielle, da poetologisch nicht normierte bzw. in ihrer Offenheit nicht normierbare[37] und insofern immerfort auszugestaltende Ausdrucksform der Moderne. Es richtet den Fokus, anders als im intertextuell aufgerufenen *Gaspard de la nuit* von Aloysius Bertrand, weder auf das vergangene noch auf das wenig exemplarische, da allzu konkrete Dasein, sondern es will unter den Bedingungen einer veränderten und entfremdeten Welt nichts weniger als ‚die Beschreibung *eines* modernen und abstrakteren Lebens' sein, „la description de la vie moderne, ou plutôt d'*une* vie moderne et plus abstraite" (ebd., Hervorhebung im Original). Diesen Anspruch kann das nach eigenen Angaben gescheiterte Dichter-Ich Baudelaires im Vorwort der *Petits poèmes en prose* konsequenterweise lediglich als Desiderat, nicht aber in Gestalt einer fertig neuformierten Gattung erheben. Vor dem Hintergrund der Sisyphos-Arbeit des modernen Künstlers, ‚aus dem Vorübergehenden das Ewige zu ziehen', „de tirer l'éternel du transitoire", wie Baudelaire mit Blick auf den Maler Constantin Guys die *modernité* umschreibt,[38]

---

36 Vgl. Baer / Rother 2013, S. 7: „Als Zeichen oder Repräsentant ist es [Geld] kein ‚Ding', sondern es ist *potentia* – im doppelten Sinne, nämlich als Inbegriff von Möglichkeiten, die sich beim Kauf aktualisieren lassen, und Potenz im Sinne von Macht, die derjenige besitzt, der über (viel) Geld verfügt."

37 Johannes Hauck weist auf die Grundproblematik hin, dass „nirgendwo konkretere generische Merkmale benannt werden, über die sich autorübergreifend Prosagedichte als solche identifizieren ließen, und die man einem generischen Erwartungshorizont zuordnen könnte." (Hauck, Johannes: *Typen des französischen Prosagedichts. Zum Zusammenhang von moderner Poetik und Erfahrung*. Narr: Tübingen 1994, S. 8).

38 Baudelaire, Charles: „Le peintre de la vie moderne". In: Ders.: *Œuvres complètes*, Bd. 2, hrsg. von Claude Pichois. Gallimard: Paris 1976, S. 683–724, hier S. 694.

avanciert das Prosagedicht in seiner Spannung aus Form und Nicht-Form, aus Täuschung und Enttäuschung sowie aus Potenzial und Scheitern zu einem Krisennarrativ par excellence.

Literaturverzeichnis

Aristoteles: *Politik. Schriften zur Staatstheorie*, hrsg. und übers. von Franz F. Schwarz. Reclam: Stuttgart [3]2013.

ARTFL Project, The University of Chicago (Hrsg.): *Dictionnaire de L'Académie française* [6]*1832–1835*, retrieved 15.7.2016, from http://portail.atilf.fr/cgi- bin/dico1look.pl?strippedhw= quatorze& dicoid=ACAD1835&headword=&dicoid=ACAD183.

Asmuth, Christoph et al.: „Einleitung". In: Dies. (Hrsg.): *Texte zur Theorie des Geldes*. Reclam: Stuttgart 2016, S. 9–16.

Baer, Josette / Rother, Wolfgang: „Vorwort." In: Dies. (Hrsg.): *Geld. Philosophische, literaturwissenschaftliche und ökonomische Perspektiven*. Schwabe: Basel 2013, S. 7–8.

Balint, Iuditha / Zilles, Sebastian (Hrsg.): *Literarische Ökonomik*. Fink: Paderborn 2014.

Baudelaire, Charles: *Correspondances*, Bd. 2, hrsg. von Claude Pichois. Gallimard: Paris 1973.

Baudelaire, Charles: *Œuvres complètes*, Bd. 1, hrsg. von Claude Pichois. Gallimard: Paris 1975.

Baudelaire, Charles: *Œuvres complètes*, Bd. 2, hrsg. von Claude Pichois. Gallimard: Paris 1976.

Benjamin, Walter: „Zentralpark". In: Ders.: *Schriften*, Bd. 1, hrsg. von Theodor W. Adorno. Suhrkamp: Frankfurt/Main 1955, S. 473–493.

Bergsdorf, Wolfgang et al. (Hrsg.): *Am Gelde hängt, zum Gelde drängt....* Verlag der Bauhaus-Universität Weimar: Erfurt 2007.

Daemmrich, Horst S. und Ingrid G.: *Themen und Motive in der Literatur*. Francke: Tübingen 1995.

Derrida, Jacques: *Donner le temps*, Bd. 1: *La fausse monnaie*. Galilée: Paris 1991.

Derrida, Jacques: *Zeit geben,* Bd. 1: *Falschgeld*, übers. von Andreas Knop / Michael Wetzel. Fink: München 1993.

Deutschmann, Christoph: „Geld, Kapital und Religion. Zur religiösen Natur des Kapitalismus". In: Bergsdorf, Wolfgang et al. (Hrsg.): *Am Gelde hängt, zum Gelde drängt...* Verlag der Bauhaus-Universität Weimar: Erfurt 2007, S. 65–80.

Duden Etymologie: Herkunftswörterbuch der deutschen Sprache, hrsg. von Günther Drosdowski. Dudenverlag: Mannheim u.a. [2]1989.

Duden: Deutsches Universalwörterbuch. Dudenverlag: Mannheim u.a. [5]2003.

Eckermann, Johann Peter: *Gespräche mit Goethe in den letzten Jahren seines Lebens*, hrsg. von Heinz Schlaffer. Hanser: München/ Wien 1986.

Greiner, Thorsten: *Ideal und Ironie. Baudelaires Ästhetik der ‚modernité' im Wandel vom Vers- zum Prosagedicht*. Niemeyer: Tübingen 1993.

Hauck, Johannes: *Typen des französischen Prosagedichts. Zum Zusammenhang von moderner Poetik und Erfahrung*. Narr: Tübingen 1994.

Hörisch, Jochen: *Kopf oder Zahl. Die Poesie des Geldes*. Suhrkamp: Frankfurt/Main 1996.

Künzel, Christine: „Imaginierte Zukunft. Zur Bedeutung von Fiktion(en) in ökonomischen Diskursen". In: Balint, Iuditha / Zilles, Sebastian (Hrsg.): *Literarische Ökonomik*. Fink: Paderborn 2014, S. 143–157.

Nies, Fritz: *Poesie in poetischer Welt. Untersuchungen zum Prosagedicht bei Aloysius Bertrand und Baudelaire*. Winter: Heidelberg 1964.

Schwibach, Armin: „Das Geld ist der Kot des Satans". *Katholische Nachrichten*, 20.09.2013, o.S., retrieved 15.07.2016, from http://kath.net/news/42942.

Sedláček, Tomáš: *Die Ökonomie von Gut und Böse*, übers. von Ingrid Proß-Gill. Goldmann: München [4]2013.

Springer Fachmedien Wiesbaden (Hrsg.): *Kompakt Lexikon Wirtschaft*. Springer Gabler: Wiesbaden [12]2014.

Thommen, Jean-Paul (Hrsg.): *Lexikon der Betriebswirtschaft*. Versus: Zürich [4]2008.

Cornelia Wild

Baudelaire und die Ökonomie des Verlusts

Abstract: The implicit economy in Baudelaire's work is characterised by its relationship to lack, weakness and poverty. In his carnets, lyric poetry and prose poems, and through a connection of poetry with the world of commodities, a ruinous economic management forms the poetic back side of economy and capital. In the practice of *déchiffrement* as poetic practice, the *chiffonier* draws attention to what is poor and what is missing. In this sense, economic questions lead to a reflection of circumstances; lack becomes the possibility of poetry itself.

Keywords: commodity, *chiffonier*, economy, lack, loss, Baudelaire, *déchiffrement*

Auffällig oft ist das Werk Baudelaires in Hinblick auf seine Verlustmarkierungen gelesen worden, was sich schematisch an einigen Namen in der Baudelaire-Forschung festmachen lässt: Karl Heinz Bohrer hat das „Verschwundene"[1] in den Blick genommen, Hans Robert Jauß hat die Modernität Baudelaires als „Weltverlust"[2] beschrieben, Hugo Friedrich hat bei Baudelaire vom „ruinösen Christentum" gesprochen.[3] Diese Verlustnarrative sind die Symptome einer dem Werk eingeschriebenen materiellen Struktur, die darauf zielt, innerhalb des diskursiven Rahmens des 19. Jahrhunderts eine Ökonomie der Defizite, der Reste und des Mangels zu entfalten.

Der Baudelaire-Leser Walter Benjamin hat Baudelaire in Hinblick auf dieses ökonomische Denken gelesen. Mit den Pariser Passagen „als Tempel

1 Bohrer, Karl Heinz: *Der Abschied. Theorie der Trauer: Baudelaire, Goethe, Nietzsche, Benjamin*. Suhrkamp: Frankfurt/Main 1997, S. 65.

2 Jauß, Hans Robert: „Der poetische Text im Horizontwandel der Lektüre (Baudelaires Gedicht: ‚Spleen II')". In: Ders.: *Ästhetische Erfahrung und literarische Hermeneutik*. Suhrkamp: Frankfurt/Main 1991, S. 813–865, hier S. 843.

3 Friedrich, Hugo: *Die Struktur der modernen Lyrik. Von der Mitte des neunzehnten bis zur Mitte des zwanzigsten Jahrhunderts* [1956]. Rowohlt: Hamburg 1992, S. 45.

des Warenkapitals"[4] zeichnet er für das 19. Jahrhundert den Zusammenhang von Dichtung und Ware nach. In seiner geplanten, im Kontext des *Passagen-Werks* stehenden Baudelaire-Studie – dem Titel nach „Ein Lyriker im Zeitalter des Hochkapitalismus" – und den Konvoluten des *Passagen-Werks* wie „Baudelaire" oder „Flaneur" trägt er die Dichtung Baudelaires in die Warenökonomie des 19. Jahrhunderts ein, die er von den Passagen als „Urlandschaft der Konsumption"[5] im Paris des 19. Jahrhunderts abliest.[6] Benjamin zufolge ersetzt Baudelaire durch den Begriff der Ware die Allegorie, so dass sich Poetisches und Warenwelt aufeinander beziehen lassen. Figuren Baudelaires wie Flaneur oder Lumpensammler identifiziert Benjamin als „Beobachter des Marktes",[7] die die Warenform in der Dichtung erkennen: „Die Umfunktionierung der Allegorie in der Warenwirtschaft ist darzustellen. Es war das Unternehmen von Baudelaire, an der Ware die ihr eigentümliche Aura zur Erscheinung zu bringen."[8] Vor dem Hintergrund des *Passagen-Werks* besteht die Modernität Baudelaires in der Entdeckung der Ware als poetischen Gegenstand, zu dessen entscheidendem Kennzeichen die Versehrtheit wird: „Was bei Baudelaire mitschwingt, wo er in seinen Versen Paris beschwört, das ist die Hinfälligkeit und Gebrechlichkeit dieser großen Stadt."[9]

Baudelaires Dichtung lässt sich vor diesem Hintergrund als implizite Ökonomie bestimmen, die sich durch ihre Beziehung zu Mangel, Schwäche und Armut auszeichnet. Die Verbindung der Dichtung mit der Warenwelt macht, wie im Folgenden zu zeigen sein wird, in der Ökonomie des Warenkapitals des 19. Jahrhunderts eine Ökonomie des Verlusts lesbar: eine

---

4 Benjamin, Walter: *Das Passagen-Werk*. In: Ders.: *Gesammelte Schriften*, Bd. V,1, hrsg. von Rolf Tiedemann / Hermann Schweppenhäuser. Suhrkamp: Frankfurt/Main 1982, S. 86.

5 Benjamin, Walter: *Das Passagen-Werk*. In: Ders.: *Gesammelte Schriften*, Bd. V,2, hrsg. von Rolf Tiedemann / Hermann Schweppenhäuser. Suhrkamp: Frankfurt/Main 1982, S. 993.

6 Vgl. Benjamin 1982 (*Gesammelte Schriften* V,1), S. 54–56.

7 Ebd., S. 537.

8 Benjamin, Walter: „Zentralpark". In: Ders.: *Gesammelte Schriften*, Bd. I,2, hrsg. von Rolf Tiedemann / Hermann Schweppenhäuser. Suhrkamp: Frankfurt/Main 1974, S. 671.

9 Ebd., S. 674.

umfassende ruinöse Haushaltung, die die poetische Rückseite der Ökonomie des Warenkapitals bildet.

1. Kredite und Haushaltung

Baudelaires Werk durchzieht ein ökonomisches Denken, das den Wert der Dichtung durch Finanzkapital bestimmt, finanzielle Einnahmen in Bezug zur Dichtung bringt. Das zeigt sich in seinen Briefen, in denen es wiederholt um den Verkaufswert der *Fleurs du mal* geht.[10] In den *Conseils aux jeunes littérateurs*, einem kurzen Text zur Anleitung junger Dichter, setzt Baudelaire die Literatur mit dem Haus als *oikos* gleich. Die Ästhetik tritt hinter die Ökonomie zurück:

> Quelque belle que soit une maison, elle est avant tout, – avant que sa beauté soit démontrée, – tant de mètres de haut sur tant de large. – De même la littérature, qui est la matière la plus inappréciable, – est avant tout un remplissage de colonnes; et l'architecte littéraire, dont le nom seul n'est pas une chance de bénéfice, doit vendre à tous prix.[11]

Literatur wird zur Ware: Was zählt ist, dass sie verkauft werden kann. Dementsprechend zeigen auch Baudelaires *Carnets*, dass bei Baudelaire Rechnen und Schreiben miteinander zusammenhängen und den ökonomischen Rahmen der *écriture* bilden. Listen verweisen im Werk Baudelaires darauf, dass die materiellen Bedingungen mit der Literatur verrechnet und zum täglichen Schreibakt in Bezug gesetzt werden.[12] Die Ökonomisierung der Produktionsbedingungen der *Fleurs du mal* führt von den Kosten für besohlte Schuhe („souliers") bis zur Dichtung („poèmes"):

---

10 Vgl. Westerwelle, Karin: *Baudelaire und Paris. Flüchtige Gegenwart und Phantasmagorie*. Fink: Paderborn 2020, S. 303–317. Vgl. auch Monroe, Jonathan: „Baudelaire's Poor: The *Petits poèmes en prose* and the Social Reinscription of the Lyric". In: Ders.: *A Poverty of Objects: The Prose Poem and the Politics of Genre*. Cornell University Press: Ithaca/London 1987, S. 93–124.

11 Baudelaire, Charles: *Conseils aux jeunes littérateurs*. In: Ders: *Œuvres complètes*, Bd. 2, hrsg. von Claude Pichois. Gallimard (Bibliothèque de la Pléiade): Paris 1976, S. 13–20, hier S. 14f.

12 Vgl. Wild, Cornelia: *Später Baudelaire. Praxis poetischer Zustände*. Fink: München 2008, S. 90ff.

Dettes et Dépenses	
M[ont] de p[iété]	50
Garçons	190
Souliers	15
Arnaud	5
B[elle] Poule	10
La Rochef[oucauld]	5
Caisses	20
Sac de nuit	20
[…][13]	

In den zahlreichen Listen findet keine Unterscheidung zwischen Kunst und Leben statt. Die Auflistung der Kosten unterstellt alles derselben ökonomischen Logik, in der Schreiben und Alltagspraktiken nebeneinandergestellt werden können.[14] Unterschiede entstehen durch die verschiedenen Geldsummen, die den Wert von Dichtung und Dingen ökonomisch festlegen: „La Rochefoucauld 5", „Sac de nuit 20". Gelistete Schulden und Ausgaben zeigen, dass die Schreibpraxis Teil einer materiellen Ökonomie ist. Das Verhältnis von Arbeitsaufwand und Gewinn wird damit zur Grundlage der Dichtung:

FAIRE		
Poèmes	jours	Francs
Duranty	1	
Poèmes	8	750
Eureka	4	600

13 Baudelaire, Charles: *Carnets* [Carnet, 31]. In: Ders.: *Œuvres complètes*, Bd. 1, hrsg. von Claude Pichois. Gallimard (Bibliothèque de la Pléiade): Paris 1975, S. 713–780, hier S. 732.

14 Vgl. Krauthausen, Karin: „Zwischen Aufzeichnung und Konfiguration. Der Beginn von Paul Valérys *Cahiers*". In: Dies. / Nasim, Omar W. (Hrsg.): *Notieren, Skizzieren. Schreiben und Zeichnen als Verfahren des Entwurfs*. Diaphanes: Zürich 2010, S. 89–118, hier S. 117.

FAIRE		
Villemain	5	300
Peintres	5	300
Dandies	5	200
	28	2250

[...][15]

Alles ist Bestandteil ein und derselben finanziellen Kalkulation: „Dandies" bringen weniger ein als „Poèmes", sie nehmen aber auch weniger Zeit in Anspruch. Die Schreibpraxis der *Carnets* ist die von Haushaltsbüchern und Schuldbriefen, in denen sich ökonomisches Denken durch die Verwaltungspraxis der Auflistungen zeigt.[16] Schreiben und Rechnen gehören ein und derselben Anordnung an, die auf eine Ebene rücken: „à payer", „à faire", „écrire".[17]

Gegenüber der Maximierung durch das Verhältnis von Zeitaufwand und Gewinn führt Baudelaires Schreibpraxis dabei ein ökonomisches Denken vor, das auf den Modus des Nicht-Besitzens, auf den Verlust ausgerichtet ist. Denn die Listen werden zu Markierungen eines Fehlens, zu materiellen Leerstellen, so wie nach Émile Benveniste „debitus" von „dehibere" (schulden) einerseits, aber auch von „de-habere" (nicht-haben) andererseits abgeleitet wird.[18] Bei Baudelaire gründet Ökonomie in der Beziehung zur Dimension des Nicht-Habens und verweist damit auf eine

15 Baudelaire: *Carnets*, 34, S. 734 [Herv. im Orig.]

16 Vgl. Goody, Jack: „Woraus besteht eine Liste?". In: Zanetti, Sandro (Hrsg.): *Schreiben als Kulturtechnik. Grundlagentexte.* Suhrkamp: Berlin ^{2}2015, S. 338–396.

17 Baudelaire: *Carnets*, 105, S. 773.

18 Benveniste, Émile: *Le vocabulaire des institutions indo-européennes*, Bd. 1: *Économie, parenté, société.* Sommaires, tableau et index établis par Jean Lallot. Minuit: Paris 1969, S. 185. Benveniste hatte eine Studie über die Funktion der poetischen Sprachen bei Baudelaire geplant. Vgl. auch Benveniste, Émile: *Baudelaire* (présentation et transcription de Chloé Laplantine). Lambert-Lucas: Limoges 2011, S. 762.

Ordnung jenseits von Besitz.[19] Durch die Listen der Schuldscheine wird der Schreibakt auf den Mangel bezogen:

Billets

1er juillet Lemercier	125
15 août Lemercier	600
15 juillet Tenré	400
5 sept. Dentu	150
[…][20]	

Die Notation der Ausgaben und Schulden verschränkt sich mit der Dichtung als dem Zu-Schreibenden, wenn die Listen von „à payer" und „à faire" nebeneinander gestellt werden.[21] „Trouver de l'argent" zeigt die permanente Schuldenpraxis, die als Verschuldung Baudelaires Teil der poetischen Produktion ist, die auf das Nicht-Haben, das Fehlende bezogen wird.

Die ökonomischen Bedingungen lassen sich auch in den Notizen finden, die Baudelaire mit *Hygiène* überschrieben hat. Auch hier zeichnet sich die Vermischung von Schreib- und Schuldenpraxis ab:

> Hygiène. Conduite. Morale
> Deux parts:
> Dettes (Ancelle)
> Amis (*ma mère, amis, moi*).
> Ainsi 1 000 fr. doivent être divisés en deux parts de 500 fr. chacune, et la deuxième divisée en *trois* parties.[22]

Die Verschuldung und somit die Bedingungen des Marktes bestimmen Baudelaires Produktions- und Arbeitsweise, die die Steigerung der Arbeitskraft zum Ziel haben: „Plus ontravaille, mieux on travaille, et plus on veut

19 Vgl. Derrida, Jacques: *Donner le temps, 1. La fausse monnaie*. Galilée: Paris 1991, S. 216.

20 Baudelaire: *Carnets*, 65, S. 749.

21 Vgl. Baudelaire: *Carnets*, 49, S. 741.

22 Baudelaire: *Hygiène*. In: Ders.: *Œuvres complètes*, Bd. 1, hrsg. von Claude Pichois. Gallimard (Bibliothèque de la Pléiade): Paris 1975, S. 668–675, hier S. 670 [Herv. im Orig.].

travailler."[23] Das Prinzip der Steigerung kippt jedoch in sein Gegenteil; in Verausgabung, die Baudelaire mit dem Stil des Dandys durchspielt, dessen extravagante Lebensweise auf eine Überschreitung effizienter Haushaltung ausgelegt ist. Das zeigt auch dessen Umgang mit Geld, den Baudelaire im *Peintre de la vie moderne* beschreibt. Zwar komme der Dandy nicht ohne Geld aus, um seine Leidenschaften zu befriedigen, aber er würde es nicht als Kapital anhäufen. Ein dauerhafter Kredit sei ihm lieber als ein Sparkonto: „Si j'ai parlé d'argent, c'est parce que l'argent est indispensable aux gens qui se font un culte de leurs passions; mais le dandy n'aspire pas à l'argent comme à une chose essentielle; un crédit indéfini pourrait lui suffire [...]."[24] Während die Auflistungen wie Verwaltungsakte Ordnungen herstellen, verfolgt Baudelaire mit dem Dandy ein ökonomisches Prinzip, bei dem Schulden nicht getilgt werden sollen, sondern zum Lebensstil gehören.[25] Auf diese Weise verschränken sich bei Baudelaire Lebensstil und Schreibweise zu einer Ökonomie, deren Effizienz in der Erzeugung von Defiziten besteht.

2. Waren und Reste

Das Gedicht „Les petites vieilles" ist das exemplarische Gedicht für die Bestimmung jener ruinösen Haushaltung, die sich in das Werk Baudelaires eingeschrieben hat. Mit der Apostrophe „Ruines! ma famille!"[26] wendet sich der Sprecher brüderlich (oder schwesterlich) an die alten zerlumpten Frauen, mit denen zugleich das Gebrauchte in den Blick rückt: die Kehrseite des Konsums, bei der sich die Waren am Körper der Alten in Fetzen

---

23 Ebd., S. 668.

24 Baudelaire, Charles: *Le peintre de la vie moderne*. In: Ders.: *Œuvres complètes*, Bd. 2, hrsg. von Claude Pichois. Gallimard (Bibliothèque de la Pléiade): Paris 1976, S. 683–724, hier S. 710.

25 Zu Kredit und Dandy vgl. Roepstorff-Robiano, Philippe: *Kreditfiktionen. Der literarische Realismus und die Kunst, Schulden zu erzählen*. Fink: Paderborn 2020, S. 3–37.

26 Baudelaire, Charles: „Les petites vieilles". In: Ders.: *Œuvres complètes*, Bd. 1, hrsg. von Claude Pichois. Gallimard (Bibliothèque de la Pléiade): Paris 1975, S. 89–91, V. 81, hier S. 91.

und Lumpen verwandelt haben.[27] Mit ihren zerschlissenen Röcken und ihrer Zerbrechlichkeit unter dünnen Stoffen geben die alten Frauen ein Bild des Mangels und der Armut ab:

> Sous des jupons troués et sous de froids tissus / Ils rampent, flagellés par les bises iniques, / Frémissant au fracas roulant des omnibus, / Et serrant sur leur flanc, ainsi que des reliques, / Un petit sac brodé de fleurs ou de rébus […].[28]

Als Randständige aus dem Prozess der Zirkulation und Produktion ausgeschlossen, werden sie zu Verkörperungen des Mangels schlechthin. Das Motiv verbindet die *Tableaux parisiens* miteinander: Von „Le cygne" als Figuration der Leere[29] bis zur Bettlerin mit zerlöchertem Kleid in „À une mendiante rousse" verweisen die „trous" auf den Mangel:

> Blanche fille aux cheveux roux, / Dont la robe par ses trous / Laisse voir la pauvreté / Et la beauté.[30]

Die Löcher werden zum optischen Medium für Durchlässigkeit auf Armut und Schönheit gleichermaßen, aber diese poetische Armut zeichnet sich durch ihre Fragilität aus. Mit der Bezeichnung als „êtres frêles" werden die alten Frauen auf die Baudelaire'sche Poetik bezogen und durch die Anspielung auf den Lorbeerkranz als Figuration des Dichters konstituiert: „Son front de marbre avait l'air fait pour le laurier!"[31]

Die lumpigen Beutelchen, die sie hinter sich her schleifen, gleichen sie nicht nur dem Lumpensammler und damit dem Dichter an, sondern verweisen als Synekdoche auf den Gedichtband der *Fleurs du mal*: Beutel, die mit Blumen oder Wortspielen bestickt sind, rufen die *Fleurs du mal* als Rebus auf. Die alten Frauen tragen die verborgene Referenz auf den Gedichtband der *Fleurs du mal* als Stickarbeit mit sich herum und

---

27 Vgl. zu den antiken Vorgängerinnen Von der Osten, Esther: „Arme Erinyen. Armut bei Hesiod und Aischylos". In: Brüns, Elke (Hrsg.): *Ökonomien der Armut*. Fink: München 2008, S. 21–43, hier S. 22.

28 Baudelaire: „Les petites vieilles", VV. 8–12, S. 89.

29 Vgl. Starobinski, Jean: „Melancholie und Spiegelbild. Eine Lektüre von Baudelaires ‚Le Cygne'". *Merkur* 42, 1998, S. 751–765.

30 Baudelaire, Charles: „À une mendiante rousse". In: Ders.: *Œuvres complètes*, Bd. 1, hrsg. von Claude Pichois. Gallimard (Bibliothèque de la Pléiade): Paris 1975, S. 83–85, hier S. 83. Vgl. Westerwelle 2020, S. 303.

31 Baudelaire: „Les petites vieilles", V. 60, S. 91.

verbinden den poetischen Akt mit dem Mangel. Die feine Stickerei wird von traurigen Gestalten über die Pflastersteine geschleift, die den Blick auf das Trottoir richten, wie der über die Pflastersteine stolpernde Dichter in „Le soleil" oder der über die Reste gebeugte Lumpensammler als die „provokantorischste Figur des menschlichen Elends. Lumpenproletarier im doppelten Sinn, in Lumpen gekleidet und mit Lumpen befaßt."[32] Wie die alten Frauen ist auch er an das Verbrauchte, Verlorene und Zerbrochene gebunden, wenn er die Stadt durchstreift:

> Voici un homme chargé de ramasser les débris d'une journée de la capitale. Tout ce que la grande cité a rejeté, tout ce qu'elle a perdu, tout ce qu'elle a dédaigné, tout ce qu'elle a brisé, il le catalogue, il le collectionne. Il compulse les archives de la débauche, le capharnaüm des rebuts. [...] Il ramasse, comme un avare un trésor, les ordures qui, remâchées par la divinité de l'Industrie, deviendront des objets d'utilité ou de jouissance.[33]

Der Status von wertlosem Unrat und lumpigen Säckchen als Rückseite der auf Fortschritt gerichteten Warenwelt („l'Industrie") ändert sich durch den Blick des *chiffoniers*, der all das Zerschlissene, Zerbrochene und Weggeworfene wieder aufsammelt.[34] Die zu Abfällen entwerteten Waren werden zu Schätzen wie auch die alten Säckchen der Frauen aufgewertet werden. Wieder neu aufgesammelt erlangen sie den Status von Reliquien oder Lustobjekten. Zwar liegt ihr Wert außerhalb der Warenökonomie, aber gerade deswegen erscheinen sie in einem anderen Licht.[35] Die als Lumpen aufgesammelten Waren können eine „eigentümliche Aura" (W. Benjamin, s.o.) entfalten, einen Glanz, der sie mit den Waren verbindet und den die Dichtung hervorbringt.

---

32 Vgl. Benjamin 1982 (*Gesammelte Schriften*, Bd. V,1), S. 441.

33 Baudelaire, Charles: *Du vin et du hachisch*. In: Ders.: *Œuvres complètes*, Bd. 1, hrsg. von Claude Pichois. Gallimard (Bibliothèque de la Pléiade): Paris 1975, S. 377–398, hier S. 381.

34 Vgl. dazu nochmals Benjamin 1982 (*Gesammelte Schriften*, Bd. V,1), S. 441. Siehe ferner Lacoste, Jean: „Le chiffonier de Walter Benjamin". *Revue d'Histoire littéraire de la France* 118 (3), 2018, S. 637–648; sowie auch Didi-Huberman, Georges: *Ninfa moderna*. Diaphanes: Berlin/Zürich 2006, S. 77–94.

35 Vgl. Hartmann, Nadine: „‚Graduites, sans utilité' – Zum Verhältnis von *économie générale* und Triebökonomie". *lendemains* 157, 2015, S. 53–65.

Dabei werden am Körper der alten Frauen die Spuren der Zeit sichtbar, die Baudelaire auf die alten Städte projiziert. Die Metonymie der „plix sinueux" stellt die „petites vieilles" neben die „vieilles capitales", so als würden vor dem Hintergrund der faltigen Frauen auch die Städte Falten haben.[36] Baudelaire passt durch die Metonymie die Stadt den Protagonistinnen an, die nun ihrerseits vom Verrinnen der Zeit gezeichnet sind.[37] Indem sie die Vergänglichkeit anzeigen, funktionieren die weiblichen Figuren als Trägerinnen des Verlusts.[38] Mit ihren Löchern und Lumpen figurieren die Bettlerinnen die Rückseite von Fortschritt und Warenkapitel. Als Randerscheinungen bilden sie das Archiv der Reste, das als Rebus auf die *Fleurs du mal* selbst verweist.

3. Menge und Misère

Die alten Frauen als Figuration der Verlustökonomie sind Teil der großstädtischen Menge, in der Baudelaire nicht nur die Masse der Konsumenten, sondern auch die Bedürftigen und Ausgeschlossenen identifiziert. Die Menge, die Baudelaire als zentrales poetologisches Konzept entwirft,[39] interessiert damit auch in Hinblick auf ökonomische Fragen. Das zeigen Begriffe wie „multitude" und „nombre", die mit dem „bain de multitude"[40] auch Fragen der Zählbarkeit aufrufen. In den *Fussées* stellt Baudelaire den Zusammenhang zwischen Menge und Zahlen her: „Le plaisir d'être dans les foules", heißt es dort, „est une expression mystérieuse de la

36 Vgl. Genette, Gérard: „Métonymie chez Proust". In: Ders.: *Figures* III. Seuil: Paris 1972, S. 41–63, hier S. 43.

37 Vgl. Doetsch, Hermann: *Flüchtigkeit. Archäologie einer modernen Ästhetik bei Baudelaire und Proust.* Gunter Narr: Tübingen 2004, S. 143ff.

38 Vgl. Marder, Elissa: *Dead Time. Temporal Disorders in the Wake of Modernity (Baudelaire and Flaubert).* Stanford University Press: Stanford 2001, S. 14–67.

39 Vgl. Wild, Cornelia: „Menge der Wörter. Aporien der Darstellbarkeit bei Baudelaire und Proust". In: Doetsch, Hermann / Dies. (Hrsg.): *Im Gedränge. Figuren der Menge.* Fink: Paderborn 2020, S. 341–358, hier S. 341–346.

40 Baudelaire, Charles: „Les foules". In: Ders.: *Œuvres complètes*, Bd. 1, hrsg. von Claude Pichois. Gallimard (Bibliothèque de la Pléiade): Paris 1975, S. 291–292, hier S. 291.

jouissance de la multiplication du nombre.“[41] Auch der Flaneur hat dem *Peintre de la vie moderne* nach seinen Wohnsitz in der Zahl: „Pour le parfait flâneur, pour l'observateur passionné, c'est une immense jouissance que d'élire domicile dans le nombre, l'ondoyant, dans le mouvement, dans le fugitif et l'infini.“[42] Die großstädtische Menge, um die es hier geht – *la foule* –, ist eine zählbare Menge, „multitude“, eine Menge also in einem numerischen Sinn.[43] Benjamin äußert programmatisch, dass der Begriff der „multitude“ bei Baudelaire im Verhältnis zu Menge und Masse in den Blick rücken müsse, ohne den Gedanken jedoch weiter zu verfolgen und ohne, dass in seinen Schriften über Baudelaire erkennbar wäre, dass er selbst die Unterscheidung zwischen Menge und Masse trifft, wenn er zum einen die Menge als „verborgene Figur“ der Dichtung Baudelaires bezeichnet und damit die amorphe Menge der Passanten meint, zum anderen jedoch von der Masse als „bewegte[n] Schleier“ spricht, durch den hindurch Baudelaire Paris sehen würde.[44] Benjamin wechselt eher unsystematisch zwischen Menge und Masse hin und her, obgleich er den Unterschied im Blick hat: „Über den Begriff der multitude und das <Verhältnis> von ‚Menge‘ und ‚Masse‘.“[45] Baudelaire verwendet nicht Masse, sondern Menge (*la foule*, *la mutitude*), und zwar als mathematischen Begriff, wenn

41 Baudelaire, Charles: *Fusées*. In: Ders.: *Œuvres complètes*, Bd. 1, hrsg. von Claude Pichois. Gallimard (Bibliothèque de la Pléiade): Paris 1975, S. 649–667, hier S. 649.

42 Baudelaire: *Le peintre de la vie moderne*, S. 691.

43 Vgl. Hill, John B.: „‚Foule‘, ‚Folla‘: French/Italian“. In: Schnapp, Jeffrey T. / Tiews, Matthew (Hrsg.): *Crowds*. Stanford University Press: Stanford 2006, S. 216–218. Vgl. auch Compagnon, Antoine: *Baudelaire l'irréductible*. Flammarion: Paris 2014, S. 228–234.

44 Benjamin, Walter: „Über einige Motive bei Baudelaire“. In: *Gesammelte Schriften*, Bd. I,2, hrsg. von Rolf Tiedemann / Hermann Schweppenhäuser. Suhrkamp: Frankfurt/Main 1974. S. 607–653. Vgl. auch „Die ‚Menge‘ ist ein Schleier, der dem flaneur die ‚Masse‘ verbirgt.“ (Benjamin 1982 (*Gesammelte Schriften*, Bd. V,1), Konvolut „Baudelaire“, S. 421 [Herv. im Orig.]); sowie ferner dazu Benjamin, Walter: *Baudelaire*, hrsg. von Giorgio Agamben et al. La Fabrique Éditions: Paris 2013, S. 674f./700–703.

45 Benjamin 1974 (*Gesammelte Schriften*, Bd. I,2), S. 686 [Herv. im Orig.]. Vgl. Weber, Samuel: „Mass Mediauras, or: Art, Aura and Media in the Work of Walter Benjamin“. In: Cholodenko, Alan (Hrsg.): *Mass Mediauras: Form, Technics, Media*. Stanford University Press: Stanford 1996, S. 76–107.

die Menge Heimstätte der Zahlen ist, „domicile dans le nombre". Das „éternel" aus dem Gegensatzpaar *fugitif-éternel* des Baudelaire'schen Konzepts der Modernität wird eingetauscht gegen das mathematische „infini". Damit tritt das Flüchtige auch dem Unendlichen gegenüber, einem Zahlenraum, der eine Menge als unendliche Menge beschreibt. Das Bad in der Menge ist also auch das Bad in den unendlichen Zahlen. In dem Prosagedicht „Les foules" vergleicht Baudelaire die Vielzahl, „multitude", mit der „solitude": „Multitude, solitude: termes égaux et convertibles pour le poète actif et fécond."[46] Die Einsamkeit des Einzelnen ist Teil der Multiplizität, so dass auch das romantische Konzept der *solitude* einen mathematischen Wert, einen Zahlenwert bekommt.

Die solchermaßen definierte Menge lässt sich also als mathematischer Raum der Zahlen verstehen, den der Beobachter betritt und den er ent-*ziffert*. Die Beobachterposition, die Baudelaire mit dem Flaneur gegenüber dem Marktgeschehen einnimmt, ermöglicht, Teil der Menge zu sein, die er registriert. Die Haltung ist die des leidenschaftlichen Beobachters, „observateur passionné", der auf *Entzifferung* einer *multitude* aus ist. Hinter der Praxis des *déchiffrements*, des Ent-Ziffferns bzw. De-Chiffrierens versteckt sich eine mathematische Operation. Die Witwen in der Menge im Prosagedicht „Les veuves" müssen *entziffert* werden, d.h. die Menge muss zählbar werden, damit sich in ihr die erlittenen menschlichen Geschicke abzeichnen können: „il *déchiffre* tout de suite les innombrables légendes de l'amour trompé, du dévouement méconnu, des efforts non récompensées, de la faim et du froid humblement, silencieusement supportés."[47] In der Praxis des *déchiffrement* als poetischer Tätigkeit klingt der Siginfikant *chiffonier* noch einmal an. Das Verfehlte, das Armselige und das Leiden werden poetisch durch den Blick des Allegorikers, der den Dichter mit dem *chiffonier* verbindet.[48]

Die mathematische Größe der Menge bringt jedoch keine Fülle, sondern einen Mangel hervor. Die Entzifferung zeigt den Mangel, den die Armen

46 Baudelaire: „Les foules", S. 291.

47 Baudelaire, Charles: „Les veuves". In: Ders.: *Œuvres complètes*, Bd. 1, hrsg. von Claude Pichois. Gallimard (Bibliothèque de la Pléiade): Paris 1975, S. 292–294, hier S. 292 [Herv. C.W.].

48 Vgl. dazu Lacoste 2018, S. 646.

wie einen Makel tragen: „il y a toujours dans le deuil du pauvre quelque chose qui *manque*".[49] Die Entzifferung bringt zum Vorschein, dass etwas fehlt („manque"): In der Unendlichkeit der Menge entdeckt der Sprecher des Prosagedichts einen unendlichen Mangel. Die Witwe in der Menge – gekennzeichnet durch „absolue solitude",[50] die sie dem Dichter gleich macht – verweist auf eine Abwesenheit. Aber auch der Menge fehlt etwas, eben genau dieser Mangel: Denn die Witwe befindet sich „loin de la foule", sie hat sich also von der *multitude* abgesondert. Die Unterscheidbarkeit der armen Witwen, „veuves pauvres", hat offenbar den Preis des Mangels.

Die Armut der Witwe, die man als die *défiguration* der Passantin aus den *Fleurs du mal* lesen kann,[51] macht den Mangel sichtbar. Sie ist Teil der plebejischen Menge, mit der sie vermischt ist, „comme la plèbe à laquelle elle s'était mêlée",[52] aber sie setzt sich durch ihren Mangel von dieser Menge ab. In ihr spiegelt sich allenfalls etwas wider, „reflet de la joie du riche au fond du l'œil du pauvre",[53] sie selbst verweist auf die Menge des Mangels. Aus diesem Grund ist sie auch eine Figur der Trauer. Als Witwe (*la veuve*) bestimmt sie sich bereits durch die Etymologie zum Lateinischen „vidua" als Figur der Leere,[54] die durch ihren „grand deuil" zur erhabenen Figur der Trauer wird. Der „deuil du pauvre" ist die spezifische Trauer des Mangels, der an den Witwen, durch die Baudelaire im Zentrum der modernen Dichtung den Mangel installiert, entziffert werden kann.

Die Menge deckt also einen Mangel auf, aber dieser Mangel ist notwendig für die Dichtung. Im Prosagedicht „Les fenêtres" verfertigt der Sprecher aus dem Mangel heraus – einem „presque rien" – das Gedicht.

---

49 Baudelaire: „Les veuves", S. 293 [Herv. C.W.].

50 Ebd.

51 Vgl. Johnson, Barbara: *Défigurations du langage poétique. La seconde révolution baudelairienne*. Flammarion: Paris 1979, S. 132–139. Vgl. auch Wild, Cornelia: *Passantinnen. Theorie des Vorübergehens von Dante bis Joyce*. Diaphanes: Berlin/Zürich 2018, S. 11–20.

52 Baudelaire: „Les veuves", S. 294.

53 Ebd.

54 Vgl. Berger, Anne-Emmanuelle: *Scènes d'aumône. Misère et poésie au XIXe siècle*. H. Champion: Paris 2004, S. 200. Zu den latenten Implikationen von „vidua" vgl. Haverkamp, Anselm: *Figura cryptica. Theorie der literarischen Latenz*. Suhrkamp: Frankfurt/Main 2002, S. 55.

Das Gedicht beschreibt seine eigene *écriture* aus dem Fast-Nichts, das wiederum an einer bedürftigen weiblichen Figur, nämlich einer faltigen, armen und gebeugten Frau entziffert werden kann:[55]

> Par-delà des vagues de toits, j'aperçois une femme mûre, ridée déjà, pauvre, toujours penchée sur quelque chose, et qui ne sort jamais. Avec son visage, avec son vêtement, avec son geste, avec presque rien, j'ai refait l'histoire de cette femme, ou plutôt sa légende, et quelquefois je me la raconte à moi-même en pleurant.[56]

Das „presque rien" der Details – Gesicht, Kleidung und Gesten –, das der Sprecher wahrnimmt, ist das Material der Dichtung und zugleich sein Mangel. Damit wird der Mangel zur Möglichkeit der Dichtung selbst, die durch die ökonomischen Fragen zugleich eine Reflexion über ihre eigenen Bedingungen führt. Die Dichtung setzt also den Mangel in einem materiellen Sinn in die Sprache ein: als poetisches Prinzip, das die Ökonomie des Verlusts hervorgebracht hat.

Literaturverzeichnis

Baudelaire, Charles: *Œuvres complètes*, Bd. 1, hrsg. von Claude Pichois. Gallimard (Bibliothèque de la Pléiade): Paris 1975.

Baudelaire, Charles: *Œuvres complètes*, Bd. 2, hrsg. von Claude Pichois. Gallimard (Bibliothèque de la Pléiade): Paris 1976.

Benjamin, Walter: *Gesammelte Schriften*, Sieben Bände (in 14 Teilbänden), hrsg. von Rolf Tiedemann / Hermann Schweppenhäuser. Suhrkamp: Frankfurt/Main 1974ff.

Benjamin, Walter: *Baudelaire*, hrsg. von Giorgio Agamben et al. La Fabrique Éditions: Paris 2013.

Benveniste, Émile: *Baudelaire* (présentation et transcription de Chloé Laplantine). Lambert-Lucas: Limoges 2011.

Benveniste, Émile: *Le vocabulaire des institutions indo-européennes*, Bd. 1: *Économie, parenté, société*. Sommaires, tableau et index établis par Jean Lallot. Minuit: Paris 1969.

55 Zum Zusammenhang von Poetik und Weiblichkeit vgl. Kamuf, Peggy: „Baudelaire au féminin". *Paragraph* 8, 1986, S. 75–93.

56 Baudelaire, Charles: „Les fenêtres". In: Ders.: *Œuvres complètes*, Bd. 1, hrsg. von Claude Pichois. Gallimard (Bibliothèque de la Pléiade): Paris 1975, S. 339.

Berger, Anne-Emmanuelle: *Scènes d'aumône. Misère et poésie au XIXe siècle*. H. Champion: Paris 2004.

Bohrer, Karl Heinz: *Der Abschied. Theorie der Trauer: Baudelaire, Goethe, Nietzsche, Benjamin*. Suhrkamp: Frankfurt/Main 1997.

Compagnon, Antoine: *Baudelaire l'irréductible*. Flammarion: Paris 2014.

Derrida, Jacques: *Donner le temps, 1. La fausse monnaie*. Galilée: Paris 1991.

Didi-Huberman, Georges: *Ninfa moderna*. Diaphanes: Berlin/ Zürich 2006.

Doetsch, Hermann: *Flüchtigkeit. Archäologie einer modernen Ästhetik bei Baudelaire und Proust*. Gunter Narr: Tübingen 2004.

Friedrich, Hugo: *Die Struktur der modernen Lyrik. Von der Mitte des neunzehnten bis zur Mitte des zwanzigsten Jahrhunderts* [1956]. Rowohlt: Hamburg 1992.

Genette, Gérard: „Métonymie chez Proust". In: Ders.: *Figures* III. Seuil: Paris 1972, S. 41–63.

Goody, Jack: „Woraus besteht eine Liste?" In: Zanetti, Sandro (Hrsg.): *Schreiben als Kulturtechnik. Grundlagentexte*. Suhrkamp: Berlin ²2015, S. 338–396.

Haverkamp, Anselm: *Figura cryptica. Theorie der literarischen Latenz*. Suhrkamp: Frankfurt/Main 2002.

Hartmann, Nadine: „‚Graduites, sans utilité' – Zum Verhältnis von économie générale und Triebökonomie". *lendemains* 157, 2015, S. 53–65.

Hill, John B.: „‚Foule', ‚Folla': French/Italian". In: Schnapp, Jeffrey T. / Tiews, Matthew (Hrsg.): *Crowds*. Stanford University Press: Stanford 2006, S. 216–218.

Jauß, Hans-Robert: „Der poetische Text im Horizontwandel der Lektüre (Baudelaires Gedicht: ‚Spleen I')". In: Ders.: *Ästhetische Erfahrung und literarische Hermeneutik*. Suhrkamp: Frankfurt/Main 1991, S. 813–865.

Johnson, Barbara: *Défigurations du langage poétique. La seconde révolution baudelairienne*. Flammarion: Paris 1979.

Kamuf, Peggy: „Baudelaire au féminin". *Paragraph* 8, 1986, S. 75–93.

Krauthausen, Karin: „Zwischen Aufzeichnung und Konfiguration. Der Beginn von Paul Valérys *Cahiers*". In: Dies. / Nasim, Omar W. (Hrsg.): *Notieren, Skizzieren. Schreiben und Zeichnen als Verfahren des Entwurfs*. Diaphanes: Zürich 2010, S. 89–118.

Lacoste, Jean: „Le chiffonier de Walter Benjamin". *Revue d'Histoire littéraire de la France* 118 (3), (2018), S. 637–648.

Marder, Elissa: *Dead Time. Temporal Disorders in the Wake of Modernity (Baudelaire and Flaubert)*. Stanford University Press: Stanford 2001.

Monroe, Jonathan: „Baudelaire's Poor: The *Petits poèmes en prose* and the Social Reinscription of the Lyric". In: Ders.: *A Poverty of Objects: The Prose Poem and the Politics of Genre*. Cornell University Press: Ithaca/London 1987, S. 93–124.

Roepstorff-Robiano, Philippe: *Kreditfiktionen. Der literarische Realismus und die Kunst, Schulden zu erzählen*. Paderborn: Fink 2020.

Starobinski, Jean: „Melancholie und Spiegelbild. Eine Lektüre von Baudelaires ‚Le Cygne'". *Merkur* 42, 1998, S. 751–765.

Von der Osten, Esther: „Arme Erinyen. Armut bei Hesiod und Aischylos". In: Brüns, Elke (Hrsg.): *Ökonomien der Armut*. Fink: München 2008, S. 21–43.

Weber, Samuel: „Mass Mediauras, or: Art, Aura and Media in the Work of Walter Benjamin". In: Cholodenko, Alan (Hrsg.): *Mass Mediauras: Form, Technics, Media*. Stanford University Press: Stanford 1996, S. 76–107.

Westerwelle, Karin: *Baudelaire und Paris. Flüchtige Gegenwart und Phantasmagorie*. W. Fink: Paderborn 2020.

Wild, Cornelia: *Später Baudelaire. Praxis poetischer Zustände*. Fink: München 2008.

Wild, Cornelia: *Passantinnen. Theorie des Vorübergehens von Dante bis Joyce*. Diaphanes: Zürich/Berlin 2018.

Wild, Cornelia: „Menge der Wörter. Aporien der Darstellbarkeit bei Baudelaire und Proust". In: Doetsch, Hermann / Dies. (Hrsg.): *Im Gedränge. Figuren der Menge*. Fink: Paderborn 2020, S. 341–358.

Krisenszenario III: Modernes Unbehagen am Kapital

Berit Callsen

Ökonomische Krisenmomente und Selbst-Haushaltungen im Werk von Miguel de Unamuno

Abstract: This article examines the concept of economic crisis in Miguel de Unamuno's essayistic and fictional work on two levels. On the one hand, it analyses a series of journalistic articles published between 1895 and 1897 that deal with the economy of war. On the other hand, the article proposes a new reading of some of Unamuno's best-known texts such as *Del sentimiento trágico de la vida* and *Niebla* by examining their essayistic and fictional economies of the self. These heterogeneous primary texts coincide in their modelling of individual and collective agency in Spanish modernity.

Keywords: economy of war, economy of the self, rhetoric of consulting, indeterminacy, self-management, Miguel de Unamuno

Es scheint vor allem das von Grunwald und Pfister prägnant analysierte Moment der Unentschiedenheit[1] zu sein, das krisenhafte Situationen sowohl diagnostisch als auch bewältigungstechnisch zu Herausforderungen macht. Die Krise ist ein Ermöglichungsgrund für Entscheidungen und impliziert zugleich immer auch eine Unmöglichkeit der Handlung. Die Struktur der Krise bildet damit einen ambivalenten Schwebezustand ab, dem sich das moderne Individuum in besonderer Weise ausgesetzt sieht: Es gilt, sich dem Pendel des Widersprüchlichen zu stellen und Unentschiedenheit dabei auch als Form produktiver Offenheit zu begreifen. Es ist diese prospektive Gestaltungsmöglichkeit, die Günther Figal in seiner Moderne-Definition durch alle Ambivalenz hindurch als Ankerstelle ausweist:

> Was man Moderne, nennt ist wie ein Blick in die Tiefe, durch den offenbar wird, daß man nicht auf festem Grund steht, sondern sich hält und immer neu Halt gewinnen muss – ihn also auch verlieren kann. […] Das Leben verliert sich: Immer

1 Vgl. Grunwald, Henning / Pfister, Manfred: *Krisis! Krisenszenarien, Diagnosen und Diskursstrategien*. Fink: München 2007, S. 8. Zur Struktur der Krise vgl. auch den Beitrag von Marita Liebermann im vorliegenden Band.

> wieder ist es etwas, das gewesen ist. Doch steht es sich auch bevor, es ist Möglichsein und kann und muß sich in neuen Projekten bestimmen.[2]

Die Moderne erscheint demnach als eine Krisenzeit mit produktivem Veränderungspotential und als solche macht sie sich im Werk von Miguel de Unamuno präsent.

In Unamunos essayistischem und fiktionalem Werk stellen sich die Tätigkeiten von Krisen-Diagnostik und -Bewältigung auf unterschiedliche Weise und von verschiedener Warte her ein. Sie kreisen dabei häufig um zwei nur scheinbar divergente Themenkomplexe, jenen der Kriegs-Ökonomie und jenen der Ökonomie des Selbst. Hierbei tut sich letztlich, so die These, eine Verbindung in der semantischen Zweipoligkeit ökonomischer Krisenmomente auf; sie spricht ebenso die objektiv-sachliche Analyse kriegswirtschaftlicher Aspekte wie Handlungsweisen und Empfehlungen der Selbst-Haushaltung an. Erstere ist Bestandteil einer journalistisch-essayistischen Diagnostik, die Unamuno in zahlreichen Artikeln entwickelt, die zwischen 1895 und 1897 in verschiedenen überregionalen spanischen Zeitungen erscheinen. Die Selbst-Haushaltung reiht sich als abwägender, verändernder und auto-zentrierter Umgang des heterogenen Selbst – und bisweilen als impliziter Aufruf zur Arbeit am Selbst und seinen Ressourcen – ihrerseits in eine Rhetorik des Beratungshandelns ein, die Unamuno in den ersten Dekaden des 20. Jahrhunderts sowohl in seinem essayistischen als auch in seinem fiktionalen Werk konzipiert. Insbesondere in dem Langessay *Del sentimiento trágico de la vida* (1913), aber auch in seinem fiktionalen Hauptwerk *Niebla* (1914) wird eine solche beratende Ökonomie des Selbst virulent, die stets im Zeichen einer selbstpraktischen Subjektkonstitution steht.

Ausgehend von der Beobachtung, dass die ökonomisch-politischen Analysen oftmals bereits Ansätze zu einer Reflexion der Selbst-Haushaltung aufweisen, soll versucht werden, anhand eines exemplarischen – und bewusst heterogen angelegten – Untersuchungskorpus aus journalistischen, essayistischen und fiktionalen Textfragmenten einen Bogen zu

---

2 Figal, Günter: „Krise der Aufklärung – Freiheitsphilosophie und Nihilismus als geschichtslogische Voraussetzungen der Moderne". In: Vietta, Silvio / Kemper, Dirk (Hrsg.): *Ästhetische Moderne in Europa. Grundzüge und Problemzusammenhänge seit der Romantik*. Fink: München 1998, S. 57–69, hier S. 62.

spannen zwischen krisenökonomischer Makro- und Mikroebene. Der Untersuchungsschwerpunkt liegt dabei auf den literarischen Konstituenten einer Ökonomie des Selbst. Die Primärtexte werden entsprechend als Dokumente einer kritischen Analyse individueller Handlungsmöglichkeiten in der spanischen Moderne des ausgehenden 19. Jahrhunderts gelesen.

Beide Bedeutungsfelder ökonomischer Krisenmomente partizipieren, so sei weiterhin thesenhaft vorweggenommen, an einem Gedanken der ‚lucha', einerseits kodiert als (Überlebens-)Kampf, in dem das Individuum steht, und andererseits gefasst als (Lebens-)Aufgabe, der es sich stellt. Insofern kommen diagnostische Feststellungen zur Kriegsökonomie und prospektive Bewältigungsstrategien der Selbst-Haushaltung letztlich in einem ethischen Bedingungszusammenhang überein. Das Konzept der ‚Arbeit' kann hier, wie zu zeigen ist, als zusätzliche Scharnierstelle fungieren, ebenso wie ein bisweilen ironisch gefasstes Kosten-Nutzen-Denken, das den Überlegungen Unamunos häufig eingeschrieben ist.

Ökonomische Krisenmomente des Krieges

Jochen Mecke scheint in seinem Zugang zur spanischen Moderne die bei Grunwald, Pfister und Figal benannten Momente einer ambivalenten Moderne in der Krise aufzugreifen. Er prägt den Begriff der „transversalen Modernität"[3] für ein Spanien um die Jahrhundertwende, das sich noch nicht gänzlich von seinen Traditionen lösen kann.[4] Entsprechend konstituiere sich die Moderne in Spanien in einer „agonalen Auseinandersetzung"[5] mit Traditionsverhaftung und Beständigkeitsglauben.

Bisher hat die Forschung zur spanischen Moderne verstärkt die soziopolitische, ebenso wie die kulturelle Tragweite des krisenhaften Einschnitts

---

3 Mecke, Jochen: „Miguel de Unamuno: *Niebla* (1914)". In: Junkerjürgen, Ralf (Hrsg.): *Spanische Romane des 20. Jh. in Einzeldarstellungen*. Erich Schmidt: Berlin 2010, S. 47–64, hier S. 64.

4 An anderer Stelle spricht Mecke entsprechend von der „Alterität der spanischen Moderne" (Mecke, Jochen: „Aus-Ein-Ander-Setzung: Die agonale Modernität von Miguel de Unamunos Roman *Niebla* (1914)". In: Vietta, Silvio / Kemper, Dirk (Hrsg.): *Ästhetische Moderne in Europa. Grundzüge und Problemzusammenhänge seit der Romantik*. Fink: München 1998, S. 395–424, hier S. 400).

5 Ebd., S. 400.

um 1898 in Spanien in den Blick genommen, der den Verlust der letzten spanischen Kolonien bedeutete.[6] Der wirtschaftliche Aspekt dieses Einbruchs, der letztendlich im Zeichen der komplexen Wechselwirkungen zwischen Ökonomie und Kultur um die Jahrhundertwende steht, ist bisher tendenziell weniger berücksichtigt worden.

Der Übergang ins 20. Jahrhundert bildet zugleich auch den Kulminationspunkt einer seit etwa 1870 währenden Wirtschaftsschwäche in Spanien. Ab Mitte der 1870er-Jahre fielen die Preise für Agrarprodukte auf dem internationalen Markt dramatisch; diese Konjunkturschwäche hielt bis in die späten 1890er-Jahre an und bildete den Ausgangspunkt für die sogenannte „Gran Depresión".[7] Um 1895 beginnt Unamuno sich verstärkt mit der wirtschaftlichen Lage Spaniens zu befassen. In zahlreichen Zeitungsartikeln und Essays beschäftigt er sich nicht zuletzt mit ökonomischen Aspekten des Spanisch-Amerikanischen Krieges. So greift der umfangreiche Artikel „El negocio de la guerra", der 1898 in der Finanzzeitschrift *La Estafeta* erscheint, die kritische Sicht auf eine kapitalistische Kriegsökonomie auf, die sich in den kürzeren Essays *La guerra es un negocio* von 1895 und *La guerra y el comercio* von 1897 bereits angedeutet hatte. Unamuno schreibt:

> Pero hay en la guerra otro interés económico más directo y más hondo. La guerra, en ocasiones, y permanentemente la paz armada, suele evitar la baja del dividendo del capital colectivo vertiendo a empleo económicamente improductivo y aun destruyendo parte de él, a la vez que crea nuevos rendimientos usuarios en forma de intereses a título de Deuda [...].[8]

In einem objektiv-sachlichen Stil demaskiert Unamuno im Verlauf seiner Argumentation letztendlich die wirtschaftlichen Kriegsinteressen der USA:

> Añádese a esto que de la otra banda, el Sugar Trust norteamericana, dueño en 1895 de azúcar suficiente para abastecer por dos años al mercado, tiraba a que se

---

6 Vgl. Fernández Turienzo, Francisco: „Estudio preliminar". In: Unamuno, Miguel de: *Niebla*. Editorial Alhambra: Madrid 1986, S. 13–59, hier S. 27. Und: Engler, Winfried: *Hispanidad 1898 oder die Erfindung des neuen Spanien*. Walter Frey: Berlin 2012.

7 Pan-Montojo, Juan: *Más se perdió en Cuba. España, 1898 y la crisis de fin de siglo*. Alianza Editorial: Madrid 1998, S. 271.

8 Unamuno, Miguel de: *Discursos y artículos*. In: Ders.: *Obras completas IX*. Escelicer: Madrid 1966, S. 749.

perdiese el millón de toneladas que de dicho artículo produce anualmente Cuba; porque así, equilibrados como entonces estaban los mercados, se elevaría el precio del azúcar con la destrucción de la cosecha cubana.[9]

In Unamunos ökonomischer Analyse schwingt damit nicht zuletzt eine ebenso subtile wie stete Kosten-Nutzen-Rhetorik mit, die sich schließlich auch in einer Parallelführung von kapitalistischer Kriegswirtschaft und einer zunächst organischen Ökonomie des Selbst zeigt. Kosten- und Nutzenrelationen werden hier in einem abwägenden Gestus makro- und mikroökonomisch gegeneinandergehalten:

Y volviendo a mi tesis central digo que, por paradójico que a muchos pueda parecerles, es lo cierto que las guerras suelen ser una sangría que alivia las crisis del capitalismo a expensas de la salud general del organismo social entero, como una sangría a tiempo evita una congestión localizada a expensas de la vitalidad del individuo.[10]

In dieser pragmatisch-überzeichneten und durchaus moralisch fragwürdigen Aussage zum gesamtgesellschaftlichen und vor allem kapitalistischen Nutzen kriegerischer Auseinandersetzungen eröffnet sich eine Reflexion auf die Produktivität des Ausgebens und Veräußerns, Tätigkeiten einer negativen Ökonomie letztlich, die sich in obigem Zitat durch das doppelt verwendete Bild des Aderlasses illustrieren.

Innere und äußere Arbeit – Arbeiten am Selbst

Über den Kriegskontext hinausgehend dekliniert Unamuno die stete spannungsreiche Abwägung von ‚aprovechar' und ‚gastar' oder ‚consumirse' auch im Hinblick auf das Konzept der Arbeit durch, das er wiederum ins Zentrum einer frühen Analyse industrieller Krisen stellt. Sie erscheint unter dem Titel „Las crisis industriales" bereits 1895 in der sozialistischen Zeitung *La lucha de clases*. Unamuno hält fest:

En el trabajo de la humanidad toda hay, como en todo trabajo, dos verdaderos trabajos: el interno y el externo. El externo es aquella parte del trabajo que real y efectivamente se aprovecha para el fin que se busca, el interno es aquella parte que se consume en vencer las resistencias interiores. Pongamos ejemplos. Todo el mundo sabe que en una locomotora o un barco de vapor la parte mayor de la

9 Ebd., S. 751f.
10 Ebd., S. 752.

fuerza viva del calor se consume en mantener las calderas calientes y en vencer las resistencias a la marcha y la inercia de la masa, y que sólo una parte, y no muy grande, sirve para trasformarse en movimiento.[11]

Analog zur Rede über die Kriegsökonomie ist auch in Unamunos Ausführungen zum Doppelkonzept innerer und äußerer Arbeit neben der soziopolitischen Makro-Ebene eine zweite individuelle Mikro-Ebene angelegt. Sie scheint hier allegorisch die intraindividuelle Handhabung von Widerständen („vencer las resistencias interiores") oder, vorsichtiger formuliert, von spezifischen Gegebenheiten im Individuum, kurz Aspekte einer ‚Arbeit am Selbst' anzuzeigen. Damit deutet sich eine – über die rein organische Instandhaltung hinausgehende – Tätigkeit der Selbst-Haushaltung an, die Unamuno in späteren Jahren an verschiedener Stelle und anhand unterschiedlicher Formate immer wieder aufgreifen wird. Sie zielt letztendlich auf die Auslotung individueller Selbstoptimierungen ab. In seiner eindrücklich-bildlichen Beispielhaftigkeit erhält der Akt selbsttätiger Bearbeitung hier zudem einen stark suggestiven Charakter.

Ebenso ist der Rückgriff auf mythische Versatzstücke ein Mittel, um impliziten Ratschlägen zur Selbsthaushaltung Nachdruck zu verleihen: In einem auf das Jahr 1906 datierten Briefwechsel mit Francisco Giner de los Ríos, dem Gründer der reformpädagogischen *Institución Libre de Enseñanza*, klärt sich der, letztlich mit Foucault asketisch zu nennende,[12] Sinnbezug von Arbeit als Selbst-Bearbeitung im Rückgriff auf den Sisyphos-Mythos. Unamuno schreibt an Giner de los Ríos:

Si, hay que trabajar como si todo hubiera de lograrse. He tenido, para consuelo de mi abatamiento, una especie de revelación del ultramundo platónico, y es que he visto que Sísifo, al cabo de los siglos de siglos de rodar su roca a la cumbre, ha gastado la roca, y ha gastado también, aunque mucho menos, la montaña, y a estas horas se encuentra descansando encima de una colina teniendo en la mano,

---

11 Ebd., S. 548.

12 In dem Interview „Freundschaft als Lebensform", das R. de Ceccaty, J. Danet und J. Le Bitoux mit Foucault führten und das in dem 2007 erschienenen Band *Ästhetik der Existenz* (Foucault 2007, S. 70) abgedruckt ist, formuliert Foucault: „Aber Askese ist etwas anderes, nämlich Arbeit, die man an sich selbst verrichtet, um sich zu verändern oder um entstehen zu lassen, was man glücklicherweise niemals erreicht."

> por toda roca de suplicio, un pedrusco con el que juega. Arriba, pues, con mi roca, y cuando caiga, arriba otra vez con ella. Cuando yo la deje, otro la cogerá.[13]

Ebenso gewollt provokativ wie argumentativ entscheidend ist, dass Unamuno Sisyphos gewissermaßen kontra-topisch als spielendes Individuum imaginiert. Unamuno zeichnet Sisyphos als Subjekt der Muße, das die Qual überwunden hat.[14] In der entworfenen Szene findet damit eine bewusste Zusammenführung von Spiel und Arbeit, Freiheit und Zwang, Selbstermächtigung und Folter statt.

Dass ein Zusammendenken von semantisch Entlegenem als wesentliches Element dieser interpretatorischen Aneignung des Sisyphos-Mythos fungiert, verweist stellvertretend auf die poetologische Produktivität von Gegensätzen bei Unamuno und kann zugleich als symptomatische Ausgangslage einer impliziten Handlungsempfehlung zur Selbst-Haushaltung gewertet werden. Ihr Kern besteht darin, (vermeintlich) Widersprüchliches und Ausschließendes parallel zu handhaben. Hierbei geht es nicht darum, Gegensätzliches verstärkt anzunähern oder gar einzuebnen; vielmehr ist aus der Opposition eine Antriebskraft zu gewinnen. Es zeigt sich auch, dass Unamuno die Kraft zum Umgang mit der Unentschiedenheit zwischen einem auferlegten Überlebenskampf und einer selbst gewählten und damit aneignenden Arbeitsaufgabe bewusst im Individuum selbst ansiedelt.

---

13 Inman Fox, Edward: *La crisis intelectual del 98*. Editorial Cuadernos para el diálogo: Madrid 1976, S. 210.

14 In dem 1907 veröffentlichten Lyrikband *Poesías* (edición, prólogo y notas de Manuel Alvar. Editorial Labor: Barcelona 1975, S. 246) findet sich ein offenbar an dieser brieflich eingefassten Sisyphos-Figur angelehntes Gedicht Unamunos, das die neue Hingabe des ehemals Gefolterten noch stärker hervorhebt: „Vencedor del suplicio, está el soberbio / descansando –¡descansa al fin!– tendido / de una colina sobre el lomo suave, / con paz respira y en la mano tiene / un rodado pedrusco con que juega […].“ Auf welche Weise sich in Unamunos Lyrik eine eigene ‚Arbeit am Selbst‘ entfaltet, habe ich untersucht in dem Aufsatz „Escrituras del yo en la obra poética de Miguel de Unamuno“. In: Locane, Jorge L. / Müller, Gesine (Hrsg.): *Poesía española en el mundo. Procesos de filtrado, selección y canonización*. Iberoamericana / Vervuert: Madrid u.a. 2017, S. 257–271.

Ökonomische Krisenmomente des Selbst

Der kurze Essay *¡Adentro!*, der 1900 veröffentlicht wird, greift – ebenso wie der Großessay *Del sentimiento trágico de la vida* und Unamunos bekanntester Roman *Niebla* – den Grundgedanken der Selbst-Haushaltung im Konzept der Agonie auf. Abseits ihrer Ursprungssemantik fasst Unamuno die Agonie als eine – soeben schon angedeutete – vom Individuum permanent zu vollführende Handhabung des Widersprüchlichen in der Welt und im Selbst, die als Motor des ‚tragischen Lebensgefühls' in produktiver Weise verstanden wird. Sowohl die Essays als auch der Roman geben vor dem Hintergrund des Agonie-Konzeptes letztlich Lebensanleitungen, die auf eine optimierte Selbst-Haushaltung abzielen.

¡Adentro!

¡Adentro! ist als fiktiver Antwortbrief auf das unbekannte Schreiben eines nicht näher benannten Freundes konzipiert, der sich im Textverlauf zunehmend als imaginärer Brief- bzw. Gesprächspartner erweist. Damit erhält der Essay tendenziell die Form eines Monologs, der sich an ein erdachtes ‚Du' wendet – sei dieses innerhalb oder außerhalb des schreibenden Individuums lokalisiert.[15]

Der Essay umkreist das Paradox der strategischen Planungslosigkeit und stellt dabei insbesondere die individuelle physische Bewegung des Gehens als Rahmentätigkeit aus. Das Umherirren ohne festes (Lebens-) Ziel setzt sich an den Ausgangspunkt einer Handlungsempfehlung, die Kontingenz und Entwicklungsoffenheit als produktiv-fördernde Bestandteile der Selbst-Haushaltung begreift. Eine vorwegnehmende Planung dessen, was sein und begangen werden könnte, verstellt nur die Möglichkeit der spontanen Aktion und Wandlungsfähigkeit:

> Hay en tu carta una cosa que no me gusta, y es ese empeño que muestras ahora por fijarte un camino y trazarte un plan de vida. ¡Nada de plan previo, que no eres edificio! No hace el plan a la vida, sino que ésta lo traza viviendo. No te

---

15 Günter Butzer (*Soliloquium. Theorie und Geschichte des Selbstgesprächs in der europäischen Literatur*. Fink: München 2008, S. 34) verweist darauf, dass dem Selbstgespräch seit der Antike eine Funktion der Selbstformung zukommt. Es ist damit eine Subjekttechnik im Sinne Foucaults, die an der Bildung von Subjektivität beteiligt ist.

empeñes en regular tu acción por el pensamiento; deja más bien que aquélla te forme, informe, deforme y trasforme éste...[16]

Interessant ist, dass der Essay die Einlassung auf Aktionen der strategischen Planungslosigkeit in einen kausalen Zusammenhang bringt mit Prozessen der Selbsterkenntnis, die ihrerseits eine Form der beständigen Selbstbearbeitung suggerieren: „[...] vas descubriéndote conforme obras [...]. Esto es caminar sin plan previo, y dejando que el plan surja. Y es lo más orgánico, pues lo otro es mecánico; es lo más espontáneo."[17]

Del sentimiento trágico de la vida

Pedro Cerezo-Galán stellt den Essay *Del sentimiento trágico de la vida* auf zwei konzeptuelle Grundpfeiler: Zum einen bringt er das Moment des Tragischen mit einer produktiven Konflikthaftigkeit zusammen, die er als konstitutiv für die individuelle Existenz beschreibt und letztlich als Agonie kategorisiert: „Lo común a las diversas ocurrencias del adjetivo ‚trágico' en la obra de Unamuno es la idea de conflicto (batalla, combate, lucha), como constitutivo de la existencia; en una palabra, dicho unamunianamente, agonía [...].".[18] Entsprechend sei die Agonie „[u]na lucha entre opuestos entre los que no cabe mediación."[19]

Zum anderen identifiziert Cerezo-Galán das ‚ser-se', die auf das Selbst gerichtete Tätigkeit des Seins, als wesentliche Komponente des Großessays. Entscheidend erscheint hierbei, dass dieses existentielle Tun Zugang zu einem auto-partizipativen Wissen ermöglicht, das zugleich beständige Aufgabe bleibt: „sentirse siendo como tarea de ser. [...] Ser-se es tanto hacer por ser, como cobrar conciencia de sí en tanto que se está en la obra de ser [...]."[20] Die Tätigkeit des Seins bedeutet Arbeit und in dem Maße, wie sie ins Werk gesetzt wird, führt sie zu Selbst-Bewusstsein. Die Ratschläge zu

16 Unamuno, Miguel de: *Paisajes y ensayos*. In: Ders.: *Obras completas I*. Aguado: Madrid 1951, S. 84.

17 Ebd., S. 86.

18 Cerezo-Galán, Pedro: „Introducción". In: Unamuno, Miguel de: *Del sentimiento trágico de la vida*, introducción de Pedro Cerezo-Galán. Espasa-Calpe: Madrid 1993, S. 9–44, hier S. 37.

19 Ebd., S. 38.

20 Ebd., S. 22.

einer gelungenen Selbst-Haushaltung verorten sich in *Del sentimiento trágico de la vida* im Umfeld der genannten konzeptuellen Komponenten von Agonie und selbsttätigem Sein; sie zeigen sich in zahlreichen Unterkapiteln des Essays, von denen hier nur vier punktuell betrachtet werden sollen.

Der Abschnitt „El hombre de carne y hueso“ entwirft das Idealbild eines Individuums im unauflösbaren Widerspruch: „Como que sólo vivimos de contradicciones, y por ellas; como que la vida es tragedia, y la tragedia es perpetua lucha, sin victoria ni esperanza de ella, es contradicción.“[21] Es ist dies insbesondere eine, abermals positiv verstandene, da produktive Ambivalenz zwischen rationalem Verstehen und irrationalem Erleben. Der Mensch, so legt es auch Unamunos Dogma des *Quijotismo* dar, bewegt sich stets zwischen einem vernunftgeleiteten und einem fantasiereichen Weltzugang.[22]

Das Unterkapitel „En el fondo del abismo“ erhält eine zentrale Stellung in der Gesamtanlage des Essays. Es klärt die Implikationen des „sentimiento trágico de la vida“ nicht nur auf philosophischer Ebene, sondern lotet auch die individuellen Konsequenzen einer existentiellen Widersprüchlichkeit sowie die Ansatzpunkte eines Beratungshandelns detailliert aus: So stellt Unamuno zunächst eine bewusst vage gehaltene Definition seiner Philosophie des tragischen Lebensgefühls vor:

> Hay algo que, a falta de otro nombre, llamaremos el sentimiento trágico de la vida, que lleva tras sí toda una concepción de la vida misma y del universo, toda una filosofía más o menos formulada, más o menos consciente. [...] Y ese sentimiento, más que brotar de ideas, las determina, aun cuando luego, claro está, estas ideas reaccionan sobre él, corroborándolo.[23]

In einem weiteren Schritt konkretisiert Unamuno zwei zentrale Bestandteile des tragischen Lebensgefühls:

---

21 Unamuno: *Del sentimiento trágico de la vida*, S. 58.

22 Der *Quijotismo* inspiriert sich an der Figur des Don Quijote, die von Unamuno wiederum als Personifikation des vitalistischen Individuums interpretiert wird. Dieses hält sich offen für das Unsichere, Unwahrscheinliche und Kontingente und bewegt sich entsprechend zwischen Aktion und Idee, zwischen Realität und Imagination. Damit illustriert der *Quijotismo* letztendlich das Ideal einer Lebenshaltung.

23 Unamuno: *Del sentimiento trágico de la vida*, S. 61.

> Razón y fe son dos enemigos que no pueden sostenerse el uno sin el otro. Lo irracional pide ser racionalizado, y la razón sólo puede operar sobre lo irracional. Tienen que apoyarse uno en otro y asociarse. Pero asociarse en lucha, ya que la lucha es un modo de asociación.[24]

Hier tritt erneut das Bild des Kampfes in Erscheinung. Welche produktiven Handlungsmöglichkeiten dieser Assoziationsmodus des Widersprüchlichen eröffnet, stellt Unamuno im Folgenden dar:

> Y hemos llegado al fondo del abismo, al irreconciliable conflicto entre la razón y el sentimiento vital. Y llegado aquí os he dicho que hay que aceptar el conflicto como tal y vivir de él. Ahora me queda el exponeros cómo, a mi sentir y hasta a mi pensar, esa desesperación puede ser base de una vida vigorosa, de una acción eficaz, de una ética, de una estética, de una religión y hasta de una lógica.[25]

Insbesondere in der zweiten Hälfte des Zitats deuten sich Handlungsempfehlungen an, die an die individuelle Kompetenz zur Selbst-Haushaltung gerichtet sind, und gerade in konfliktreicher Ambivalenz und Widersprüchlichkeit ein Potential der Wiederaufrichtung sehen. Hier zeigt sich letztlich ein Lob des Widerspruchs, das in Inkongruenzen vor allem die Offenheit möglicher Handlungsspielräume erkennt und weniger fehlende Identität und Stillstand diagnostiziert.

Praktische Implikationen und Ratschläge einer Ökonomie des Selbst werden schließlich und insbesondere auch in dem Unterkapitel „El problema práctico" von Unamuno besprochen und hier speziell um Anleitungen zum konstruktiven Umgang mit Unsicherheit und Zweifel erweitert. Die zentrale These Unamunos ist dabei, dass gerade im Ungewissen immer auch eine prospektive Basis des Selbst angelegt sein kann. Er hält fest:

> Mas dejando por ahora todo esto, quiero establecer que la incertidumbre, la duda, el perpetuo combate con el misterio de nuestro final destino, la desesperación mental y la falta de sólido y estable fundamento dogmático, pueden ser base de moral.[26]

Ebenso wie das Tragische und entsprechend das Konfliktreiche produktive Antriebe des Selbst sind, kommt auch dem Zweifel eine Basiswirkung zu. Interessant ist, dass Unamuno auch Schmerz und Leid als ebensolche

---

24 Ebd., S. 143.
25 Ebd., S. 154.
26 Ebd., S. 266.

Antriebsmomente der Selbst-Haushaltung sieht, indem sie Möglichkeiten zu Introspektion und Selbstreflexion bieten. Auf diese Weise werden sie nicht zuletzt zu Bestandteilen einer selbsttätigen Bearbeitung und erhalten eine existenzsichernde Funktion – so argumentiert Unamuno in dem Unterkapitel „Amor, dolor, compasión y personalidad“:

> ¿Y cómo saber que se existe no sufriendo poco o mucho? ¿Cómo volver sobre sí, lograr conciencia refleja, no siendo por el dolor? Cuando se goza olvídase uno de sí mimo, de que existe, pasa a otro, a lo ajeno, se enajena. Y sólo se ensimisma, se vuelve a sí mismo, a ser él en el dolor.[27]

Niebla

Es sind die positive Kontur und die produktive Wertung des Gegensätzlichen, die auch in *Niebla*, zu tragenden konzeptuellen Elementen eines selbsttätigen Seins werden. Grundsätze eines gleichermaßen selbstverwaltenden und selbstkonstituierenden Denkens und Handelns bilden hier die Ausgangspunkte eines umfassenden poetologischen Programms. Es ist dem Text im Modus der Potentialität gleichsam virtuell eingeschrieben, denn es stellt insbesondere in der Figurenkonzeption des Protagonisten Augusto Pérez ein breites Spektrum an Praktiken der Selbstregulation in Aussicht. So sollen etwa Selbstgespräche, Meditationen oder physische Bewegungen als Tätigkeiten der Selbst-Haushaltung Zweifel und Widersprüche handhabbar machen und diese gleichwohl nicht einebnen. Der Modus des Möglichen, in dem sich Augusto beständig bewegt, unterstreicht die Rat gebende Programmatik des in Aussicht gestellten Veränderungspotentials der Hauptfigur und hält es zugleich in der Schwebe. Der poetologische Stellenwert einer selbstpraktischen Subjektkonstitution zeigt sich damit vor allem an einer produktiven Ambivalenz, die wesentlicher Bestandteil des gesamten Figureninventars des Romans ist. In der Figur des Augusto Pérez jedoch sind die Paradoxien am stärksten ausgeführt und werden zugleich in einer beständigen Pendelbewegung zwischen Bewusstheit und Unbewusstheit gehalten. Im Zuge dessen wird auch der Prozess der Selbst-Haushaltung in sich zu einem ambivalenten Unterfangen.

---

27 Ebd., S. 167.

In Kapitel 7 des Romans führt Augusto einen der zahlreichen selbstvergewissernden *auto-diálogos* mit seinem Hund ‚Orfeo'. Ähnlich wie bereits anhand des Essays *¡Adentro!* erläutert, handelt es sich hierbei um einen Monolog mit dialogistischen Tendenzen: Der Sprechakt richtet sich an ein Gegenüber, das in diesem Fall zwar nicht imaginär ist (die Existenz von ‚Orfeo' wird auch von anderen Figuren des Romans wahrgenommen), doch ist der Hund – zumindest in diesem Teil des Textes – nicht der Sprache und somit der Antwort fähig. Dieses Selbstgespräch ist deshalb zentral, weil es gewissermaßen einen Rahmen bildet, der zahlreiche selbsttätige Aspekte einschließt und konturiert. Zunächst einmal ist das Selbstgespräch ein dialogischer Akt der Introspektion. Im Dialog mit sich wendet sich das Ich nach innen und schreitet sein Selbst und – analog dazu – seine Umwelt aus:

> ¡Ay *Orfeo*! Di el gran paso, el paso decisivo: entré en su hogar, entré en el santuario. ¿Sabes lo que es dar un paso decisivo? Los vientos de la fortuna nos empujan y nuestros pasos son decisivos todos. ¿Nuestros? ¿Son nuestros pasos? Caminamos, *Orfeo* mío, por una selva enmarañada y bravía, sin senderos. El sendero nos lo hacemos con los pies según caminamos, a la ventura.[28]

Zentral ist, dass diese ‚Selbst-Begehung' eine Reihe von Widersprüchen abschreitet. Anhand einer schier endlosen Kette impliziter Oxymora wird hier in der Rede des Protagonisten eine Inkongruenz der Figur inszeniert, deren Deckung als Herausforderung an die Selbst-Haushaltung im permanenten Widerspruch stehen soll. Neben der Verallgemeinerung des Besonderen und einer fremdbestimmten Selbstbestimmtheit wird erneut das Paradox der strategischen Planungslosigkeit aus *¡Adentro!* aufgerufen. Damit weist sich die physische Fortbewegung, das Gehen, als zufallsbestimmte Tätigkeit aus, die sich in den semantischen Umkreis des Umherirrens, (Ab-)Schweifens und Treibenlassens stellt. Die richtungslose Fortbewegung wird schließlich durch Augusto selbst zum Programm erhoben. Doch ist das irrende Gehen neben praktischer Selbsttätigkeit auch als Allegorie mentaler Vorgänge lesbar: Das assoziative, abschweifende Denken Augustos, das sich in diesem Beispiel in immer neuen widersprüchlichen Schleifen als inkongruente und zugleich produktive Denkbewegung fortsetzt, findet so eine verbildlichte Entsprechung.

---

28 Unamuno, Miguel de: *Niebla*. Alianza Editorial: Madrid 2012, S. 104.

Im Text zeigen sich zahlreiche Beispiele für eine solche Ineinssetzung von mentaler und physischer Zerstreuung, die im Gang des Protagonisten eine identitäre Inkongruenz inszeniert. So ist Augusto in einer anderen Szene konsterniert und verwirrt, ja zutiefst niedergeschlagen und im wahrsten Wortsinn außer sich, nachdem er von seiner geliebten Eugenia zurückgewiesen wurde. Er gibt sich letztendlich einem resignierten ‚errar' in den Straßen hin:

> Quedóse Augusto un momento fuera de sí, sin darse cuenta de que existía, y cuando sacudió la niebla de confusión que le envolviera, tomó el sombrero y se echó a la calle, a errar a la ventura. Al pasar junto a una iglesia, San Martín, entró en ella, casi sin darse cuenta de lo que hacía. No vio al entrar sino el mortecino resplandor de la lamparilla que frente al altar mayor ardía. Parecíale respirar oscuridad, oler a vejez, a tradición sahumada en incienso, a hogar de siglos, y andando casi a tientas fue a sentarse en un banco.[29]

Wie in der bereits genannten Szene tritt das Umherirren des Protagonisten auch hier in Folge einer emotional aufwühlenden Situation auf. Doch nicht nur in der Bewegung manifestiert sich ein Zugang zum Offenen und Planlosen.

Schon bevor Augusto im Roman seine ‚ersten Schritte' setzt, sind diese von einem eigentümlichen Zögern gekennzeichnet: So tritt Augusto in der ersten Szene des Romans bekanntlich aus der Haustür, ohne zu wissen, welche Richtung sein Weg einschlagen soll. Er macht diese Entscheidung letztlich vom Zufall abhängig, indem er beschließt, in die Richtung zu gehen, die ihm ein vorbeilaufender Hund vorgeben würde. Diese Strategie erweist sich in dem Maße als planlos, in dem er sie schließlich gar nicht ausführt und statt einem Hund einer Frau – hier noch nicht als Eugenia identifiziert – folgt:

> Abrió el paraguas por fin y se quedó un momento suspenso y pensando: „Y ahora, ¿hacia dónde voy?, ¿tiro a la derecha, o a la izquierda?". Porque Augusto no era un caminante, sino un paseante de la vida. „Esperaré a que pase un perro –se dijo–, y tomaré la dirección inicial que él tome".[30]

In dem ironischen Erzählerkommentar werden antizipierend die Gegensätze einer geplanten und einer richtungslosen Fortbewegung, das ‚caminar'

29 Ebd., S. 144.
30 Ebd., S. 66.

und das ‚pasear', gegenübergestellt. In dieser Hinsicht wirkt die Erzählinstanz an dieser Stelle – wie im gesamten Roman – in entscheidender Weise mit an einer Figurenkonzeption im Zeichen des Paradoxen. Der Kern der Paradoxie besteht dabei in der Tatsache, dass sich die aufgerufenen Gegensätze nicht, wie oft durch den Erzähler suggeriert, gänzlich ausschließen, sondern gerade als anzitierte und gleichberechtigt abrufbare Handlungsmöglichkeiten im Protagonisten angelegt sind. Ein weiteres Beispiel für die paradoxale Figurenanlage findet sich in der Eröffnungsszene des Romans:

> Al aparecer Augusto a la puerta de su casa extendió el brazo derecho, con la palma abajo y abierta, y dirigiendo los ojos al cielo, quedóse un momento parado en esta actitud estatuaria y augusta. No era que tomaba posesión del mundo exterior, sino era que observaba si llovía.[31]

Der Kontakt zwischen Figur und Welt wird hier durch den Erzähler als eine in erster Linie ästhetisch geprägte Bezugnahme charakterisiert. Dennoch bleibt die Möglichkeit der Besitzergreifung („posesión del mundo exterior") auch oder gerade in ihrer Negierung erhalten. Sie konturiert sich geradezu in einer Potentialität dessen, was ‚auch' als Handlungsansatz möglich wäre.

Eine solcherart bestimmte, paradoxe Ausrichtung der Figur zeigt sich nicht zuletzt in Augustos Tod, und zwar in doppelter Weise: Nicht nur bleibt – auch durch den paratextuellen Disput zwischen Víctor Goti und Unamuno – unklar, ob es zu einem natürlichen Tod oder zu einem Selbstmord kommt, auch ist die Form des Endes in sich paradox: Es handelt sich um eine (Selbst-)Tötung durch Überessen, um eine Vernichtung im Verzehr, um eine Auflösung durch Überfluss: „[…] abríasele un extraño apetito, una rabia de comer más y más. Y pidió otros dos huevos, y después un bisteque. […] ¡Siento un apetito voraz! […] Empezó a devorar el jamón en dulce […]".[32] Hier bricht sich der kulinarische Exzess als (Über-)Steigerung des Ich und als extreme Form der Selbst-Haushaltung Bahn.

---

31 Ebd., S. 65.
32 Ebd., S. 286f.

Selbst-Haushaltungen in lebens- und existenzphilosophischen Ansätzen

Unamuno verweist in seinen essayistischen wie fiktionalen Texten wiederholt und (in-)direkt auf die praktische Lebens- und Existenzphilosophie Kierkegaards und Nietzsches[33] und situiert seine Figurenkonzeptionen im Anschluss daran in einem Spannungsfeld von Potentialität, Kontingenz und produktiver Unentschiedenheit. So partizipiert er an Nietzsches Credo, dass das „Dasein Aufgabencharakter hat“[34] ebenso wie an Kierkegaards Auffassung vom Existieren als Sich-Verhalten, als Prozess der „Aneignung oder Durcharbeitung von Möglichkeiten“.[35] Damit zeigen sich in Unamunos Poetiken der Selbst-Haushaltung Grundelemente einer lebens- bzw. existenzphilosophisch fundierten selbstpraktischen Subjektivität, die – ähnlich wie bei Kierkegaard – immer auch Handlungsempfehlungen zu einem bestimmten Existenzvollzug bedeuten.[36]

In zahlreichen Studien ist das Praxisprimat des Selbstbezugs lebens- und existenzphilosophischer Strömungen wiederholt hervorgehoben worden. Gantschow etwa hält fest: „Alle Denker, die von der Existenz her philosophieren, teilen das Gedankengut, dass der Mensch nicht auf eine vorgängige Substanz hin festgemacht werden kann.“[37] Er grenzt diese Prozesshaftigkeit der „Selbstbekümmerung“[38] zugleich ab von Formen der psychologischen Introspektion, die ein geschichtliches Werden des

33 Unamuno: *Del sentimiento trágico de la vida*, S. 147.

34 Meyer, Theo: „Nietzsche als Paradigma der Moderne“. In: Piechotta, Hans Robert et al. (Hrsg.): *Die literarische Moderne in Europa. Bd. 1: Erscheinungsformen literarischer Prosa um die Jahrhundertwende.* Westdeutscher Verlag: Opladen 1993, S. 136–170, hier S. 142.

35 Thurnherr, Urs / Hügli, Anton: *Lexikon Existenzialismus und Existenzphilosophie.* WGB: Darmstadt 2007, S. 88.

36 Die produktive Rezeption, die Unamuno neben Nietzsche und Kierkegaard auch von weiteren lebensphilosophischen Ansätzen etwa bei Schopenhauer oder Simmel vornimmt, habe ich eingehender untersucht in dem Aufsatz „Ensayar el yo y experimentar la vida. Sobre algunos autodiálogos ensayísticos de Unamuno“. In: Callsen, Berit (Hrsg.): *Escrituras del yo en la obra de Miguel de Unamuno.* Lang: Berlin 2019, S. 51–72.

37 Gantschow, Alexander: *Das herausgeforderte Selbst. Zur Lebensführung in der Moderne.* Königshausen & Neumann: Würzburg 2011, S. 242.

38 Ebd., S. 246.

Subjekts tendenziell ausblendeten.[39] Auch Nehamas betont den Konstruktionscharakter des Selbst als gemeinsame konzeptuelle Basis existenz- und lebensphilosophischer Ansätze.[40]

Sowohl Kierkegaard als auch Nietzsche bauen ihre Philosophie auf diesem Grundgedanken des selbstpraktischen Subjekts auf. Dafür liegen bei beiden ähnliche Ausgangspunkte vor: Kierkegaard und Nietzsche verstehen Philosophie als Praxis,[41] beide konzentrieren ihre Reflexionen auf das Individuum[42] und gehen von der menschlichen Fähigkeit zum arbeitenden Selbstverhältnis aus. Darüber hinaus deuten beide die Moderne als eine Krisenzeit. In diesen Grundannahmen offenbart sich die Selbst-Haushaltung nicht zuletzt als eine Tätigkeit der Wiederaufrichtung.

Überlegungen zur Umsetzung einer selbstpraktischen Subjektivität setzen bei beiden vor allem an einem zentralen Konzept an: der Existenz. Nietzsche sieht die Existenz als Experiment,[43] in dem das Individuum sich permanent „seiner selbst bemächtigt“[44] und damit sein Dasein nicht nur aufrechterhält, sondern größtmöglicher Lebensintensität zustrebt.[45] Hierbei schwingt zum einen mit, dass das Individuum eine permanente Formung des Selbstmaterials vornimmt;[46] zum anderen deutet sich an, dass sich der Mensch im Zuge dessen ständig im Übergang eines „Auf-dem-Weg-Seins“[47] befindet.

Kierkegaard fasst Existieren als Sich-Verhalten und damit als Prozess der „Aneignung oder Durcharbeitung von Möglichkeiten“,[48] die das Individuum zuvor im Selbstentwurf gewählt hat. Insgesamt zielt der Gedanke des Existenzvollzugs bei Kierkegaard auf eine Anleitung zum Handeln. Gantschow stellt heraus, dass seinen Überlegungen diesbezüglich eine

39 Vgl. ebd.
40 Nehamas, Alexander: *Die Kunst zu leben. Sokratische Reflexionen von Platon bis Foucault.* Rotbuch Verlag: Hamburg 1998, S. 17.
41 Gantschow 2011, S. 234.
42 Rattner, Josef / Danzer, Gerhard: *Existenzphilosophie – Denkmode oder bleibende Aktualität?* Königshausen & Neumann: Würzburg 2008, S. 32.
43 Vgl. Meyer 1993, S. 142.
44 Gantschow 2011, S. 199.
45 Meyer 1993, S. 143.
46 Vgl. ebd.
47 Gantschow 2011, S. 200.
48 Thurnherr / Hügli 2007, S. 88.

hermeneutische Tragweite zukommt.[49] Besonders deutlich wird dies in Kierkegaards Schrift *Entweder-Oder* (1843), deren thematisches Zentrum in der Wahl einer der drei möglichen Lebenshaltungen des Ästhetikers, des Ethikers oder des Religiösen liegt.[50]

Die Repräsentation der Existenzverhältnisse pseudonymer Figuren enthält hierbei einen indirekten Aufruf an die Leserschaft, die eigene Lebensform zu reflektieren, und kann als Appell zum ‚Springen' gelesen werden.[51] In der Möglichkeit des Sprungs als Inbegriff von Wahl und Wandlung zeigt sich zudem der relationale und prozessuale Modus, in dem Kierkegaard das Konzept des ‚Selbst' anlegt. Auch bei Kierkegaard ist das Subjekt damit nicht substanzhaft, sondern elementarer Bestandteil einer Vorgängigkeit.[52] Nietzsche wiederum hat diese Selbst-Dynamik im Begriff der „Umwertung aller Werte" beschrieben.[53]

Folgendes kann abschließend festgehalten werden: Unamunos Poetik der Selbst-Haushaltung operiert oftmals auf der Grundlage von drei Komponenten: Pluralität des Ich, Sein als Arbeit und ethisches ‚Beratungshandeln'. Hierbei zeigen sich Tätigkeiten von Krisen-Diagnostik und -Bewältigung, die in einem unmittelbaren Zusammenhang stehen mit einer Rhetorik der Handlungsempfehlung. Sie erstreckt sich in dem hier exemplarisch beleuchteten journalistischen, essayistischen und fiktionalen Werk von der Kritik an einer fragwürdigen moralischen Integrität kapitalistischer Kriegswirtschaft bis hin zum Appell an das moderne Individuum, sich dem Widerspruch auszusetzen und in dieser Exposition einen Antrieb zu finden. Unamunos Analysen zu Kriegs-Ökonomie und Haushaltung des Selbst sind damit auch als moralisch-ethische Erprobungsräume lesbar, die das Krisenhafte des spanischen *fin de siglo* produktiv zu integrieren suchen.

Insbesondere die essayistischen und fiktionalen Texte stellen im Zuge dessen nicht nur Strategien der Bewältigung und implizite Anleitungen zum Handeln aus, sie bilden auch Erfahrungsmodelle ab, in denen pseudonyme

49 Gantschow 2011, S. 246.
50 Rattner / Danzer 2008, S. 18.
51 Thurnherr / Hügli 2007, S. 88.
52 Vgl. ebd., S. 225.
53 Vgl. ebd.

Figuren vorgeführt und bewusst in ein Dazwischen von Handlungsmöglichkeiten gesetzt werden. In diesem Sinne sind die Texte nicht eigentliche Krisenmodellierungen, sondern bereits Illustrationen möglicher produktiver Handhabungen des Paradoxen und Ambivalenten. Sie geben damit einer modernen Subjektivität Raum, die sich als Experiment und Prozess erfährt.

Literaturverzeichnis

Butzer, Günter: *Soliloquium. Theorie und Geschichte des Selbstgesprächs in der europäischen Literatur*. Fink: München 2008.

Callsen, Berit: „Escrituras del yo en la obra poética de Miguel de Unamuno“. In: Locane, Jorge L. / Müller, Gesine (Hrsg.): *Poesía española en el mundo. Procesos de filtrado, selección y canonización*. Iberoamericana / Vervuert: Madrid u.a. 2017, S. 257–271.

Callsen, Berit: „Ensayar el yo y experimentar la vida. Sobre algunos autodiálogos ensayísticos de Unamuno“. In: Callsen, Berit (Hrsg.): *Escrituras del yo en la obra de Miguel de Unamuno*. Lang: Berlin 2019, S. 51–72.

Cerezo-Galán, Pedro: „Introducción“. In: Unamuno, Miguel de: *Del sentimiento trágico de la vida*. Espasa-Calpe: Madrid 1993, S. 9–44.

Engler, Winfried: *Hispanidad 1898 oder die Erfindung des neuen Spanien*. Walter Frey: Berlin 2012.

Fernández Turienzo, Francisco: „Estudio preliminar“. In: Unamuno, Miguel de: *Niebla*. Editorial Alhambra: Madrid 1986, S. 13–59.

Figal, Günter: „Krise der Aufklärung – Freiheitsphilosophie und Nihilismus als geschichtslogische Voraussetzungen der Moderne“. In: Vietta, Silvio / Kemper, Dirk (Hrsg.): *Ästhetische Moderne in Europa. Grundzüge und Problemzusammenhänge seit der Romantik*. Fink: München 1998, S. 57–69.

Foucault, Michel: *Ästhetik der Existenz. Schriften zur Lebenskunst*, hrsg. von Daniel Defert und François Ewald unter Mitarbeit von Jacques Lagrange. Ausgewählt und mit einem Nachwort von Martin Saar. Suhrkamp: Frankfurt/Main 2007.

Gantschow, Alexander: *Das herausgeforderte Selbst. Zur Lebensführung in der Moderne*. Königshausen & Neumann: Würzburg 2011.

Grunwald, Henning / Pfister, Manfred: *Krisis! Krisenszenarien, Diagnosen und Diskursstrategien*. Fink: München 2007.

Inman Fox, Edward: *La crisis intelectual del 98*. Editorial Cuadernos para el diálogo: Madrid 1976.

Mecke, Jochen: „Aus-Ein-Ander-Setzung: Die agonale Modernität von Miguel de Unamunos Roman *Niebla* (1914)". In: Vietta, Silvio / Kemper, Dirk (Hrsg.): *Ästhetische Moderne in Europa. Grundzüge und Problemzusammenhänge seit der Romantik*. Fink: München 1998, S. 395–424.

Mecke, Jochen: „Miguel de Unamuno: *Niebla* (1914)". In: Junkerjürgen, Ralf (Hrsg.): *Spanische Romane des 20. Jh. in Einzeldarstellungen*. Erich Schmidt Verlag: Berlin 2010, S. 47–64.

Meyer, Theo: „Nietzsche als Paradigma der Moderne". In: Piechotta, Hans Robert et al. (Hrsg.): *Die literarische Moderne in Europa. Bd. 1: Erscheinungsformen literarischer Prosa um die Jahrhundertwende*. Westdeutscher Verlag: Opladen 1993, S. 136–170.

Nehamas, Alexander: *Die Kunst zu leben. Sokratische Reflexionen von Platon bis Foucault*. Rotbuch Verlag: Hamburg 1998.

Pan-Montojo, Juan: *Más se perdió en Cuba. España, 1898 y la crisis de fin de siglo*. Alianza Editorial: Madrid 1998.

Rattner, Josef / Danzer, Gerhard: *Existenzphilosophie – Denkmode oder bleibende Aktualität?* Königshausen & Neumann: Würzburg 2008.

Thurnherr, Urs / Hügli, Anton: *Lexikon Existenzialismus und Existenzphilosophie*. WGB: Darmstadt 2007.

Unamuno, Miguel de: *Paisajes y ensayos*. In: Ders.: *Obras completas I*. Aguado: Madrid 1951.

Unamuno, Miguel de: *Discursos y artículos*. In: Ders.: *Obras completas IX*. Escelicer: Madrid 1966.

Unamuno, Miguel de: *Poesías*, edición, prólogo y notas de Manuel Alvar. Editorial Labor: Barcelona 1975.

Unamuno, Miguel de: *Del sentimiento trágico de la vida*, introducción de Pedro Cerezo-Galán. Espasa-Calpe: Madrid 1993.

Unamuno, Miguel de: *Niebla*. Alianza Editorial: Madrid 2012.

Marco Menicacci

Federigo Tozzi und die Notwendigkeit des Scheiterns

Abstract: Through an analysis of Federigo Tozzi's (1883–1920) three major novels (*Con gli occhi chiusi*, *Il podere*, *Tre croci*), this essay shows how bankruptcy as well as financial and social failure are key elements in his tragic *Weltanschauung*.

Keywords: bankruptcy, tragic, failure, *inettitudine*, Federigo Tozzi

Das Unbegreifliche schreiben

Nach seinem vorzeitigen Tod im Jahr 1920 mit nur 37 Jahren war der Sienese Tozzi zu lange ein ‚virtueller' Klassiker des 20. Jahrhunderts. Erst nach der Wiederentdeckung durch Giacomo Debenedetti und seit den Studien von Luigi Baldacci, dann von Romano Luperini, Marco Marchi und anderen,[1] ist Tozzi nun – an der Seite der bekannteren Svevo und Pirandello – Teil einer Trias der Exzellenz des italienischen *primo Novecento*.

Die Themen und Handlungsverläufe vieler narrativer Texte Tozzis mögen auf den ersten Blick ganz naturalistisch erscheinen. Es handelt sich um Romane, die das Leben auf dem Land rund um Siena und in der Stadt scheinbar wirklichkeitsgetreu beschreiben: Geschichten von Armut, ökonomischem Scheitern, von hohlen Sehnsüchten und Tod.[2]

Schnell stellt man jedoch fest, dass sich unter dieser narrativen Oberfläche visionäre und halluzinative Darstellungen der Abgründe des modernen Subjekts befinden. Geprägt von onirischer Einbildungskraft, ist Tozzis Schreiben ein Schürfen und ein Lauschen in die Tiefe, wobei er jede Möglichkeit einer rationalen Herangehensweise an die Realität verneint.

1 Vgl. Castellana, Riccardo: *Federigo Tozzi. Bibliografia delle opere e della critica, 1901–2007*. Bibliografia e Informazione: Pontedera (Pisa) 2008.

2 Vgl. Baldacci, Luigi: „Le illuminazioni" [1970]. In: Ders.: *Tozzi moderno*. Einaudi: Torino 1993, S. 5. Baldacci nennt hier als Beispiel die naturalistische Schreibweise von Émile Zola und Federico De Roberto.

In der Tat erzählt Tozzi nicht, um eine wissenschaftliche Erforschung des Realen zu betreiben; er rekonstruiert keine Milieus und Figuren, um die Natur des Menschen zu untersuchen, zu verstehen oder einfach so treu wie möglich wiederzugeben. Was ihn zum Schreiben bringt, ist das eigene Unbehagen und das Unverständnis für das Phänomen Mensch sowie für das Reale, das in seinen Werken oft als ein durchsichtiger und leichter Albtraum erscheint, wie eine Kurzprosa aus *Bestie* formuliert:

> Tutta la strada era piena di persone, come un incubo trasparente e leggero, che si movesse anche ad un alitare di vento; come si moveva la mia anima.
>
> Alla fine dovevo supplicare questa gente che mi desse un poco di tregua: la sentivo attorno alla mia giovanezza come insetti attorno ad un lume acceso allora allora. Qualcuno mi perseguitava e mi faceva venire i brividi; un altro voleva stare in casa con me, ed io non potevo mandarlo via.[3]

Von diesem unverständlichen Abgrund, der sich vor seinen Augen öffnet, hat Tozzi selbst in einem der Aphorismen, die unter dem Titel *Barche capovolte* versammelt wurden, ein zugleich plastisches und halluzinatorisches Bild gezeichnet:

> Io non so quel che porto dentro di me. Di quassù non posso scorgere i riflessi che avvengono dentro il profondissimo pozzo dell'anima. Non so se abbia dentro di me una buca di scorpioni o un nido di usignoli. E la mano ignota del destino ora mi avvicina ai bisbigli ed ora un'altra volta alle code paurose. (*Io non so quel che porto*)[4]

Noch ein Jahr vor seinem Tod expliziert Tozzi in einem Artikel seine Poetik, die sich auf das richtet, was er selbst ‚unsere geheimnisvollen Taten' nennt:

> Ai più interessa un omicidio o un suicidio; ma è egualmente interessante, se non di più, anche l'intuizione e quindi il racconto di un qualsiasi *misterioso* atto nostro, come potrebbe esser quello, per esempio, di un uomo che a un certo punto della sua strada si sofferma a raccogliere un sasso che vede, e poi prosegue la sua passeggiata.[5]

---

3 Tozzi, Federigo: *Bestie* [1917]. In: Ders.: *Opere. Romanzi, prose, novelle, saggi*, hrsg. von Marco Marchi, Vorwort von Giorgio Luti. Mondadori: Milano, 1987, S. 611. So taucht der Schriftsteller in die Tiefe der menschlichen Psyche ein und schreibt aus diesen Abgründen, mit dem, was Luigi Baldacci als „realismo del profondo" definiert hat (Baldacci 1993, S. 24).

4 Tozzi, Federigo: *Barche capovolte*. In: *Opere*, S. 735.

5 Tozzi, Federigo: „Come leggo io" [1919]. In: *Opere*, S. 1325, Hervorhebung im Original.

Der Schriftsteller blickt also auf die Realität und beobachtet Verhaltensweisen und Phänomene, von denen er weder Gesetzmäßigkeiten noch Ursachen kennt. Und darin erweist sich für Giacomo Debenedetti[6] und Luigi Baldacci die Modernität Tozzis:

> Neben Svevo und Pirandello ist Tozzi *modern*, weil er aufgegeben hat zu verstehen, *wie die Dinge stehen*, weil er das Recht auf ein Urteil und auf Verdammung aufgegeben hat, weil er die eigene Rolle so weit wie möglich beschränkt und sich dazu verpflichtet hat, nicht über die reine Darstellung hinauszugehen.[7]

Während jedoch Svevo und Pirandello oft eine gefällige Beziehung zum Leser aufbauen, die feinen Instrumente der Rationalität und der Ironie verwenden, während sie es verstehen, vernünftige Gesprächspartner zu sein, findet man bei Tozzi keine Ironie, keine Distanzierung und auch keinen Versuch einer Rationalisierung. Seine Stimme kommt aus dem Trauma und befreit sich nicht von einem obskuren Schuldgefühl: Bestürzt schreibt er von der unverdienten Ursünde, die auf jedem Geschöpf zu lasten scheint, von der Zerbrechlichkeit und der bestialen Boshaftigkeit der Menschen.

Finanzielles Scheitern in *Con gli occhi chiusi*, *Il podere*, *Tre croci*

Eine Schlüsselfunktion in dieser Darstellung des menschlichen Elends hat bei Tozzi die Modellierung von Finanzkrisen. Betrachtet man seine drei bekanntesten, stark autobiographischen Romane, wird klar, dass das Thema des gesellschaftlichen und ökonomischen Scheiterns als äußeres

---

6 „Il naturalismo rappresenta in quanto spiega, e viceversa Tozzi rappresenta in quanto non sa spiegare" (Debenedetti, Giacomo: *Il Romanzo del Novecento*, Vorwort von Eugenio Montale. Garzanti: Milano 1971, S. 154).

7 Baldacci 1993, S. 37, Hervorhebung im Original, übers. von Katharina List. Für Debenedetti, der einige fundamentale Texte Tozzis nicht lesen konnte, die erst in den Achtzigerjahren veröffentlicht wurden, war Tozzi zwar antinaturalistisch, aber dies dank einer ‚rhabdomantischen' und im Wesentlichen naiven Natur, die über keine „confortanti indirizzi e strumenti di verifica" verfügte, „inconsapevole" war (Marchi, Marco: „Un unico romanzo". In: Ders.: *Novecento: nuovi sondaggi*. Le Lettere: Firenze 2004, S. 53–54). Mit seiner Forschung hat Marco Marchi diese Auffassung korrigiert, indem er die tiefgehenden naturwissenschaftlichen und psychologischen Kenntnisse Tozzis nachgewiesen hat.

Zeichen, Symptom oder auch Nebenwirkung einer radikaleren Lebensuntauglichkeit fungiert.

Dabei schafft der erste von ihnen, *Con gli occhi chiusi*, die existenziell-psychologischen Voraussetzungen für eine Tragödie, die – in verschiedenen Deklinationen des finanziellen Ruins – in den beiden folgenden mit dramatischer Notwendigkeit abläuft.

Der Roman – wohl Tozzis Meisterwerk – wurde ca. 1913 geschrieben, ist aber erst 1919 erschienen[8] und öffnet mit einer starken, fast mystischen Epiphanie des Binoms Vater-Geld. Nach der abendlichen Schließung seiner Trattoria zählt Domenico Rosi, der Vater-*padrone*, bei Kerzenlicht die Einnahmen des erfolgreichen Arbeitstages:

> Usciti dalla trattoria i cuochi e i camerieri, Domenico Rosi, il padrone, rimase a contare in fretta, al lume di una candela che sgocciolava fitto, il denaro della giornata. Gli si strinsero le dita toccando due biglietti da cinquanta lire; e, prima di metterli nel portafoglio di cuoio giallo, li guardò un'altra volta, piegati; e soffiò su la fiammella avvicinandosi con la bocca. Se la candela non si fosse consumata troppo, avrebbe contato anche l'altro denaro nel cassetto della moglie; ma chiuse la porta, dandoci poi una ginocchiata forte per essere sicuro che aveva girato bene la chiave. Di casa stava dall'altra parte della strada, quasi dirimpetto.
>
> Ormai erano trent'anni di questa vita; ma ricordava sempre i primi guadagni, e gli piaceva alla fine d'ogni giorno sentire in fondo all'anima la carezza del passato: era come un bell'incasso.
>
> La sua trattoria! Qualche volta, parlandone, batteva su le pareti le mani aperte; per soddisfazione e per vanto.[9]

Visuelle Protagonisten dieses Bilds *a lume di notte* sind genau genommen eben die Geldscheine, die schnell gezählt werden, einerseits aus sparsamer Gewohnheit, um die Kerze nicht zu verschwenden, andererseits wegen einer Art von Gier in Bezug auf das im Schweiße des eigenen Angesichts verdiente Geld. Die gesamte Szene ähnelt, wie Marco Marchi bemerkt hat, einem heiligen Ritus, in dem der Vater die Züge eines Gottes annimmt, der die Macht über das Tageslicht hat; und sie verdeutlicht – so kann man

---

8 In Bestätigung seiner mangelnden Fähigkeit zu sozialen Kontakten verhält Tozzi sich gegenüber den Verlegern, den berühmten Gebrüdern Treves, wenig diplomatisch. Vgl. dazu die entsprechende *Nota al testo* von Marco Marchi (Tozzi: *Opere*, S. 1331).

9 Tozzi: *Opere*, S. 5.

ergänzen –, dass seine wichtigste Charakteristik gerade der wirtschaftliche Erfolg ist.[10]

Schon mit diesen wenigen – aber kräftigen und präzisen – Pinselstrichen zeigt das Porträt von Domenico Rosi somit seine wesentlichen Eigenschaften: Hingabe an die Arbeit, Stolz auf das eigene Vermögen, Umsicht (der kontrollierende Kniestoß gegen die Türe). Er trägt darüber hinaus einen Namen, der seine ganze Persönlichkeit ausdrückt, kommt doch Domenico vom lateinischen ‚dominicus' – der Herr, der Besitzer.[11] Und nicht zufällig erscheint ihm in seiner dürftigen Theologie sein wirtschaftlicher Erfolg wie ein notweniges Zugeständnis Gottes an seine unermüdliche Arbeitsamkeit („E credeva che Dio, quasi per accontentarlo, avesse pensato, insieme con lui, alla sua fortuna."[12]).

Diese Figur ist autobiographisch: Genau wie Tozzis biologischer Vater ist auch der fiktionale Charakter Domenico Rosi ein *self-made man*. Ursprünglich aus einem kleinen Örtchen der Maremma, zog er nach Siena und eröffnete eine Trattoria, die bald eine der beliebtesten der Stadt wurde.[13] Er war berühmt dafür, geschäftstüchtig, entschieden, stark und despotisch zu sein.

Diese Figur des Vaters zieht sich durch das ganze Werk Tozzis, wie eine gewaltige Präsenz oder ein alttestamentarischer Gott: herrlich, aber eifersüchtig, mächtig und unbegreiflich. Eine solche Vaterfigur wird für die zahlreichen Sohnfiguren seiner Narrativik ein dunkles *alter ego*, ein *Anderes Ich*, wie der Titel eines vielsagenden Aphorismus lautet: „Mi sembra che un altro io abbia il posto che voglio possedere. Un altro io con la sua ombra molesta, un altro io grave e muscoloso" (*L'altro io*).[14]

---

10 Vgl. Marchi, Marco: „Il padrone della luce" [1991]. In: Ders: *Sondaggi novecenteschi. Da Svevo a Pasolini*. Le Lettere: Firenze 1994, S. 53–69.

11 Vgl. Marchi, Marco: „Una cristologia del padre: *Il podere*". In: Ders.: *Immagine di Tozzi*. Le Lettere: Firenze 2007, S. 42.

12 Tozzi: *Opere*, S. 5.

13 Man vergleiche die biographischen Eckdaten mit dem Roman: „A pena stabilitosi a Siena, a vent'anni, sposò Anna, una bastarda senza dote, piuttosto bella e più giovane di lui; aprendo un'osteria che con l'andar del tempo divenne una delle migliori trattorie della città: *Il Pesce Azzurro*." (Tozzi: *Opere*, S. 6, Hervorhebung im Original).

14 Man vergleiche dazu auch *Tedio*: „Sono sotto l'incubo di una inibizione perpetua. / Oh, tutto quel che mi sembra di provare è come se non mi appartenesse! È come se fosse esteso in una parte del mio io, che è troppo lontana! / Ed io

Dieser allmächtige Gott-Vater zwingt zur Unterwerfung bzw. Inhibition: Er zwingt dazu, die Augen zu schließen. Ein anderer Aphorismus aber zeigt, wie gerade ein Zustand der Untertänigkeit eines der Motive ist, nicht jenseits, sondern diesseits der Augenlider zu blicken, in die Tiefe des Ichs, wo sich der geheimnisvolle Brunnen des Bewusstseins auftut: „Ma se mi sono chiusi gli occhi e mi si comanda di tacere, tuttavia vedrò cose maravigliose e possenti dentro di me [...].“ (*I fastigii*)[15]

So also, mit geschlossenen Augen, bewegen sich gegen dieses väterliche Modell die Figuren des Sohnes, mit deren Finanz- und Lebensuntauglichkeit Tozzi die verstörenden Tiefen des Unterbewusstseins sondiert und dabei seine dunkle Weltanschauung offenlegt: Ihre eigentliche Welt, ihre eigentliche Realität, ist ihr ‚inneres Leben‘, eine Dimension, in der sich die Ursache-Wirkungs-Beziehungen als unverständlich verdreht erweisen,[16] in der man sich wie in einem Albtraum bewegt:

> Egli pensò: „Sì, lo sa. Gli altri sanno tutto di me. Io, no“.
> Quella sua vita interiore che si sovrapponeva sempre! Come si disperava di poter gustare soltanto dopo, e nel silenzio di se stesso, quel che aveva provato e non detto! E si giudicava perciò inferiore agli altri. Parlava bene con Ghìsola soltanto quando se lo immaginava, specie appena desto.
> E divenne più vergognoso. Il colletto gli dava fastidio al mento.[17]

Sobald sich der Roman einer Form konkreter Handlung nähert, wird der Sohn von Domenico Rosi, Pietro, zum Opfer einer Art von Trunkenheit,[18] eines Unwohlseins, das ein rationales Entziffern der Sinneseindrücke

---

soffro. Ho quasi invidia. [...] / Con quali parole posso esprimere bene questo stato mentale? Sembra che ogni parola abbia un'eco dentro l'anima. / E allora questa parola è subito circondata dalle curiosità in agguato. / Non sono capace di pensare, perché ogni parola è subito afferrata e portata dentro una nebulosità. / Chi guida tutta questa trama? Quale malevola ha compiuto questo labirinto? / Ma anche ogni parola, adesso, diviene una impossibilità. / Sembra che i velami si moltiplichino; e la mia anima è dentro tale borsa“ (Tozzi: *Opere*, S. 738f.).

15 Es handelt sich um einen weiteren Aphorismus aus *Barche capovolte* (Tozzi: *Opere*, S. 717).

16 Man denke beispielsweise an die Episode aus *Con gli occhi chiusi*, in der Pietro auf einen Olivenbaum eintritt, damit Ghisola aufhört, ihn zu verlachen (vgl. Tozzi: *Opere*, S. 39).

17 Ebd.

18 Vgl. ebd., S. 40.

verunmöglicht. Die Erzählung schweift sofort in die Dimensionen des Onirischen ab; die Wirklichkeit zerfällt, die Konturen des Realen deformieren sich expressionistisch;[19] und es sind die Halluzinationen, die plastische Fassbarkeit annehmen, oft in grausiger Art und Weise: „Gli parve che la sera gli togliesse la carne, lo facesse sparire."[20]

Der Vater Domenico ist groß, schwer, voll von Materie, Energie, Kraft und Entschiedenheit: Unter seinem Gewicht quietscht jeder Wagen, und die ganze Welt scheint sich beim Vorübergehen seiner „scarpe enormi"[21] zu biegen. Aus jeder seiner Gesten spricht eine spürbare Energie und eine Absicht, die perfekt mit einem Ziel verbunden und damit maximal effizient ist. Der Sohn Pietro hingegen lebt wie von der Realität abgetrennt, mit vernebelten Sinnen, während seine Aktionen – unentschlossen und konfus – eher durch die Welt der Träume und Phantasien ausgelöst werden. Diese beiden Universen, die doch durch Blutsbande verknüpft sind, begegnen sich nicht, sondern können nur zusammenstoßen:

> Finalmente, Domenico con un colpo del suo tovagliolo si levò le briciole da sopra i calzoni; si fece spolverare da Rebecca e untare le scarpe da Tiburzi, dando nel frattempo qualche ordine. In punta di piedi andò dietro il figlio che tamburellava con le dita sopra un vetro, accompagnando il mugolìo della sua voce a bocca chiusa; gli dette una manata sul collo, e disse: – Vieni in campagna con me. Pietro, senza rispondere niente, saltò sul legno già attaccato; e furono a Poggio a' Meli poco prima del tramonto.

Auch wenn der Roman das nicht sagt, ist doch klar, dass Pietro nie die väterliche Trattoria leiten wird; er wird niemals ein guter Geschäftsmann sein. Mehr noch, das Schicksal des Gescheiterten, das die Protagonisten der drei größten Romane Tozzis teilen, scheint von Domenico Rosi vorweggenommen zu werden, der dem Sohn vorwirft: ‚du wirst nie ein *padrone* sein' (vgl. folgendes Zitat). In den Augen des Lesers bekommen diese Worte das Gewicht einer Verurteilung, obwohl der Vater hier seinem realitätsfernen Sohn einen praktischen, nachvollziehbaren Rat geben möchte:

---

19 „Gli occhi di Ghisola lo fissavano sempre: vedeva soltanto quegli occhi; e credette che tutta l'ombra dietro di lei e il campo insieme si muovessero secondo i suoi gesti." (Ebd.).

20 Ebd.

21 Ebd.

Pietro portò le chiavi della bottega ai camerieri che lo attendevano nella strada; ed entrò con loro anche lui; ma, senza la voglia di restarci, come avrebbe dovuto, salì in casa. Domenico gli aveva dato le chiavi evitando che i loro occhi s'incontrassero; e, fatta tutta la spesa, lo mandò a chiamare perché aveva lasciato i sottoposti soli. – Tu non saprai mai essere un padrone. Come farai a comandare se tu stesso non impari? Ora parlava con il figliolo per sfogarsi; e il suo rimprovero era pieno di bontà. Poi, presi in mano tutti i mazzi degli uccelli da cuocere allo spiedo, gli disse: – Questo è un tordo, e questa un'allodola: aiutami a pelare. E si sedé dinanzi a un gran paniere, dove andavano le penne. Ma Pietro era così distratto che canticchiò un poco, sottovoce; e poi rispose: – Se tu sei contento, vado a leggere un libro.[22]

Diese Worte enthalten *in nuce* die Geschehnisse des zweiten Romans, des schon im Titel den materiellen Besitz herausstellenden Bandes *Il podere* (1918 beendet, aber erst 1921 postum veröffentlicht).

Die Thematik erscheint hier ins Erwachsenenalter transponiert: Nach dem Tod des Vaters erweist sich ein zum Scheitern verdammter (und selbstverdammter) kafkaesker Sohn als unfähig, den ererbten Reichtum zu erhalten, und setzt dagegen einen Prozess in Gang, in dem sich der finanzielle Ruin an das eigene gesellschaftliche Scheitern sowie an die physische Vernichtung koppelt. Auch diese zweite, ältere Sohnfigur namens Remigio Selmi wird nie ein *padrone*, und sie wird auch niemals die Möglichkeit haben, ihre eigene Persönlichkeit zu entwickeln, sondern geht einem unausweichlichen Schicksal der Regression entgegen.

Der Roman wird mit dem Tod des Vaters eröffnet, aber auch die Absenz der Vaterfigur, die ihn mit ihrer Autorität gehemmt hatte, wird dem Sohn keine Erlösung bringen. Remigio Selmi, obgleich älter und erfahrener als der Protagonist aus *Con gli occhi chiusi*, erweist sich ebenso als in seinem Willen unterdrückt. Dementsprechend trägt schon seine erste Begegnung mit der Welt in seinem neuen Leben als *padrone* die Stigmata des Untergangs:

Vestitosi in fretta, scese le scale; evitando di parlare con quelli di casa; e si trovò con Berto.

Il saluto dell'assalariato gli destò simpatia per tutti gli altri; e, perché si sentiva arrossire d'essere ormai il padrone, non gli rispose. L'assalariato, credendo che fosse per superbia, gli voltò le spalle; e se n'andò nel campo, fischiettando. Quando fu in fondo allo stradone, tra i due filari delle viti più belle di tutte le

22 Ebd., S. 69f.

altre, si fermò; e, guardando Remigio sorrise di scherno; poi, prese lungo una fossacciola. Berto era curioso di conoscere come Remigio si sarebbe comportato e avrebbe fatto; sapendo che non s'intendeva di agricoltura; e che, secondo le voci di tutti, purtroppo vere, si trovava senza denaro e con parecchi debiti del padre.[23]

In dieser Hinsicht ist der gesamte Roman nichts anderes als die unabwendbare, tragische Entwicklung dieses anfänglichen Mangels: Der Mechanismus, der zum Bankrott führen wird, ist in Gang gesetzt, psychologisch eher als tatsächlich ist jede Möglichkeit zur Rettung von vornherein ausgeschlossen.[24]

Remigio, unfähig, die feine Balance der bäuerlichen Wirtschaft zwischen Soll und Haben auszutarieren, wird in den Strudel der Wechselscheine gezogen, die schlussendlich sein gesamtes Vermögen aufsaugen. Seine Unfähigkeit, was die Verwaltung und die Beziehungen betrifft, sein Mangel an Autorität und seine Initiativlosigkeit lassen ihn zum öffentlichen Gespött werden, bis der Hohn schließlich in offene Feindseligkeit und gewalttätigen Hass umschlägt. Grund für seinen Misserfolg ist auch der Vorsatz, nicht – dem Vater gleich – zu einem Monster der Autorität zu werden: In einem Ambiente, das ausschließlich auf Machtbeziehungen basiert, ruft die Andersartigkeit von Remigio nur Unverständnis hervor und bringt die schlimmsten Instinkte, die im Inneren der Menschen ruhen, ans Licht.

Nach einem Karneval der Regression, der sich über den gesamten Roman hinzieht, stellt sich der Tod des Protagonisten in dieser Hinsicht als Selbstmord durch einen Mittelsmann dar: Der Henker ist einer der Lohnarbeiter, Berto, der ihn mit einem Axthieb erschlägt; die Tat, welche die geheimnisvollen Züge einer rituellen Opferung oder Exekution annimmt, findet in einer halluzinativen und schwebenden Atmosphäre statt und entzieht dem Buch den Raum für jegliche irgendwie hoffnungsvolle Perspektive.

Im späteren Roman *Tre croci* (1920) ist die Handlung zeitlich noch weiter nach hinten versetzt: Vom Vater bleibt nur eine vage Erinnerung; er hatte seinen drei Söhnen, die inzwischen selbst in fortgeschrittenem Alter sind, eine florierende Buchhandlung in Siena hinterlassen. Es handelt sich

23 Ebd., S. 265.

24 In den Worten von Marco Marchi: „Una potenziale vicenda naturalistica di decadenza e degenerazione si fa storia simbolica a sfondo psicologico-religioso" (Marchi 2007, S. 45; vgl. dazu auch S. 48).

um eine halb versteckte Vaterfigur, die im Hintergrund steht, aber dennoch sehr präsent ist, erscheinen seine drei Söhne doch ohne wirkliche Persönlichkeit; vom Status der Menschen sind sie regrediert auf die Eindimensionalität des Tieres, ganz auf die Nahrungsaufnahme fixiert und in einer Bewegung hin auf ihren eigenen Verfall.

Der Beginn der Handlung hat bereits den Ton eines tragischen Epilogs; die drei Brüder sind auf dem Weg zum Bankrott: Ihr Geschäft führen sie inzwischen nur noch virtuell, indem sie regelmäßig Wechsel fälschen. Damit ist noch einmal der (in diesem Fall gefälschte) Wechselschein das Symbol der ökonomischen wie existentiellen Erschütterung: „Vado a rubare, piuttosto! Ma in prigione per le cambiali false, no. M'ammazzo!",[25] ruft einer der Brüder aus.

Als ihr Betrug ans Licht kommt und ihre Glaubwürdigkeit als Geschäftsmänner in der ganzen Stadt diskreditiert ist, erhängt sich der älteste der Brüder (Giulio), während die anderen beiden einem Tod entgegengehen, der die Konsequenz ihres zügellosen Lebenswandels ist.

Der Roman endet mit der Mitleidsgeste ihrer Nichten, die nach dem Tod des letzten der drei Brüder von ihren Ersparnissen drei gleiche Kreuze für ihre Gräber kaufen.

Die Existenz als Tragödie

Betrachtet man die drei Romane noch einmal im Verlauf, erweist sich die Phänomenologie der Thematik des ökonomischen Scheiterns als symptomatisch: In *Con gli occhi chiusi* ist die Sohnfigur noch ein Jugendlicher, das Vermögen wird von den fähigen Händen des Vaters verwaltet und der Bankrott ist nur eine – wenn auch konkrete – Eventualität, die im Bereich des Potentiellen bleibt.

Im Vergleich mit dem revolutionären Erstling fühlt Tozzi in den beiden letzten Roman das Bedürfnis, sich zu ‚normalisieren', eine Handlung zu konstruieren, und dafür greift er auf die Entwicklung von Geschichten über ökonomisches Scheitern zurück.

Im *Podere* ist es gerade der ökonomische Ruin, der dem Plot Substanz gibt und ihn vorantreibt: die ungeschickten Versuche Remigios, Ordnung

25 Tozzi: *Opere*, S. 213.

in seinen Angelegenheiten zu bringen; Unglücksfälle, die den Feldfrüchten des Landguts Schaden zufügen; die Bosheit der Menschen, die den jungen Besitzer berauben und betrügen. Mit jeweils eigenen Absichten sind alle einig im gemeinsamen Wunsch, denjenigen finanziell ruiniert zu sehen, der für sie nichts anderes ist als der (unwürdige) Sohn eines echten *padrone*.

In *Tre croci* zeigt sich der Verfall bereits in einem Endstadium: Die drei Protagonisten irren tierhaft und ziellos herum, in der neurotischen Erwartung, dass es zu einem Bruch kommt und ihr Ruin von allen entdeckt wird. Die ganze Handlung dreht sich um das Schicksal der Wechselscheine: Von Seiten der Brüder gibt es keine Aktion, sondern, lateinisch, Passion. So nimmt das Leiden, wie bereits im *Podere*, Züge von Mystik und Opferung an, deren offenes Symbol die drei Holzkreuze sind. Diese religiöse Symbolik führt aber zu keiner hoffnungsvollen Rettungsperspektive zurück, sondern bleibt Zeichen des menschlichen Leidens innerhalb einer höllischen, auswegslosen Atmosphäre.

Mit seinem ganzen Werk hat Tozzi also ein Drama ohne Erlösung geschaffen, die permanente, unausweichliche Krisenhaftigkeit der Existenz dargestellt. In seiner vollständig tragischen Sichtweise ist der Mensch so weit regrediert, dass er auch das Stadium des Tiers oft hinter sich lässt und sich dem des Dings nähert – eines formlosen Wesens, zusammengekauert im Schlamm, aus dem es entstanden ist:

> Ho pensato esista un mondo che Dio non ha finito di creare. La materia non è morta e non è viva. Vi sono vegetazioni quasi tutte eguali tra sé; e sbozzature di bestie informi, che non possono muoversi dal loro fango perché non hanno né gambe né occhi. Le piante di questo mondo non sarebbero riconoscibili al colore; perché non ne hanno. Soltanto quando c'è un tentativo di primavera, si potrebbe sentire il loro odore che ha però qualche cosa del fango. Vi è anche un abbozzo di Adamo; ma senz'anima. Non può parlare né vedere, ma sente che attorno a lui il fango si move; e ne ha paura.[26]

26 So lautet der Anfang der Novelle *Il crocifisso* von 1919 (Tozzi: *Opere*, S. 807).

Literaturverzeichnis

Baldacci, Luigi: *Tozzi moderno*. Einaudi: Torino 1993.

Castellana, Riccardo: *Federigo Tozzi. Bibliografia delle opere e della critica, 1901–2007*. Bibliografia e Informazione: Pontedera (Pisa) 2008.

Debenedetti, Giacomo: *Il Romanzo del Novecento*, Vorwort von Eugenio Montale. Garzanti: Milano 1971.

Marchi, Marco: „Il padrone della luce" [1991]. In: Ders: *Sondaggi novecenteschi. Da Svevo a Pasolini*. Le Lettere: Firenze 1994, S. 53–69.

Marchi, Marco: *Novecento: nuovi sondaggi*. Le Lettere: Firenze 2004.

Marchi, Marco: *Immagine di Tozzi*. Le Lettere: Firenze 2007.

Tozzi, Federigo: *Opere. Romanzi, prose, novelle, saggi*, hrsg. von M. Marchi, Vorwort von Giorgio Luti. Mondadori: Milano 1987.

Marita Liebermann

Der Mann und die Arbeit – Zur Narration kapitaler Krisenfelder in Pierre Bosts *Faillite*

Abstract: This article uses the example of Pierre Bost's novel *Faillite*, whose title itself invokes narratives of crisis and finance emblematic of modernity, to explore the options of counter-discursivity of literary texts. The reading of the novel, along with a consideration of an often-cited tweet by Elon Musk that revolves around the idea of bankruptcy, does not merely aim to expose the narrative's critique of the capitalist system at the level of plot, motif and character. But rather, possibilities of refusing the system come into view, as they manifest in techniques of narrating.

Keywords: bankruptcy, crisis, capitalism, work, counter-discursivity, Pierre Bost, *Faillite*

Einleitende Überlegungen

Wenn über ein großes börsennotiertes Investmentunternehmen berichtet wird, dass es Produktionsprobleme hat, ihm eine der marktführenden Ratingagenturen zudem abnehmende Kreditwürdigkeit attestiert und seine Aktie daraufhin um über 20 Prozent an Wert verliert, wäre im alltagssprachlichen Wortgebrauch hier wohl von einer sich anbahnenden Krise zu sprechen: Die fragliche Firma treibt auf eine schwierige, möglicherweise ausweglose Situation, das heißt hier, den Bankrott zu. Nachdem sich im März 2018 besagte Nachrichten über den Elektrofahrzeughersteller Tesla Inc. verbreiten und das milliardenschwere Unternehmen die genannten Kursverluste hinnehmen muss, veröffentlicht dessen Vorstandsvorsitzender Elon Musk einige Tage später, am 1. April, eine Stellungnahme, wie es sie so bis dahin noch nie gegeben hatte:[1] Über Twitter schickt er eine Fotoaufnahme um die Welt, die ihn am Boden sitzend zeigt; Rücken und

1 Vgl. zu den Vorgängen Maak, Niklas: „Die Schönheit des Bankrotts“. *FAS*, 8.4.2018, S. 42.

Kopf gegen einen Tesla gelehnt, die Augen geschlossen, hält er ein mit dem Wort „Bankwupt!" beschriebenes Stück Pappe in der Hand, welches, wie die darauf gedruckten Buchstaben gut lesbar mitteilen, aus einem Tesla-Karton gerissen ist und gerade so viel von Musks Brust bedeckt, dass es den Namen „Elon" auf seinem T-Shirt noch sehen lässt. Elon sei sturzbetrunken, ist einer der begleitenden Textnachrichten zu entnehmen, seine Wangen trügen Spuren getrockneter Tränen. In einem weiteren dazugehörenden Tweet heißt es: „Despite intense efforts to raise money, including a last-ditch mass sale of Easter Eggs, we are sad to report that Tesla has gone completely and totally bankrupt. So bankrupt, you can't believe it."[2]

Nur wer in Wahrheit nichts Derartiges zu befürchten hat, kann sich solch kühne Ironie leisten: Das zumindest soll die ganz offensichtlich ‚unechte' Nachricht vermitteln,[3] die aber nicht nur die Bankrottgefahr gleich mit in die Sphäre des Aprilscherzes verweist, sondern auch die Medialität des vorangehenden Pleite-Szenarios. Die demonstrativ zur Schau gestellte Gemachtheit des Bild-Text-Ensembles umfasst auch eine spöttisch-skurrile Entlarvung von Macht: Sie kommentiert das Vermögen der Finanzmarktinstrumente (wie Ratings, Prognosen, Algorithmen) und der mit ihnen verzahnten Nachrichtenmedien, Tatsachen durch Wahrnehmungsangebote zu schaffen, die für die Öffentlichkeit praktisch nicht nachprüfbar sind und trotzdem oder gerade deshalb oft genug zum allgemein Für-wahr-Gehaltenen und letztlich zu materieller Wahrheit werden. Dass diese Wahrheitsproduktion sich ohne Wirkungsverluste offen als solche präsentieren kann (insofern etwa spätestens seit der Finanzkrise 2008 jeder weiß, dass Aktienkurse nicht zwingend ein Wertäquivalent in der Realität haben müssen),[4] führt Musks Falschmeldung mit ihrem sprachlich und visuell bis ins Detail auserzähltem Fake-Charakter vor Augen. So scheint die eigentliche

---

2 Vgl. „Elon Musk turns Tesla's troubles into April Fools' joke — but flamethrowers are real". In: *Geekwire*, 1-4-2018, retrieved 26.5.19, from https://www.geekwire.com/2018/elon-musk-turns-teslas-troubles-april-fools-joke-flamethrowers-still-real/.

3 Vgl. Maak 2018.

4 Zur Irrationalität gerade auch des neueren ökonomischen Diskurses vgl. Vogl, Joseph: „Die Vergötzung des Marktes. Über das seltsame Überleben des Gottesbeweises in der Ökonomie". *Blätter für deutsche und internationale Politik* 62, 2017, S. 97–108.

Unverfrorenheit des scherzenden Silicon-Valley-Akteurs darin zu liegen, dass er (nicht unähnlich den sogenannten ‚Populisten' im politischen Feld, die dem Establishment angehören, das sie zu bekämpfen vorgeben) auf die Machtausübung eben jener Medien zeigt, denen er seinen Reichtum verdankt. Und so könnte seine auf den ersten Blick rebellisch-witzige Fake-News-Reihe letztlich doch als systemstützende Aktion verstanden werden: Denn schon dass er auf das Finanzmarktgeschehen antwortet, noch dazu mit einer ausgeklügelten Gegenkampagne, bestätigt letztlich doch die Unwiderstehlichkeit der medialen Dynamiken und der von ihnen gesteuerten Diskurse, die sich offenbar auch von einem Musk ebenso wenig subvertieren wie kontrollieren lassen. Mit anderen Worten: Der Investmentunternehmer ist in existentieller Weise abhängig von den Nachrichten, die in den Medien über ihn kursieren; er muss unabhängig vom realen Sachstand bei Tesla ein Diener seines medialen Bildes sein, um der drohenden (und eventuell mediengemachten) Krise zu begegnen.

In einer analogen Situation befindet sich in einer Umschlagphase seines Lebens – einer *krísis* im Sinne der griechischen Wortbedeutung[5] – der Zuckerfabrikant Brugnon, die Hauptfigur von Pierre Bosts 1928 publiziertem Roman *Faillite*, die sich unter verschiedenen Aspekten in ein Äquivalenz- oder Kontrastverhältnis zu Musk setzen lässt. Lange bevor das Attribut ‚postfaktisch' zum Mode- und Schlagwort wurde, entfaltet *Faillite* Motivzusammenhänge, die frappierende Strukturähnlichkeiten zu Elementen des heutigen Beziehungsgeflechts zwischen Finanzmarkt und Medien aufweisen, wie es in der skizzierten Tesla-Episode originell, aber wohl doch beispielhaft greifbar wird. Im Unterschied zu jener realen Selbstinszenierung, die sich in ihrer brillanten Systemkonformität nicht nur als paradoxe und daher besonders effektvolle Eigenwerbung beschreiben lässt, sondern auch als Testimonial-Auftritt für den smarten Liberalismus

5 Vgl. zur Etymologie Goeze, Annika / Strobel, Korinna: „Krisenrhetorik". In: Ueding, Gert (Hrsg.): *Historisches Wörterbuch der Rhetorik*, Bd. 10. De Gruyter: Berlin u.a. 2012, Sp. 511–530, hier Sp. 511; Koselleck, Reinhart: „Krise". In: Brunner, Otto et al. (Hrsg.): *Geschichtliche Grundbegriffe. Historisches Lexikon zur politisch-sozialen Sprache in Deutschland*, Bd. 3. Klett-Cotta: Stuttgart 1982, S. 617–650, hier S. 617–619.

der New Economy,[6] stimmt der Roman den von ihm erzählten Mechanismen aber nicht zu.

Zwar unterläuft das Text- und Kontext-Gefüge als Ganzes auch im Fall des Literaturwerks nicht die integrative Macht des Kapitalismus. So kann man behaupten, dass der Text auf der historisch-realen Kommunikationsebene damals und heute dem ökonomischen Diskurs nicht entgegengesetzt ist, sondern durchaus dem Imperativ des Marktes gehorcht, insofern der inzwischen zu Unrecht weitgehend vergessene Pierre Bost (1901–1975) ein überaus produktiver und konsumkonformer Schriftsteller bzw. Drehbuchautor war und *Faillite* zu den knapp zwanzig Romanen aus seiner Feder gehört, die er teils im Jahrestakt fertigstellte.[7] Auch ist anzunehmen, dass die relative Aufmerksamkeit, die dieses Werk, das 2013 neu ediert und 2015 zum 40. Todestag des Verfassers ins Deutsche übersetzt wurde, letzthin wiedererlangt hat, nicht von der (erwarteten) Nachfrage auf dem Buchmarkt zu trennen ist. Und diese dürfte zu einem nicht geringen Teil auf das im Titel präsentierte Thema ‚Bankrott' zurückgehen, das unsere Zeit besonders anspricht, der sich nach 2008 (wieder einmal) verstärkt die Frage nach dem Wesen und Unwesen des Geldes und der Finanzen stellt.

---

6 Auf die implizite Feier des Systems als Abenteuerspielplatz für Erwachsene mit Sexappeal und immer neuen Ideen zur Geldvermehrung würde nachträglich auch dann kein Schatten fallen, wenn Tesla scheitert, wie aus Maaks Deutung folgt: Musk erinnere „an den barbarinischen Faun, die berühmte antike Skulptur eines wollüstig hingeräkelten Satyrn. Was Musk hier darstellt, ist kein besoffener Pleitier, sondern ein schlummernder Halbgott, ein Objekt der Begierde, dem Geldprobleme gar nichts anhaben können. [...] Wenn Tesla überlebt, wird dieses Foto als endgültiger Abschied von einer Ästhetik der Vertrauenswürdigkeit zugunsten von Spaß, Risiko, Vision und Spekulation gelten. Wenn nicht, wird man sich daran erinnern als ein Bild dafür, dass im Silicon Valley doch alles nur ein großes lustiges Milliardenspiel war." (Maak 2018)

7 Zu Bost vgl. Ouellet, François: „Du roman au ‚je' au Roman social. Lire Proust et Balzac chez Pierre Bost". *Études littéraires* 36 (3), 2005, S. 43–60, weitgehend unverändert erneut veröffentlich unter dem Titel „Pierre Bost entre Proust et Balzac". In: Ouellet, François: *La littérature précaire. De Pierre Bost à Pierre Herbart.* Éditions universitaires de Dijon: Dijon 2016 (Collection Écritures), S. 9–29; vgl. auch Ders.: „Pierre Bost". *Nuit Blanche* 93, 2004, S. 40–43; Ders.: „Pierre et Jacques-Laurent Bost. Le romancier et l'épistolier". *Nuit blanche* 101, 2006, S. 30–32; Ders.: „Un adieu à la littérature: *Monsieur Ladmiral va bientôt mourir* de Pierre Bost". *Roman 20–50* (40), 2005, S. 149–157.

Überhaupt mag die nicht nur im Ökonomischen von Krisen heimgesuchte Gegenwart eine gewisse Affinität haben zum Ende der ‚Goldenen Zwanziger',[8] das mit der Erstpublikation des Romans zusammenfällt: einer Epoche, die retrospektiv den Zusammenbruch der New Yorker Börse 1929 und die anschließende Weltwirtschaftskrise ebenso aufrufen kann wie das tiefe geistig-zivilisatorische Krisenbewusstsein nach dem Ersten Weltkrieg, das sich prominent in Paul Valérys Essay „La crise de l'esprit" (1919)[9] artikulierte und auch als ‚Krise des Romans'[10] beschreibbar wurde. Kurzum, der Kapitalismus kann in der realen Kommunikationsdimension vermutlich jeden kritischen Diskurs integrieren,[11] wenn er die Kritik nicht gar von einem Medium der Subversion oder ‚Revolution'[12] zu einem Faktor und Instrument des Systems umfunktioniert:[13] insofern einerseits selbst die

8 Für eine Kritik an der aktuellen Ubiquität des Krisenbegriffs und dessen politischer Instrumentalisierung vgl. Neumaier, Otto: „Kritik der Krise". In: Fenske, Uta et al. (Hrsg.): *Die Krise als Erzählung. Transdisziplinäre Perspektiven auf ein Narrativ der Moderne*. Transcript: Bielefeld 2013 (Edition Kulturwissenschaft, 13), S. 49–69.

9 Vgl. hierzu Hülk, Walburga: „Narrative der Krise". In: Fenske et al. 2013, S. 113–131, hier S. 122–131.

10 Schon der Titel von Ouellets Monographie *La littérature précaire*, weist der Narrativik der ‚Entre-deux-guerres'-Generation einen Krisenstatus zu; ausführlich zu Themen und Akteuren der Diskussion Raimond, Michel: *La crise du roman. Des lendemains du Naturalisme aux années vingt*. Corti: Paris [4]1966.

11 Ein besonders sinnfälliges Beispiel stellt die Skulptur „L.O.V.E." des Künstlers Maurizio Cattelan dar, ein monumentaler erhobener Mittelfinger aus Marmor, im Jahr 2010 vor der Mailänder Börse errichtet, ursprünglich eine Provokation und inzwischen eine Station des touristischen Stadtrundgangs.

12 Nach gängigen Epochenkonzepten lässt sich die Moderne ja überhaupt dahingehend beschreiben, dass ihr die Trias ‚Kritik-Krise-Revolution' inhärent ist, insofern stetiger Wandel die Stabilität immer wieder herausfordert, wie aus allgemein- bzw. wissenschaftshistorischer Perspektive einschlägig Reinhart Koselleck und Thomas Kuhn anhand des Zusammenhangs von Kritik und Krise bzw. mit dem Konzept des Paradigmenwechsels darlegen. Hierzu Mergel, Thomas: „Einleitung: Krisen als Wahrnehmungsphänomene". In: Ders. (Hrsg.): *Krisen Verstehen. Historische und kulturwissenschaftliche Annäherungen*. Campus: Frankfurt/New York 2013 (Eigene und fremde Welten, Repräsentationen sozialer Ordnungen im Vergleich, 21), S. 9–22; Leschke, Rainer: „Medientheorie und Krise". In: Fenske et al. 2013, S. 9–31.

13 Im Rahmen des vorliegenden Beitrags kann auf die für diesen Kontext grundlegende Kritische Theorie nur hingewiesen werden; genannt sei lediglich das

verschiedenen, direkt oder indirekt aus dem Kapitalismus begründbaren Krisen – wie die Schulden- bzw. Bankenkrise, die Arbeitsmarktkrise, die Geschlechterkrise – systemkonform zu vermarkten sind, wie sich andererseits auch opponierende Diskurse als Ströme einer ‚Selbstreinigungskraft'[14] ausgeben lassen, die dafür sorgt, dass es nach den Krisen substantiell unterschiedslos ‚irgendwie immer weiter geht'. Weit davon entfernt, einen Paradigmenwechsel zu bewirken, stützt die Kritik auf diesem Weg die überkommenen ökonomischen Konzepte und Praktiken. Und der Buchmarkt ist sicher nicht die größte unter den Konsumoptionen, die das System zur Bewältigung der eigenen Krisensymptomatik geschaffen hat bzw. mit denen es sich als im Grunde einzige ‚vernünftige' oder allein ‚funktionierende', weil letztlich doch konsistente Ökonomie kontinuierlich selbst bestätigt.

Genau dieses nach wie vor als Axiom[15] geltende Ideologem kann die Fiktion aber in Frage stellen, obwohl sie den Markt braucht, um kommuniziert zu werden: Indem sie über die textinterne Pragmatik oder die fiktive Kommunikationsebene und, im Bereich der Narrativik, durch die *histoire* und deren Gestaltung ausgewählte Elemente des ökonomischen Lebens so profiliert, dass für selbstverständlich Gehaltenes, etwa habitualisierte Regeln oder Übereinkünfte im Bereich des (Nicht-)Wissens problematisch werden. Es geht also, wie im vorliegenden Beitrag anhand von Bosts *Faillite* gezeigt werden soll, nicht nur um Kritik durch eine entsprechende Handhabung einzelner Motive, sondern auch um eine potentielle Meta- und Gegendiskursivität, die sich durch Erzählverfahren und die Inszenierung von Paradigmen mitteilen kann. In diesem Sinne will die vorliegende Lektüre zum einen dartun, dass und wie der kurze Text über Brugnons Leben Grundstrukturen der westlichen Kultur reflektiert und als prekär vorführt: dass und wie die Narration durch den Einsatz verschiedener

---

ungebrochen aktuelle Kapitel „Kulturindustrie. Aufklärung als Massenbetrug" in Horkheimer, Max / Adorno, Theodor W.: *Dialektik der Aufklärung. Philosophische Fragmente*. Fischer: Frankfurt/Main [16]2006, S. 128–176.

14 Im weitesten Sinne wäre diese zu verstehen als Faktor der vielbeschworenen Selbstregulierung der Märkte. Vgl. hierzu weiter unten und Anmerkung 19.

15 Vgl. dazu besonders pointiert die weltweit präsenten Vertreter der Vorstellung eines immerwährenden ökonomischen Wachstums im Dokumentarfilm *System Error* von Florian Optiz (2018).

Darstellungstechniken und damit einhergehender Perspektivierungsformen analytische Porträts eines Protagonisten entwirft, dessen Krise weit mehr umfasst als seine Finanzen, gerade weil seine Selbst- und Weltwahrnehmung durch den Kapitalismus konditioniert sind und sein Geschäft im Grunde die einzige Quelle seiner psychischen Selbstversicherung bildet. Zum anderen scheint es aber auch möglich, an den Roman exemplarisch die Frage heranzutragen, ob und wie es Literatur gelingen kann, sich dem ökonomischen Diskurs zu verweigern.[16]

Nicht zufällig sind Brugnons ökonomische Probleme, die hier als Erstes betrachtet werden sollen, bereits zu Beginn des Romans auserzählt. Wenn er sich am Ende der Handlung erneut finanziellen Schwierigkeiten konfrontiert sieht, schließt sich der narrative Kreis, doch ist zu diesem Zeitpunkt der Held längst schon zersetzt, der sein Leben nur mit Arbeit und dem Glauben an wirtschaftliches Wachstum zu füllen vermag. Mit aktuellem Vokabular ließe er sich vermutlich als Burn-out-Fall charakterisieren, gibt der Roman doch gleichsam photographisch den körperlichen Verfallsprozess des Mittvierzigers wieder, der – im Gegensatz zu dem äußerlich anscheinend immer jünger werdenden Elon Musk – unnatürlich schnell altert. Doch das artikellose Titelwort *Faillite* bezieht sich nicht ausschließlich auf das Scheitern der einen Figur, die bloß zu schwach wäre, dem Druck seines Lebens standzuhalten. (Nicht ein individueller ‚Fall' wird erzählt wie in Camus' *La chute*.) Vielmehr stellt sich die erzählte Welt überhaupt als zerrüttet dar, wie nachfolgend der zweite Teil anhand einer Reflexion über die erzählerische Inszenierung zum einen des Regiments der Arbeit, zum anderen der Mann-Frau-Beziehungen aufzeigen will. Wie sich mit *Faillite* heute real akute Problemzusammenhänge lesen ließen, kann der Beitrag nur exemplarisch hinsichtlich der oben angedeuteten Frage nach der Mediatisierung ökonomischer Krisen skizzieren.

---

16 Vgl. zu dieser Themenstellung Vogl, Joseph: „Geschichte, Wissen, Ökonomie". In: Neumann, Gerhard (Hrsg.): *Poststrukturalismus. Herausforderung an die Literaturwissenschaft.* Metzler: Stuttgart/Weimar 1997 (Germanistische Symposien, Berichtsbände, XVIII), S. 462–480; Urban, Urs / Schuchhardt, Beatrice: „Handel, Handlung, Verhandlung. Theater und Ökonomie". In: Dies. (Hrsg.): *Handel, Handlung, Verhandlung. Theater und Ökonomie in der Frühen Neuzeit in Spanien.* Transcript: Bielefeld 2014, S. 7–33.

Unternehmenskrisen zwischen Medienphänomen und Blackbox

Dramaturgisch effektvoll ruft bereits der Titel die Bankrottsemantik auf, mit der Musk neunzig Jahre später so (scheinbar) überlegen spielt; aber auch an markanten Handlungspunkten der erzählten Welt figuriert das Wort ‚faillite' – zum ersten Mal bezeichnenderweise im Rahmen des erzählerischen Resümees einer Zeitungsmeldung am Beginn des zweiten Kapitels:

> Le journal bleu pâle du sieur Louleau arrivait chaque semaine sur la table de Brugnon. Celui-ci le froissait sans l'ouvrir, puis l'ouvrait en effaçant les plis de son mieux et lisait les lignes qui lui étaient consacrées jusqu'à les apprendre par cœur. On ne disait plus seulement qu'il était fou, on le disait aussi près de faire faillite [...].[17]

Die zwanghafte Reaktion auf die Zeitung, die wie ein verhasstes Suchtmittel erscheint, dem der Protagonist immer wieder nachgibt, ist offenkundig der Ausdruck eines inneren Kampfes und Leidens, einer masochistischen Abhängigkeit von seinem ‚Pressespiegel'. Die Erzählung modelliert die Krise aber nicht nur auf der Ebene der Motive, der erstmals ins Spiel gebrachten „faillite" und des Verhaltens Brugnons, sondern auch mit verschiedenen narrativen Verfahren. Beispielhaft sei dazu vorerst nur festgehalten, dass die extern fokalisierte Szene lediglich die sichtbaren Manifestationen des psychischen Konflikts zeigt, die das Adjektiv „fou" gleichsam stumm illustrieren. In der nächsten narrativen ‚Einstellung' wird das Innenleben der Figur noch weiter auf Distanz zum Leser gebracht, erfährt dieser doch ohne Überleitung schon im folgenden Absatz, dass ein gutgelaunter Brugnon, der sich (anders als vielleicht Musk) nicht in der Gefahr sieht, zu bankrottieren, bald nach der Meldung über die bevorstehende Pleite auf eine für ihn verheißungsvolle Geschäftsreise geht. Die blassblaue Zeitung, die den sprechenden Namen *Franc-Joueur* trägt, setzt inzwischen ihre negative Berichterstattung über sein Unternehmen fort, nun mit Falschnachrichten über seine Abwesenheit, die auf eine „cure de isolement" (F,

17 Bost, Pierre: *Faillite*, Préface de François Ouellet. La Thébaïde: Le Raincy 2013, S. 37. Im Folgenden wird der Text unter Verwendung des Kürzels ‚F' nach dieser Ausgabe zitiert.

37) zurückgeführt oder durch eine Flucht erklärt wird. Bei seiner Rückkehr sieht sich Brugnon einer Atmosphäre aus Furcht und Unsicherheit konfrontiert, hervorgebracht durch die Gerüchte, deren Gegenstand er ohne physisch nachprüfbaren Grund geworden ist. Das finanzielle Interesse der einzelnen Beteiligten sorgt nicht im Sinne liberaler Markttheorien für das Allgemeinwohl,[18] sondern führt zu einem irrationalen Glauben an die Wahrheit der Lüge, der hinsichtlich seiner sozialen Zerstörungswucht noch genauer zu betrachten sein wird: „les bruits les plus mensongers peuvent trouver créance chez les hommes les plus raisonnables quand leur intérêt est en jeu [...]. Il faut peu de temps à un mensonge pour devenir vérité." (F, 37f.)

Wer über Steuerungsformen der Wahrnehmung gebietet, kann Krisen allerdings nicht nur in Gang setzen, sondern auch gestalten. Aus dem gleichen Grund wie später Musk versuchen wird, sein mediales Bild selbst zu erzeugen, akzeptiert Brugnon an diesem Punkt denn auch die Macht des Zeitungsschreibers Louleau und verbündet sich mit ihm. Das Blatt stellt daraufhin die negative Berichterstattung über den Zuckerfabrikanten ein, so dass sich am Ende des Kapitels der Erzählerkommentar über die Austauschbarkeit von Wahrheit und Lüge gewissermaßen unter der Hand bestätigt findet: „On put désormais lire d'un bout à l'autre le *Franc-Joueur* sans y trouver aucune allusion à Brugnon, à sa maison ni à ses affaires, sauf une fois un court article faisant partie d'une série intitulée: *Les Grands Sucriers*, où Brugnon était présenté comme un des rois de la Bourse du Commerce." (F, 56f.) Explizit erzählt wird der zu dieser Einschätzung führende ‚Deal' allerdings nicht, wenngleich der Leser aus der elliptischen Darstellung relativ problemlos schließen kann, dass der Unternehmer und die Zeitung sich einander in einer Art Gegengeschäft aus Erpressung, Informationenverkauf und Bestechung verpflichtet haben.

Es ist nicht nötig, die Analogien und Unterschiede zwischen der Musk'schen Selbstinszenierung und der *Franc-Joueur*-Episode aus *Faillite* vertiefend zu diskutieren; selbstverständlich hat die Gegenüberstellung der realen Welt mit der fiktiven Grenzen, umso mehr als zwischen beiden Wirklichkeiten beinahe ein Jahrhundert liegt. Dennoch lassen sich die

18 Vgl. u.a. Vogl 2017, S. 101.

verschiedenen Szenarien bis zu einem gewissen Grad als komplementär beschreiben: insofern in der Twitter-Offensive der Unternehmer zu sehen ist, wie er auf der medialen Bühne agiert und dabei jenes Gesicht der (von ihm ironisch negierten) Unternehmenskrise wahrnehmbar werden lässt, das er selbst für die Öffentlichkeit bestimmt hat, während der Roman die umgekehrte Blickrichtung hinter die öffentlichen Kulissen einnimmt und den Unternehmer dabei beobachtet, wie er auf das Krisengesicht seiner Firma reagiert, das die Presse geschaffen hat. Umso bezeichnender scheint es, dass die beiden Geschehen nicht allein in den ähnlichen thematischen Zutaten Verbindungspunkte haben, sondern in einer strukturbildenden Opazität.

Musks Tweet-Folge wäre ja unternehmerisch funktionslos, wenn die das Finanzmarktgeschehen verfolgende Öffentlichkeit, von der übrigen Internet-Leserschaft ganz zu schweigen, auch nur annähernd genau wüsste, wie gut oder schlecht es in Wahrheit um Tesla steht. Analog erzielen Louleaus Erfindungen über Brugnons Zuckerfabrik nur deshalb ihre Wirkung, da das Zeitungspublikum keine seiner Meldungen verifizieren oder falsifizieren kann. Gehört das Moment der Undurchsichtigkeit, heute landläufig mit der Metapher der Blackbox und ursprünglich u.a. als ‚unsichtbare Hand' beschrieben, durch die Vorstellung einer Art ‚automatischer' Selbstregulierung der Märkte seit jeher zum Konzept liberal-kapitalistischer Ökonomien,[19] überkreuzen sich hier die Erscheinungsformen des Kapitalismus und der Krise. Denn diese gewinnt ihrerseits ein Strukturprinzip aus dem Faktor der Offenheit und damit einhergehender Unklarheit, wie Kosellecks vielzitierte Definition akzentuiert:

> Es liegt im Wesen einer Krise, daß eine Entscheidung fällig ist, aber noch nicht gefallen. Und es gehört ebenso zur Krise, daß offenbleibt, welche Entscheidung

---

19 Vgl. zu den genannten Metaphern überblicksweise die „Einleitung" der Herausgeber in dem im Ganzen instruktiven Band von Bublitz, Hannelore et al. (Hrsg.): *Unsichtbare Hände. Automatismen in Medien-, Technik- und Diskursgeschichte*. Fink: München 2011 (Online-Ausgabe 2013) (Schriftenreihe des Graduiertenkollegs „Automatismen"), S. 9–18. Zum Ganzen vgl. einschlägig Vogl, Joseph: *Das Gespenst des Kapitals*. diaphanes: Zürich ³2010/11; Ders. 2017; zur Blackbox ferner: Pasquale, Frank: *The Black Box Society. The Secret Algorithms That Control Money and Information*. Harvard University Press: Cambridge/London 2015.

> fällt. Die allgemeine Unsicherheit in einer kritischen Situation ist also durchzogen von einer Gewißheit, daß – unbestimmt wann, aber doch bestimmt, unsicher wie, aber sicher – ein Ende des kritischen Zustands bevorsteht. Die mögliche Lösung bleibt ungewiß, das Ende selbst aber, ein Umschlag der bestehenden Verhältnisse – drohend und befürchtet oder hoffnungsfroh herbeigewünscht – ist den Menschen gewiß.[20]

Wenn sich die Binarität Gewissheit-Ungewissheit dadurch verkompliziert, dass die „bestehenden Verhältnisse" selbst undurchschaubar werden, bleibt von besagter Gewissheit kaum noch mehr als eine Hohlform, wird das Wissen um den sicher bevorstehenden Umschlag zur vagen Ahnung, dass sich ‚etwas verändern muss'. Dass die Krisenhaftigkeit dieses ‚etwas' oder das Bewusstsein über die Fälligkeit einer Entscheidung von der medialen Vermittlung der betreffenden Lage abhängt, muss nicht betont werden. Aber auch wenn außer Frage steht, dass die sich angeblich ihrerseits selbstregulierenden Medien meist nicht zu jenem quasi ‚natürlichen' Kräfteausgleich der Ökonomie beitragen (sondern Partei oder selbst ökonomische Kraft sind), so frappiert an den beiden thematisierten Beispielen doch der geradezu verdunkelnde Effekt der medialen Kommunikation: Nicht obwohl, sondern weil die Krisen öffentlich verhandelt werden, verdichtet sich der Nebel um das wirklich Vorgehende, das sich regelrecht aufzulösen scheint – und zwar tendenziell zum Vorteil der Unternehmer.

Musks gemimte Verzweiflung lässt sich nicht nur als Versuch deuten, durch die selbstironische Charme-Offensive gute Stimmung zu verbreiten, sondern auch als Taktik der zusätzlichen Verunklarung einer Situation, die außer Kontrolle geraten ist oder zumindest von der Unternehmensführung nicht positiv entschieden werden kann. So wie in der massenmedialen Werbung paradoxaler Sprachgebrauch für „Opakisierung" sorgt – Luhmann zufolge die „Unkenntlichmachung" der Gründe, aus denen der umworbene, potentielle Kunde, ein Produkt zu brauchen meint, was er tatsächlich nicht braucht, bzw. jegliche Form der „Beihilfe zur

20 Koselleck, Reinhart: *Kritik und Krise. Eine Studie zur Pathogenese der bürgerlichen Welt.* Suhrkamp: Frankfurt/Main ^{3}1979 (Taschenbuch Wissenschaft, 36), S. 105. Zur Struktur der Krise vgl. auch den Beitrag von Berit Callsen im vorliegenden Band.

Selbsttäuschung"[21] des Umworbenen durch die Werbung –, so wird in Musks Eigenwerbung demonstrativ das Gegenteil dessen mitgeteilt, was der Nachrichtenempfänger glauben soll, der sich aufgrund der Paradoxierung aber vollkommen frei in seiner Urteilsfindung wähnt. Und schon an diesem Punkt hätte die Aktion ihr Ziel erreicht, insofern sich Luhmanns Betrachtungen zur Psychologie einer Küchenwerbung auf die Twitter-Serie übertragen lassen: „zunächst kommt es ja darauf an, in ein bereits interessenfixiertes Terrain einzubrechen und eine spezifische Unsicherheit zu erzeugen: Schon daß man überhaupt die Frage stellt, ob oder nicht (eine neue Küche angeschafft werden sollte)" – bzw. ob die Aktienkurse und Ratings etwas bedeuten oder nicht –, „ist ein Erfolg der Werbung".[22] In Bezug auf die Krise würde das heißen, der Fake-News-Aprilscherz hätte das Ziel gehabt, eben jenes Moment der Unsicherheit, das definitionsgemäß die Krise regiert, auszubauen: die Krise und die mit ihr einhergehende Schwebelage zur Verhinderung einer unter Umständen unliebsamen Vereindeutigung gleichsam gegenaufklärerisch zu verlängern.

Auch von der medial erzeugten Krise, wie sie *Faillite* schildert, profitiert der Unternehmer, der, nur weil er zunächst verleumdet wurde, am Ende als einer der „rois de la Bourse du Commerce" aus der Episode hervorgeht. Der Zeitungsschreiber kann ja nicht anders als Brugnon zu rehabilitieren, nachdem der Pakt, dessen Hintergründe und Resultate geheim bleiben müssen, zu beiderseitigem Nutzen geschlossen ist. Ist die Anti-Transparenz im Kontext der Erhebung des Geschäftsmanns zum ‚König der Handelsbörse' ein eher implizites Handlungselement, erzählt der Roman aber auch explizit von der Undurchsichtigkeit der Lage, die er allerdings nicht nur dokumentiert. Vielmehr vermag die narrative Modellierung auch die andere Seite, die ‚Opfer' der Gegenaufklärung in Gestalt der Angestellten Brugnons, in den Fokus zu rücken und dabei die sozialpsychologische Dynamik der auf Nichtwissen gründenden Krise sichtbar zu machen. Schon im Kontext der Kampagne Louleaus gegen den Zuckerfabrikanten deutet sich an, dass die Desinformation durch den Journalisten nicht allein für die Unsicherheit verantwortlich ist, sondern der Umgang der Mitarbeiter

21 Luhmann, Niklas: *Die Realität der Massenmedien.* Westdeutscher Verlag: Wiesbaden [2]1996, S. 87.

22 Ebd., S. 88.

untereinander die beunruhigenden Ahnungen noch anwachsen lässt: „On ne pouvait savoir si ses collaborateurs eux-mêmes n'avaient pas quelque inquiétude. M. Narbonne en avait parlé par allusions à Jean Poussain qui avait ri; mais Jean Poussain n'était pas vraiment un homme d'affaires." (F, 38) Und auch als die Gefahr nach einer weiteren Geschäftsreise und der Übereinkunft Brugnons mit dem Journalisten fürs Erste gebannt ist, bleiben die Angestellten lieber im Unklaren über die Vorgänge als ihnen auf den Grund zu gehen: „Quand on n'espéra plus comprendre ce qui s'était passé, on renonça à chercher, et on oublia ce voyage inquiétant" (F, 56). Regiert die Undurchsichtigkeit die Wahrnehmung einer Situation als Krise, begleitet sie auch deren Überwindung. Die Beschäftigten wählen den Weg der kollektiven Verdrängung des Verstörenden, das keiner von ihnen auf klären will, weil die Informationsunterversorgung nicht nur die Firmensituation betrifft, sondern auch den Kenntnisstand der jeweils anderen. Denn so sehr die quälende Unwissenheit allen gemein ist, so wenig taugt sie als Kitt eines ‚selben Boots', in dem sich alle verorten würden, wie der Erzähler kurz nach Brugnons zweiter Abreise schildert:

> Nul ne connaissait le but de ce voyage soudain, et chacun, croyant que les autres étaient mieux renseignés, et dans l'espoir d'apprendre quelque chose, faisait semblant de savoir ou de deviner; mais comme ils jouaient tous le même jeu, aucun d'eux ne savait percer celui des autres et ils restaient face à face sans oser rien dire, cherchant ensemble, hésitant, comme deux gendarmes dont chacun prend l'autre pour un voleur déguisé. C'était surtout Jean Poussain qu'on soupçonnait d'être averti, puisqu'il avait assisté en partie à la conversation de Brugnon avec Louleau; mais Jean Poussain ne savait rien. (F, 53f.)

Aus dem Zustand der allgemeinen Unaufgeklärtheit gibt es keinen Ausgang, da jeder sich des eigenen Nichtwissens schämt und es durch vorgetäuschtes Im-Bild-Sein zu überspielen trachtet. So ist jedweder rationale Zugang zum allen gemeinsamen Problem verstellt. Anstatt sich gegenseitig offene Fragen zu stellen, horchen sich die Kollegen wechselseitig aus, ohne jemals etwas zu erfahren. Die Erfolg- und Hilflosigkeit ihres Verhaltens nimmt absurd-komische Züge an, wie eine Sequenz verdeutlicht, die durch einen *discours indirect libre* Poussains eingeleitet wird. „Il est inadmissible que personne ne soit averti du but véritable de ce voyage; Quellemaleur doit savoir quelque chose...", heißt es in der erlebten Rede, an die sich der Erzählerbericht anschließt: „Et Jean Poussain allait trouver

M. Quellemaleur, qui se réjouissait de le voir entrer, espérant qu'enfin il allait être renseigné." (F, 55) Wie wenig irgendeine der besorgten Reaktionen oder heimlichen Ängste auf Faktenkenntnis basiert, zeigt sich am Kapitelende noch einmal, wenn der zuvor als beunruhigt beschriebene Narbonne nach dem Resümee der einzigen positiven Meldung des *Franc-Joueur* als geradezu lächerlich ahnungslos vorgeführt wird: „À quelque temps de là, Brugnon fit agrandir son usine de Mézières, et y fit transporter toutes les machines de l'usine de Montélimar, qu'il abandonnait, et qu'il vendit à un marchand de vins. Beaucoup de frais pour rien, disait M. Narbonne." (F, 57) Die stumme Übereinkunft der Angestellten, sich keine Blöße zu geben, das Gesicht zu wahren, macht sie für den Unternehmer unschädlich, wenn nicht gar zu einer Verfügungsmasse. Denn in dem Maße, in dem die Unwissenheit das soziale Gefüge der Firma zersetzt, sich die Mitarbeiter gegenseitig misstrauisch beäugen, stets auf eine vermeintlich zurückgehaltene Information lauernd, steigt die Macht des Chefs, der umso mehr als heldenhafter Retter aus der Gefahr erscheinen muss.

Tatsächlich scheint lediglich Brugnon zu durchschauen, was sich in jenen Wochen zuträgt: „lui, comme tous les chefs, se contentait de tout savoir." (F, 47) Doch die erzählerische Ironie kündigt bereits die Relativierung der dem Firmenoberhaupt vermeintlich zugestandenen Allwissenheit in den unmittelbar folgenden Sätzen an, die darauf verweisen, dass sich auch hinter der Figur des Chefs keine im Verborgenen wirkende Kraft einer das System beherrschenden Vernunft verbirgt: „Le métier de chef est à la fois facile et difficile, toujours déformé par l'opinion. Les subalternes le croient facile, alors qu'il leur serait difficile; les chefs, eux, le croient difficile, alors qu'il leur est facile. Brugnon ne se posait aucune question de cet ordre, et commandait à tous, en commençant par lui-même." (Ebd.) Ebenso wenig wie der Zeitungsschreiber, der zeitweise den Überblick verliert („M. Louleau, lui non plus, ne semblait rien savoir"; F, 54), erfüllt der Chef die Funktion eines ordnenden Zentrums, zum einen, weil er wie jeder andere – nicht nur in der Krise, sondern im Arbeitsalltag überhaupt – seine Urteile aus der „opinion", seiner zwangsläufig selektiven Wahrnehmung formt. Darüber hinaus aber bringt sich Brugnon um die Chance, auch nur die verschiedenen Wahr-Nehmungen zu überschauen und dadurch möglicherweise eine Position außerhalb des Systems zu beziehen, insofern er sich schlicht keine Fragen stellt. Dass er das ‚Kommando' über seine

Mitarbeiter hat, ist für ihn in gleicher Weise gesetzt wie sein Gewinnstreben als Unternehmer. Auch als Leiter des Geschäfts ist er folglich nicht mehr als eine Funktion der Blackbox, die keiner der Beteiligten restlos durchschauen oder kontrollieren kann; umgekehrt scheint sie es zu sein, die in der ihr eigenen unverständlichen Art alle um sich versammelt und dirigiert.

Arbeiten und Lieben im Zeichen des Kapitalismus – Kryptische Transparenz und Formen der (narrativen) Systemverweigerung

Schon das Incipit von *Faillite* perspektiviert den Automatismus, in den der Protagonist gleichsam hineingeboren ist:

> Brugnon avait eu une jeunesse facile. Son père était riche, sa mère lui parlait toujours avec douceur. Tous deux lui avaient enseigné de bonne heure qu'il devait *travailler* et il ne s'était trouvé personne pour lui apprendre à douter de ces paroles-là; *le seul rêve* qu'il voulut un jour réaliser, c'était de se mettre au *travail* chaque matin, de s'interrompre à une heure, puis de reprendre et de s'arrêter enfin, très tard. Le lendemain, il recommencerait. La vie de tous les hommes qu'il voyait ou qu'il devinait était construite sur ce squelette. (F, 15, Kursivsetzung M.L.)

Aber nicht nur ein Traum scheint wahr zu werden, als er sich, im Anschluss an zwei andere fremdbestimmte Lebensstationen, den „sur l'ordre du pays" absolvierten Militärdienst und die – „comme son père le lui demanda" besuchte – „École des sciences politiques", auch dieses Gerippe oder Gerüst („squelette") zu eigen machen darf. Vielmehr präsentiert sich sein Eintritt in die Arbeitswelt wie die Erfüllung eines quasi-religiösen Heilsversprechens, das die Providenzidee[23] der modernen Ökonomie assoziieren lässt: „il vit enfin s'ouvrir devant lui des portes qui lui paraissaient celles d'un *paradis*. Il fut le secrétaire de son père." (F, 15, Kursivsetzung M.L.) Die negative Semantik des Ende und Endgültigkeit voraussagenden Romantitels verstärkt die Ironie des Auftakts, insofern der Begriff ‚faillite' die fragwürdige Identifikation des „seul rêve" und des Paradieses mit der Banalität der tagtäglichen Arbeitsstunden und des Sekretärdaseins zusätzlich unterstreicht. So kann es denn auch als Bestätigung der Haltlosigkeit dieser Gleichsetzung gelesen werden, dass der in jeder Hinsicht

23 Vgl. dazu Vogl 2017, S. 100f.

abgewirtschaftete Brugnon gegen Ende des Textes Paris endgültig für eine Ortschaft namens Sainlieu verlässt, in der Provinz gelegen – und fern der Arbeit („un village très petit, où il n'y a rien, que de la terre, de l'herbe et de l'eau"; F, 180). Allerdings enthält sich die Narration einer kausallogischen Verknüpfung von Beginn und Schluss, macht nicht plausibel, warum der Protagonist die einzelnen Schritte geht, die in seinen Untergang führen. Im Ganzen sind die erzählten Ereignisse, Szenen und Episoden eher lose, meist nur durch die (implizite) Chronologie verbunden, wenn sie nicht gar kontingent erscheinen. Und so kann die hauptsächlich wohl ästhetisch motivierte Zusammenführung von Romananfang und -ausgang in der Vorstellung des heiligen oder seligen Ortes zugleich einen exemplarischen Eindruck von der Konstruktion des *discours* geben: Vereinfacht und zugespitzt kann man behaupten, dass es im Roman weniger um die Entwicklung und Darstellung einer Handlung geht als um die Inszenierung von Motiven und die Akzentuierung des dafür verwendeten Sprachmaterials.

Die bereits erwähnten sprechenden oder auch nur auffälligen Eigennamen – *Franc-Joueur*, Quellemaleur, lediglich durch das Schriftbild von ‚quel malheur' zu unterscheiden, Poussain, leicht mit dem ‚poussin' identifizierbar und nicht zuletzt der an den ‚brugnon' erinnernde Familienname der Hauptfigur, deren Vorname konsequent verschwiegen wird – können einen ersten Hinweis darauf geben, dass die Darstellung auf ein auch klanglich wirksames Evokationsvermögen der Sprache setzt. Wie angedeutet operiert die Narration hinsichtlich der Fokalisierung und des Modus ebenfalls eher mit Techniken des *showing* als mit einem wissenden, erklärenden *telling*.[24] Im Bereich des Erzählerberichts überwiegt die externe oder interne Sicht auf das Geschehen, mit der das Erzählte gewissermaßen auf der Oberfläche verfolgt, der Ereignisablauf dabei aber selten als schlüssig motiviert dargeboten wird. Eine in vergleichbarer Weise gebrochene Transparenz erzeugt die Gestaltung der Figurenrede, die sich häufig im *discours indirect libre* präsentiert, dem Modus der Ambivalenz schlechthin, der die Figur einerseits nah an den Leser heranführt, sie ihm sozusagen durchsichtig macht, andererseits aber durch die latent stets

24 Ouellet (2016, S. 12–16) erklärt diese – auch in anderen Werken Bosts zu beobachtende – Tendenz weitgehend literaturimmanent mit einer stilistischen Orientierung des Autors an Marcel Prousts Modell.

mitschwingende Erzählerstimme umso rätselhafter erscheinen lässt. Vollzieht die Erzählweise so das Moment der Blackbox nach, wird der Eindruck des undurchsichtig Hintergründigen und diffus Fremdbestimmten aber noch durch die Rekurrenz bestimmter Signalwörter und -motive intensiviert. Denn die Wiederholungen tragen weniger zum Voranschreiten der Geschichte bei, als sie vielmehr wie paradigmatische Reihen wirken,[25] zwischen denen die Handlung beinahe willkürlich aufgespannt ist.

In diesem Sinn ist der zitierte Romananfang auch dahingehend richtungsweisend, dass fast bis zum Schluss alle Kapiteleröffnungen das semantische Feld ‚travailler-travail' aufrufen; erst in den beiden letzten Kapiteln, in denen die endgültige Abkehr Brugnons von Paris und der Arbeitswelt erzählt wird und sich somit eine Art Paradigmenwechsel vollzieht, figuriert das Thema nicht an den jeweiligen Anfängen, das bis dahin durch die Vokabeln und Wendungen „chargé de travail" (F, 37), „Brugnon et ses affaires" (F, 59), „Au bureau" (F, 79), „le bureau" (F, 99), „au bureau" (F, 123), „son bureau" (F, 147) durchgehend bereits auf der ersten Seite eines jeden Kapitels präsent ist. Die Arbeit bildet, wenn man so will, nicht nur für das Leben, wie es Brugnon und alle ihm bekannten Menschen führen, ein Gerüst („squelette") oder eine Vorgabe, sondern auch für den Roman. Wiederum zugespitzt, ließe sich die Handlung als Schema beschreiben, in dem der Oberbegriff ‚travail' in Kombination mit anderen signalhaften Motiven gleichsam flektiert und schließlich negiert wird („je ne travaille plus"; F, 126): Wichtiger als die lineare Erzählung, in der aufeinanderfolgende Ereignisse eine nachvollziehbare Veränderung bewirken würden, scheint eine narrative Variation bestimmter Schlüsselthemen, die sich in unterschiedlichen Nuancen praktisch durch die gesamte Geschichte ziehen. Bezeichnenderweise handelt es sich dabei nicht nur um prinzipiell durchaus ereignisträchtige Erzählgegenstände – vor allem die oben angesprochene Frage nach der Verrücktheit und die Geschlechterproblematik –, sondern auch um topisch-sinnbildliche Elemente wie Glas und Spiegel, mit denen die Sprache eine besondere ästhetische Wirkung entfalten kann. Durch die diversen Rekurrenzen eröffnet sich eine Isotopieebene, auf der

25 Vgl. zu dieser Narrationsform Warning, Rainer: „Erzählen im Paradigma. Kontingenzbewältigung und Kontingenzexposition". *Romanistisches Jahrbuch* 52 (1), 2001, S. 176–209.

das vom Romananfang an akzentuierte Thema der Fremdbestimmung und der daraus folgenden Selbstentfremdung mit unterschiedlichen erzähltechnischen und rhetorischen Mitteln variiert wird, wie anhand einiger Episoden exemplarisch deutlich werden kann.[26]

Recht schnell stellt der Erzähler einen Zusammenhang zwischen dem Begriff ‚folie' und dem Protagonisten her, zunächst noch vage, indem von der Abneigung traditioneller, seriöser Geschäftsleute gegenüber Brugnons Unternehmensstil berichtet wird: „les hommes d'affaires méprisent les succès dus à la hardiesse, qu'ils appellent folie" (F, 18). Etwas konkreter wird das Urteil in der kurz darauf zum ersten Mal wiedergegebenen Meinung, die in der Presse über den Zuckerfabrikanten kursiert: „Les petits journaux de chantage (Brugnon avait connu une de ses plus grandes joies le premier jour où il y avait enfin lu son nom) disaient volontiers de Brugnon qu'il était fou." (Ebd.) Doch dann zeigt sich die Komponiertheit der semantischen Wiederholung, denn nun nähert sich der Blick des Erzählers der

26 Der Verständlichkeit halber sind die Beispiele vor allem aus dem ersten Kapitel gewählt; spätere Szenen werden nur punktuell einbezogen. Ein schematischer Überblick über die Themen und Motive des Romans mag die Rekurrenz veranschaulichen:
I: Arbeit – Verrücktheit und Medien (Pressespiegel) – Verrücktheit (Spiegel) – Arbeit (Frauen) – Verrücktheit (Frauen) – Arbeit, Verrücktheit – Arbeit, Frauen, Glas (Gebäude) – Arbeit, Frauen (Stenotypistinnen), Aquarium – Arbeit, Macht – Verrücktheit – Arbeit (Epilepsie);
II: Medien, Verrücktheit – Arbeit, Glück – Spiegelbild – Mann, Frau – Arbeit – Beziehung, Geschäft – Geschäft, Ereignis – Medien, Verrücktheit – Medien, Geschäft;
III: Arbeit, Ferien – Mann, Arbeit – Frauen – Frau, Mann;
IV: Arbeit, Gesundheit – Arbeit, Stenotypistinnen – Spiegel in Simone, Gesundheit – Arbeit, Burnout, Arbeit – Verrücktheit – Krise – Mann, Frau – Arbeit – Mitarbeiter;
V: Arbeit, Frauen (Florence) – Stenotypistinnen – Krise – Arbeit, Maskerade – Arbeit (Florence) – Spiegelbild – Mann, Frau;
VI: Arbeit – Glaswand, Geld – Arbeit (negiert), Verrücktheit – Ereignis – Krise, Zufall – Ereignis – verrückt;
VII: Büro – Blackbox – Selbstmord – Verstand verlieren – Sanlieu;
VIII: Geld – Ende;
IX: Wahnsinn – Verrücktheit – Spiegel – Zufall.

Figur: „Brugnon se regarda dans la glace, comme il faisait parfois quand il était seul, car il aimait la compagnie." (Ebd.) Wie zur Bestätigung dieser hier vielleicht noch scherzhaft wirkenden Erklärung für die Selbstbeschau beginnt er ein Gespräch mit seinem Spiegelbild:

> – Qu'en penses-tu?
> L'image eut un geste dubitatif et une moue.
> – Ce n'est pas une réponse, dit Brugnon un peu nerveux. Explique-toi. Toi aussi, tu crois que je suis fou?
> – Après tout, dit l'image, pourquoi pas?…
> – Ah?… Tu crois…
> – Je crois… Je crois… Je ne sais pas, moi… Je cherche… En tout cas, rassure-toi, „fou" est excessif.
> – Vraiment?
> – Oui. (F, 19)

Allerdings endet die ‚Selbstreflexion' nicht in dieser beruhigenden Selbstversicherung. Denn im Dialog zwischen Brugnon und seinem Konterfei vollziehen sich noch verschiedene Kehrtwendungen, bis sich der Protagonist wütend vom Spiegel – von sich oder einem Teil seines Selbst – abwendet: „Va te coucher! dit-il à son image. Je suis fou!… Par exemple!… En voilà une belle blague…" (F, 20). Geradezu plakativ wird das doppeldeutige Motiv der Selbstverleugnung im Spiegel, gewissermaßen eine sehenden Auges vollzogene Selbsttäuschung, wenig später variiert: „La première chose que vit Brugnon en entrant dans le restaurant, ce fut un miroir. Il recula légèrement devant son image, puis se mit à rire, et s'adressa une grimace." (F, 21)

Eine ähnlich ambivalente Klarheit ruft die Beschreibung des gläsernen Büros auf, in dem, hoch oben auf sieben Stockwerken gleichsam thronend, Brugnons Stenotypistinnen arbeiten. Der Raum, „une grande salle dont la baie vitrée s'ouvre sur les toits et le ciel, une salle si lumineuse qu'on croirait, en y pénétrant, arriver sur une terrasse dominant l'immeuble" (F, 23f.), setzt zum einen die Semantisierung der Arbeit als pseudo-religiösen, sakralisierten Lebensbereich fort. Zum anderen widerspricht die Transparenz des Glases den rätselhaften Aktivitäten der Frauen, die im Lärm ihrer Maschinen wie in einem „nuage de sable" (F, 25) sitzen und deren ebenso kryptische wie durchsichtige Abgeschlossenheit auch in der Metapher des „aquarium" (F, 29) zum Ausdruck kommt, mit der Brugnon und seine Mitarbeiter das Glasbüro bezeichnen. Eine weitere Nuance des

Themas Selbstentfremdung kommt zum Tragen, indem das Stadtzentrum, die Umgebung der kristallinen Turmspitze, anthropomorphisiert und mit einem Epileptiker verglichen wird:

> Ainsi, dans ce centre de la ville qui s'agite au milieu des autres quartiers comme un épileptique au milieu d'un cercle de badauds, dans un de ces bureaux où une odeur sèche de papier et de murs nus a remplacé l'odeur humaine, où, les uns au-dessus des autres, proches et imperméables, cent mille hommes chaque jour travaillent à répartir autrement les marchandises et les richesses, Brugnon jouait sa partie. Sur d'autres points du globe, d'autres maisons semblables à celle-ci se dressaient toutes droites, comme pour s'épier de loin; d'autres hommes semblables à Brugnon faisaient les mêmes gestes que lui et parlaient des langues différentes, mais ils se comprenaient entre eux par le moyen de sommes d'argent. Chaque jour, aux mêmes heures, devant les mêmes personnes, Brugnon parlait des mêmes choses, et si quelqu'un lui avait demandé: n'en avez-vous pas assez? il eût répondu: n'en avez-vous pas assez, monsieur, de vivre? Et la terre, monsieur, la terre, croyez-vous pas qu'elle en ait assez d'être ronde? (F, 34)

Die entmenschlichende Arbeit, die in der ebenso monotonen wie absurden Umverteilung von Waren und Reichtum besteht, ist zu einer Art Naturgesetz geworden, einer selbstverständlichen Notwendigkeit, deren Infragestellung in einer Verkehrung der Verhältnisse ihrerseits als Absurdität erscheint. Brugnon stellt sich nun nicht mehr als ‚verrückter' Einzelfall dar, sondern als besonders konsequenter Diener des Paradigmas. So wie sich alle kritiklos dem Diktat der Arbeit unterwerfen, so erkennen alle die Geltung des Geldes an, das die einzige von allen verstandene Sprache darstellt. Vereinigend wirkt dieses Kommunikationsmittel aber nur bis zu einer gewissen Grenze, wie der Erzähler später, kurz vor dem endgültigen und umfassenden Bankrott des Protagonisten unter nochmaligem Rekurs auf die Glasmetapher verdeutlicht:

> [Brugnon] savait bien, au fond, qu'entre Florence et lui montait cette haute muraille de verre qu'on appelle l'argent, qui sépare, invisible, et qu'on veut ignorer longtemps; mais un jour où l'on tend la main, voici qu'on se heurte et se blesse. Brugnon ne pouvait briser cette vitre, savait bien que Florence ne l'y aiderait pas. Au reste, ce n'était pas le seul souci qu'il eût, mais c'était peut-être celui qu'il comprenait le mieux, pour lequel il trouvait le plus facilement des mots; aussi le regardait-il plus souvent que les autres, qui étaient troublants, sans forme. (F, 125.)

So verbindet sich ein weiterer Aspekt der Ambivalenz des Glases, das durchlässig scheint und doch eine Mauer sein kann, mit dem zweiten großen Fragenkomplex, der sich in *Faillite* dem Motiv der Arbeit assoziiert: Das hier im Zusammenhang der fatalen Liaison mit Florence, einer der Stenotypistinnen in Brugnons Firma, angesprochene Verhältnis zwischen Mann und Frau bietet sich durchgehend als Teil der Blackbox dar, nicht weil sich die Geschlechter topischerweise seit jeher gegenseitig ein Mysterium wären, sondern weil auch die Liebesbeziehungen auf die eine oder andere Art von den Glaubenssätzen und Konventionen des Ökonomischen beherrscht werden. Dass für Brugnon nicht greifbar ist, was ihn gegen Ende der Beziehung zu Florence beunruhigt, weist auf den Ursprung der einseitigen und unglücklichen Liebe zurück, die ja immerhin seinen Zusammenbruch bewirkt (wenn sie auch nur den sprichwörtlichen letzten Tropfen bildet, der zum Überlaufen führt): Auch das Entstehen seiner Zuneigung zu seiner Angestellten lässt die Erzählung insofern im Dunkeln, als sie nicht plausibel macht, wie und warum er plötzlich beginnt, unbezähmbare Gefühle für sie zu hegen. Ähnlich den undurchsichtigen Dynamiken und Zufallsprozessen im geschäftlichen Bereich, in dem ein intuitives, gleichsam gottergebenes Warten auf scheinbar unkontrollierbare und inhaltlich kaum fassbare „événements" die besagten Ereignisse dann auch herbeiführt,[27] stellt Brugnons Verliebtheit das Resultat einer selbsterfüllenden Prophezeiung dar, die er noch dazu zufällig, ohne zwingenden Anlass oder konkret motivierenden Grund formuliert. Dabei wird die Aufmerksamkeit des Lesers schon früh auf die Stenotypistinnen gelenkt, die in ihrem ‚Aquarium' eine ganz eigene denaturierte Spezies bilden:

> Dactylographes, il faudrait pour vous peindre user de mots faits pour vous seules. Ce corps mécanique et compliqué qui prolonge le vôtre, au-delà de vos ongles, a changé vos formes féminines, serré vos coudes, a fait jaillir de vos doigts un bruit de colère, a révélé, derrière vos têtes, la nécessité d'une nuque apparente.

---

27 Vgl. etwa F, 45: „Par de petits faits presque semblables aux autres, dont on ne distingue pas d'abord la matière réelle, les plus grands événements se préparent. Puis, d'autres petits faits viennent encore, comme les éclaireurs d'une armée; l'événement chemine au loin, on le sent chaque jour plus proche, on entend maintenant son pas. Il ne faut pas aller à se rencontre, mais être là et l'attendre". Oder F, 47: „L'événement vint enfin, mais sournoisement, sans éclat, il n'y eut pas à ces efforts de plusieurs mois un résultat unique et entier [...]. Il y eut simplement une série d'événements, sous la forme de lettres, d'entrevues, de chèques et de rapports, qui, l'un après l'autre et peu à peu, transformèrent la maison, et l'existence de chacun. Brugnon acquit une puissance plus grande, devint plus riche."

> Les phrases d'autrefois, faites pour des femmes que vous n'êtes plus, ne sauraient vous saisir, vous nommer; mais les phrases d'aujourd'hui, façonnées au rythme des machines et de la hâte, ces phrases où tous les langages du monde se donnent rendez-vous, toutes les passions courtes, toutes les élégances sans grâce qui plaisent aujourd'hui, ces mots modernes qu'on voudrait détester et qui attirent, eux non plus ne vous peindraient pas. Vous êtes un mélange irritant, un être hybride, moitié vivant et moitié mort, moitié femme e moitié machine. Sous vos doigts endurcis claquent des tiges de métal, naissent des roulements, des déclics, des sonneries parfois, et ce bruit monotone, saccadé, qui ressemble au bruit d'un discours, avec ses pauses, ses départs, son mouvement réglé, ses éclats et presque ses intonations. (F, 28f.)

Doch ebenso wie sich die (hier nur anzitierte) Passage wie eine ironische Variation des Themas Selbstentfremdung verstehen lässt, insofern ihr geradezu lyrischer Stil und ihr Pathos deutlich aus dem Kontext herausstechen, wirkt es doch demonstrativ stark aufgetragen, wenn im anschließenden argumentativen Schwenk die Maschinen-Frauen zum Symbol einer allgemeinen Herrschaft der Frau über den Mann erklärt werden, der nun die willenlose Maschine in ihren Händen darstellt: „femmes petites qui installez devant les machines crapauds une grâce artificielle [...] vous voici comme depuis toujours une femme devant un homme, et c'est votre main qui commande et conduit, votre main qui prend la machine lourde et la dirige, qui la force à l'obéissance, c'est votre main, dacytolgraphes, femmes nées comme les autres pour commander" (F, 29). Als signalhaft wäre es, vom Ende her gelesen, allerdings zu werten, dass der Erzähler an die Adresse der noch an althergebrachte Gender-Modelle, die ‚romantische' Liebe und weibliche Unterlegenheit, glaubenden Frauen die Voraussage richtet: „ferez-vous peut-être le bonheur de quelqu'un; mais ne craignez rien; cet homme, bientôt, il trouvera une femme qui sait, une femme qui a compris, et qui jouera de cette machine. Peut-être elle la cassera. Elle ne saura pas la réparer" (ebd.) – und gleich darauf Brugnon, gleichsam eine Personifikation der gefährdeten Männlichkeit, mit einem „Mesdemoiselles, mes hommages" (ebd.) ins ‚Aquarium' eintreten lässt.

Aber dass der Geschäftsmann später beginnt, sich für Florence zu interessieren – nachdem bis dahin umgekehrt die Stenotypistinnen klischeekonform für ihren Chef geschwärmt haben –, scheint einzig in einem von Champagner begleiteten Gespräch mit Simone, seiner langjährigen Geliebten, begründet zu sein. Auf ihre leichthin geäußerte Frage nach ‚der Neuen' im Betrieb gibt er zunächst die entsprechend beiläufige Antwort: „Une petite très bien, que j'ai à peine vue, d'ailleurs, et qui s'appelle Florence." (F, 70) Doch dann löst Simones ebenso dahingesagter Kommentar „Joli nom..." den Dialog der selbsterfüllenden Prophezeiung aus:

> – N'est-ce pas? Il me semble que je tomberais volontiers amoureux d'une femme qui s'appellerait Florence.
> – Ne te gêne pas.
> – Bon! dit brugnon en riant. Je commence.
> Il prit son calepin, et y traça une arabesque gracieuse.
> – Ça veut dire en sténographie: „Commencer à être amoureux de Mlle Florence." (Ebd.)

Wie aus dem Nichts entsteht der Vorsatz, den er, im Scherz gefasst, zunächst noch amüsiert, dann aber durchaus engagiert in die Tat umsetzen wird. Nur die Inszenierung des ebenso zufälligen wie übertriebenen und symbolträchtigen Gestus der schriftlichen Fixierung deutet darauf hin, dass neben dem koketten Trotz auch Ernsthaftigkeit im Spiel ist: Es lässt sich ahnen, dass hier jene Konflikte zwischen Brugnon und Simone mitverhandelt werden, die der Roman zu diesem Zeitpunkt bereits konturiert hat und die einen neuen Aspekt des Problemfelds ‚Arbeit' aufrufen bzw. die Frage des prekären Mannseins um eine Perspektive erweitern. Denn wenngleich Simones und Brugnons gegenseitige Liebe auf der Bewunderung der Arbeitsamkeit des jeweils anderen gründet – „Lui, ce qu'il aimait peut-être le plus en elle, c'est qu'elle travaillait" (F, 22), „Que son ami fût un homme occupé, elle en était heureuse" (F, 35) – wird die Arbeit auch als ein den Partner jeweils ausschließendes Element und damit als Faktor der gegenseitigen Täuschung und Verletzung dargestellt. „Le travail d'autrui est un spectacle insupportable" (ebd.), leitet der Erzähler einen kurzen Rückblick auf eine Episode ein, in der Brugnon Simone zum ersten und letzten Mal in ihrer Buchhandlung besucht. Regelrecht geschockt von ihrem „visage immobile et uni où ne paraissait plus aucun de ses sentiments familiers; elle n'était plus la même femme" (ebd.), formuliert er explizit die ihm peinliche Befremdung, die der Anblick der sich in seinen Augen selbst Entfremdenden auslöst: „Je te reconnaissais à peine." (Ebd.) Gewissermaßen wörtlich in Szene gesetzt erscheint somit jenes Phänomen, das Marx metaphorisch als ‚Charaktermaske' beschreibt,[28] die arbeitsbedingte Entindividualisierung, die später mit einem scheinbar arglosen Vorschlag von Florence noch ins Spielerisch-Karnevalshafte kippen wird,[29] aber von Brugnon in der früheren Szene schwerwiegender als physiognomische Entmenschlichung wahrgenommen wird: „Suis-je ainsi dans mon bureau? Ai-je, moi-aussi, cet autre visage collé sur mon visage humain?" (F, 36) Doch obwohl Simone umgekehrt an einer ähnlich gelagerten Zurückweisung leidet, wird wie unter den Mitarbeitern in der Krise anstelle eines denkbaren Schulterschlusses die spiegelbildliche (Selbst-)Täuschung des Paares, in der narrativen Darstellung sprachlich nachvollzogen, zum Mittel der Wahl:

> – Si elle venait un jour me voir au bureau, pensait-il, comme je la recevrais autrement!
> Pourtant, quand Simone lui téléphonait il ne l'écoutait même pas. Et elle pensait:
> – S'il me téléphonait ici, je lui répondrais, moi.
> Ainsi mentaient-ils chacun à soi-même. Ils rachetaient ce double mensonge par un autre, en ne parlant jamais de ces pensées qui leur venaient. (Ebd.)

Ist die Liebesbeziehung solcherart der ‚Arbeitsreligion' unterworfen, an die Brugnon und Simone selbstentfremdet und reflexartig glauben, so ist es doch die Liebe, die in Gestalt seiner *amour fou* zu Florence das Konstrukt der sinnleeren Gewinn- und Leistungssucht letztlich zum Kollabieren bringt. Die Stenotypistin, die das Verhältnis mit Brugnon eingeht, ihn aber eben so wenig liebt wie die Arbeit (vgl. F, 111f.), steht in

28 Zweifellos lässt sich an etlichen anderen Stellen der Inszenierung von Momenten der Entfremdung, Verdinglichung und (Selbst-)Ausbeutung in *Faillite* ebenfalls an die Marx'schen Theorien denken. Hier sei lediglich auf die genannte, von Marx verschiedentlich und in unterschiedlichen Bedeutungen verwendete Metapher hingewiesen, dazu Matzner, Jutta: „Der Begriff der Charaktermaske bei Karl Marx". *Soziale Welt* 15 (2), 1964, S. 130–139; Weihe, Richard: *Die Paradoxie der Maske. Geschichte einer Form*. Fink: München 2004, S. 313–317; Henning, Christoph: „Charaktermaske und Individualität bei Marx". In: Bouvier, Beatrix et al. (Hrsg.): *Marx-Engels Jahrbuch 2009*. Akademie: Berlin 2010, S. 100–122. Zur Kapitalismuskritik unter marxistischen Vorzeichen vgl. auch den Beitrag von Walter Wagner im vorliegenden Band.

29 „Si vous voulez, je vous dessinerai un magnifique costume de Directeur, dit Florence en riant, que vous mettrez pour les réunions du matin." (F, 110)

einem offensichtlichen Kontrastverhältnis zur Buchhändlerin. Doch das Sich-Entziehen Florences ist unter einem so elementaren Gesichtspunkt dem Verhalten Simones analogisiert, dass sie sich (stärker noch als die im Ganzen eher unprofiliert bleibende Florence) als Trägerin eines Gegendiskurses zu den Konventionen des Ökonomischen begreifen lässt: „Le droit de disposer de son corps, que l'on invoque le plus souvent pour l'offrir à qui l'on veut, c'était pour elle le droit de ne l'offrir à personne, pas même à l'homme qu'elle aimait.“ (F, 43f.) Denn dass die sexuelle Selbstbestimmung in Form von Selbstverweigerung aus der Logik des Systems herausfällt, in dem auch die amourösen Machtverhältnisse dem Prinzip des Tauschs und Handels folgen, wird durchaus thematisch: „peut-être était-elle fière, lâchement, de dominer cet homme fort, et de commander toujours sans rien donner en échange... Mais là, elle s'arrêtait. Sans rien donner... Elle ne comprenait pas que le don du corps eût aux yeux du monde tant de prix, le seul prix.“ (F, 44) Ihre Weigerung, „aux yeux du monde“ das Erwartete zu tun, fügt ihrem Freund immer wieder aufs Neue Kränkungen zu, die er aus Liebe erträgt. Gleichzeitig scheint diese Nicht-Konformität das einzige nicht-entfremdende Moment im Leben Simones zu sein und praktisch (mit Ausnahme der sich entziehenden Florence) die einzige wirklich gelebte Authentizität im gesamten Roman: Ein Nichtvollzug, eine Nicht-Handlung oder ein Nicht-Akt wird gleichsam zur letzten, vom System nicht belangbaren Insel der persönlichen Freiheit oder Integrität.

Wenn es unter diesem Aspekt möglich ist, Simone, der immerhin der letzte Satz von *Faillite* gilt, als eine Art innerer ethischer Stimme des Textes zu begreifen, lässt sich in der Figur der Weigerung vielleicht auch ein gegendiskursives Strukturprinzip des Romans erkennen. Insofern sich dieser weigert, zu erzählen, sondern in beinahe lyrischer Weise Paradigmen ausstellt, kann er als Beispiel intransitiver Sprachverwendung gelten und weist durchaus in die Richtung des literarischen Gegendiskurses im Sinne Foucaults:[30] Er bedient sich einer Erzählweise, die im skizzierten Rahmen

30 Vgl. hierzu Geisenhanslüke, Achim: *Gegendiskurse. Literatur und Diskursanalyse bei Michel Foucault*. Synchron: Heidelberg 2008 (Diskusivitäten, Literatur, Kultur, Medien, 12), bes. S. 53–55; Mahler, Andreas: „Akte narrativer Selbstermächtigung. Über transitive und intransitive Erzählmacht“. In: Hahn, Kurt

nicht zuerst auf Außersprachliches verweist, sondern auf die sprachliche Variation und mit ihr das Erzählen selbst und so auch die unbezwingbare Kraft der Sprache in den Fokus rückt. Doch die narrative Weigerung scheint insbesondere auch das Urteilen zu umfassen, wie es in Kosellecks bekannter Charakterisierung der Kritik figuriert, in der die „Krise verborgen" liege:

> Es liegt schon in dem Begriff der Kritik, daß durch die Kritik eine Scheidung vollzogen wird. Die Kritik ist eine Kunst des Urteils, ihre Tätigkeit besteht darin, einen vorgegebenen Sachverhalt auf seine Echtheit oder Wahrheit, seine Richtigkeit oder Schönheit hin zu befragen, um aus der gewonnenen Erkenntnis heraus ein Urteil zu fällen [...] Im Zuge der Kritik scheidet sich also das Echte vom Unechten, das Wahre vom Falschen, das Schöne vom Häßlichen, das Rechte vom Unrechten.[31]

Eben dieser Form des modernen ‚vernünftigen' Denkens im „dualistischen Weltbild"[32] der Aufklärung im 18. Jahrhundert, das zuerst den Absolutismus und dann immer wieder sich selbst in die Krise stürzte, kann die Literatur, kann der Roman systemüberwindend widersprechen: Wie gesehen gelingt es *Faillite*, narrativ und rhetorisch, mit den Mitteln der Perspektive und der Ironie gegenaufklärerisches, irrationales Verhalten zu kritisieren, ohne dabei die erzählte Welt in binäre antithetische Paare aufzuteilen, die Gut und Böse klar definieren würden. So wie der Text keine kausallogisch verknüpfte Handlung präsentiert, so enthält er sich des apodiktischen Urteils über seine Figuren, ohne deshalb der Indifferenz oder dem Relativismus das Wort zu reden. Vielmehr betreibt er auf seine Weise eine Art Aufklärung der Aufklärung, indem er zeigt, dass die Vielfalt des Humanen im antithetischen Urteil ebenso wenig aufgeht wie in der modernen Unterwerfung des Menschen unter eine vermeintlich rationale Herrschaft der Arbeit. Anders gesagt: Die Erzählung vermag das System zu kritisieren, ohne damit zugleich seine Parameter anzuerkennen oder

---

et al. (Hrsg.): *ErzählMacht. Narrative Politiken des Imaginären*. Königshausen & Neumann: Würzburg 2013, S. 21–43; sowie grundsätzlich weiterhin Warning, Rainer: „Poetische Konterdiskursivität. Zum literaturwissenschaftlichen Umgang mit Foucault". In: Ders: *Die Phantasie der Realisten*. Fink: München 1999, S. 313–245.

31 Koselleck ³1979, S. 86.

32 Ebd., S. 87.

seine Art des Urteilens nachzuvollziehen, ohne es also paradoxerweise mit der Kritik gleichsam durch die Hintertür zu bestätigen. Und weit davon entfernt, erbaulich zu sein, lässt die Geschichte Brugnons doch in ihrer Offenheit – einem letzten erzählerischen Akt des Nicht-Urteilens – trotz aller Resignation etwas Hoffnung, zeigt sie doch, dass dem Protagonisten nach allen Niederlagen in der Liebe und auf dem Kampffeld der Arbeit noch immer die Verbundenheit seiner wirklichen Freundin geblieben ist. Auf die ausführliche Schilderung seiner mit Selbstmordgedanken erfüllten Verzweiflung folgt der Schlusssatz: „Auprès de lui, Simone pleurait." (F, 198) Nicht weniger fiktiv als im getexteten Aprilscherz Elon Musks, wirken die Tränen am Ende von *Faillite* doch um einiges menschlicher.

Literaturverzeichnis

Bost, Pierre: *Faillite*, Préface de François Ouellet. La Thébaïde: Le Raincy 2013.

Bublitz, Hannelore et al. (Hrsg.): *Unsichtbare Hände. Automatismen in Medien-, Technik- und Diskursgeschichte*. Fink: München 2011 (Online-Ausgabe 2013) (Schriftenreihe des Graduiertenkollegs „Automatismen").

Bublitz, Hannelore et al.: „Einleitung". In: Dies. et al. (Hrsg.): *Unsichtbare Hände. Automatismen in Medien-, Technik- und Diskursgeschichte*. Fink: München 2011 (Online-Ausgabe 2013) (Schriftenreihe des Graduiertenkollegs „Automatismen"), S. 9–18.

Fenske, Uta et al. (Hrsg.): *Die Krise als Erzählung. Transdisziplinäre Perspektiven auf ein Narrativ der Moderne*. Transcript: Bielefeld 2013 (Edition Kulturwissenschaft, 13).

Geisenhanslüke, Achim: *Gegendiskurse. Literatur und Diskursanalyse bei Michel Foucault*. Synchron: Heidelberg 2008 (Diskursivitäten, Literatur, Kultur, Medien, 12).

Goeze, Annika / Strobel, Korinna: „Krisenrhetorik". In: Ueding, Gert (Hrsg.): *Historisches Wörterbuch der Rhetorik*, Bd. 10. De Gruyter: Berlin u.a. 2012, Sp. 511–530.

Henning, Christoph: „Charaktermaske und Individualität bei Marx". In: Bouvier, Beatrix et al. (Hrsg.): *Marx-Engels Jahrbuch 2009*. Akademie: Berlin 2010, S. 100–122.

Horkheimer, Max / Adorno, Theodor W.: *Dialektik der Aufklärung. Philosophische Fragmente*. Fischer: Frankfurt/Main [16]2006.

Hülk, Walburga: „Narrative der Krise". In: Fenske, Uta et al. (Hrsg.): *Die Krise als Erzählung. Transdisziplinäre Perspektiven auf ein Narrativ der Moderne*. Transcript: Bielefeld 2013 (Edition Kulturwissenschaft, 13), S. 113–131.

Koselleck, Reinhart: *Kritik und Krise. Eine Studie zur Pathogenese der bürgerlichen Welt*. Suhrkamp: Frankfurt/Main [3]1979 (Taschenbuch Wissenschaft, 36).

Koselleck, Reinhart: „Krise". In: Brunner, Otto et al. (Hrsg.): *Geschichtliche Grundbegriffe. Historisches Lexikon zur politisch-sozialen Sprache in Deutschland*, Bd. 3. Klett-Cotta: Stuttgart 1982, S. 617–650.

Leschke, Rainer: „Medientheorie und Krise". In: Fenske, Uta et al. (Hrsg.): *Die Krise als Erzählung. Transdisziplinäre Perspektiven auf ein Narrativ der Moderne*. Transcript: Bielefeld 2013 (Edition Kulturwissenschaft, 13), S. 9–31.

Luhmann, Niklas: *Die Realität der Massenmedien*. Westdeutscher Verlag: Wiesbaden [2]1996.

Maak, Niklas: „Die Schönheit des Bankrotts". *FAS*, 8.4.2018, S. 42.

Mahler, Andreas: „Akte narrativer Selbstermächtigung. Über transitive und intransitive Erzählmacht". In: Hahn, Kurt et al. (Hrsg.): *ErzählMacht. Narrative Politiken des Imaginären*. Königshausen & Neumann: Würzburg 2013, S. 21–43.

Matzner, Jutta: „Der Begriff der Charaktermaske bei Karl Marx". *Soziale Welt* 15 (2), 1964, S. 130–139.

Mergel, Thomas: „Einleitung: Krisen als Wahrnehmungsphänomene". In: Ders. (Hrsg.): *Krisen Verstehen. Historische und kulturwissenschaftliche Annäherungen*. Campus: Frankfurt/New York 2013 (Eigene und fremde Welten, Repräsentationen sozialer Ordnungen im Vergleich, 21), S. 9–22.

Neumaier, Otto: „Kritik der Krise". In: Fenske, Uta et al. (Hrsg.): *Die Krise als Erzählung. Transdisziplinäre Perspektiven auf ein Narrativ der Moderne*. Transcript: Bielefeld 2013 (Edition Kulturwissenschaft, 13), S. 49–69.

Neumann, Gerhard (Hrsg.): *Poststrukturalismus. Herausforderung an die Literaturwissenschaft*. Metzler: Stuttgart/Weimar 1997 (Germanistische Symposien, Berichtsbände, XVIII).

Ouellet, François: „Pierre Bost". *Nuit Blanche* 93, 2004, S. 40–43.

Ouellet, François: „Du roman au ‚je' au Roman social. Lire Proust et Balzac chez Pierre Bost". *Études littéraires* 36 (3), 2005, S. 43–60.

Ouellet, François: „Un adieu à la littérature: *Monsieur Ladmiral va bientôt mourir* de Pierre Bost". *Roman 20–50* (40), 2005, S. 149–157.

Ouellet, François: „Pierre et Jacques-Laurent Bost. Le romancier et l'épistolier". *Nuit blanche* 101, 2006, S. 30–32.

Ouellet, François: *La littérature précaire. De Pierre Bost à Pierre Herbart*. Éditions universitaires de Dijon: Dijon 2016 (Collection Écritures).

Pasquale, Frank: *The Black Box Society. The Secret Algorithms That Control Money and Information*. Harvard University Press: Cambridge/London 2015.

Raimond, Michel: *La crise du roman. Des lendemains du Naturalisme aux années vingt*. Corti: Paris [4]1966.

Urban, Urs / Schuchhardt, Beatrice (Hrsg.): *Handel, Handlung, Verhandlung. Theater und Ökonomie in der Frühen Neuzeit in Spanien*. Transcript: Bielefeld 2014.

Urban, Urs / Schuchhardt, Beatrice: „Handel, Handlung, Verhandlung. Theater und Ökonomie". In: Dies. (Hrsg.): *Handel, Handlung, Verhandlung. Theater und Ökonomie in der Frühen Neuzeit in Spanien*. Transcript: Bielefeld 2014, S. 7–33.

Vogl, Joseph: „Geschichte, Wissen, Ökonomie". In: Neumann, Gerhard (Hrsg.): *Poststrukturalismus. Herausforderung an die Literaturwissenschaft*. Metzler: Stuttgart/Weimar 1997 (Germanistische Symposien, Berichtsbände, XVIII), S. 462–480.

Vogl, Joseph: *Das Gespenst des Kapitals*. diaphanes: Zürich [3]2010/11.

Vogl, Joseph: „Die Vergötzung des Marktes. Über das seltsame Überleben des Gottesbeweises in der Ökonomie". *Blätter für deutsche und internationale Politik* 62, 2017, S. 97–108.

Warning, Rainer: „Erzählen im Paradigma. Kontingenzbewältigung und Kontingenzexposition". *Romanistisches Jahrbuch* 52 (1), 2001, S. 176–209.

Warning, Rainer: „Poetische Konterdiskursivität. Zum literaturwissenschaftlichen Umgang mit Foucault“. In: Ders: *Die Phantasie der Realisten*. Fink: München 1999, S. 313–245.

Weihe, Richard: *Die Paradoxie der Maske. Geschichte einer Form*. Fink: München 2004.

Weitere Quellen

„Elon Musk turns Tesla's troubles into April Fools' joke — but flamethrowers are real“. In: *Geekwire*, 1-4-2018, retrieved 26.5.19, from https://www.geekwire.com/2018/elon-musk-turns-teslas-troubles-april-fools-joke-flamethrowers-still-real/.

System Error, Regie: Florian Optiz. Deutschland 2018.

Stephanie Béreiziat-Lang

„Der unsichtbare Saldo spricht immer gegen uns…“ – *Dépense* und Kompensationen materialen Exzesses bei Sartre und Pessoa

Abstract: This article draws a comparative line between Jean-Paul Sartre's novel *La Nausée* (1938) and Fernando Pessoa's *Livro do Desassossego*, sketchily written between 1913 and 1935, in relation to the entanglements of materiality and subjectivity. I argue that both texts illustrate a precarious subjectivity in which the countability and usefulness of existence become problematic. Their resistance to the capitalist logic brings the protagonists into conflict with the 'material' world and compels them to make desperate cost-benefit calculations of existence that lead to an alternative economic logic. Following George Batailles' theory of an economy of *dépense*, their nausea can be read as an active and glorious compensation of 'material' excess and as an engaged statement against the materialisation of the capitalist lifeworld.

Keywords: subjectivity, materiality, cost-benefit calculation, consumption, *dépense*, Pessoa, Sartre

1. „Économie générale“

Ein Lektor des Verlags Gallimard, bei dem Sartres Monumentalwerk *L'être et le néant* 1943 erscheinen sollte, kommentierte, das über 700 Seiten starke Buch wiege genau 1 kg und lasse sich daher bestens auf dem Markt zum Abwiegen von Obst und Gemüse verwenden.[1] Die Anekdote spiegelt ironisch die Materialität von Kultur[2] sowie die quantitative Wertigkeit von Philosophie und Literatur in Rahmen eines ökonomischen Nutzens wider.

1 Vgl. Kampits, Peter: *Jean-Paul Sartre*. C. H. Beck: München 2004, hier S. 43.

2 Dieser Beitrag ist im Heidelberger Sonderforschungsbereich 933 „Materiale Textkulturen. Materialität und Präsenz des Geschriebenen in non-typographischen Gesellschaften“ entstanden (Teilprojekt C09). Der SFB 933 wird durch die Deutsche Forschungsgemeinschaft finanziert.

Gerade in Sartres Roman *La Nausée*, der oft als narratives Experiment der in *L'être et le néant* entwickelten phänomenologischen Ontologie gehandelt wurde,[3] avanciert die Frage nach der Zählbarkeit und der ‚Nützlichkeit' zu einer existentiellen Problematik, die das Subjekt innerhalb einer Welt zeichnet, in der es seine „conscience" nur mit Mühe dem materialen Sein abringt.[4] Ich möchte im Folgenden Sartres Roman *La Nausée* im Hinblick auf das Verhältnis zwischen Materialität und Subjektivität mit Pessoas posthum veröffentlichtem Prosawerk *O Livro do Desassossego* in Verbindung setzen, da beide Texte – gleichwohl aus verschiedenen Kulturkreisen der Romania und zeitlich nicht ganz konvergent[5] – nicht nur die Form eines

3 Coorebyter weist auf die „convergence" des literarischen und des philosophischen Projekts Sartres hin: „La conviction reste ancrée selon laquelle ses fictions cherchent à traduire sa doctrine. Or [...] la littérature, loin de se soumettre à des avancées théoriques, peut aussi bien les précéder, voir les appeler" (Coorebyter, Vincent de: *Sartre face à la phénoménologie. Autour de ‚L'intentionnalité' et de ‚La transcendance de L'Ego'*. Ousia: Bruxelles 2000, S. 146). Und für Gilles Philippe (*Le discours en soi. La représentation du discours intérieur dans les romans de Sartre*. H. Champion: Paris 1997, S. 60) sind „fiction et philosophie [...] deux versants d'une démarche globale, qui se complètent".

4 In seinem phänomenologischen Text *La Transcendance de l'Égo*, der direkter als *L'être et le néant* mit *La Nausée* in Verbindung steht, unterscheidet Sartre eine „conscience irréflechie", die einer dem *Cogito* entsprechenden „conscience réfléchie" vorausgeht: „Je suis alors plongé dans le monde des objets, ce sont eux qui constituent l'unité de mes consciences, qui se présentent avec des valeurs, des qualités attractives et répulsives, mais moi, j'ai disparu, je me suis anéanti" (Sartre, Jean-Paul: *La transcendance de l'ego: esquisse d'une description phénoménologique*. Vrin: Paris 1965, S. 32).

5 Pessoas fragmentarische Aufzeichnungen des Buchhalters Bernardo Soares sind im Zeitraum zwischen 1913 und seinem Tod 1935 entstanden und erst 1982 erstmals erschienen. Seither variieren mehrere Editionen (zuletzt die hier verwendete Ausgabe von Jerónimo Pizarro 2013) die Auswahl und Anordnung der Fragmente, die sich ästhetisch von einem späten Symbolismus/Dekadentismus bis zu den modernistischen und avantgardistischen Ansätzen Pessoas und darüber hinaus erstrecken. Nicht nur in literaturästhetischer, sondern auch in philosophischer Hinsicht hält der Text eine radikale Modernität bereit, die es noch heute zu einer Herausforderung mache – wie Alain Badiou („Une tâche philosophique: être contemporain de Pessoa". In: Coll. (Hrsg.): *Pessoa, unité, diversité, obliquité. Colloque de Cerisy*. Ed. Christian Bourgois: Paris 2000, S. 141–155, hier S. 142) feststellte –, „d'être à la hauteur de Pessoa". Siehe dazu auch Medeiros 2013, S. 5 und 21.

posthum von einem fiktiven Herausgeber edierten *journal intime*,[6] sondern auch die Auseinandersetzung mit einigen ‚modernen' Problemkreisen teilen: so etwa mit dem Auseinanderfallen von Sinn und Materialität der ‚Welt' oder einem prekären Subjektstatus, der dem Spannungspotential zwischen existentiellem Mangel und exzesshaftem Überfluss unterliegt und eventuell gerade mit Hilfe einer *écriture de soi* kompensiert werden kann.[7] Im Hinblick darauf, dass beide Texte somit durchaus ‚kapitale Krisen' inszenieren, die eventuell nur auf den ersten Blick rein ‚kapital' im Sinn von ‚im Kopf' angesiedelt sind, sondern durchaus, auf ihre Weise, Krise auch in ganz klar ökonomischer Weise fassen, möchte ich sie im Folgenden jedoch weniger auf eine das schriftliche Zeichen privilegierende *écriture*, sondern vielmehr auf eine rechnerische *comptabilité de soi* hin untersuchen. Zweierlei soll dabei unternommen werden: Einmal kann der Versuch, die Subjektproblematik der Protagonisten Roquentin und Bernardo Soares gerade nicht isoliert von den gesellschaftlichen Modalitäten des 20. Jahrhunderts, sondern sozusagen als Verkörperlichungen ebendieser Problematik zu verstehen, eine politisch engagierte Lesart dieser Texte fördern. Dies ist für Sartres *La Nausée* nur vereinzelt ausgeführt worden[8] und stellt gerade für Pessoa noch ein Desiderat dar,[9] obgleich das *Livro do Desassossego*, Paulo de Medeiros zufolge, durchaus einen „anti-systemic way

6 Zur Herausgeberfiktion im *Livro do Desassossego* vgl. Pessoa, Fernando: *Livro do Desassossego*, hrsg. von Jerónimo Pizarro. Tinta da China: Lisboa 2013, S. 36; ab hier im laufenden Text mit der Sigle LD und entsprechender Seitenangabe versehen. Die Fiktionalität dieser „autobiografia de quem nunca existiu" (LD, S. 37) ist damit in doppelter Weise markiert. Zur Herausgeberfiktion in Sartres *Nausée* als postmodernes „signe de fiction" vgl. Reed, Paul / McLure, Roger: „*La nausée* and the problem of representation". *The Modern Language Review* 82 (2) 1987, S. 343–55, hier S. 347.

7 Was den bisher nicht unternommenen Vergleich beider Texte angeht, ist interessant, dass zwei jüngere Studien (Dünne 2004 und Hahn 2009) jeweils Foucaults *écriture de soi* heranziehen, um die Subjektivität bei Bernardo Soares und Roquentin zu fassen.

8 Vgl. Zalloua, Zahi: „Sartre's *La Nausée*: Roquentin and the Question of Identity". *Romance Quarterly* 49 (4), 2002, S. 249–269.

9 Paulo de Medeiros weist darauf hin, dass Pessoa immer noch zu Unrecht als ‚Konservativer' wahrgenommen werde (vgl. Medeiros, Paulo de: *Pessoa's Geometry of the Abyss. Modernity and the „Book of Disquiet"*. Legenda: Oxford 2013, S. 28); und er betont die politische Komponente im *Livro do Desassossego*: „I

of thinking“ bereithalte, der sich vor allem in einer radikalen „resistance“ gegenüber der „notion of system“ insgesamt bzw. der „notion of possessing“[10] äußere. Zum anderen möchte ich, mit Georges Batailles Ansatz einer sich der traditionell marktwirtschaftlichen „économie restreinte“ entgegenstellenden „économie générale“[11] die Texte als Laboratorien einer Logik zeichnen, die sich nicht der „économie“ insgesamt entzieht, sondern eine komplementäre Ökonomie entwirft: Statt auf die Prinzipien von „acquisition“ und „conservation des biens“ zielt diese Ökonomie auf die Kategorie der „dépense“ und sieht in der „consommation“ nicht mehr ein Mittel zum Zweck, sondern begreift sie als „consumation“ mit eigenem Selbstzweck.[12] Zum Schlüsselbegriff dieser Unterwanderung der „utilité“[13] wird das Prinzip der ‚dépense improductive‘:

---

argue, Soares' emphasis on dreaming must also be seen as a form of resistance to power and oppression, and the common view of him (as well as of Pessoa) as apolitical must be abandoned“ (ebd., S. 7). Auch Richard Zenith macht auf diesen Aspekt aufmerksam (Vgl. Zenith, Richard: „O barbeiro, a costureira, o moço de fretes e o gato“. In: Dix, Steffen / Pizarro, Jerónimo (Hrsg.): *A Arca de Pessoa. Novos Ensaios*. Imprensa de Ciências Sociais: Lisboa 2007, S. 295–310, hier S. 295ff.).

10 Alle Zitate: Medeiros 2013, S. 92f. Der Text *O Banqueiro Anarquista* (1922) zeichnet in Form eines zynischen Platon-Dialogs eine beißende Satire des ökonomischen Prinzips im Allgemeinen und eines neoliberalen Profit-Egoismus im Besonderen, und zeigt, dass Pessoa wirtschaftspolitischen Fragen und einem gewissen Antikapitalismus keinesfalls fern steht.

11 Bataille, George: „La part maudite“. In: Ders: *Œuvres complètes*, Bd. VII. Gallimard: Paris 1976, S. 17–179, hier S. 46. Bataille bezeichnet seine ökonomische Umwertung als Paradigmenwechsel: „Passer des perspectives de l'économie restreinte à celles de l'économie générale réalise en vérité un changement copernicien: la mise à l'envers de la pensée – et de la morale. Dès l'abord, si une partie des richesses, évaluable en gros, est vouée à la perte, ou, sans profit possible, à l'usage improductif, il y a lieu, il est même *inéluctable* de céder ces marchandises sans contrepartie“ (ebd., S. 33). Bataille überträgt allerdings etwa die ethnologischen Überlegungen von Marcel Mauss zur Ökonomie des Potlatch auf die aktuelle Wirtschaftspolitik, konkret den Marshallplan von 1948.

12 Bataille 1976, Bd. VII, S. 201.

13 Vgl. die „insuffisance du principe de l'utilité classique“ bzw. der „utilité prétendue matérielle [qui] se laisse limiter à l'acquisition (pratiquement à la production) et à la conservation des biens d'une part – à la reproduction et à la conservation des vies humaines d'autre part“ (Bataille 1970, Bd. I, S. 302f.).

> [I]l est nécessaire de réserver le nom de *dépense* à ces formes improductives, à l'exclusion de tous les modes de consommation qui servent de moyen terme à la production. [...] l'accent est placé sur la *perte* qui doit être la plus grande possible pour que l'activité prenne son véritable sens.[14]

Das ‚principe de la perte' als „dépense inconditionnelle, si contraire qu'il soit au principe économique de la balance des comptes (la dépense régulièrement compensée par acquisition)"[15] zielt auf ein „mouvement de gaspillage euphorique"[16] bzw. eine orgiastische, aber dadurch gerade ‚gloriose' Verausgabung. Der Ansatz aus Batailles theoretischen Texten *La part maudite* und *La limite de l'utile* ist hier gerade insofern interessant, als seine „économie générale" letztlich wiederum auf eine Subjektproblematik zielt,[17] die mit dem „don de soi" als totale (und auf den Tod gerichtete) vitale Verausgabung die *part maudite* auch als exzesshafte Selbst-Aufgabe (*sacrifice*) fasst und somit umgekehrt die exzesshafte Verschwendung und Aufgabe von Subjektivität im Rahmen einer ökonomischen Logik erscheinen lässt. Die Ansätze Batailles, den Pessoa nicht kennen und rezipieren konnte und den von Sartre trotz persönlicher Kontakte und ästhetischer Affinitäten eine wachsende Polemik trennt,[18] lassen sich im *Livro do Desassossego* und in *La Nausée* in Teilen wiederfinden, was wohl kaum auf tatsächliche Rezeptionsvorgänge, sondern vielmehr auf ein epistemisches Klima hindeutet, das in einer (spät)kapitalistischen Welt Subjektivität als von der alles dominierenden Materialität abzutrotzenden „Reserve des Subjektiven" (vgl. Georg Simmel) erfährt.[19] In Absetzung von Simmel,

---

14 Ebd., S. 305.

15 Ebd.

16 Bataille 1976, Bd. VII, S. 203.

17 Dandurand zitiert Batailles „quête d'une exaltation du sujet, [...] du sujet au point d'ébullition" (Dandurand, Guy: „‚La Part Maudite', de Georges Bataille. Pour une lecture du paradoxe". *Littérature* 111, 1998, S. 3–10, hier S. 5).

18 Trotz persönlicher Kontakte und literarischer Affinitäten finden sich nur wenige Studien, die Sartre explizit mit Bataille in Verbindung bringen, so etwa Menninghaus (*Ekel. Theorie und Geschichte einer starken Empfindung*. Suhrkamp: Frankfurt/Main 1999) oder der Band *Sartre-Bataille* (*Lignes* 01 (1), 2000), der philosophische Diskrepanzen zwischen beiden in der Rezeption Heideggers (S. 90) oder Husserls (S. 197ff.) untersucht, wobei kaum (mit Ausnahme von S. 200) direkt auf *La Nausée* eingegangen wird.

19 Diesen Ansatz verfolgt Dünne, Jörg: „Vermessung der Distanz zu sich selbst und zu den Dingen. Selbstpraxis und Sensacionismus in Fernando Pessoas *Livro*

dessen Konzept der ‚Reserve' als konservierendes Archivieren der Logik der ‚acquisition' verhaftet bleibt, findet sich darin aber gerade die ‚part maudite' inszeniert, die es zu verlieren und zu verschwenden gilt. Zunächst soll daher in beiden Texten das Scheitern von oder, besser, die ‚résistance' der Protagonisten gegenüber einer (bourgeoisen / kapitalistischen) Logik der *utilité* untersucht werden. Hier stellt sich die Problematik, eine funktionierende Kosten-Nutzen-Rechnung der Existenz aufzustellen (im Sinn von Batailles Kritik am „principe économique de la balance des comptes", s.o.). Einen Schritt weiter soll die Problematik der Verschränkung und Überlappung der Subjekt- und Objektwelt als Symptom dieser ‚résistance' bzw. einer Erfahrung der Materialisierung der Lebenswelt und des ökonomischen ‚Materialismus' gelesen werden. Ein dritter Schritt zeichnet schließlich mit der Frage der ‚dépense' die ‚resistierenden' Protagonisten als die ‚part maudite' ihrer zeitgenössischen Gesellschaft nach. Als aktive und ‚gloriose' Kompensationen verkörpern sie den ‚excédent' der Konsum- und Produktionslogik und erfüllen im Exzess ihrer ‚perte' eine Ventilfunktion.

2. „Contabilidade": Zur Kosten-Nutzen-Rechnung der Existenz

> Às vezes, quando ergo a cabeça estonteada dos livros em que escrevo as contas alheias e a ausência de vida própria, sinto uma náusea física, que pode ser de me curvar, mas que transcende os números e a desilusão. A vida desgosta-me como um remédio inútil. (LD, S. 255)

Die „náusea"[20] als physisch empfundene Abscheu vor sich und der Welt ist den Protagonisten beider Texte gemeinsam. Bernardo Soares erfährt als Hilfsbuchhalter beim Verwalten und Zusammenzählen der Rechnungen anderer Leute sein eigenes Leben als unnütz und leer. Das fragmentarische

do desassossego". In: Moog-Grünewald, Maria (Hrsg.): *Autobiographisches Schreiben und philosophische Selbstsorge*. Winter: Heidelberg 2004, S. 175–198, hier S. 194.

20 Interessanterweise findet sich der Begriff der ‚náusea' als explizit physisch empfundener Ekel an vielen Stellen im *Livro*: LD, S. 255, 260, 266, 297, 454, 459, 314, 487.

Tagebuch seiner „impressões sem nexo, nem desejo de nexo" (LD, S. 291)[21] arbeitet sich jedoch gerade an dieser Erfahrung ab und konstituiert sich in jeder Hinsicht in Absetzung von den „contas alheias", von der Logik einer Gesellschaft, an deren Rand Soares existiert. Soares ebenso wie Sartres Protagonist Antoine Roquentin leben und erzählen sich „in Opposition zu gesellschaftlichen Ritualen und tradierten vermeintlichen Gewissheiten".[22] Für beide fällt ‚Leben' mit ‚Schreiben' zusammen, und beider Erlebnishorizont umfasst einen reduzierten Radius zwischen Wohn-/Arbeitszimmer und den Cafés in Lissabon bzw. Bouville, während das konstante schriftliche Festhalten der disparaten Momentaufnahmen in beiden Fällen zu keiner authentischen Selbstkonstruktion noch einer kohärenten *story* führen kann.[23] Gerade das Fehlen kohärenter ‚aventures' und die Erfahrung einer logischen, für einen narrativen Plot notwendig sich entwickelnden Zeitstruktur macht Roquentin zu schaffen;[24] und auch Soares schreibt:

21 Das *Livro do Desassossego* ist posthum erschienen und wird seither in einem nicht abgeschlossenen Editionsprozess aus Pessoas Handschriften-Truhe heraus immer wieder neu konstruiert. Dass der fragmentarische Charakter des *Livro* jedoch kein alleiniges ‚Problem' der Editionsgeschichte ist, sondern vielmehr ein dem Text selbst inhärentes ‚Potential', wurde oft hervorgehoben, vgl. etwa Medeiros 2013, S. 3.

22 Tsoupas, Artemis: *Handeln und Sein. Zur Konstitution von Subjektivität bei Jean-Paul Sartre und Samuel Beckett*. Winter: Heidelberg 2008, hier S. 23.

23 Vgl. Hahn, Kurt: „‚J'écris, donc je suis'. Schreiben als Überlebenskunst in Jean-Paul Sartres Roman *La nausée*". *Romanische Forschungen* 121, 2009, S. 454–476, hier S. 463ff. Daher sind nicht nur das *Livro do Desassossego* und *La Nausée* selbst, sondern bereits die Schreibübungen der Protagonisten als „anti-novel" (Louette, Jean-François: „*La nausée*, roman du silence". *Littérature* 75 (*La Voix, le retrait, l'autre*), 1989, S. 3–20, hier S. 4) oder „non-book" (vgl. Zenith 2007) bzw. „anti-book" (Medeiros 2013, S. 9) zu sehen und widersetzen sich in dieser Hinsicht der Konvention (des bürgerlichen Realismus).

24 Nur selten gelingt ihm das „être bien bourgoisement dans le monde" (Sartre, Jean Paul: *La Nausée* [1938]. Gallimard: Paris 2008, S. 15; ab hier im laufenden Text mit der Sigle LN und entsprechender Seitenangabe belegt), das mit dem Scheitern seiner strukturierenden Bemühungen jeweils wieder endet: dem Schreiben der historischen Biographie des Marquis de Rollebon, der Episode seiner möglicherweise sinnstiftenden Beziehung zu Anny und letztlich seinem eigenen prekären Romanprojekt (vgl. dazu Hahn 2009).

> Penso às vezes no belo que seria poder, unificando os meus sonhos, criar-me uma vida contínua, sucedendo-se, dentro do decorrer de dias inteiros, com convívios imaginários com gente criada [...]. Ali me aconteceriam desgraças; grandes alegrias ali cairiam sobre mim. E nada de mim seria real. Mas teria tudo uma lógica soberba (LD, S. 68).[25]

Interessanterweise wird jedoch die „lógica soberba" der Kontinuität nicht nur in literarischer Hinsicht mit dem bürgerlichen Realismus verbunden (LN, S. 75ff.) und somit als Inbegriff bourgeoiser Falschheit gezeichnet, sondern auch das Verfügen über eine eigene Vergangenheit ganz in der Logik eines bürgerlich-kapitalistischen Besitzanspruchs gefasst: „Le passé, c'est un luxe de propriétaire. Où donc conserverais-je le mien?" (LN, S. 99) Mit dem – einem ‚vivre' als reinem (kontingentem und punktuellem) Existieren gegenüberstehenden – linearen ‚raconter' steht damit nicht nur die künstliche Strukturierung als bourgeoise Logik infrage, sondern auch die bürgerliche Logik der ‚grands récits' wie etwa das Besitzen („[N]ada possui nada. Desde a verdade até a um lenço – todo é impossível"; LD, S. 86)[26] oder die Nützlichkeit des Konservierens an sich. Nicht zufällig muss Soares für seinen Chef Vasques in der Buchhaltung finanzielle Daten sammeln und verwahren, und nicht umsonst erfährt Roquentin die Begegnung mit den „salauds" (vgl. etwa LN, S. 138/221),[27] die im Unterschied zu ihm der Nützlichkeit gesellschaftsbezogenen Engagements huldigen,[28] gerade im Museum und im Archiv, an zwei exemplarischen Orten des Sammelns und Ordnens. In Sartres Text ist die Figur des Autodidakten in dieser Hinsicht besonders aufschlussreich: Nicht nur liest er die Bibliothek

---

25 An anderer Stelle heißt es: „Afigura-se me [...] quase carnalmente, que poderei ser personagem de uma novela, movendo-me, nas ondas longas de um estilo, na verdade feita de uma grande narrativa" (LD, S. 444).

26 Zur Unmöglichkeit des ‚Besitzes' bei Pessoa, vgl. auch: „A posse é, para mim, uma lagoa absurda – muito grande, muito escura, muito pouco profunda. Parece funda a água porque é falsa de suja. [...] O que é *possuir*? Nós não o sabemos. Como querer então poder possuir qualquer coisa? Direis que não sabemos o que é a vida, e vivemos... Mas nós vivemos realmente?" (LD, S. 61; Hervorhebung im Orig.)

27 Unter die „salauds", Träger der „mauvaise foi", fasst Sartre das „Bildungs- und Großbürgertum", das „eine Existenzberechtigung aus der eigenen sozialen Funktion" beziehen wolle (Tsoupas 2008, S. 181).

28 „L'humaniste radical est particulièrement ami des fonctionnaires" (LN, S. 167).

in alphabetischer Reihenfolge durch und folgt so einer rationalisierten, abzählenden Konzeption von Wissen („il a emmagasiné dans sa tête [le savoir]"; LN, S. 52), sondern er sammelt auch Briefmarken (vgl. LN, S. 164). Es ist interessant, dass gerade der Autodidakt sich als derjenige erweist, der eine funktionierende und auf Selbstkonstitution zielende ‚écriture de soi' praktiziert: Ganz im Sinne der antiken Hypomnemata nach Foucault zückt der Autodidakt, sobald ihm ein erinnerungswürdiger Sinnspruch oder eine Textpassage über den Weg läuft, sein Notizbuch (vgl. LN, S. 157).[29] Diese ‚écriture de soi' stellt, gerade weil sie unter dem Primat bourgeoiser Sinnstiftung steht (der „banalité bourgeoise [d']agir et [de] se jeter dans une entreprise"; LN, S. 162), eine gelungene Ökonomie des Selbst dar: Seine Rechnung geht, zumindest aus seiner Sicht, auf; er wird ein „mur de suffisance" (LN, S. 168). Den Protagonisten Roquentin und Soares jedoch bleibt es verwehrt, ihre Existenz als erfolgreich funktionierendes Kalkül zu erfahren. Es fällt ins Auge, dass sowohl in *La Nausée* als auch im *Livro do Desassossego* die Existenz in obsessiver Weise in der Logik von mathematischen Operationen (vgl. etwa „Multipliquei-me aprofundando-me"; LD, S. 206) erscheint. Die Buchführung ihrer selbst, welche die Protagonisten praktizieren, stellt unter den Vorzeichen der Diskreditierung von ‚utilité' und Logik schlechthin eine Rechnung dar, die von der Norm eines ‚richtigen' Ergebnisses abweicht: „Quantos sou? [...] O que é este intervalo que há entre mim e mim?" (LD, S. 472), fragt sich Bernardo Soares. Hier zeigt sich die Problematik der Quantitäten bzw. einer stets körperlich empfundenen ‚Differenz', die bezeichnenderweise zugleich Mangel und Überschuss ist und sich jener komfortablen Deckungsgleichheit mit sich selbst (vgl. „suffisance") sperrt, die das „être bien bourgeoisement dans le monde" (LN, S. 15) garantieren würde:

> [N]em meu amor, nem meu ódio, nem meu receio, nem meu entusiasmo, são *exactamente* aquelas mesmas coisas que são. Ou lhes *falta* qualquer elemento ou se lhes *acrescenta* algum. [...] Sem querer, quero *erradamente*. (LD, S. 350; Kursivierung S.B.-L.)

---

29 Gerade die ‚pratique citationnelle' wird jedoch von Roquentin als Plagiat kritisiert: „Est-ce ma faute si, dans tout ce qu'il dit, je reconnais au passage l'emprunt, la citation? Si je vois réapparaître, pendant qu'il parle, tous les humanistes que j'ai connus?" (LN, S. 167)

Der ‚erro' im Kalkül der Gefühle steht für ein Scheitern, das Subjekt unter die Logik der „contabilidade" einzuordnen.[30] Wenn gerade das Buchführen für Soares schon von Berufs wegen in zynischer Weise die existentielle Metapher darstellt, an der sich sein Scheitern abzeichnet,[31] so erfährt auch Roquentin die Existenz zunehmend als ein unmögliches Kalkül. Am Anfang seines ‚Bildungsromans', bevor die ‚nausée' Roquentin in die Absurdität der Existenz einführt, fällt die obsessive Wiederholung rechnerischer und klassifizierender Hinweise auf;[32] in der Folge weicht die Zahlenlogik der Einsicht in die Kontingenz der Existenz und ihre rechnerische Un-Bedingtheit. Die epiphanische Erfahrung der sich offenlegenden Existenz im Park von Bouville (LN, S. 180–192) präsentiert Roquentin die Einsicht, dass die Existenz sich keiner ‚contabilidade' mehr unterwerfen lässt, sondern immer einen nicht reduzierbaren bzw. klassifizierbaren Überschuss bereithalte:

> En vain cherchais-je à *compter* les marronniers, à les situer par rapport à la Velléda, à *comparer* leur hauteur avec celle des platanes: chacun d'eux s'échappait des relations où je cherchais à l'enfermer, s'isolait, débordait. Ces relations (que je m'obstinais à maintenir pour retarder l'écroulement du monde humain, des mesures, des quantités, des directions) j'en sentais l'arbitraire; elles ne mordaient plus sur les choses. *De trop*, le marronnier, là en face de moi un peu sur la gauche... *De trop,* la Velléda... Et [...] *moi aussi j'étais de trop*. (LN, S. 183; Kursivierung im Orig.)

Der Überschuss steht zunächst für die Unmöglichkeit, die Existenz mit logischen Rechnungen zu fassen. Wird das „de trop" jedoch als „gratuité" (LN, S. 187)[33] lesbar und der Überschuss damit als verschenkte ‚perte' auch ökonomisch markiert, befinden wir uns bereits, mit Bataille, in den

30 Vgl. auch den interessanten Absatz, der einen Dialog mit einem „contabilista" inszeniert und um die Frage nach der Buchhaltung von (nicht-materiellen) Gefühlen kreist: „Vamos lá a ver como me contabiliza o descontentamento" (in: *Livro do Desassossego*, Vol. I, hrsg. von Teresa Sobral Cunha. Presença: Coimbra 1990, S. 23).

31 „As duas coisas que o destino me deu: uns livros de contabilidade e o dom de sonhar" (LD, S. 265).

32 Vgl. „surtout [...] classer (les petits faits)" (LN, S. 13); zur Präsenz der Zahlen vgl. etwa LN, S. 15.

33 Vgl. auch: „La contingence [...] c'est l'absolu, par conséquent, la gratuité parfaite. Tout est gratuit, ce jardin, cette ville et moi-même" (LN, S. 187).

Antipoden einer ‚économie raisonnable'. Die Beziehung der Protagonisten zur bürgerlich-kapitalistischen Marktlogik soll nun jedoch gerade nicht nur auf deren Ablehnung der „salauds" und einer utilitaristischen Gesellschaft reduziert werden. In diesem Sinn entspräche dies einer rein (post-) romantischen Attitüde gegen die bourgeoisen Werte. Eher als im *épater le bourgeois* scheint mir doch die Problematik hier im *empâter le bourgeois* zu bestehen, im Sinn seiner Vereinnahmung in die Materie und die Materialität der „pâte même des choses" (LN, S. 182).[34] In abstrakterer Weise kann die Resistenz gegenüber dem gesellschaftlich ökonomischen Materialismus mit der problematischen Subjekt-Objekt-Verschränkung verbunden werden, die beide Texte aufweisen. Zum einen könnte die totale Immersion des Subjekts in die Dingwelt im Sinne der Ökonomisierung aller Lebensbereiche eine totale Unterwerfung unter das Materielle bzw. das Kapital suggerieren. Hier möchte ich jedoch diese Problematik insbesondere so lesen, dass die bereits dargestellte Skepsis gegenüber den Kategorien von Besitz und Akkumulation eine instrumentalisierende Unterwerfung der Objektwelt verhindert und der Objektwelt ein Eigenleben zuspricht, das die Zentralität des (menschlichen) Subjekts als souveräne Instanz in Frage stellt.

3. ‚Empâter': Materialität und Selbstauflösung

In seinem kurzen Text „Une idée fondamentale de la phénoménologie de Husserl: l'intentionnalité" (1939) schreibt Sartre:

> Vous saviez bien que l'arbre n'était pas vous, que vous ne pouviez pas le faire entrer dans vos estomacs sombres et que la connaissance ne pouvait pas, sans malhonnêteté, se comparer à la possession. [...] Vous aurez saisi le sens profond de la découverte que Husserl exprime dans cette fameuse phrase: „Toute conscience est conscience de quelque chose." [...] Ce sont les choses qui se dévoilent soudain à nous comme haïssable, sympathiques, horribles. C'est [...] une inépuisable, irréductible propriété qui constitue sa nature même – et non la somme de nos réactions subjectives à un morceau de bois sculpté. Husserl a réinstallé l'horreur et le charme dans les choses.[35]

---

34 Vgl. dazu auch eine Passage aus *L'être et le néant* (zum *en-soi*) bei Tokarev, Dimitri: „Le rôle et les métamorphoses des quatre éléments dans *La Nausée* de Sartre el *La Fin* de Beckett". In: Engelberts, Matthijs et al. (Hrsg.): *Samuel Beckett today / aujourdhui* 20: *Des éléments aux traces*. Rodopi: Amsterdam 2008, S. 233–241, hier S. 235.

35 Sartre 1947, S. 32.

Aus phänomenologischer Perspektive, wie sie sowohl in *La Nausée* als auch vereinzelt in Pessoas Texten beobachtet wurde,[36] lassen sich die Dinge nicht ‚einverleiben', und ihre ‚connaissance' sich nicht mit ‚possession' verwechseln, was auch die kapitalistische Idee in Frage stellt, „die sich am Schema der Aneignung, der Besitzergreifung der Welt" orientiert und das Gefühl vermittelt, alles sei „verfügbar und konsumierbar".[37] Mit Sinnzuschreibung und Sprache ergreift der Mensch von den Dingen Besitz; aber, wie Pessoa schreibt: „As coisas não têm significação: têm existência. As coisas são o único sentido oculto das coisas",[38] sodass sich mit dem Wegfallen des Sinns (in der Erfahrung der Kontingenz) die Dinge zu einer Masse an ungeordnetem Sein ballen, zu einer „ignoble marmelade" (LN, S. 191),[39] die sich jedoch gegenüber dem Subjekt verselbstständigt und es deplatziert, indem sie seine ‚intimen' Wahrnehmungen im Außen ansetzt.[40]

---

36 Die Analogie wurde in der Forschung interessanterweise von französischer Seite festgestellt, so etwa zur „désymbolisation qui conduit à la pratique phénoménologique à laquelle s'attache Soares" (Bessière, Jean: „Le livre de l'intranquilité et la fiction de la modernité". In: Coll. (Hrsg.): *Pessoa, unité, diversité, obliquité. Colloque de Cerisy*. Ed. Christian Bourgois: Paris 2000, S. 35–58, hier S. 40). Besonders deutlich ist der phänomenologische Ansatz in Alberto Caeiros Gedichtband *O guardador de Rebanhos* (Pessoa, Fernando: *Alberto Caeiro. Poesia – Poesie*. Zweisprachige Ausgabe, hrsg. von Fernando Cabral Martins / Richard Zenith. Ammann: Zürich ²2004.).

37 Beide Zitate: Kaufmann, Emil: *Macht und Arbeit. Jean-Paul Sartre und die europäische Neuzeit*. Königshausen & Neumann: Würzburg 1988, S. 271/252.

38 Alberto Caeiro, *O Guardador de Rebanhos* XXXIX (Pessoa ²2004, S. 76).

39 Besonders deutlich wird das in der Straßenbahn-Szene in *La Nausée*, wenn Roquentin erfährt, dass die Dinge sich ihrer Namen entledigen: „J'appuie ma main sur la banquette, mais je la retire précipitament: ça existe. Cette chose sur quoi je suis assis [...] s'appelle une banquette. [...] Mais le mot reste sur mes lèvres: il refuse d'aller se poser sur la chose. Elle reste ce qu'elle est, avec sa peluche rouge, milliers de petites pattes rouges, en l'air, toutes raides [...]. Les choses sont délivrées de leurs noms. Elles sont là, grotesques, têtues, géantes et ça paraît imbécile de les appeler des banquettes ou de dire quoi que ce soit sur elles: je suis au milieu des Choses, les innommables" (LN, S. 178f.).

40 Lacan spricht von „ex-timité". Zur Aufhebung der „Grenzen zwischen Innen und Außen" bei Pessoa, siehe Dix 2013, S. 179. Roquentin erfährt selbst seine *Nausée* als Teil der Objektwelt, die ihn von außen einholt: „La nausée n'est pas en moi: je la ressens là-bas sur le mur..." (LN, S. 36).

Roquentins „nausée" bezeichnet die Erfahrung, dass die Objekte sich den Subjektstatus aneignen:

> Les objets, cela ne devrait pas *toucher*, puisque ça ne vit pas. On s'en sert, on les remet en place, on vit au milieu d'eux: ils sont utiles, rien de plus. Et moi, ils me touchent. C'est insupportable. J'ai peur d'entrer en contact avec eux tout comme s'ils étaient des bêtes vivantes. (LN, S. 26)

Nach und nach entwickeln die Dinge in Sartres Text eine Eigendynamik:[41] So zeichnet sich etwa die Türklinke oder eine Gabel gegenüber der Hand, die sie berührt, durch eine ‚neuartige' Präsenz aus.[42] Und auch Pessoas Protagonist Soares hat ein durchaus „obsessives Verhältnis zum Gegenstand".[43] „Todos os dias a Matéria me maltrata" (LD, S. 134), schreibt Soares. Die Wahrnehmung der Objektwelt schlägt physisch zurück: „Todas as durezas olhadas me magoam o que em mim as conhece durezas. Todos os pesos visíveis de objectos me pesam por a alma dentro" (LD, S. 53). Resultat dieser Bedrängung durch die Objektwelt ist ein Zurückweichen der Subjektivität, die sich selbst aus dem Zentrum heraus an den Rand des Existierenden verortet.[44] Was bei Roquentin eine Reifikation („La chose, c'est moi"; LN, S. 141) bzw. eine Angleichung seines Selbst an die als amphibienhafte Tierwelt erscheinende Objektwelt bedeutet (Krabben,

41 Tsoupas (2008, S. 46f.) schreibt: „Roquentins Beschreibung der Dinge als lebende Tiere ist Äußerung eines erahnten Verlustes dieser dem menschlichen Subjekt eigenen Verfügungsgewalt über die Dingwelt und zugleich deren Anerkennung als eigener, nicht objekthaft dem Subjekt dargebotener Seinsbereich".

42 „Dans mes mains, par exemple, il y a quelque chose de neuf, une certaine façon de prendre ma pipe ou ma fourchette. Ou bien c'est la fourchette qui a, maintenant, une certaine façon de se faire prendre, je ne sais pas. Tout à l'heure, comme j'allais entrer dans ma chambre, je me suis arrêté net, parce que je sentais dans ma main un objet froid qui retenait mon attention par une sorte de personnalité. J'ai ouvert la main, j'ai regardé: je tenais tout simplement le loquet de la porte" (LN, S. 17f.).

43 Tsoupas 2008, S. 44.

44 Zum prekären Subjektstatus in *La Nausée* vgl. Migeot, Jacques: „Le journal de Roquentin: d'une écriture sans sujet à l'écriture du sujet". In: Chauvin-Vileno, Andrée et al. (Hrsg.): *Le vif du sujet. Texte lecture interprétation*. Presses Universitaires de Franche-Comté: Besançon 2004, S. 211–224, hier S. 220: „Le sujet est toujours en manque, en creux dans le texte, il délimite la place vide initiale du texte que l'écriture puis la lecture viennent peu à peu remplir, la faille par laquelle se glisse peu à peu le sens".

Larven, Würmer),[45] führt in beiden Texten zu einer radikalen Auflösung der Subjektivität. Roquentins Selbstverlust artikuliert sich zunächst als Zerfließen[46] oder Zersetzung der Identität, die mit der Szene des Gesichts-Verlusts (der „chose grise"; LN, S. 33) im Spiegel auch im Lacan'schen Sinne bestens fassbar ist[47] und die in der Erfahrung einer totalen Leere kulminiert:

> À présent, quand je dis „je", ça me semble creux. Je n'arrive plus très bien à me sentir, tellement je suis oublié. Tout ce qui reste de réel, en moi, c'est de l'existence qui se sent exister. [...] Personne. Pour personne, Antoine Roquentin n'existe. [...] Un pâle petit souvenir de moi vacille dans ma conscience. Antoine Roquentin... Et soudain le Je pâlit, pâlit et c'en est fait, il s'éteint. (LN, S. 239)

Im *Livro do Desassossego* ist die Problematik der Dezentrierung des Subjekts und seiner Auflösung ständig präsent. Ist die Dezentrierung zunächst als objektivierende Selbstbetrachtung („vendo-me de fora"; LD, S. 118) bzw. als artistische Selbststilisierung zu sehen („Esculpi a minha vida como a uma estátua de materia alheia a meu ser. Às vezes não me reconheço, tão exterior me pus a mim"; LD, S. 68), so entzieht die Exteriorisierung zunehmend der eigentlichen Existenz die Grundlage („tanto me exteriorizei dentro de mim, que dentro de mim não existo se não exteriormente"; LD, S. 218) und kulminiert schließlich im Zerfließen in ein „morno e húmido não-ser" (LD, S. 115) und in der völligen Leere des Seins, das sich in einem absurden bodenlosen Wirbel um das Nichts dreht: „Minha alma

---

45 Eine Fusion zwischen Subjekt und Objekt entsteht auch durch die Verwendung derselben Tiervergleiche; vgl. die zahlreichen Textstellen, symptomatisch etwa LN, S. 141. Vgl. auch in Pessoas *Livro* die Passage der Metamorphose in eine Fliege (LD, S. 487f.).

46 Georges Didi-Hubermann zitiert einen Auszug aus *L'Etre et le néant* von der Klebrigkeit („viscisité") der Materie, der „fusion du monde avec moi", die im „mou" eine Vorstufe der Auflösung erfährt. („La matière inquiète". *Lignes* 01 (1) (*Sartre-Bataille*), 2000, S. 206–223, hier S. 220f.). Siehe dazu auch Reed / McLure, 1987, S. 351.

47 Hier ist auch das „morcellement" Roquentins als Erfahrung der Kontingenz seiner einzelnen Körperteile von Interesse, vgl. etwa LN, S. 143f.; vgl. dazu Migeot 2004, S. 222.

é um maelstrom negro, vasta vertigem à roda de vácuo, movimento de um oceano infinito em torno de um buraco em nada" (LD, S. 439).[48]

Der Selbstversuch der Materialisierung zielt also in beiden Fällen auf eine Selbstaufgabe, die aus der Differenz zwischen der Existenz und ihrer Nutzbarmachung, dem „de trop" des Existierenden, einen Überschuss freisetzt, der nicht konserviert oder akkumuliert werden kann, sondern, mit Bataille, in einer unbedingten ‚dépense' verschwendet werden muss.

4. „Gaspillage de soi"

„La victime [...] est la *part maudite*, promise à la consumation violente. Mais la malédiction l'arrache à l'ordre des choses",[49] schreibt Bataille und zeichnet damit im totalen „don de soi"[50] eine Subjektivierung vor, die innerhalb der *économie générale* des energetischen Überschusses die „dépense inconsidérée des ressources vitales"[51] zur eigentlichen Bestimmung des Lebens macht. So kann die Selbstauflösung im *Livro do Desassossego* und in *La Nausée* gleichermaßen als totale Verausgabung gelesen werden, wobei die Protagonisten in ihrer „consumation" jene *part maudite* verkörpern, die als „perte somptuaire"[52] geopfert werden muss.

In obsessiver Weise kreist die Buchführung des Bernardo Soares um die ‚perte', die als negative Bilanz eine Grunderfahrung menschlicher Existenz bezeichnet. Das Verlieren wird im Zerbrechen des Ich, dessen ‚unproduktive', nutzlose Scherben nur auf dem Müll landen können, sehr plastisch gefasst:

> Todos nós [...] somos ajudantes de guarda-livros num Armazém de fazendas, ou de outra qualquer fazenda, numa Baixa qualquer. Escrituramos e perdemos;

48 Für die Analogien zwischen Pessoas Text und Sartres *Nausée* mag von Interesse sein, was Georges Poulet (*Etudes sur le temps humain*. Bd. 3: *Le point de départ*. Ed. du Rocher: Monaco 1964, S. 234) über Sartre schreibt: „Fuyant l'en-soi, fuyant le passé où l'esprit est capté par l'en-soi, la conscience présente apparaît maintenant comme un tourbillon qui se forme au centre de la plénitude des choses, comme un néant intérieur engendré par le refus d'être étouffé par la profusion extérieure répandue partout".

49 Bataille 1976, Bd. VII, S. 64.

50 Ebd., S. 191.

51 Ebd., S. 74.

52 Bataille 1970, Bd. I, S. 308.

> somamos e passamos; fechamos o balanço e o saldo invisível é sempre contra nós. Escrevo sorrindo com as palavras, mas o meu coração está como se se pudesse quebrar, quebrar, como as coisas que se quebram, em fragmentos, em cacos, em lixo, que o caixote leva num gesto de por cima dos ombros para o carro eterno de todas as Câmaras Municipais. (LD, S. 252)

Die Metapher des Abfalls, die nicht nur für die Fragmente des *Livro* selbst verwendet wird,[53] sondern auch für die Subjektivität des Bernardo Soares, wird jedoch zunehmend zu einer „positiven Gegenbewegung zur Auflösung von personaler Identität".[54] Als „dépense improductive" modelliert der wertlose Abfall die Konzeption einer Subjektivität, die in ihrer Exteriorität am ‚Rand' der *économie restreinte* die ‚gloire' der Selbst-Verausgabung inszeniert und als auf dem Müll geopferte Ausscheidung ein Ventil für die produktive Akkumulationslogik verkörpert. Obsessiv wiederholen Soares' Fragmente den abjekten Charakter seiner ‚Müll-Existenz'. Als am Fenster vergessener schmutziger Putzlappen[55] oder als fremde Mülltonne („lixo alheio"; LD, S. 273) im Hinterhof einer Wohnsiedlung wird das Ich in doppelter Weise zum Außen, verkörperlicht seine „náusea" als exkrementelle Ausscheidung und kompensiert so die ‚Verstopfung' der bourgeoisen Akkumulation. Mit Bataille gilt das Exkrement als eine der „matières maudites qui coulent d'une blessure [...] destinées à un sacrifice ostensible",[56] wobei unter ‚blessure' hier auch das kranke Gesellschaftssystem gefasst werden kann, das an seinen Rändern einen Ausschuss des Geopferten erfordert. Somit wird die ‚perte' zu einem heroischen Akt und kann als wahres Fest, als Orgie der „dépense" gefeiert werden: „Levo comigo a consciência da derrota como um pendão de vitória" (LD, S. 265). Dass hier auch eine Nietzscheanische ‚Umwertung aller Werte' sowie eine dekadentistisch anmutende Trotzgebärde im Spiel ist, tut einer Annäherung an Batailles Ästhetik des „sacrifice" keinen Abbruch. Auch hier liegt die ‚gloire' des Verlusts in einer märtyrerhaften Revalorisierung des Schmerzes. Jedenfalls führt die Selbstverausgabung wie in Batailles Konzeption

---

53 Vgl. ebd., S. 555.

54 Dünne 2004, S. 185.

55 „Senti-me de repente um daqueles trapos húmidos de limpar coisas sujas que se levam para a janela para secar, mas se esquecem, enrodilhados, no parapeito que mancham lentamente" (LD, S. 291).

56 Bataille 1970, Bd. I, S. 305.

des *potlatch*, der eine immer großartigere Verschwendung erfordert, zu einer „perte somptuaire“:[57]

> Tudo quanto amamos ou perdemos – coisas, seres, significações – nos roça a pele e assim nos chega à alma, e o episódio não é, em Deus, mais que a brisa que me não trouxe nada salvo o alívio suposto, o momento propício e o poder *perder tudo esplendidamente.* (LD, S. 231; Kursivierung S.B.-L.)

Der gloriose Verzicht, die Verschwendung ohne Rücksicht auf Verluste wird zum provokativen Ventil und zur Affirmation einer ‚wertfreien‘ Existenz: „Enchi as mãos de areia, chamei-lhe ouro, e abri as mãos dela toda, escorrente“ (LD, S. 416). Werden Gold und Sand synonym und können sorglos versprengt werden, verlieren sich die Konventionen und Kategorien des ‚Werts‘ und der ‚utilité‘. Umgekehrt aber wird Sand zu Gold: Pessoas Verausgabung der Existenz, die im Rahmen der *économie générale* zur ‚gloire‘ avanciert, führt so auch in Bezug auf die papierne Existenz, die er pflegt, die Vorstellung von ‚Wert‘ *ad absurdum*: „A glória não é uma medalha, mas uma moeda: de um lado tem a Figura, do outro uma indicação de valor. Para os valores maiores não há moedas: eles são em papel e esse valor é sempre pouco“ (LD, S. 391). Auch in Sartres *Nausée* erfährt der Protagonist eine vitale Verausgabung, welche die Züge einer „perte somptuaire“ trägt und sich in der Logik eines „gaspillage de soi“ bewegt. Entziehen sich die Objekte einer Nutzbarmachung, wird das einfache Konsumieren, etwa das Trinken eines Biers im Café des Cheminots für Roquentin vielmehr zu einer „consumation“ seiner selbst (vgl. LN, S. 23). Die Aufreibung an der *Nausée* als physisch empfundenem Ekel verbindet die Erfahrung des ‚trop plein‘ (des zur Verschwendung bestimmten Existenzüberschusses) mit der Metaphorik des Exkrements und der Verausgabung. Wie Pessoas „lixo“ ist die Erkenntnis der „gratuité parfaite“ (LN, S. 187) in der *Nausée* mit einer ambivalenten Faszination für die ‚nackte‘ Existenz verbunden. Der Zwang, „des papiers lourds et somptueux, mais probablement salis de merde“ (LN, S. 25) vom Boden aufzuheben, stellt nicht nur den für Bataille so charakteristischen Nexus Exkrement-„somptueux“ her,[58] sondern lässt auch Roquentins Faszination „de se perdre dans

---

57 Ebd., S. 308.

58 Zum „Ekel“ bei Bataille siehe Menninghaus (1999, S. 485–503), der besonders auf *L'Anus Solaire* eingeht.

un étrange excès" in der Park-Szene im Licht einer orgiastischen Selbst-Aufgabe erscheinen. Auch die *révélation* der Existenz als „épiphanie d'une compréhension"[59] selbst stellt sich daher als eine „atroce jouissance" (LN, S. 187) mit einer Mischung aus erotischer und fäkaler Metaphorik dar:

> L'existence me pénètre de partout, par les yeux, par le nez, par la bouche [...]. Si l'on existait, il fallait exister jusque-là, jusqu'à la moisissure, à la boursoufflure, à l'obscénité. (LN, S. 180–182)
>
> L'existence partout, à l'infini, de trop, toujours et partout [...]. Je me laissais aller sur le banc, étourdi, assommé par cette profusion d'êtres sans origine: partout des éclosions, des épanouissements, mes oreilles bourdonnaient d'existence, ma chair elle-même palpitait et s'entrouvrait, s'abandonnait au bourgeonnement universel, c'était répugnant. (LN, S. 189)

Mit der erotischen Hingabe an die Existenz, die Roquentin ganz übermannt und sich ihm ‚nackt', d.h. ohne den „vernis" des Sinns und der Worte öffnet,[60] erhält die Erfahrung der eigenen ‚gratuité' einen ekstatischen Wert und die ‚perte' gegenüber der Materialität wird zur gloriosen Zersprengung und Verschwendung des Selbst.

Auf die Verbindung des „don de soi"[61] zur Kunst hat Bataille selbst hingewiesen („Le terme de poésie peut être considéré comme synonyme de dépense: il signifie, en effet, de la façon la plus précise, création au moyen de la perte"[62]). Wenn Bernardo Soares schreibt, „Escrever, sim, é perder-me" (LD, S. 344), sieht er den Schreibprozess selbst, der mit der Subjektkonstitution zusammenfällt, als ‚perte' an, so dass nicht nur Schreiben, sondern auch die Subjektivität des (Sich-)Schreibenden zu einem ‚Sich-Verlieren' wird. Der Schreibprozess ist somit keine Subjektkonstitution,

---

59 Migeot 2004, S. 217. Die Textstelle inszeniert die „révélation" auch als „défloraison": „Le voile se déchire, j'ai compris" (LN, S. 180). Reed / McLure (1987, S. 352) machen die Epiphanie hier als Parodie aus, da „révélation" eine ganzheitliche Erfahrung voraussetzt, die aufgrund der Dezentrierung des Selbst nicht mehr vorhanden ist. Stellt man aber genau die Selbstauflösung und die „perte" ins Zentrum der in sich der Materialität opfernden Selbstkonstitution, kann von Parodie keine Rede sein und ist die Epiphanie durchaus kohärent.

60 Vgl. dazu Migeot 2004, S. 214; van Buuren, Maarten: „Être et exister. Le cas de *La Nausée*". *Relief* 1 (1), 2007, S. 74–89, hier S. 86f., retrieved 9.7.2016, from http://www.revue-relief.org/index.php/relief/article/view/38.

61 Bataille 1976, Bd. VII, S. 237.

62 Bataille 1970, Bd. I, S. 307.

sondern eine Subjekt-‚dépense' im Zeichen ihrer ekstatischen Ausschüttung. Es wurde bereits auf die ‚écriture de soi' des Autodidakten in *La Nausée* hingewiesen. Seine Schreibpraxis der Archivierung und Klassifizierung ‚funktioniert', gerade weil sie nicht auf ‚dépense' angelegt ist, hat aber daher nicht an der ‚gloire' teil. Interessanterweise steht die Szene, in der der Autodidakt seine ‚écriture de soi' inszeniert, direkt vor der Park-Szene, in der Roquentins ‚nausée' ihren (auch erotisch verausgabenden) Höhepunkt erreicht. Es ist bezeichnend, dass der Autodidakt dabei alle Register einer heroischen „dépense" aufruft, diese aber (aus der Sicht Roquentins und des Lesers) nicht einlösen kann: Er stilisiert sich zum Märtyrer („il a l'air d'un martyr. [...] Il a écarté les bras comme s'il allait recevoir des stigmates"; LN, S. 166) und „regarde [...] son carnet avec extase" (LN, S. 158); erfreut, wie er selbst sagt, „de causer avec abandon" (LN, S. 159). Gerade von ‚abandon' kann jedoch in dieser ‚Ekstase' nicht die Rede sein, zumal er sein Heft gleich wieder wegsteckt, denn: „sans doute juge-t-il que c'est assez de bonheur en une seule fois" (LN, S. 159). Diese Ökonomie des Dosierens von ‚bonheur' steht wie die archivierende Schreibpraxis des ‚carnet' selbst einer gloriosen *dépense* natürlich diametral entgegen. Der „gaspillage de soi", den Roquentin in seiner Schreibpraxis stattdessen praktiziert, steht nicht nur im Zeichen des Verlustes, sondern auch der „atroce jouissance" einer Selbst-Aufgabe der Existenz: Die Ausschüttung von Körpersäften, wie sie die berühmte Szene mit dem Messer im Handrücken aufruft, ergänzt auf dem weißen Blatt Roquentins Schriftzug um einen „Ausfluss reiner Körperlichkeit, der doch zum Zeichen gerinnt",[63] zum Zeichen eines Schreibens als reinem „sacrifice somptueux":

> Je vois ma main, qui s'épanouit sur la table. Elle vit – c'est moi [...]. Elle a l'air d'une bête à la renverse. Les doigts, ce sont les pattes. Je m'amuse à les faire remuer, très vite, comme les pattes d'un crabe qui est tombé sur le dos. [...] Mon canif est sur la table. Je l'ouvre. Pourquoi pas? De toute façon, ça changerait un peu. Je pose ma main gauche sur le bloc-notes et je m'envoie un bon coup de couteau dans la paume. Le geste était trop nerveux; la lame a glissé, la blessure est superficielle. Ça saigne. Et puis après? Qu'est-ce qu'il y a de changé? Tout de même, je regarde avec satisfaction, sur la feuille blanche, en travers des lignes que j'ai tracées tout à l'heure, cette petite marée de sang qui a cessé enfin d'être moi. (LN, S. 143–145)

63 Hahn 2009, S. 467.

Die sinnfreie Selbstverstümmelung spiegelt den „gaspillage sanglant [du] sacrifice“[64] aufs Deutlichste wider und verschiebt ihn auf das Terrain des Schreibens. Die „matières maudites qui coulent d'une blessure, des parties de soi-même destinées à un sacrifice ostensible“[65] werden hier deckungsgleich mit der Subjektivität eines „moi qui se livre et qui devient livre“.[66] Exkrement, Blut und erotische Selbsthingabe verbinden Materie und Körperlichkeit des Schreibenden und materialisieren eine Subjektivität, die sich nicht mehr als ‚Rest‘ am Rand verstecken muss (vgl. Georg Simmel), sondern vielmehr in der größtmöglichen ‚perte‘ seine höchste Glorie feiert.

5. Schluss

> Sendo [...] tudo, quanto fazemos ou pensamos, válido para nós na proporção em que o pensamos válido, depende de nós a valorização. O sonhador é um emissor de notas, e as notas que emite correm na cidade do seu espírito do mesmo modo que as da realidade. Que me importa que o papel-moeda da minha alma nunca seja convertível em ouro, se não há ouro nunca na alquimia factícia da vida? Depois de todos nós vem o dilúvio [...]. (LD, S. 331)

Papiergeld und Goldwert entsprechen einander nicht, aber was ist schon ‚Wert‘? Mit dem radikal formulierten Austritt aus der Währungs-Union der gesellschaftlichen Logik und der Umwertung des Goldwerts im Vergleich zum Papiergeld macht Pessoa nicht nur auf die Artifizialität der bestehenden (ökonomischen) Logik aufmerksam, sondern er wertet auch das Papier bzw. die Literatur gegenüber dem materiellen Wert auf. Lässt sich nun aber die Transgression des Ekels in *La Nausée* und der radikalen Selbst-Veräußerung bei Pessoa jeweils auch als „transgress[ion of] the social boundaries“[67] und somit als Antwort auf eine ‚kapitale‘ Krisensituation in sozioökonomischer Weise lesen? Der Sprung von der „économie restreinte“ zur „économie générale“, in der die Logik der „dépense improductive“ eine Kosten-Nutzen-Rechnung der Existenz ausschließt und den wahren Wert in einer unbedingten Selbst-Verausgabung verortet,

---

64 Bataille 1970, Bd. I, S. 306.
65 Ebd., S. 305.
66 Migeot 2004, S. 212.
67 Zalloua, Zahi: „Sartre's *La Nausée*: Roquentin and the Question of Identity“. *Romance Quarterly* 49 (4), 2002, S. 249–269, hier S. 256.

lässt zumindest Roquentin und Soares als Komplizen (*malgré eux*?) einer Materialität erscheinen, die nicht auf die Anhäufung und Produktion zählt, sondern sich vielmehr ohne Besitzansprüche und marktlogisches Kalkül zur Verfügung stellt – was eine radikale Kritik dieser Positionen nahelegt. Gleichzeitig erscheinen jedoch die Buchprojekte der Protagonisten als Verschriftungen ‚unproduktiver' Selbstversuche, die sich auch einer Dominanz ihrer ‚Materie' widersetzen. Dass der in *La Nausée* artikulierte Existentialismus noch kein Humanismus ist,[68] wird deutlich; ob jedoch in dem am Romanende in Aussicht gestellten Buchprojekt Roquentins (das in die Logik der Fiktion und der Stringenz zurückzufallen droht[69]) oder in der Ausfüllung des ‚néant' durch ein jeweiliges (auch gesellschaftlich kompromittiertes) ‚projet' eine Hinwendung zu gesellschaftlichem Engagement erwachsen soll, ist in beiden Texten fraglich. Die radikale Negierung der Logik eines Kalküls verbietet wohl auch das Rechnen mit einer außerhalb des Textes gültigen und anwendbaren Aussage. „Este livro [...] contem lixo" (LD, S. 555), schreibt Pessoa – nicht nur der Protagonist verausgabt sich bis zur Entpersönlichung, sondern auch der Text selbst muss sich in seiner „gratuité totale" opfern, als Kompensation des Exzesses von Sinn und ‚Inhalt' anderer, leichter konsumierbarer Texte eines marktorientierten Literaturbetriebs. Aber bevor das *Livro do Desassossego* in den Müll wandert, lässt es sich vielleicht auch noch zum Abwiegen von Äpfeln verwenden, in einem letzten ironischen „don de soi".

---

68 Vgl. Hahn 2009, S. 463.

69 Mit der Erfahrung der Musik als ‚reines' und stringentes Sein (gegenüber der materialen Existenz) und der Aussicht, einen fiktionalen Text zu schreiben, schafft sich Roquentin ein „projet" zur Überwindung der Kontingenz, vgl. Migeot (2004, S. 223): „La musique [...] ouvre bien une voie de salut vers le symbolique". In dieser Hinsicht ist Pessoas Text radikaler bzw. ‚moderner', da er an der Fragmentierung und der Veräußerlichung festhält.

Literaturverzeichnis

Antunes, Alfredo: „Fernando Pessoa e o Problema do Ser“. *Revista Portuguesa de filosofia* 18 (2), 1962, S. 123–154.

Badiou, Alain: „Une tâche philosophique: être contemporain de Pessoa“. In: Coll. (Hrsg.): *Pessoa, unité, diversité, obliquité. Colloque de Cerisy*. Ed. Christian Bourgois: Paris 2000, S. 141–155.

Bataille, George: „La notion de dépense“. In: Ders: *Œuvres complètes*, Bd. I (*Premiers Écrits*, 1922–1940). Gallimard: Paris 1970, S. 302–320.

Bataille, George: „La part maudite“. In: Ders: *Œuvres complètes*, Bd. VII. Gallimard: Paris 1976, S. 17–179.

Bataille, George: „La limite de l'utile (fragments d'une version abandonnée de ‚La part maudite')“. In: Ders: *Œuvres complètes*, Bd. VII. Gallimard: Paris 1976, S. 181–280.

Bessière, Jean: „Le livre de l'intranquilité et la fiction de la modernité“. In: Coll. (Hrsg.): *Pessoa, unité, diversité, obliquité. Colloque de Cerisy*. Ed. Christian Bourgois: Paris 2000, S. 35–58.

Cornille, Jean-Louis: *Nauséographie de Sartre*. L'Harmattan: Paris 2007.

Cousineau, Thomas: *An Unwritten Novel: Fernando Pessoa's „The Book of Disquiet“*. Dalkey Archive Press: Champaign 2013.

Coorebyter, Vincent de: *Sartre face à la phénoménologie. Autour de ‚L'intentionnalité' et de ‚La transcendance de L'Ego'*. Ousia: Bruxelles 2000.

Dandurand, Guy: „‚La Part Maudite', de Georges Bataille. Pour une lecture du paradoxe“. *Littérature* 111, 1998, S. 3–10.

Didi-Hubermann, Georges: „La matière inquiète“. *Lignes* 01 (1) (*Sartre-Bataille*), 2000, S. 206–223.

Dix, Steffen: „Das Hereinbrechen der Realität in die Fiktion und umgekehrt. Betrachtungen zur Moderne Fernando Pessoas“. *KulturPoetik* 13 (2), 2013, S. 176–196.

Dünne, Jörg: „Vermessung der Distanz zu sich selbst und zu den Dingen. Selbstpraxis und Sensacionismus in Fernando Pessoas *Livro do desassossego*“. In: Moog-Grünewald, Maria (Hrsg.): *Autobiographisches Schreiben und philosophische Selbstsorge*. Winter: Heidelberg 2004, S. 175–198.

Foucault, Michel: *Dits et Écrits*, Bd. I-IV, hrsg. von Daniel Defert / François Ewald. Gallimard: Paris 1994.

Güntert, Georges: *Das fremde Ich. Fernando Pessoa*. De Gruyter: Berlin u.a. 1971.

Hahn, Kurt: „‚J'écris, donc je suis'. Schreiben als Überlebenskunst in Jean-Paul Sartres Roman *La nausée*". *Romanische Forschungen* 121, 2009, S. 454–476.

Kampits, Peter: *Jean-Paul Sartre*. C. H. Beck: München 2004.

Kaufmann, Emil: *Macht und Arbeit. Jean-Paul Sartre und die europäische Neuzeit*. Königshausen & Neumann: Würzburg 1988.

Louette, Jean-François: „*La nausée*, roman du silence". *Littérature* 75 (*La Voix, le retrait, l'autre*), 1989, S. 3–20.

Margat, Claire: „Bataille et Sartre face au dégoût". *Lignes* 01 (1) (*Sartre-Bataille*), 2000, S. 197–205.

Martin, Thomas: „The Role of Others in Roquentin's Nausea". In: Rolls, Alistair / Rechniewski, Elizabeth (Hrsg.): *Sartre's Nausea. Text, Context, Intertext*. Rodopi: Amsterdam/New York 2005, S. 65–76.

Medeiros, Paulo de: *Pessoa's Geometry of the Abyss. Modernity and the „Book of Disquiet"*. Legenda: Oxford 2013.

Menninghaus, Wilfried: *Ekel. Theorie und Geschichte einer starken Empfindung*. Suhrkamp: Frankfurt/Main 1999.

Migeot, Jacques: „Le journal de Roquentin: d'une écriture sans sujet à l'écriture du sujet". In: Chauvin-Vileno, Andrée et al. (Hrsg.): *Le vif du sujet. Texte lecture interprétation*. Presses Universitaires de Franche-Comté: Besançon 2004, S. 211–224.

Nancy, Jean-Luc: „La pensée dérobée". *Lignes* 01 (1) (*Sartre-Bataille*), 2000, S. 88–106.

Pessoa, Fernando: *Alberto Caeiro. Poesia – Poesie*. Zweisprachige Ausgabe, hrsg. von Fernando Cabral Martins / Richard Zenith. Ammann: Zürich ²2004.

Pessoa, Fernando: *Sensacionismo e outros ismos*, hrsg. von Jerónimo Pizarro. Imprensa Nacional – Casa da Moeda: Lisboa 2009.

Pessoa, Fernando: *Livro do Desassossego*, hrsg. von Jerónimo Pizarro. Tinta da China: Lisboa 2013.

Philippe, Gilles: *Le discours en soi. La représentation du discours intérieur dans les romans de Sartre*. H. Champion: Paris 1997.

Poulet, Georges: *Etudes sur le temps humain*. Bd. 3: *Le point de départ*. Ed. du Rocher: Monaco 1964.

Reed, Paul / McLure, Roger: „*La nausée* and the problem of representation". *The Modern Language Review* 82 (2), 1987, S. 343–355.

Sartre, Jean-Paul: *Situations*. Gallimard: Paris 1947.

Sartre, Jean-Paul: *La transcendance de l'ego: esquisse d'une description phénoménologique*. Vrin: Paris 1965.

Sartre, Jean Paul: *La Nausée* [1938]. Gallimard: Paris 2008.

Tokarev, Dimitri: „Le rôle et les métamorphoses des quatre éléments dans *La Nausée* de Sartre el *La Fin* de Beckett". In: Engelberts, Matthijs et al. (Hrsg.): *Samuel Beckett today / aujourdhui* 20: *Des éléments aux traces*. Rodopi: Amsterdam 2008, S. 233–241.

Tsoupas, Artemis: *Handeln und Sein. Zur Konstitution von Subjektivität bei Jean-Paul Sartre und Samuel Beckett*. Winter: Heidelberg 2008.

Van Buuren, Maarten: „Être et exister. Le cas de *La Nausée*". *Relief* 1 (1), 2007, S. 74–89, retrieved 9.7.2016, from http://www.revue-relief.org/index.php/relief/article/view/38.

Weber, Julia: *Das multiple Subjekt. Randgänge ästhetischer Subjektivität bei Fernando Pessoa, Samuel Beckett und Friederike Mayröcker*. Fink: München 2010.

Zalloua, Zahi: „Sartre's *La Nausée*: Roquentin and the Question of Identity". *Romance Quarterly* 49 (4), 2002, S. 249–269.

Zenith, Richard: „O barbeiro, a costureira, o moço de fretes e o gato". In: Dix, Steffen / Pizarro, Jerónimo (Hrsg.): *A Arca de Pessoa. Novos Ensaios*. Imprensa de Ciências Sociais: Lisboa 2007, S. 295–310.

Walter Wagner

Antikapitalismus und rurale Utopie. Jean Gionos *paysannerie* im Licht der kapitalistischen Ideologie

Abstract: This article aims to explore Jean Giono's anti-capitalism which characterises his writings of the 1930s by drawing upon the theoretical framework provided by Luc Boltanski und Ève Chiapello in their monograph *Le nouvel esprit du capitalisme.* In their typology of anti-capitalism, the two sociologists distinguish between the artistic and the social critique of capitalist ideology – the former dealing with the negative impact of the idea of work as a means of self-fulfilment, the latter with the harmful social and psychological consequences of capitalist production. Giono's poetics of anti-capitalism reveals a strong tendency towards an artistic critique of the excesses of the free market economy. In order to achieve a just society, Giono suggests replacing urban industrial culture – which he considers a synonym for capitalism – with the humanist utopia of peasantry that offers happiness instead of material wealth.

Keywords: anti-capitalism, peasantry, utopia, work, self-fulfilment, Jean Giono, *Le nouvel esprit du capitalisme*

Einleitung

„Le capital n'a pas de pire ennemi que moi. Je le considère comme une maladie et je plains ceux qui en sont atteints. Je ne cherche pas à le transformer, je cherche à le détruire."[1] Mit dieser selbstbewussten Erklärung sagt Jean Giono dem Kapitalismus, den er zum Kardinalübel seiner Zeit erklärt, entschlossen den Kampf an. Dabei erweist er sich nicht als unbedarfter literarischer Festredner, der darauf erpicht ist, seine Anhänger mit markiger Polemik bei Laune zu halten, sondern tritt als bestens informierter und belesener Autodidakt vor sein Publikum. Giono hat die kommunistischen Klassiker Marx, Engels, Lenin, Trotzki sowie einschlägige

1 Giono, Jean: *Le Poids du ciel.* In: Ders.: *Récits et essais* (Bibliothèque de la Pléiade 351), hrsg. von Pierre Citron et al. Gallimard: Paris 1989, S. 505.

Fachliteratur studiert[2] und will als engagierter Schriftsteller angesichts volatiler Finanzmärkte, hoher Arbeitslosigkeit und sozialer Spannungen, die das Europa der Zwischenkriegszeit prägen, politische Orientierungshilfe leisten und mögliche Auswege aus der omnipräsenten Krise skizzieren. Wie viele französische Schriftsteller, Künstler und Intellektuelle glaubt Giono zunächst an die Möglichkeit, mithilfe der marxistischen Ideologie die aus den USA eingeschleppte kapitalistische ‚Seuche' überwinden zu können. „Pour cesser d'être inutile"[3], wie der Autor bekennt, tritt er 1934 der Association des Écrivains et Artistes Révolutionnaires bei, distanziert sich aber unter dem Eindruck der stalinistischen Säuberungen bereits 1936 von den Kommunisten. Ihm schwebt ein dritter Weg zwischen Kapitalismus und Kommunismus vor, den er in seiner Kritik der kapitalistischen Ordnung darlegt. Literarische Zeugnisse seiner eingehenden diskursiven Auseinandersetzung mit dieser Problematik bilden im Wesentlichen die Essays *Les Vraies Richesses* (1937), *Refus d'obéissance* (1937), *Le Poids du ciel* (1938) und *Lettre aux paysans sur la pauvreté et la paix* (1938). Auf fiktionaler Ebene tritt Gionos Antikapitalismus als poetologisches Programm zutage, das auf die Konzeption seiner ruralen, vom Gesellschaftsideal der *paysannerie* durchwirkten Utopien einen entscheidenden Einfluss hat.

Im Folgenden soll Gionos Kapitalismuskritik mithilfe der von Luc Boltanski und Ève Chiapello in *Le nouvel esprit du capitalisme*[4] konzipierten Matrix systematisiert und sein Gegenentwurf einer gerechten Gesellschaft analysiert werden. Anschließend soll Gionos Aufweis der kapitalistischen Dysfunktionalitäten im Licht moderner ökonomischer Theorien bewertet und die Brauchbarkeit seiner Thesen beurteilt werden.

---

2 Vgl. Sacotte, Mireille: „De la guerre à la terre. Les idées politiques de Giono au temps des *‚Vraies Richesses' (1929–1939)*". In: Fourcaut, Laurent (Hrsg.): *Jean Giono 9. „Les Vraies Richesses". Giono dans la mêlée.* (La Revue des lettres modernes). Lettres modernes Minard: Caen 2010, S. 79.

3 Giono, Jean: „Adhésion à l'A.E.A.R". In: Ders.: *Récits et essais* (Bibliothèque de la Pléiade 351), hrsg. von Pierre Citron et al. Gallimard: Paris 1989, S. 1046.

4 Vgl. Boltanski, Luc / Chiapello, Ève: *Le nouvel esprit du capitalisme*. Gallimard: Paris 1999.

Kritik des Kapitalismus

Anstelle einer rein deskriptiven Aufzählung jener Aspekte, die Giono am kapitalistischen System moniert, wird im Folgenden die von Boltanski und Chiapello in *Le nouvel esprit du capitalisme* entworfene Typologie der Kapitalismuskritik fruchtbar gemacht. Die beiden Soziologen unterscheiden zwischen einer „critique artiste" und einer „critique sociale" des Kapitalismus, die sie in jeweils zwei Subkategorien unterteilen. Die Künstlerkritik denunziert den Kapitalismus a) als „source de *désenchantement* et d'*inauthenticité* des objets, des personnes, des sentiments et, plus généralement, du genre de vie qui lui est associé" und b) als „source d'*oppression*, en tant qu'il s'oppose à la liberté, à l'autonomie et à la créativité des êtres humains", während die Sozialkritik den Kapitalismus c) als „source de *misère* chez les travailleurs et d'*inégalités* d'une ampleur inconnue dans le passé" und d) als „source d'*opportunisme* et d'*égoïsme*"[5] entlarvt. Thesenhaft zugespitzt lassen sich die oben ausdifferenzierten Kategorien auf folgende Begriffe reduzieren, für die der Kapitalismus in den Augen der Kritiker verantwortlich ist: a) Entzauberung und Inauthentizität, b) Einschränkung der Individualität, c) Verelendung und Ungleichheit sowie d) Opportunismus und Egoismus.

Entzauberung und Inauthentizität

Die Künstlerkritik, die ihren Ursprung im Leben der Bohème hat, lehnt den Kapitalismus ab, weil er die Lebensqualität einschränkt. Sie beklagt zunächst die Entzauberung und Inauthentizität, die durch den Sinnverlust und das abhandengekommene Bewusstsein für das ‚Schöne' und ‚Große' hervorgerufen werden. Diese Variante der Künstlerkritik verwehrt sich also nicht nur gegen die hegemoniale Verdinglichung der materiellen Welt durch den kapitalistischen Geist, sondern auch gegen seinen Zugriff auf unsere Emotionen und unseren Lebensstil. Der Kapitalismus erzeugt demnach ein Gefühl der Entfremdung, das die nostalgische Rückbesinnung auf ‚einfache' und ‚natürliche' Lebensformen fördert, und ist eng verwoben mit der zweiten Subkategorie der Künstlerkritik.

5 Alle vorangehenden Zitate: Boltanski / Chiapello 1999, S. 82.

Bereits Marx verortet die Problematik der Entfremdung im Kontext der kapitalistischen Produktionsweise und belegt seine These mit einer umfassenden Analyse der Arbeitsbedingungen des Proletariats: „Selbst die Erleichterung der Arbeit wird zum Mittel der Tortur, indem die Maschine nicht den Arbeiter von der Arbeit befreit, sondern seine Arbeit vom Inhalt."[6] Sowohl Marx als auch Giono weisen darauf hin, dass die Fabrik als Ort der arbeitsteiligen und seriellen Herstellung von Waren die Arbeiter in Instrumente der Maschine verwandle und sie im Gegensatz zu den Handwerkern der Befriedigung beraube, einen Gegenstand in allen Phasen seines Entstehens selbst bearbeiten und schließlich vollenden zu können. Dadurch würden sie gleichsam zu willenlosen Robotern, die ihr Menschsein im kapitalistischen Fertigungsprozess einbüßten: „On ne peut même pas dire que ce travail machinal les ait abêtis – quelle gloire il leur resterait s'ils pouvaient encore avoir des réflexes de bêtes! –, non, ce travail machinal les a dénaturés, privés de leur nature."[7] Das Tempo der Maschine und die exakt festgelegten Arbeitsschritte, die jeder Fabrikarbeiter auszuführen hat, verhindern die dem Handwerker und Künstler vorbehaltene persönliche Beziehung zu einem Werkstück, das sich von anderen massenhaft hergestellten Objekten desselben Produktionssegments nicht unterscheidet. Der zu präzisen Gesten erstarrte Produktionsprozess wird von Giono als unerträgliche Absurdität gegeißelt, was er mit Zahlen zu verdeutlichen sucht, deren Korrektheit freilich nicht empirisch belegt wird: „Cinquante-trois pour cent des objets fabriqués qui peuvent aider la vie restent dans les entrepôts, ne sont pas achetés, sont détruits, redeviennent de la matière qu'on redonne à l'ouvrier, qui refait l'objet, qu'on redétruit."[8]

Wie aus Gionos Synthese hervorgeht, hat der Arbeiter weder einen Einfluss auf das von ihm hergestellte Teil noch auf das fertige Produkt, das in einem geschlossenen Kreislauf dem Arbeitsprozess immer wieder zugeführt und letztlich von keinem Konsumenten erworben wird, wodurch sich das eigentliche Ziel der Produktion, Waren für den Absatz zu erzeugen, ad

6 Marx, Karl: *Das Kapital. Kritik der politischen Ökonomie*. Erster Band [1867]. Karl Dietz Verlag: Berlin [40]2013, S. 445f.

7 Giono: *Le Poids du ciel*, S. 501.

8 Giono, Jean: *Les Vraies Richesses*. In: Ders.: *Récits et essais* (Bibliothèque de la Pléiade 351), hrsg. von Pierre Citron et al. Gallimard: Paris 1989, S. 154.

absurdum führt. Giono scheint in seiner Abrechnung mit den kapitalistischen Produktionsbedingungen den von Joseph Schumpeter geprägten Begriff der „creative destruction“[9], der das Phänomen der ständigen Innovation von Produkten im Sinn von Trends und Moden auf dem kapitalistischen Markt beschreibt, zu präfigurieren. Tatsächlich geht der Verfasser von *Les Vraies Richesses* in seiner antikapitalistischen Polemik noch weiter, indem er die industrielle Fertigung als veritable Sisyphos-Arbeit darstellt, die gemäß der immanenten Gesetzmäßigkeit der kapitalistischen Produktionsweise keinen ästhetischen Anspruch erheben kann: „On ne veut pas faire beau. On veut faire vite, bon marché et beaucoup.“[10] Um konkurrenzfähig zu bleiben, muss der Kapitalist seine Produktivität steigern, das heißt das Verhältnis von Input und Output optimieren, was Giono durch die Formel ‚schnell, billig und viel‘ ausdrückt. Der inhärente Primat der Quantität über die Qualität klammert die Idee der Schönheit aus und ist laut Giono typisch für die kapitalistische Produktionsweise.

Während die maschinelle Fertigung in der Fabrik lediglich Massenware hervorbringt, die nicht mit der von Giono geschätzten Handwerkskunst mitzuhalten vermag, führt auch die industrielle Produktion im Agrarbereich zu qualitativen Einbußen. In einer Glosse mit dem vielsagenden Titel „Retour en arrière“ beklagt der Autor, dass im Zuge der Industrialisierung der provenzalischen Landwirtschaft nicht nur der Verbrauch an Pestiziden und Kunstdünger zugenommen habe, sondern die Früchte zugleich ihren Geschmack verloren hätten. Daher bedauere er all jene, die keinen eigenen Garten besäßen oder nach der Einführung der Intensivlandwirtschaft geboren seien: „Ils sont à plaindre. Ils ne sauront jamais ce que sont une vraie pêche, de vraies pommes de terre, de vrais artichauts, une vraie nourriture.“[11] Giono rät vom Genuss industrieller Lebensmittel ab, weil sie entweder ungenießbar oder geschmacklos seien. Die kapitalistische Produktion führt mithin zu einer qualitativen Nivellierung, wie Giono seinem

9 Vgl. Schumpeter, Joseph A.: *Capitalism, Socialism and Democracy* [1942]. (Harper Perennial Modern Thought). Harper Collins: New York u.a. ³2008, S. 81–86.

10 Giono: *Les Vraies Richesses*, S. 166.

11 Giono, Jean: „Retour en arrière“. In: Ders.: *Les trois arbres de Palzem*. Gallimard: Paris 1984, S. 91.

Publikum glauben machen möchte: „tout a le même goût. On ne s'est soucié que de soigner les apparences.“[12]

Hinter Gionos hyperbolischer Rhetorik verbirgt sich freilich eine tiefe Einsicht in das effiziente Zusammenwirken jener Parameter, welche den Fortbestand des Kapitalismus trotz aller Krisen bis dato garantiert haben. Dieser hat dank permanenter technischer und technologischer Innovation, von der letztlich auch die Konsumenten profitiert haben, seinen weltumspannenden Siegeszug fortsetzen können. Als tangiblen Ausdruck dieser ihm verhassten Ideologie begreift der technophobe Autor die Maschine, die er dämonisiert, weil sie die unmittelbare Beziehung zwischen Arbeiter und natürlicher Umwelt unterbindet und damit das vitale Prinzip der Freude zerstört. Als Teil der „civilisation technique antinaturelle“[13] steht die Maschine im Dienst des Kapitalismus und damit in diametraler Opposition zu der als natürlich erachteten, jahrtausendealten „civilisation paysanne“[14], deren Arbeitsleistung auf Muskelkraft und dem Einsatz von Geräten beruht. Ebenso wie die Fabrik und die Maschine befindet sich laut Giono die Technik als deren *conditio sine qua non* in einem interdependenten Verhältnis mit dem Kapitalismus. Aus diesem Grund lehnt er die industrielle Landwirtschaft mit ihren Traktoren und Mähdreschern ab und stellt zwischen ihrer Verwendung und dem Gesetz der kapitalistischen Akkumulation einen gewagten Kausalnexus her: „Le blé ainsi obtenu ne sert qu'à être transformé en compte en banque.“[15] Mit anderen Worten: „la technique est une séduisante machine à profit.“[16]

Als moralisch unbedenkliche Alternative zur landwirtschaftlichen Maschine schlägt Giono das Pferd vor und legitimiert diese Entscheidung folgendermaßen: „Évidemment, lui [= le cheval] mange tous les jours. Mais, ce qu'il mange, je ne l'achète pas, je le produis. C'est une liberté.“[17] Der Autor favorisiert das Tier als Partner des Bauern – wenngleich seine Arbeitsleistung weit hinter der eines Traktors zurückbleibt –, weil es

12 Ebd., S. 92.
13 Giono: *Le Poids du ciel*, S. 496.
14 Ebd., S. 500.
15 Ebd.
16 Ebd., S. 510.
17 Ebd., S. 497.

keinen Treibstoff braucht und den Landarbeiter daher unabhängig von fremden Ressourcen macht. Mit dieser Schlussfolgerung knüpft Giono an die zweite Variante der Künstlerkritik an, die den Aspekt der Freiheit ins Zentrum ihrer Antikapitalismus-Debatte rückt.

Mit der Ablehnung der Technik als Handlangerin des Kapitalismus geht der Widerstand gegen den technischen bzw. technologischen Fortschritt einher, zumal dieser sich „directement proportionnel à la dénaturation de l'individu"[18] verhalte. Das Problem der entfremdeten Arbeit und der Entfremdung von der Natur im Rahmen der kapitalistischen Produktionsweise führt Giono folglich auf das Wirken der Trias Fabrik, Maschine und Technik zurück.

Einen weiteren Aspekt der ersten Variante der Künstlerkritik, die sich an den Begriffen „Entzauberung" und „Inauthentizität" festmachen lässt, repräsentiert das schrankenlose kapitalistische Gewinnstreben. Marx beschreibt diese Dynamik des Kapitals in seinem Hauptwerk folgendermaßen: „Die Zirkulation des Geldes als Kapital ist [...] Selbstzweck, denn die Verwertung des Werts existiert nur innerhalb dieser stets erneuerten Bewegung. Die Bewegung des Kapitals ist daher maßlos."[19] Um das Ziel unbegrenzter Akkumulation zu erreichen, muss die Produktionskapazität gesteigert werden, wodurch neue Waren produziert und abgesetzt werden können, die Giono als „une abondance de choses inutiles"[20] verurteilt. Mit dieser Einschätzung verweist er auf den inhärenten Konnex von Kapitalismus und Konsumismus, dessen Glücksverheißungen er solcherart infrage stellt.

Der Fabrik als Ort nie erlahmender Produktion stehen analog die modernen landwirtschaftlichen Betriebe gegenüber, die auf ihren ausgedehnten Anbauflächen riesige Mengen von Konsumgütern erzeugen. Wie Gionos kapitalismuskritische Essays aus den dreißiger Jahren belegen, verfolgt der Verfasser die schleichende Industrialisierung des Agrarsektors, die bis ins Hinterland der Provence vordringt, mit großer Besorgnis, weil die Monokulturen der großen Agrarbetriebe die über Jahrhunderte gewachsene Kulturlandschaft seiner Meinung nach negativ verändern. Wo

18 Ebd., S. 510.
19 Marx ^{40}2013, S. 167.
20 Giono: *Les Vraies Richesses*, S. 242.

einst Subsistenzwirtschaft unter dem Gesichtspunkt der Nachhaltigkeit betrieben worden sei, beuteten neuerdings große Agrarbetriebe den Boden aus, um maximalen Ertrag zu erzielen.

Da der Kapitalist darauf bedacht ist, den durch seine Arbeiter erwirtschafteten Mehrwert zu steigern, muss er ständig neue Investitionsquellen erschließen. Giono durchschaut die absurd erscheinende Logik der unendlichen Geldvermehrung im kapitalistischen Regime und warnt seine Leserschaft vor der zerstörerischen Macht der „folie de l'argent“[21]. Der Symbolwert des Geldes, dessen materieller Wert gleich Null ist, offenbart sich stets in Relation zum Tauschwert einer Ware oder Dienstleistung und hat anders als die eben genannten keinerlei Gebrauchswert. Laienhaft ausgedrückt bedeutet dieses Merkmal, dass Geld weder gebraucht noch konsumiert werden kann und seinen Besitzer, anders als beim Tauschhandel, von der gegenständlichen Welt entfremdet. Giono setzt diese besondere Eigenschaft des Geldes rhetorisch geschickt in Szene und schreibt:

> Ils [scil. les hommes] ont des morceaux de papier qu'ils appellent argent. Pour avoir un plus grand nombre de ces morceaux de papier, ils décident subitement de faire abattre et d'enterrer cent soixante mille vaches parmi les plus fortes laitières. Ils décident d'arracher la vigne car, si on ne l'arrachait pas, le vin serait trop bon marché, c'est-à-dire ne pourrait plus produire des morceaux de papier en assez grand nombre. À choisir entre les morceaux de papier et le vin, ils choisissent les morceaux de papier.[22]

Indem er simplifizierend erklärt, dass das Gewinnstreben des Kapitalisten letztlich nur Papier, das heißt Banknoten, erzeuge, die sich unendlich vermehrten, bringt Giono das Wesen der kapitalistischen Geldwirtschaft gekonnt auf den Punkt. In dieser Perspektive gerät Akkumulation zum Selbstzweck, weil der Profit kein materielles oder sinnliches Bedürfnis des Kapitalisten befriedigt, sondern lediglich als ‚Schmiermittel‘ der Geld- und Kreditwirtschaft dient.

Im Roman *Que ma joie demeure* erteilt der Gaukler Bobi den Bauersleuten Jourdan und Marthe diesbezüglich eine Lehre. Dass Jourdan aus dem Verkauf von Getreide einen bescheidenen Gewinn erwirtschaftet hat, den er in einem Schrank hortet, wird vom Protagonisten als kapitalistischer

---

21 Ebd., S. 155.
22 Ebd., S. 153.

Sündenfall betrachtet, den sein Gegenüber mit Erstaunen zur Kenntnis nehmen muss: „Tu ouvres l'armoire. Tu places les billets sous les chemises de Marthe, ou bien c'est elle qui le fait. Tu fermes la porte de l'armoire. Bon. À ce moment-là, tu t'aperçois que tu es un lépreux."[23] Jourdan hat sich nach Bobis Auffassung mit der kapitalistischen Lepra angesteckt, wiewohl sein zu Hause aufbewahrtes Geld keine Zinsen trägt. Wenn man unter der kapitalistischen Ideologie die unbegrenzte Vermehrung von Kapital versteht, dann kann Jourdan freilich nicht als Kapitalist bezeichnet werden.[24] Bobi hingegen hält bereits die Tatsache, dass jemand Profit erzielt, für verwerflich, zumal er dadurch das Gewinnstreben des kapitalistischen Unternehmers imitiert. Darüber hinaus sei Geld in der weitgehend auf Tauschhandel beruhenden Wirtschaft der *paysannerie* überflüssig, wie Giono argumentiert, denn zur Befriedigung seiner Bedürfnisse könne der Bauer weitgehend darauf verzichten.

Ein weiteres Moment der ersten Variante der Künstlerkritik bildet die Merkantilisierung der Welt, die den Kapitalisten dazu verführt, jedem Gegenstand einen bestimmten Tauschwert zuzuweisen, um ihn solcherart der Warenzirkulation als Ausgangspunkt des Kapitals einzuverleiben. Giono lässt seine rhetorischen Fähigkeiten spielen, um diese Manie, Tauschwert zu generieren, zu verhöhnen: „Si je pouvais arrêter les fleuves! Si je pouvais faire que l'eau aussi soit chère! Je vous vendrais de l'eau. Que d'argent perdu dans ce fleuve où tout le monde peut puiser librement."[25] Wenn man bedenkt, dass internationale Konzerne wie Nestlé mit dem Verkauf von Wasser, das zu den höchsten Gütern zählt, ein gutes Geschäft machen, wird die visionäre Dimension von Gionos antikapitalistischen Diatriben begreifbar.

Zu den Methoden, die der Kapitalist gebraucht, um Mehrwert zu schaffen, zählt auch die Vernichtung von Überschüssen, um zu verhindern, dass das Angebot die Nachfrage übersteigt und der Preis fällt. Giono zeigt diese

23 Giono, Jean: *Que ma joie demeure*. In: Ders. : *Œuvres romanesques complètes* II (Bibliothèque de la Pléiade 237), hrsg. von Robert Ricatte et al. Gallimard: Paris 1972, S. 459.

24 Anders als der ‚Horter' fällt der Sparer, der sein Geld veranlagt, streng genommen ebenfalls unter den Begriff des Kapitalisten (vgl. Boltanski / Chiapello 1999, S. 39).

25 Giono: *Les Vraies Richesses*, S. 154.

in der industriellen Landwirtschaft übliche Praxis auf, die Landwirte dazu verführt, ihre Produkte an das Vieh zu verfüttern.[26] Besonders dramatisch wirkt sich diese Strategie dann aus, wenn die Überproduktion vernichtet wird, statt sie Bedürftigen zur Verfügung zu stellen. Giono zitiert ein Beispiel aus Illinois, wo Arbeitslose die Erzeuger vergeblich darum bäten, dass man ihnen die überschüssige Baumwolle zur Befüllung ihrer Matratzen überlassen möge.[27] Um den Preisverfall zu stoppen, ist dem Kapitalisten folglich jedes Mittel recht, also auch die Zerstörung der eigenen Lebensgrundlagen: „Que la rareté revienne! Que la terre soit un désert […].“[28]

Einschränkung der Individualität

Die zweite Variante der Künstlerkritik beruht auf der Annahme, dass die Mechanismen des Kapitalismus einen Herrschaftsapparat installiert haben, der die freie Entfaltung der werktätigen Persönlichkeit einschränkt. Der kapitalistische Arbeitsprozess erfordert von den Beschäftigten eine Anpassung an inhaltliche und formale Vorgaben, welche sich mit der Freiheit und Spontaneität des Künstlers nicht vereinbaren lassen.[29] Marx fördert den Aspekt der Ausbeutung menschlicher Arbeit zutage und notiert diesbezüglich im *Kapital*: „Während die Maschinenarbeit das Nervensystem aufs äußerste angreift, unterdrückt sie das vielseitige Spiel der Muskeln und konfisziert alle freie körperliche und geistige Tätigkeit.“[30] Der Verfasser des *Kapitals* begnügt sich nicht damit, im Sinne der Künstlerkritik auf den Verlust der individuellen Freiheit abzuheben, die der Bohemien für sich beansprucht, sondern enthüllt die noch gravierenderen körperlichen Folgen für den gleichsam an die Maschine gefesselten Proletarier. Giono zeichnet ein ähnlich düsteres Bild der kapitalistischen Arbeitsbedingungen, die selbst das urbane Leben affiziert haben. Sowohl in der Fabrik als auch in Paris sind die Menschen, wie Giono ausführt, dem inhumanen Rhythmus der

26 Vgl. ebd., S. 153f. Ebenso Giono, Jean: „Lettre aux paysans sur la pauvreté et la paix“. In: Ders.: *Récits et essais* (Bibliothèque de la Pléiade 351), hrsg. von Pierre Citron et al. Gallimard: Paris 1989, S. 546.

27 Vgl. Giono: *Les Vraies Richesses*, S. 153.

28 Ebd., S. 154.

29 Vgl. Boltanski / Chiapello 1999, S. 84.

30 Marx [40]2013, S. 445.

Maschine unterworfen, die den Traum von einer selbstbestimmten, lustvollen Erwerbsarbeit ins Reich der Utopie verbannt: „Soixante-dix pour cent des travailleurs n'ont jamais eu de repos, n'ont jamais eu le temps de regarder un arbre en fleur, ne connaissent pas le printemps dans les collines."[31] Der „esclavage du temple usinier"[32] zerstört demnach die Freude an der Arbeit und die körperliche Gesundheit jener Menschen, die in Fabriken oder in landwirtschaftlichen Großbetrieben schuften. Während Gionos Vater, der als einfacher Schuster nur wenige Produktionsmittel besitzt, sein Gewerbe an jedem beliebigen Standort ausüben kann, büßt der Proletarier seine Freiheit in der Fabrik weitgehend ein: „L'ouvrier ne peut pas quitter sa chaise chez Bata. S'il s'en allait de là, il ne pourrait pas vivre."[33]

Die schlimmste Form der Unterdrückung übt der Kapitalismus aber dann aus, wenn er Kriege heraufbeschwört und die Menschen zwingt, daran teilzunehmen. Als Überlebender des Ersten Weltkriegs und überzeugter Pazifist begreift Giono militärische Konflikte als ultimative Konsequenz der zur Expansion tendierenden Herrschaft des Kapitals und liefert damit einen weiteren Grund für die Bekämpfung dieses Systems: „L'état capitaliste a besoin de la guerre. C'est un de ses outils. On ne peut tuer la guerre sans tuer l'état capitaliste."[34] Der Ökonom Schumpeter, ein Zeitgenosse Gionos, kommt in seinem bekanntesten Werk *Capitalism, Socialism and Democracy* zu einem gegenteiligen Ergebnis: „Modern pacifism and modern international morality are nonetheless products of capitalism."[35] Durch „*des moyens formellement pacifiques*"[36] erfolgt auch nach Boltanski und Chiapello die Akkumulation des Kapitals, weshalb Zweifel an Gionos These angebracht sind.

31 Giono: *Les Vraies Richesses*, S. 154.
32 Giono: „Lettre aux paysans sur la pauvreté et la paix", S. 589.
33 Ebd., S. 573.
34 Giono, Jean: „Refus d'obéissance". In: Ders.: *Récits et essais* (Bibliothèque de la Pléiade 351), hrsg. von Pierre Citron et al. Gallimard: Paris 1989 S. 268.
35 Schumpeter 2008, S. 128.
36 Boltanski / Chiapello 1999, S. 37.

Verelendung und Ungleichheit

Giono bedient sich neben der Künstlerkritik der Sozialkritik, um seinen antikapitalistischen Angriffen zusätzliche argumentative Schlagkraft zu verleihen. *Das Kapital* fungiert auch hier als Prätext und diskursive Folie von Gionos Analysen. Marx brandmarkt bereits die Pauperisierung des Proletariats und die sozialen Verwerfungen, die sich aus dem Besitz bzw. Nichtbesitz von Produktionsmitteln ergeben:

> Die Akkumulation von Reichtum auf dem einen Pol ist also zugleich Akkumulation von Elend, Arbeitsqual, Sklaverei, Unwissenheit, Brutalisierung und moralischer Degradation auf dem Gegenpol, d.h. auf Seite der Klasse, die ihr eignes Produkt als Kapital produziert.[37]

Ähnlich wie der marxistische Vordenker empört sich der französische Romancier über die furchtbaren Arbeitsbedingungen in der Industrie und verkündet pathetisch:

> L'ouvrier est le seul qui habite totalement dans la planète de la misère et du malheur des corps. Sur cent ouvriers entrant aux hôpitaux, les médecins qui les examinent ne peuvent plus reconnaître le corps d'un homme à quarante-trois d'entre eux.[38]

Bei ihren Untersuchungen sollen die Ärzte sogar eine neue Krankheit diagnostiziert haben, und zwar „le poumon-usine"[39]. Giono, der in der Manier eines investigativen Journalisten auf die gesundheitlichen Beeinträchtigungen hinweist, die der Fabrikarbeit geschuldet sind, stellt dieses Phänomen als medizinisches Novum dar und übersieht geflissentlich, dass bereits vor der industriellen Revolution Bergarbeiter an der Staublunge erkrankten. Nicht jede Berufserkrankung ist folglich auf den kapitalistischen Produktionsprozess zurückzuführen.

Das Elend des Proletariats resultiert nicht nur aus der Ausbeutung seiner Arbeitskraft,[40] sondern auch aus den sozialen Disparitäten, die der Kapitalismus schafft. Der Widerhall der Marx'schen Sozialkritik wird spürbar,

---

37 Marx [40]2013, S. 675.

38 Giono: *Les Vraies Richesses*, S. 154.

39 Ebd.

40 Marx beschreibt das Kapital bildmächtig „als Produzent fremder Arbeitsamkeit, als Auspumper von Mehrarbeit und Exploiteur von Arbeitskraft" (Marx [40]2013, S. 328).

wenn Giono die ungleiche Verteilung von Reichtum in der kapitalistischen Gesellschaft anprangert:

> Les deux tiers des enfants du monde sont sous-alimentés. Trente pour cent des femmes qui accouchent dans les maternités ont les seins secs au bout de huit jours. Soixante pour cent des enfants qui naissent ont souffert de misère dans le ventre de leur mère. Quarante pour cent des hommes de la terre n'ont jamais mangé un fruit sur l'arbre. Sur cent hommes, trente-deux meurent de faim tous les ans, quarante ne mangent jamais à leur faim.[41]

Abermals lässt sich feststellen, dass Giono nicht um eine ausgewogene Diskussion des Kapitalismus bemüht ist, sondern ihn pauschal für die mangelnde soziale Gerechtigkeit verantwortlich macht.

Opportunismus und Egoismus

Die zweite Subkategorie der Sozialkritik richtet sich gegen das unbegrenzte Gewinnstreben als wesentliches Movens unternehmerischen Handelns. Der Kapitalismus fördert diese Haltung, treibt dadurch die Dominanz partikularer Interessen an und unterminiert auf diese Weise Solidaritätsstrukturen innerhalb der Gesellschaft. Als moralisch verwerfliche Untugend erfährt der Egoismus durch die kapitalistische Ideologie mithin eine ungeahnte Aufwertung und wird in einer paradoxen Umkehrung unter dem Deckmantel unternehmerischen Geschicks zu einer achtbaren Eigenschaft stilisiert. Humanistische Werte wie Generosität und Altruismus sind der Gewinnmaximierung hingegen nicht förderlich und werden vom kaufmännisch agierenden Kapitalisten abgelehnt.

In der vormodernen ruralen Gemeinschaft, die Giono noch aus seiner Kindheit kennt, wurden just diese Charakterzüge mit der größten Selbstverständlichkeit kultiviert. In den Essays der dreißiger Jahre gehört dieses Goldene Zeitalter der Freigebigkeit allerdings schon der Vergangenheit an:

> Les arbres fruitiers, les pêchers, les abricotiers, les amandiers, les figuiers, les noyers, les pommiers étaient au plein des champs ouverts; se servait qui voulait. [...] Ce serait un miracle si la chose arrivait de nos jours tant tout le monde aurait de hâte à profiter de l'aubaine.[42]

---

41 Giono: *Les Vraies Richesses*, S. 154.

42 Giono: „Lettre aux paysans sur la pauvreté et la paix", S. 548.

An anderer Stelle berichtet Giono ebenfalls über die längst vergessene Tugend der Generosität: „Dans la région que j'habite, et de 1900 à 1914, on n'a jamais vendu de fruits: on les donnait."[43] Der Autor suggeriert mit diesen Beispielen, dass die Menschen seiner Gegend früher eine Art von Überfluss kannten, der durch die Verbreitung des Kapitalismus verschwunden ist. Verschenkte man früher überschüssige Ernteerträge, so muss heute jede Frucht bezahlt werden, weil der vom Gewinnstreben beseelte Besitzer darauf bedacht ist, seinen monetären Vorteil zu vergrößern. Anders gesagt: Der Kapitalismus stachelt die individuelle Geldgier an, was Giono als menschlichen Verlust wertet.

Kapitalismuskritik und das Gesellschaftsideal der *paysannerie*

Giono begnügt sich nicht mit dem Aufweis und der Analyse kapitalistischer Störfelder, sondern bietet auch Lösungsvorschläge an, die im Folgenden resümiert werden. Gionos Antikapitalismus legt zunächst den Schluss nahe, dass er sich als Proponent des Kommunismus versteht. Tatsächlich aber lehnt er diesen Ausweg ab, denn „transformer le capitalisme particulier en capitalisme d'État ne résout rien"[44]. Die als ‚Staatskapitalismus' bezeichnete kommunistische Planwirtschaft schafft weder die Mühsal der Fabrikarbeit ab, noch kann sie auf die industrielle Landwirtschaft verzichten. Nach Gionos Ansicht darf es weder Kapitalisten noch Fabriken, noch Arbeiter geben, die dort im Takt der Maschine ihr mühseliges Tagwerk vollbringen. In seinen Essays skizziert der Autor jenseits von Kapitalismus und Kommunismus einen dritten Weg, den er in seiner fiktionalen Prosa literarisch ausgestaltet. Zu diesem Zweck substituiert er den für die marxistische Theorie zentralen Antagonismus von Bourgeoisie und Proletariat durch den Gegensatz zwischen der urbanen kapitalistischen Kultur und der *paysannerie*, zu der Giono Bauern, Handwerker und Hirten zählt.

Das eingangs zitierte Diktum, mit dem der Romancier seine Absicht verkündet, den Kapitalismus zu zerstören, wird auf zweifache Weise eingelöst. In einem ersten Schritt wird Paris, die Inkarnation der urbanen,

---

43 Giono: „Retour en arrière", S. 87.

44 Giono: *Le Poids du ciel*, S. 506.

technophilen, kapitalistischen Moderne, ausgelöscht. In einer imaginierten apokalyptischen Szene lässt er die mittels Metaphorisierung in eine „immense forêt en marche“[45] transformierte Bauernschaft gegen die verhasste Hauptstadt ziehen, um deren „fausses richesses“[46] zu verwüsten.[47] Die Natur erobert sich die urbane Landschaft zurück und überwuchert die eingestürzten Bauwerke. Nachdem *tabula rasa* gemacht ist, wird die von Bäumen bzw. Bauern erstürmte Stadt aus den Trümmern schließlich als grünes Paradies wiedererstehen.

Den verbliebenen Parisern aber empfiehlt Giono, aufs Land zu ziehen, das ein authentisches, unverfälschtes Dasein inmitten weitgehend intakter Natur jenseits der kapitalistischen Sphäre ermöglicht:

> Viens, venez tous; il n'y aura de bonheur pour vous que le jour où les grands arbres crèveront les rues, où le poids des lianes fera crouler l'obélisque et courber la tour Eiffel; où devant les guichets du Louvre on n'entendra plus que le léger bruit des cosses mûres qui s'ouvrent et des graines sauvages qui tombent; le jour où, des cavernes du métro, des sangliers éblouis sortiront en tremblant de la queue.[48]

Giono inszeniert seine Kapitalismuskritik als werkumspannende Apologie der *paysannerie*, die sämtliche Defekte des kapitalistischen und des kommunistischen Paradigmas auf ideale Weise kompensiert. Die von Giono als dritter Weg skizzierte Alternative führt also aufs Land, wo Handwerker, Bauern und Schäfer autonom über ihre Zeit und ihre Arbeitskraft verfügen, die sie nicht an einen Kapitalisten verkaufen müssen. Die Bauern, die anders als die Arbeiter Grund besitzen, betreiben kleinteilige Subsistenzwirtschaft, pflegen einen suffizienten Lebensstil und agieren autonom außerhalb der kapitalistischen Geld- und Finanzwirtschaft. Gleichwohl herrscht kein Mangel an Nahrung: „Sans aucun argent, votre table peut être toujours abondamment chargée des meilleures nourritures.“[49] Handel

45 Giono: *Les Vraies Richesses*, S. 238.
46 Ebd., S. 242.
47 Der Untergang von Paris, der an Oswald Spenglers Endzeitvisionen gemahnt, wird zweimal thematisiert. Vgl. Giono: *Les Vraies Richesses*, S. 238–247. Siehe ferner das kurze Prosastück „Destruction de Paris“ aus dem Band „Solitude de la pitié“. In: Giono, Jean: *Œuvres romanesques* I (Bibliothèque de la Pléiade 230), hrsg. von Robert Ricatte et al. Gallimard: Paris 1971, S. 524–526.
48 Giono: „Solitude de la pitié“, S. 526.
49 Giono: „Lettre aux paysan sur la pauvreté et la paix“, S. 560.

findet regional und überwiegend in Form von Tauschgeschäften statt, d.h., es gibt auch keine Konkurrenz wie in der kapitalistisch orientierten Marktwirtschaft. In der von Giono imaginierten präindustriellen Gesellschaft existieren zwar Werkzeuge, jedoch keine Maschinen, wobei alle Lebensmittel und Geräte manuell hergestellt werden. Da keine Chefs vorgesehen sind, fallen die Hierarchien, welche die kapitalistische Arbeitswelt auszeichnen, weg. Aus diesem Grund können die Bauern stolz behaupten: „Nous n'avons pas de patrons et, quand nous engageons des valets, nous travaillons à côté d'eux du même travail, en forçant plus que d'habitude; ils mangent à notre table et celui qui les traite mal, nous le considérons comme déshonoré."[50] Die soziale Ungleichheit, die der Kapitalismus verstärkt, existiert in der von Solidarität geprägten mythischen Provence nicht. Wiewohl die Angehörigen der ländlichen Bevölkerung in bescheidenen materiellen Verhältnissen leben, muss niemand darben. Giono glaubt vielmehr, dass ihre Existenzform der kapitalistischen Zivilisation überlegen ist, weil sie der Sinnlichkeit, den Gefühlen, der Intuition und der nutzlosen Schönheit zu ihrem Recht verhilft. Der Reichtum der *paysannerie* lässt sich nicht an der Zahl der Konsumgüter und der Höhe der Ersparnisse, sondern am Ausmaß der Freude messen, welches das solidarische Individuum als *homo faber* und *homo ludens* zu erlangen vermag. Anders als das kapitalistische Narrativ künden Gionos Schriften vom guten Leben, das sich durch die Beschränkung auf das rechte Maß auszeichnet. Daher notiert Giono selbstgewiss: „Être paysan c'est être exactement à la mesure de l'homme."[51] Die einfachen Bauern, Handwerker und Hirten haben sich einer Kultur des Maßhaltens[52] verschrieben, die statt auf Effizienz auf Weisheit gründet und sowohl die Sorge um sich als auch die altruistische Hinwendung zum Nächsten ermöglicht. Bobi, der eines Tages auf dem kargen Plateau Grémone landet, fungiert als inkarnierte Antithese der kapitalistischen Zweckrationalität, indem er die Bewohner auffordert, sich

50 Giono: *Les Vraies Richesses*, S. 237f.

51 Giono: „Lettre aux paysans sur la pauvreté et la paix", S. 590.

52 Emblem dieser *aurea mediocritas* ist die Bank, die zum Ausruhen und Verweilen einlädt und von der Giono behauptet: „Le banc est l'instrument le plus précieux de la civilisation provençale" (Giono, Jean: „Arcadie! Arcadie!". In: Ders.: *Provence*, hrsg. von Henri Godard. Gallimard: Paris 1993, S. 144).

über das Gebot der Rentabilität hinwegzusetzen. Er überredet Jourdan, nicht nur Getreide, sondern auch Immergrün und Narzissen anzubauen, um sich im Frühjahr an den Farben zu erfreuen. Ebenso ermuntert er ihn, Weißdornhecken zu pflanzen, damit die Vögel und mit ihnen die Grazie ihrer luftigen Bewegungen wieder auf die Äcker zurückkehren. Er schüttet einen Sack Korn im Hof von Jourdans Anwesen aus, sodass auch die Vögel ihren Teil des Ertrags bekommen, denn „il faut que tout le monde mange“[53]. Mit dieser altruistischen Geste, welche die Interessen von Tieren berücksichtigt, konterkariert Bobi als unkonventioneller Prophet der Freude den kapitalistischen Akkumulationstrieb und geriert sich als idealtypischer Vertreter von Gionos Antikapitalismus.

Resümee

Gionos systematische Auseinandersetzung mit dem Kapitalismus, die Sacotte mit den Adjektiven „claire, logique et détaillée“[54] umreißt, zeugt einerseits von der enormen Sachkenntnis des Autors, lässt aber eine dialektische Herangehensweise an die kapitalistische Ideologie vermissen. Vielmehr formuliert der Autor seine Bedenken als rhetorisch geschickte Polemik, welche die Welt als manichäischen Kampf zwischen der archaischen *paysannerie* und dem modernen urbanen Industriekapitalismus inszeniert. Seine Argumentation entspringt überwiegend der Künstlerkritik, die, wie Boltanski und Chiapello treffend feststellen, als „contestation radicale des valeurs et options de base du capitalisme“[55] verstanden werden muss. Daneben geht Giono auch auf die sozialen Folgeerscheinungen des Kapitalismus ein, die eher beiläufig verhandelt werden. W. D. Redfern bestätigt diesen Eindruck mit dem Hinweis: „it is less economic iniquity that distresses him [scil. Giono] than under-nourishment of the imagination.“[56] Giono tritt eben in erster Linie als Dichter und weniger als Sozialkritiker auf, der die realen Lebensbedingungen der ländlichen Bevölkerung ausblendet und im Zuge einer paradoxen Resemantisierung von

53 Giono: *Que ma joie demeure*, S. 470.

54 Sacotte 2010, S. 82.

55 Boltanski / Chiapello 1999, S. 86.

56 Redfern, Walter D.: *The Private World of Jean Giono*. Blackwell: Oxford 1967, S. 90.

Armut und Reichtum der modernen *décroissance*-Bewegung[57] das Wort redet.[58] Seine marxistisch inspirierte Kritik, die sich nicht als Anbiederung an den Kommunismus verstanden wissen will, verteidigt die Größe des Individuums gegen den totalitären Herrschaftsanspruch des Industriekapitalismus, der das souveräne, lustbetonte und sinnliche Subjekt in den gleichgeschalteten, eindimensionalen Menschen[59] der Warengesellschaft transformiert. Giono unterschätzt aber die positive Dynamik des kapitalistischen Paradigmas und „the impressive economic and the still more impressive cultural achievement“[60], die sich ihm verdanken. Immerhin hat der Lebensstandard in den kapitalistischen Gesellschaften seit Marx trotz aller Disparitäten ein hohes Maß erreicht. Armut konnte zwar nicht beseitigt werden, wohl aber die Verelendung breiter Bevölkerungsschichten. Das öffentliche Gesundheitswesen, der freie Zugang zu Bildungseinrichtungen und vieles mehr sind positive Effekte der kapitalistischen Entwicklung. Schließlich profitiert sogar der Kunstmarkt von jenen Kapitalisten, die einen Teil ihres angehäuften Vermögens in Kunstwerke investieren oder sich als Mäzene betätigen. Nichtsdestotrotz kommt Giono das Verdienst zu, visionär die schädlichen Auswüchse einer Wirtschaftsform erkannt zu haben, die Michel Husson stellvertretend für andere Kritiker mit den Worten umreißt: „le capitalisme est aujourd'hui un obstacle au bien-être de l'humanité.“[61]

---

57 Der Begriff *décroissance* bezeichnet eine Weltanschauung, die als Reaktion auf die Exzesse der Konsumgesellschaft ein Ideal freiwilliger Selbstbeschränkung propagiert.

58 Vgl. Schaelchli, Édouard: *Jean Giono pour une révolution à hauteur d'hommes*. (Les précurseurs de la décroissance). Le passager clandestin: Neuvy-en-Champagne 2013.

59 Vgl. Marcuse, Herbert: *One-Dimensional Man. Studies in the Ideology of Advanced Industrial Society* [1964]. Beacon Press: Boston 1991.

60 Schumpeter 2008, S. 129.

61 Husson, Michel: *Le capitalisme en 10 leçons. Petit cours illustré d'économie hétérodoxe*. Zones: Paris 2012, S. 249.

Literaturverzeichnis

Boltanski, Luc / Chiapello, Ève: *Le nouvel esprit du capitalisme*. Gallimard: Paris 1999.

Giono, Jean: *Solitude de la pitié*. In: Ders.: *Œuvres romanesques* I (Bibliothèque de la Pléiade 230), hrsg. von Robert Ricatte et al. Gallimard: Paris 1971.

Giono, Jean: *Que ma joie demeure*. In: Ders.: *Œuvres romanesques complètes* II (Bibliothèque de la Pléiade 237), hrsg. von Robert Ricatte et al. Gallimard: Paris 1972.

Giono, Jean: „Retour en arrière". In: Ders.: *Les trois arbres de Palzem*. Gallimard: Paris 1984, S. 87 93.

Giono, Jean: „Adhésion à l'A.E.A.R.". In: Ders.: *Récits et essais* (Bibliothèque de la Pléiade 351), hrsg. von Pierre Citron et al. Gallimard: Paris 1989, S. 1044–1046.

Giono, Jean: *Les Vraies Richesses*. In: Ders.: *Récits et essais* (Bibliothèque de la Pléiade 351), hrsg. von Pierre Citron et al. Gallimard: Paris 1989.

Giono, Jean: *Le Poids du ciel*. In: Ders.: *Récits et essais* (Bibliothèque de la Pléiade 351), hrsg. von Pierre Citron et al. Gallimard: Paris 1989.

Giono, Jean: *Lettre aux paysans sur la pauvreté et la paix*. (Bibliothèque de la Pléiade 351). In: *Récits et essais*, hrsg. von Pierre Citron et al. Gallimard: Paris 1989.

Giono, Jean: *Refus d'obéissance*. In: *Récits et essais* (Bibliothèque de la Pléiade 351), hrsg. von Pierre Citron et al. Gallimard: Paris 1989.

Giono, Jean: „Arcadie! Arcadie!". In: Ders.: *Provence*, hrsg. von Henri Godard. Gallimard: Paris 1993, S. 106–147.

Husson, Michel: *Le capitalisme en 10 leçons. Petit cours illustré d'économie héterodoxe*. Zones: Paris 2012.

Marcuse, Herbert: *One-Dimensional Man. Studies in the Ideology of Advanced Industrial Society* [1964]. Beacon Press: Boston 1991.

Marx, Karl: *Das Kapital. Kritik der politischen Ökonomie*. Erster Band [1867]. Karl Dietz Verlag: Berlin [40]2013.

Redfern, Walter David: *The Private World of Jean Giono*: Blackwell: Oxford 1967.

Sacotte, Mireille: „De la guerre à la terre. Les idées politiques de Giono au temps des *‚Vraies Richesses' (1929–1939)*". In: Fourcaut, Laurent

(Hrsg.): *Jean Giono 9. „Les Vraies Richesses". Giono dans la mêlée.* (La Revue des lettres modernes). Lettres modernes Minard: Caen 2010, S. 75–117.

Schaelchli, Édouard: *Jean Giono pour une révolution à hauteur d'hommes.* (Les précurseurs de la décroissance). Le passager clandestin: Neuvy-en-Champagne 2013.

Schumpeter, Joseph A.: *Capitalism, Socialism and Democracy* [1942]. (Harper Perennial Modern Thought). Harper Collins: New York u.a. [3]2008.

Patrick Eser

Imaginationen des Geldes – Die Phantasmagorien der Moderne(n) am Beispiel des Geldmotivs in der Buenos-Aires-Literatur

Abstract: This article examines the imaginaries of money in 20th century Argentinean literature. The three authors Roberto Arlt, Jorge Luis Borges and Ricardo Piglia are presented as paradigmatic examples for the literary construction of the 'magical object' of money and its referentiality to the 'real world of economy'. The starting point of this article is a reflection on the abstract status of money and its function as a medium of value and circulation in capitalist society. The three different literary imaginaries of money, that vary in their aesthetics and use of motifs, are presented in their particular emphasis on the symbolic and fetishistic potential of money and are situated in their particular historical context in order to compare their different logics of de-referencialization. If the fiction of literature and that of the central bank aim to generate belief in what is printed on paper, both contexts of fiction and production stand in precarious relation to extra-literary or use-value 'reality', and in both social spheres metaphors and narratives are produced.

Keywords: imaginaries of money, Argentinian literature, Roberto Arlt, Jorge Luis Borges, Ricardo Piglia.

1. Einleitung: Geld – Stadt – Fiktion

Das, was die Kultur und Dynamik moderner Großstädte ausmacht, ist ohne entfaltete Tauschökonomie auf Geldbasis kaum vorstellbar, wie auch gesellschaftstheoretische Reflexionen über das Geld in der Moderne und die (groß-)städtisch entwickelten Tauschgesellschaften gezeigt haben. Georg Simmel hat in seinem Grundlagenwerk *Philosophie des Geldes* und im Essay *Die Großstadt und das Geistesleben* beide Phänomene eng aufeinander bezogen: In der Großstadt als Ort der Modernität dreht sich alles um Zirkulation, Verkehr und den Austausch von Waren. Sie ist *der* Schauplatz der Geldwirtschaft. Großstadt wie Geldwirtschaft haben zugleich analoge Auswirkungen auf die Formation des modernen Subjekts, das als gefühlskalt und dem rationalen Denken verpflichtet charakterisiert wird. Geld treibt als zentrales Medium der Vergesellschaftung die universale Funktionalisierung von Dingwelt und Mensch voran; der über Geld Verfügende kann „alle möglichen Mannigfaltigkeiten des Lebens" für „dieselbe Geldsumme"[1] haben. Die omnipräsenten Tauschhandlungen basieren auf den Kategorien der Quantität, dem strategischen Kalkulieren und dem Rechnen. Das ‚Seelenleben' des modernen Großstadtsubjekts ist Simmel zufolge sowohl durch die Vorherrschaft des zweckrationalen Denkens wie auch durch die Indifferenz gegenüber dem Wert, der Bedeutung und den Differenzen der Dingwelt gekennzeichnet. Dementsprechend sind der Charakterzug der ‚Blasiertheit' und der mentale Reizschutz gegenüber den überwältigenden sinnlichen Eindrücken in der Großstadt der „getreue subjektive Reflex der völlig durchgedrungenen Geldwirtschaft".[2]

Simmels zeitdiagnostische Verschränkung von moderner Subjektivität, Großstadtleben und Geldwirtschaft findet sich zeitgleich als Motiv in der Literatur der europäischen Moderne des 19. Jahrhunderts wieder. In zahlreichen literarischen Modellierungen der modernen Großstadt finden sich Gelddarstellungen, die die Auswirkungen der markt- und tauschwertbezogenen Interaktionen und Zirkulationsprozesse auf die modernen Subjekte ausleuchten. Zugleich haben die literarischen Geldimaginationen (seit) der Moderne ihren Schauplatz in der Szenerie der Großstadt. Sie haben sich dabei oftmals als kritische Zeitdiagnosen und Vehikel von Reflexionen auf die sozioökonomischen, kulturellen oder psychologischen Auswirkungen des Geldes erwiesen. Das Spektrum der literarischen Geldfiktionen ist ungemein breit und variiert in ästhetischer wie ideologischer Hinsicht beträchtlich. So fällt hierunter die fesselnde „Darstellung der ebenso glanzvollen wie dämonischen Macht des Geldes" durch den „Geheimagenten

---

1 Beide Zitate: Simmel, Georg: „Philosophie des Geldes". In: Ders.: *Gesamtausgabe*, hrsg. von Otthein Rammstedt, Bd. 7. Suhrkamp: Frankfurt/Main 1996, S. 335.

2 Simmel, Georg: „Die Großstädte und das Geistesleben". In: Ders.: *Gesamtausgabe*, hrsg. von Otthein Rammstedt, Bd. 7. Suhrkamp: Frankfurt/Main 1996, S. 116–131, hier S. 121.

der Unzufriedenheit"[3] Balzac ebenso wie auch die ressentimentgeladene, von völkischem Antikapitalismus und Antisemitismus triefende Darstellung der Finanzsphäre in *La bolsa* des Argentiniers Julián Martel.[4] Geld fungiert in diesen Fiktionen generell als Chiffre für komplexe Vergesellschaftungsprozesse und symbolisch verdichtet als ästhetische Denkfigur des Sozialen und der in ihm verankerten Krisenerfahrungen. Das beliebte Geldmotiv ist dabei immer wieder dazu verwendet worden, den schwer zu fassenden Status des Geldes, seine Abstraktheit und die ihm gerne angedichteten magischen Wirkungen zu thematisieren. Nicht zuletzt haben Geldfiktionen dazu gedient, den Status der Literatur auszuloten und die Bedingungen der Fiktionalität im Lichte von Geldanalogien zu reflektieren. Sowohl Notenbanken als auch Schriftsteller bringen, so eine häufig ins Spiel gebrachte Beobachtung, große Mengen bedrucktes Papier in Umlauf und versuchen das emittierte Papier mit glaubhaften Geschichten auszustatten:

> Beide bringen große Mengen bedrucktes Papier in Umlauf [...] müssen aber auch darauf achten, dass das Volk dessen nicht überdrüssig wird [...]. Denn weder die Wirtschaft noch die Literatur können lange Zeit in Stagnation verharren, beide sind vom Geist der Alchemisten beseelt.[5]

Zielt die Fiktion der Literatur wie die der Notenbank darauf ab, Glauben in das auf dem Papier Gedruckte zu erzeugen, stehen beide Fiktions- bzw. Produktionszusammenhänge in einem prekären Verhältnis zur außerliterarischen bzw. gebrauchswertbezogenen ‚Realität' – und in beiden Sphären werden höchstproduktive Metaphern und Erzählungen hervorgebracht.

---

3 Beide Zitate: Pohrt, Wolfgang: *Der Geheimagent der Unzufriedenheit. Balzac. Rückblick auf die Moderne.* Tiamat: Berlin 1990, S. 29.

4 Vgl. zu diesen Spannungen Eser, Patrick: „Literarische Kapitalismuskritik in der Romania: apokalyptische Szenarien und utopische Gegenentwürfe im Zeichen des ‚kapitalistischen Realismus' ". In: Gonnermann, Annika et al. (Hrsg.): *Literarische Perspektiven auf den Kapitalismus: Fallbeispiele aus dem 21. Jahrhundert.* Narr Francke Attempto: Tübingen 2021, S. 231–253.

5 Frank, Stefan: „‚Es fehlt an Geld, nun gut, so schaff es denn' – Geldzauber und die Sehnsucht nach dem Überfluss". In: Künzel, Christine / Hempel, Dirk (Hrsg.): *Finanzen und Fiktionen. Grenzgänge zwischen Literatur und Wirtschaft.* Campus: Frankfurt/New York 2011, S. 155–162, hier S. 161f.

Die formelle Ähnlichkeit sprachlich-literarischer und ökonomischer Symbolisierung hat nicht nur zur großen Beliebtheit der Geldthematik in der literarischen Selbstreflexion geführt. Sie regt auch die Frage an, inwiefern die literarischen Geldimaginationen selbst Entwicklungen durchlaufen, die an die Entwicklung und kulturelle Bedeutung des abstrakten Leitmediums des Geldes zurückgebunden sind. Dessen ephemerer Charakter ist in seiner Geschichte immer offensichtlicher in Erscheinung getreten. Das Geld hat sich „von einem sinnlich und materiell erfahrbaren Metallstück zunächst zu Papier und schließlich zu einem unfassbaren, virtuellen Zahlungsmittel gewandelt".[6] In jüngeren kulturwissenschaftlichen Debatten wird die im Kontext des Finanzmarktkapitalismus intensivierte Abstraktheit des Zirkulations- und Reproduktionsprozesses apostrophiert – so prominent von Joseph Vogl, der eine im Geldwesen angelegte und aus der Funktion des Geldes als Kreditgeld abgeleitete Tendenz zur „ruinösen Entreferenzialisierung"[7] des Ökonomischen ausmacht. In eine ähnliche Richtung weisen Zeitdiagnosen, die angesichts des Vorpreschens der Markt- und Finanzlogik das Abstraktum des Geldes wieder in den Vordergrund rücken und attestieren, dass die Selbstbezüglichkeit der Finanzsphäre und neuartiger Finanzprodukte (Bitcoins, Finanzderivate etc.) zu einem Spiel ohne Boden geworden sei. Ohne die Frage zu vertiefen, ob die Abstraktheit des Geldes im Sinne einer formationsspezifischen These zu interpretieren ist – d.h. ob sich die dem Geld attribuierten Eigenschaften des Abstrakten, Magischen und Phantasmagorischen aufgrund der strukturellen Dominanz der Finanzsphäre in der jüngsten Formation des „finanzgetriebenen Akkumulationsregime[s]"[8] noch intensiviert haben – oder jene Tendenzen in der kapitalistischen Entwicklungsdynamik immer schon angelegt sind, werden im folgenden Aufsatz drei Beispiele aus der an Geldimaginationen

6 Künzel, Christine: „Finanzen und Fiktionen. Eine Einleitung". In: Dies. / Hempel, Dirk (Hrsg.): *Finanzen und Fiktionen. Grenzgänge zwischen Literatur und Wirtschaft.* Campus: Frankfurt/New York 2011, S. 9–24, hier S. 17.

7 Vogl, Joseph: *Das Gespenst des Kapitals.* Diaphanes: Zürich 2012, S. 79.

8 Vgl. Sablowski, Thomas / Alnasseri, Sabah: „Finanzgetriebenes Akkumulationsregime oder neue Ökonomie?". In: Candeias, Mario / Deppe, Frank (Hrsg.): *Ein neuer Kapitalismus? Akkumulationsregime – Shareholder Society – Neoliberalismus und Neue Sozialdemokratie.* VSA: Hamburg 2001, S. 131–149.

reichen argentinischen Literatur des 20. Jahrhunderts[9] in vergleichender Absicht untersucht. Ausgehend von der Hypothese, dass Referenzialität, Realität und Fiktionalität bedeutende Reflexionsfiguren für die Problematisierung (des Verhältnisses) von Ökonomie und Literatur sind, werden literarische Geldimaginationen von Roberto Arlt, Jorge Luis Borges und Ricardo Piglia in ihren thematischen Motiven und ästhetischen Funktionalisierungen analysiert. Besonderes Augenmerk wird dabei auf die dargestellten ‚Gefühlsstrukturen'[10] und die geldbezogenen Vorstellungen und Handlungsformen der Figuren gelegt. Die literarischen Geldfiktionen, die allesamt in Großstadtszenarien angesiedelt sind, werden unter dem Aspekt des Verhältnisses von Geld und Subjektivität ausgeleuchtet. Dabei wird auch die Frage zu thematisieren sein, inwiefern die Geldfiktionen Zeichen in Zirkulation bringen, die ‚kapitale Erschütterungen', individuelle Entfremdungserfahrungen sowie euphorische Phantasien in ästhetisierter Weise ausdrücken und sinnlich erfahrbar machen.

2. R. Arlt, *Los siete locos*: Urszene der literarischen Geldimagination

Die Romane Roberto Arlts gelten als Gründungsereignis der literarischen Imagination des modernen Buenos Aires, ebenso wie Arlts erster Roman *Los siete locos* als Urszene der modernen argentinischen Geldfiktionen angesehen werden kann.[11] Das Geldmotiv spielt generell in Arlts

---

9 Gallego Cuiñas, Ana: „Poéticas del dinero falso en la literatura argentina". *Cuadernos del CILHA* 21, 2014, S. S. 38–58, hier S. 44. Ihr zufolge ist Argentinien das Land, „que – dentro del campo hispanista – más páginas literarias le ha dedicado al dinero" (Gallego Cuiñas 2014, S. 44).

10 ‚Gefühlsstrukturen' sind sämtliche, im praktischen Lebenszusammenhang manifest werdende gesellschaftliche Sinnformen: „We are talking about characteristic elements of impulse, restraint, and tone; specifically affective elements of consciousness and relationships [...] not feelings against thought, but thought as felt and feeling as thought: practical consciousness of a present kind, in a living and interrelating continuity" (Williams, Raymond: *Marxism and Literature*. University Press: Oxford 1997, S. 132ff.).

11 Alejandra Laeras maßgebliche Studie *Ficciones del dinero: Argentina, 1890–2001* (Fondo de Cultura Económica: Buenos Aires 2010), die diesen Aufsatz inspiriert hat, setzt mit einem Börsenroman von Julián Martel (1891) als Gründungstext der argentinischen Geldfiktionen ein. Das Geldmotiv ist bei Arlt

Gesamtwerk, so auch in zahlreichen seiner unter dem Titel *Aguafuertes porteñas* erschienenen Zeitungsglossen sowie in seinen Theaterstücken eine prominente Rolle. *Los siete locos*, 1929 erschienen, handelt in mehrfacher Hinsicht von Geld. Vermittels des Geldmotivs werden existenzielle Sorgen, Hoffnungen und soziale Dynamiken in der modernen Großstadt sichtbar gemacht. Die Handlung setzt damit ein, dass ein Betrug des Protagonisten Remo Erdosain aufgedeckt wird, der über Monate hinweg als Kassierer der *Limited Azucarer Company* einen Betrag von insgesamt 600 Pesos beiseitegeschafft hatte. Er wird von den Verantwortlichen des Unternehmens zur Rede gestellt, nachdem diese von Erdosains kleinkriminellen Aktivitäten Kenntnis erlangt haben. Sie fordern ihn auf, das Geld binnen 24 Stunden zurückzuzahlen.

In dem sich nun entfaltenden Geschehen wird gezeigt, wie Erdosain sich verzweifelt auf die Suche nach schnellem Geld macht, um die Summe des veruntreuten Geldes aufzubringen. Er durchstreift die Straßen von Buenos Aires, dessen Bevölkerung als Klassengesellschaft gekennzeichnet wird, als Ort der Exklusion, der Armut und der sozialen Ungleichheiten. ‚Auf der Suche' durchstreift Erdosain auch Zonen des Prunks, die in hellem Licht erstrahlen. Er ist von der Schönheit der Straßenzüge in den besseren Vierteln betört. Es handelt sich um Straßen „negadas para siempre a los desdichados",[12] die eine andere Welt darstellen als die ihm bekannte „ciudad canalla" und die in ihm Wunschvorstellungen erwecken: „¡Qué distinto debía ser el amor a la sombra de esos tules que ensombrecen la luz y atemperan los sonidos!"[13]

Erdosains immer wieder in den Erzählfluss eingestreute Beobachtungen der sozialen Welt enthalten starke Bilder, die den Eindruck einer durch soziale Härte gekennzeichneten Gesellschaft vermitteln. Sie benennen die zynischen habituellen Bewusstseinsformen der privilegierten Schichten:

> Llegó a imaginarse que los ricos, aburridos de escuchar las quejas de los miserables, construyeron jaulones tremendos que arrastraban cuadrillas de caballos.

---

jedoch in völlig neuartiger Intensität präsent, weshalb ich mich Gallego Cuiñas (2014, S. 49) anschließen möchte, wenn sie schreibt: „Es obvio que el primer gran narrador del dinero en la Argentina fue Roberto Arlt."

12 Arlt, Robert: *Los siete locos*. Cátedra: Madrid 2011, S. 102.

13 Ebd., S. 103.

> Verdugos escogidos por su fortaleza cazaban a los tristes con lazo de acogotar perros, llegándole a ser visible cierta escena: una madre, alta y desmelenada, corría tras el jaulón de donde, entre los barrotes, la llamaba su hijo tuerto, hasta que un ‚perrero', aburrido de oírla gritar, la desmayó a fuerza de golpes en la cabeza, con el mango del lazo.[14]

Das Geld konstituiert in der so imaginierten sozialen Welt nicht nur den Grundkonflikt der Erzählung – das Aufdecken des Betrugs und die handlungsauslösende Bringschuld Erdosains –, sondern veranschaulicht zugleich gesellschaftliche Stereotype, Handlungsmuster und die Phantasien der Figuren.

Schon in der Entlarvungsszene wird Erdosain von den Unternehmensrepräsentanten darauf angesprochen, warum er denn so schlecht gekleidet sei, wenn er doch in den letzten Monaten über mehr Geld als üblich verfügt habe. Die (Nicht-)Verwendung des ergaunerten *Extra-Geldes* wird auch vom Zuhälter Rufián Melancólico, von dem sich Erdosain Geld leihen will, thematisiert. Dieser fragt ihn, warum er denn mit abgewetzten Schuhen herumlaufe:

> – [...] ¿cómo anda con los botines rotos?...
> – es que ganaba muy poco.
> – pero ¿y lo que robaba?
> – nunca se me ocurrió comprarme botines con esa plata.[15]

Erdosain beschreibt, wie ihm das Verfügen über das zusätzliche Geld nach anfänglicher Euphorie zu Kopfe gestiegen ist und er es auf ihm unerklärliche Art ausgegeben hat: „Cuando comprobó que debía cuatrocientos pesos, el sobresalto lo volcó hacia la locura. Entonces gastó el dinero en una forma estúpida, frenética."[16] Er kaufte Süßigkeiten, die ihm nicht schmeckten, aß Krebse, Schildkrötensuppe und andere ihm zuvor unbekannte Delikatessen in Restaurants, in denen „el derecho de sentarse junto a personas bien vestidas es costosísimo".[17] Er trank Liköre und Weine, deren Geschmack sein Gaumen gar nicht schätzen konnte. Sich *von diesem Geld* alltagsnotwendige Güter wie Unterhosen oder Schuhe zu kaufen,

---

14 Ebd., S. 86.
15 Ebd., S. 111.
16 Ebd., S. 111f.
17 Ebd., S. 112.

kam ihm nicht in den Sinn, wie er wiederholt äußert: „Realmente, ahora que usted me lo hace observar, me parece curioso a mí también, pero la verdad es que nunca pensé que con plata robada se pudieran comprar esas cosas.“[18]

In Erdosains Konsumverhalten zeigt sich eine ausdifferenzierte Verwendung des Geldes, die deutlich macht, dass es nicht bloß ein neutrales Zahlungsmittel ist, das nach rein utilitaristischen Zwecken verwendet wird. Das Extra-Geld als Kompensation für sein spärliches Einkommen und zur besseren Befriedigung seiner alltäglichen Bedürfnisse zu verwenden, kam ihm nicht in den Sinn. Allein die Herkunft des Geldes scheint eine andere Verwendung nahezulegen, weil ‚dieses Geld' eben einen besonderen Charakter hat. Weit davon entfernt, ein neutrales Medium zu sein, erweist sich das Geld in Erdosains Handhabe als ausdifferenziert, ‚gefärbt' und ‚sozial markiert'.[19]

Neben der Nicht-Neutralität des Geldes wird in *Los siete locos* der Themenkomplex Geld und Liebe behandelt. Erdosains Ehe mit Elsa ist am Ende, nicht zuletzt weil Erdosain für Elsa jegliche Attraktivität verloren hat. Sie verweigert ihm jegliche Zuneigung und verlässt ihn eines Tages, da sie es leid ist, in ärmlichen Verhältnissen zu leben. Sie hält es nicht mehr aus, in dem Haus zu wohnen, das sie einst angemietet hatten, weil sie ein eigenes Zuhause haben wollten, das sie allerdings aus Geldmangel kaum mit Möbeln einrichten konnten. Als sie sich von Erdosain verabschiedet, wird sie von ihrem neuen Lebensgefährten, dem offensichtlich finanzstarken ‚capitán' begleitet. Es entzündet sich ein Gespräch zwischen den dreien über die Motive und den Sinn der Trennung, wobei das Geld und die mit Geld verbundenen Visionen eine zentrale Rolle spielen: Der monatliche Einkommensunterschied zwischen den beiden Männern erweist sich dabei

18 Ebd.

19 Die Soziologin Viviane Zelizer hat in *The Social Meaning of Money* (1994) – entgegen der in der Soziologie und den Wirtschaftswissenschaft weithin geteilten Auffassung, Geld sei ‚neutral', ‚qualitätslos' und ‚unspezifisch' – die verschiedene ‚Färbung' des Geldes behauptet, die sich an den ausdifferenzierten Strategien und Handlungsweisen der Menschen im Umgang mit dem Geld zeige.

als genauso entscheidend für die Trennung wie die Wette Elsas auf ein besseres Leben und ihre Illusion, bald eine Millionärin zu sein.[20]

Auch in Erdosains Tagträumen erscheinen Geld und Liebe als miteinander eng verwoben, so in dem schon zitierten Tagtraum über die leidenschaftliche Liebe in den Stadtpalästen[21] oder in der Wunschvorstellung, dass eine junge wohlhabende Frau Elsa eine hohe Abfindung für die Auflösung der Ehe zu Erdosain zahlen werde, um darauf mit ihm in einer Yacht nach Brasilien zu fahren.[22] Reichtum steht für die Freiheit, das sexuelle Begehren realisieren und Wünsche erfüllen zu können. Die sexuellen und romantischen Phantasien Erdosains haften an wohlhabenden Frauen, zu denen er wiederum keinen Zugang hat, da er nicht über das entsprechende Geld verfügt.[23] Geldbesitz korrespondiert mit der sexuellen Attraktivität der Romanfiguren, während Armut einer Kastration gleich blockiert und Möglichkeiten einschränkt. Geld ist das Medium der Begierde, ja es ist die Begierde selbst. Die libidinöse Aufladung des Geldes wird sowohl in den sexuellen Phantasien der Männerfiguren, in denen das Verfügen über Geld mit dem Verfügen über Frauen assoziiert wird, als auch in den Glücksvorstellungen Elsas zum Ausdruck gebracht. Die intime Verwandtschaft von Geld und Potenz/Liebe/Sex, die im Handeln und Denken der Romanfiguren manifest wird, entspricht der „phallomonetäre[n] Semantik und Ikonographie“[24] und der verschränkten libidinösen Besetzung der Objekte Geld und Geschlechtspartner.

Geld ist das Ziel des Handelns sämtlicher Romanfiguren, denen Erdosain auf seiner zunehmend verzweifelten Suche nach Geld begegnet. Sie

---

20 Arlt: *Los siete locos*, S. 137f.

21 Vgl. Fußnote 12.

22 „Pero ella le ofrecerá una fortuna a Elsa para que se divorcie de mí, y luego nos casaremos, y en su yate nos iremos al Brasil.“ (Arlt: *Los siete locos*, S. 89f.)

23 Vgl. Ricardo Piglia („Roberto Arlt: La ficción del dinero“. *Hispamérica* 7, 1974, S. 25–28), der die Dominanz dieses Motivs nicht nur in Arlts Romanen, sondern auch in den *Aguafuertes porteñas* feststellt. In „Don Juan Tenorio y los diez centavos“ (Arlt, Roberto: *Obras*, Band II. Losada: Buenos Aires 1998, S. 53) heißt es: „Y es que, en realidad, no hay ‚cosa‘ más horrible que el dinero, mejor dicho: la falta de dinero. Es espantoso, máxime cuando se va en compañía de mujeres.“

24 Vgl. Hörisch, Jochen: *Kopf oder Zahl. Die Poesie des Geldes*. Suhrkamp: Frankfurt/Main 1998, S. 113ff.

sind durch ihr Verhältnis zum Geld und die Phantasien und Vorhaben, die es anregt, charakterisiert. Der ‚batacazo', der rasche Weg zum Geld fernab von regulärer Lohnarbeit und vom Sparen, ist das Ziel aller. Die Vorstellung vom schnellen Reichtum dank eines Glückstreffers treibt sie an: Erdosain versucht sich als genialer Erfinder und innovativer Unternehmer, er möchte eine ‚Kupferrose' erfinden und vertreiben. Die mit dieser Erfindung verbundenen Illusionen, an denen sich Erdosain berauscht, sind letztlich wieder mit Triumphen im Werben um die Gunst von Frauen verbunden. Wenn er erst einmal einen Kreditgeber gefunden habe, dann würde er mit seinen Laborstudien triumphieren, mit Würde und Jugendlichkeit altern, und nicht zuletzt: „sus pupilas chispeantes como las de un mago seducirían a todas las doncellas de la tierra."[25]

Die Formen des schnellen Gelderwerbs, die anhand der anderen *locos* aufgezeigt werden, sind stets am Rande der Illegalität, unkonventionell und auf jeden Fall jenseits der bürgerlichen Normen des geregelten Gelderwerbs angesiedelt: in der ‚Unterwelt' und den dort betriebenen parakapitalistischen Geschäften der Prostitution, Entführung und Fälschung. Jenes gesellschaftliche Milieu hat Ricardo Piglia unter Berücksichtigung des Geldmotivs wie folgt umschrieben:

> El dinero otorga un poder infinito y es la única ley y la única verdad en una sociedad que es una jungla. Entre los ricos y los pobres están los estafadores, los inventores, los falsificadores, los alquimistas que tratan de hacer dinero de la nada: son los hombres de la magia capitalista trabajan para sacar dinero de la imaginación.[26]

Die Figuren dieses Milieus zielen darauf ab, ‚Geld zu machen' – ob durch technologische Innovation, unternehmerische Schöpfung oder delinquentes Handeln. In der Figur des illusionsgetriebenen Erfinders Erdosain verdichtet sich die Betriebsamkeit des gesamten Personeninventars. Die jenseits des kapitalistischen Normalbetriebes tätigen Unternehmerfiguren erscheinen als extralegale Gegenbilder zur Figur des genialischen und schöpferischen Unternehmers, wie sie zu dieser Zeit Joseph Schumpeter

25 Arlt: *Los siete locos*, S. 106.
26 Piglia, Ricardo: „Sobre Robert Arlt". In: Ders.: *Crítica y ficción*. Delbolsillo: Barcelona 2013, S. 20–27, hier S. 26f.

zum Leitbild unternehmerischen Handelns erklärt hat.[27] Sie konstituieren eine Gegenwelt – die „ciudad canalla" – zur Welt des Prunks, des Luxus und der mondänen Architektur. Zugleich markieren sie durch ihre abenteuerlichen Bereicherungsakte, Erfindungen, Täuschungen und Betrügereien eine Grenze zur Einöde der Welt des Kleinsparers, wie Piglia Arlt weiter auslegt: „[E]nriquecerse es siempre una aventura imaginaria, la epopeya de una apropiación mágica y fuera de la ley."[28]

Die Verschränkung der Phänomenologie der Erfindungstätigkeit und des Gelderwerbs wird letztlich negativ gewendet. Sie endet im Scheitern einiger der sieben *locos*, vor allem aber Erdosains, dessen Unternehmungen fehlschlagen und dessen abenteuerliche wie gehetzte Reise im Selbstmord endet. Die Engführung von Geldstreben, innovativem Erfindergeist und Verbrechen ist die Grundlage einer kritischen Perspektive auf das hektische und vom Verfall gekennzeichnete Buenos Aires. Im imaginierten Soziotop der Großstadt zirkulieren Geld wie Figuren rastlos. Sie durchlaufen wie getrieben einen Kreislauf des Begehrens,[29] dem Reiz des Geldes verfallen, das über magische Kräfte verfügt und die Phantasien der Menschen beflügelt. Zugleich ist das Geld die produktive Matrix der gesellschaftlichen Interaktion. Sämtliche Figuren versuchen in die permanente Zirkulation der Wertzeichen zu intervenieren, um Profite abzuschöpfen. Das Geld ist das Strukturprinzip der Erzählung, gleich einer

> máquina de producir ficciones, o mejor, es la ficción misma porque siempre desrealiza el mundo: primero porque para poder tenerlo hay que inventar, falsificar, estafar, ‚hacer ficción' y a la vez porque enriquecerse es siempre la ilusión.[30]

Geld setzt Fiktionen frei und ist zugleich auch Effekt von Fiktionen. Es ist deren *Ursache* als auch deren *Wirkung*, wie am getriebenen, von enigmatischen Kräften motivierten Handeln der Romanfiguren sichtbar wird.

---

27 Schumpeter betonte in seiner 1911 erschienenen *Theorie der wirtschaftlichen Entwicklung* die Bedeutung der psychologischen Motivation des kreativen Unternehmers und dessen ‚Freude am Gestalten'.

28 Piglia 1974, S. 26. Piglia liest die „*locos*" als Gegenmilieu zur normalen Erwerbsgesellschaft, das sich in *desparado*-Manier auf abenteuerliche Weise durchs Leben schlägt. Diese Dichotomie wird im Abschnitt zu Piglia wiederaufzugreifen sein.

29 Vgl. hierzu auch Laera 2010, S. 289ff.

30 Piglia 1974, S. 25.

Bei Arlt erscheint Geld als Fiktion, Simulakrum und Magie, eine Form der Symbolisierung, die der Diagnose des Fetischismus und des „Mystizismus der Warenwelt“, wie sie Karl Marx in *Das Kapital* dargestellt hat, durchaus ähnelt.[31]

3. J.L. Borges, *El Zahir*: Magie des Geldes

In Borges’ Erzählung *El Zahir* ist die Analogie von Geld und Liebe grundlegend. *El Zahir* erzählt die Geschichte der emotionalen Beziehung des Ich-Erzählers und Protagonisten Borges zu Teodelina Villar. Diese stirbt und wird durch ein anderes libidinös besetztes Objekt ersetzt: durch ein Geldstück, den Zahir. Der Zahir wird zu Beginn der Erzählung als eine in Buenos Aires gewöhnliche 20-Centavos-Münze eingeführt, wobei zugleich erläutert wird, dass er in anderen Zeit-Raum-Konstellationen unter anderem ein Tiger, ein Astrolabium oder der Boden eines Brunnens gewesen sei. Im Anschluss an die Präsentation des Zahir stellt sich der Erzähler selbst vor. Er erwähnt den Zeitpunkt seines ersten Kontaktes mit dem Zahir (6. Juni) und fügt hinzu, dass er seitdem und zum Zeitpunkt des Erzählens (13. November) kaum mehr der Gleiche sei wie zuvor: „Aún, siquiera parcialmente, soy Borges.“[32]

Im Anschluss an die Exposition berichtet der Erzähler kurz von seiner Liebesbeziehung zu Teodolina Villar, einem Modell, deren Fotos die Seiten mondäner Zeitschriften schmückten. Nach ihrem plötzlichen Tod nimmt Borges an der Totenwache teil, um sich von Teodolina zu verabschieden, schlendert danach durch die nächtlichen Straßen von Buenos Aires, tritt in eine Bar ein, kauft sich ein Getränk und erhält als Wechselgeld den Zahir. Der erste Kontakt mit der Geldmünze kündigt die sich schon bald entfaltende Obsession Borges’ an: „[L]o miré un instante; salí a la calle, tal vez con un principio de fiebre.“[33]

---

31 „[E]l dinero, signo del oro, obligado a circular sin reposo, no es más que la ficción, el simulacro – o como diría Marx: el enigma – del valor“ (Piglia 1974, S. 27).

32 Borges, Jorge Luis: *El Zahir*. In: Ders.: *El Aleph*. Sudamericana: Buenos Aires 2016, S. 127–140, hier S. 128.

33 Ebd., S. 131.

Schon in den ersten Stunden nach diesem ersten Kontakt setzt in ihm ein unablässiges Nachdenken über die Geldmünze ein. Skeptisch beschließt Borges, sie loszuwerden, doch die Versuche, sie im Garten zu vergraben – die Analogie zur Bestattung Teodolinas, die an diesem Tag stattfand und zu der er nicht gegangen war, sticht ins Auge – oder sie in einer Bibliothek zu verstecken, scheitern. Auf einer orientierungslosen Reise durch die Stadt gelingt es ihm, in einer Bar ein Getränk mit dem Zahir zu bezahlen und sich dessen somit endlich zu entledigen. Jedoch zeigt sich schon bald, dass die obsessive Wirkung des Zahir auf ihn nicht nachlässt. Versuche, sich durch das Schreiben einer phantastischen Erzählung und einen Besuch beim Psychiater ‚abzulenken' oder durch die Lektüre einer Abhandlung über die *Geschichte der Zahirsage* sich ein aufklärendes Wissen anzueignen und dadurch die Kontrolle über seinen ‚Geist' wiederzuerlangen, scheitern ebenso. Keiner der Versuche, die Wirkung des Zahir-Bildes zu bekämpfen, hat Erfolg. Der zunehmend dem Wahn verfallene Borges eignet sich letztlich Erklärungen über den Zahir aus dem schon erwähnten Buch an und erwägt, durch Anwendung sufistischer Riten eine mystische Einheit mit Gott zu initiieren. Die Erzählung endet mit der Spekulation, ob Borges durch endlose Meditationsschleifen den Zahir irgendwann loswerden könne und ob hinter dem Geld nicht gar Gott stünde: „Quizá yo acabe por gastar el Zahir a fuerza de pensarlo y de repensarlo; quizá detrás de la moneda esté Dios."[34]

Die Erzählung handelt von der durch den Verlust einer geliebten Person entstandenen Leere. Teodolina, das verlorene libidinös besetzte Objekt wird durch ein neues Objekt der Begierde, den Zahir, ersetzt. Dieser Ersatz Teodolinas durch den Zahir löst in ihm eine derart starke Obsession aus, dass der Protagonist jeglichen Weltbezug verliert und eine mystische Verschmelzung mit dem Geldstück und/oder Gott als Lösung herbeisehnt. Der erste Kontakt mit dem Geldstück steht am Beginn einer Entwicklung, in deren Verlauf eine Reihe von Übertragungen stattfindet: auf der Ebene des literarischen Sujets (Liebe wird durch Geld ersetzt), des Objekts der Bindung der libidinösen Energie wie auch des Eigennamens des begehrten Objekts. Während „Teodolina" eine Kombination der griechischen

34 Ebd., S. 140.

Ausdrücke für ‚Gott' und ‚sichtbar machen'[35] ist, bedeutet „Zahir" im Arabischen ‚sichtbar'. Das schon auf der Ebene der Makrostruktur ins Auge springende Thema des Austauschs und der Ersetzung suggeriert eine motivische Nähe zur Operationsweise der Metapher, die ja dadurch gekennzeichnet ist, dass sie einen eigentlichen Ausdruck durch ein anderes Bild- und Assoziationsfeld *ersetzt*. Jenseits der Möglichkeit, die durch den Zahir eingeführte Austausch- und Ersetzungsthematik als metaliterarische Reflexionsfigur zur Funktionsweise von Literatur und Metapher zu interpretieren,[36] möchte ich die Geldmotivik auf die ins Spiel gebrachten Kontraste, Assoziationen und intertextuellen Referenzen näher ergründen.

Zunächst ist die Differenz der beiden evozierten Götzenbilder festzustellen. Im Lichte der obsessiven Bindung an den Zahir zum Zeitpunkt der Erzählung erscheint die vorangegangene Bindung an Teodolina fast schon als lächerlich. Das vormals begehrte Objekt wird recht nüchtern als Modell beschrieben, dessen Schönheit sich der konsequenten Orientierung an den Modestandards aus Paris und Hollywood verdankte. Diese Beschreibung lässt eine allzu starke emotionale Bindung des Erzählers an Teodolina als zweifelhaft erscheinen. In der knappen Charakterisierung von Teodolina anhand ihrer äußeren Erscheinung – selbst ihr Lächeln, ihre Haut und ihr Blick sind den volatilen Standards der Mode angepasst – entsteht der Eindruck, dass ihr Wesen sich auf diese reduzieren lässt. Ihr ‚Wert', ihre Schönheit und erotische Ausstrahlung sind volatil, ihre Erscheinung reflektiert kaum etwas anderes als die Erscheinung selbst. Der Zahir hingegen repräsentiert etwas Dauerhaftes, Ewiges und Unveränderbares, das in Kontrast zum Ephemeren Teodolinas steht. Das Verschwinden des begehrten Objekts Teodolina löst eine kurze krisenhafte Erschütterung aus, die Libido wird jedoch schon rasch vom verlorenen Objekt abgezogen und auf ein neues Objekt ausgerichtet. Es kommt nicht zur Identifizierung mit dem verlorenen Objekt, dessen Schatten auch nicht – im Sinne Sigmund Freuds – auf das Ich fällt.[37] Die neue Objektwahl der Libido nimmt aber

35 Vgl. Dove, Patrick: „Metaphor and Image in Borges's ‚El Zahir'". *Romanic Review* 98 (2–3), 2007, S. 169–187, hier S. 175.

36 Vgl. ebd.

37 Zu weiterführenden psychoanalytischen Deutungen der Objektbesetzungen vgl. Gómez Mango, Edmundo: „Duelo, oxímoron y objetos mágicos en la narrativa

schon rasch obsessive Züge an. Das neue Idol ist ungleich stärker, so dass schon bald die Erinnerung an Teodolina verblasst: „Lo que no es el Zahir me llega tamizado y como lejano: la desdeñosa imagen de Teodelina, el dolor físico."[38]

Schon im frühen Versuch, das Geldstück loszuwerden, wird dessen magische Kraft deutlich. Das Schlendern durch die Straßen von Buenos Aires mit dem Vorhaben, das Geldstück loszuwerden, erscheint als zielloses Umherschweifen im urbanen Kosmos, das die rastlosen Zirkulationsbewegungen des Geldverkehrs nachahmt.[39] Zugleich wird mit der Himmelsmetapher des Orbits die zirkuläre Einflusssphäre des Geldstücks ausgedrückt: „yo quería alejarme de su órbita."[40] Das erste Nachdenken des zunehmend getrübten Figurenbewusstseins des Erzählers über das konkrete *Geldstück* und dessen symbolische Funktion nimmt zu Beginn der neuen Beziehungsgeschichte folgende Formen an:

> Insomne, poseído, casi feliz, pensé que nada hay menos material que el dinero, ya que cualquier moneda (una moneda de veinte centavos, digamos) es, en rigor, un repertorio de futuros posibles. El dinero es abstracto, repetí, el dinero es tiempo futuro. Puede ser una tarde en las afueras, puede ser música de Brahms, puede ser mapas, puede ser ajedrez, puede ser café, puede ser las palabras de Epicteto, que enseñan el desprecio del oro; es un Proteo más versátil que el de la isla de Pharos.[41]

Das Geld wird als ein vielfältiges Repertoire zukünftiger Möglichkeiten eingeführt. Die Verbindung zwischen Geld, Zeitlichkeit und dem Unendlichen repräsentiert die absolute Potentialität des Geldes, das die Musik von Brahms ebenso sein kann wie Schach, Kaffee oder auch ein Nachmittag in der Natur. Diese unendliche Reihe von Möglichkeiten unterstreicht die Austauschbarkeit des Geldes, das reines Abstraktum und die Verkörperung des freien Willens ist.[42] Geld ist keine Wirklichkeit oder Materialität, sondern die Möglichkeit der Güter, auf die sich das Begehren beziehen

de Borges". In: Ders.: *Vida y muerte en la escritura. Literatura y psicoanálisis.* Trilce: Montevideo 1999, S. 51–64.

38 Borges: *El Zahir*, S. 139.

39 Vgl. Dove 2007, S. 176.

40 Borges: *El Zahir*, S. 133.

41 Ebd., S. 132.

42 „[U]na moneda simboliza nuestro libre albedrío." (Borges: *El Zahir*, S. 132)

kann. Geld ist noch stärker als die mythische Figur des Proteus, der sich gemäß Schopenhauer durch die magische Kraft auszeichnet,

> sich in jedesmaligen Gegenstand unserer Wünsche und mannigfaltigen Bedürfnisse zu verwandeln [...]. Geld allein ist das absolute Gute, weil es nicht bloß einem Bedürfnis in concreto begegnet, sondern dem Bedürfnis überhaupt, in abstracto.[43]

Mit der Figur des Meeresgottes Proteus aus der griechischen Mythologie ist der Bezug zur Semantik des Göttlichen und des Glaubens hergestellt, der in der Erzählung zunehmend an Bedeutung gewinnt. Dem Protagonisten kommt der Gedanke, dass jedes Geldstück eine Geschichte habe und zugleich auf andere Geschichten verweise: „Pensé que no hay moneda que no sea símbolo de las monedas que sin fin resplandecen en la historia y la fábula."[44] Die Bedeutung des Geldstücks ist nicht an sich gegeben, sondern hängt von den Erzählungen ab, die an ihm haften.[45] Der Wert des Geldstücks hängt vom Glauben seiner Benutzer ab.[46]

Mit der Bedeutung des Glaubens für die Wertkonstitution des Geldstücks ist die *religiöse* Dimension des Geldes als Kultphänomen verbunden. Dass der Zahir eingangs als gewöhnliche 20-Centavos-Münze eingeführt wird, deren Gravur nur noch die Buchstaben ‚N' und ‚T' zu erkennen gibt, könnte als weiterer Hinweis auf die göttliche, transzendente Bedeutung des Geldstücks interpretiert werden: N.T. als ‚Nuevo Testamento'. Die Aneignung der *Urkunden zur Geschichte der Zahirsage*, aus der der Erzähler

---

43 Schopenhauer, Arthur: *Parerga und Paralipomena. Kleine philosophische Schriften*. Erster Band. Brockhaus: Leipzig ²1874, S. 367. Der begeisterte Schopenhauer-Leser Borges zitiert hier dessen Proteus-Interpretation. Schopenhauer taucht in *El Zahir* zudem noch an anderer Stelle auf, wenn explizit auf seine Willenskonzeption Bezug genommen wird (vgl. Borges: *El Zahir*, S. 139).

44 Borges: *El Zahir*, S. 131.

45 Auf die zitierte Stelle folgt eine Aufzählung verschiedener Geldmünzen, an denen eine Geschichte haftet: der Obolus von Caronte, die 30 Geldstücke von Judas, die Drachmen von Lais, das Geld des Zauberers von 1001 Nacht, bis hin zur Münze, die den flüchtigen Ludwig XVI. verraten hatte (vgl. Borges: *El Zahir*, S. 131).

46 Ebenso volatil ist, wie schon erwähnt, auch der ‚Wert' Teodelinas. Die Volatilität der Attraktivität und des Wertes der libidinös besetzten Objekte verweist auf die Verwandtschaftsbeziehung zwischen Geld und Liebe.

ausgewählte Fragmente wiedergibt, berichtet von der invasiven Wirkung des Zahir in verschiedenen historischen Epochen und religiösen Symbolsystemen. Was diese Anekdoten eint, ist die magische Auswirkung des Zahir, die Menschen in einen unheilvollen Bann zu ziehen. Die zur Kennzeichnung des Zahir verwendeten Termini entstammen dem semantischen Feld des Magisch-Religiösen: Es ist die Rede von „superstición", „creencia", „locura", „santidad" und dem „ídolo".[47] Der Protagonist erkennt resigniert an, an eine undurchsichtige Macht, gegen die auch keine rationale Erkenntnis hilft, ausgeliefert zu sein: „En aquel libro estaba declarado mi mal [...]; recuerdo la desesperación cuando comprendí que ya nada me salvaría".[48]

Wurde die Geldmünze zunächst mit Konnotationen wie der absoluten Unbestimmtheit, der freischwebenden Zirkulation und dem Glücksversprechen des Kaufes belegt, entwickelt der Geld gewordene Zahir eine übernatürliche Kraft. Der anhand verschiedener Metaphern veranschaulichte Götzendienst Borges' bedeutet die Aufgabe einer autonom konzipierten Subjektivität und die schleichende affektive wie kognitive Unterwerfung unter die Macht des Götzen. Das Geldstück erhält in der Form des Zahir gelduntypische Charakterzüge. Es wirkt schwer, ist nicht austauschbar, an ihm haften dramatische Geschichten und Erinnerungen. Die Wahrnehmungsfähigkeit von Borges trübt sich, eine ominöse „visión esférica" lässt ihn beide Seiten der Münze gleichzeitig erkennen. Der Bann des Zahir ist dermaßen ausufernd, dass nicht einmal mehr für die Erinnerungen an Teodolina oder das eigene Körperempfinden Platz bleibt: „Ya no percibiré el universo, percibiré el Zahir."[49]

Der Zahir vollzieht als Geld-Ding den „monetäre[n] Vorstoß aus profanen in religiöse Bereiche"[50] nach und entfaltet eine Phänomenologie der Idolatrie und Phantasmagorie. In dieser Objektbeziehung wird das Ding, obwohl es das Resultat menschlicher Praxis und Vergegenständlichung ist, zum Agens, das kraftgeladen und wirkungsmächtig ist und mehr als nur

47 Borges: *El Zahir*, S. 135–138.
48 Ebd., S. 135ff.
49 Ebd., S. 140.
50 Hörisch 1998, S. 252.

die Projektionsfläche seines Benutzers.[51] Die Auswirkungen auf kognitiver wie körperlich-affektiver Ebene zeigen die durchdringende Kraft der durch den Fetisch bewirkten Verkehrung. Die Erzählung endet insofern konsequent mit der Spekulation, ob nicht Gott hinter dem Geld stünde. Die Referenz auf *den* Signifikanten des Transzendentalen, Gott, verdichtet symbolisch die im Zahir verkörperte Macht, die nunmehr auch auf das Geld an sich übertragen wird. Die Geldfiktion in *El Zahir* entfaltet weniger eine ökonomisch-soziologisch ausgerichtete Geldmotivik als vielmehr die symbolische Dimension der Magie des Geldes, kurzum die ‚goldene Herrlichkeit' (Marx) des begehrten und verklärten Objekts. Es ist eine „theologisierende Fetischisierung" zu beobachten, die Derrida zufolge die Funktionsprinzipien der ideologischen Verklärung an die

> Religion (das Idol oder den Fetisch) binden wird und an ihre wichtigste Gestalt, eine Art ‚sichtbaren Gott', an den sich die Anbetung, das Gebet oder die Anrufung richtet [...]. Es ist das Gottwerden des Goldes, gleichzeitig Phantom und Idol, ein sichtbarer Gott.[52]

Aus der universalen Verblendung des Fetischs gibt es keinen Ausweg; selbst die Literatur unterliegt, wie am gescheiterten Versuch der Komposition einer phantastischen Erzählung veranschaulicht, seiner Macht und kann keine gegenläufige Kraft entfalten.

4. R. Piglia, *Plata quemada* – eine Ganovengeschichte als Geldkritik?

Der Roman *Plata quemada*, für den Piglia 1997 den ‚Premio Planeta' erhielt, handelt von einem Überfall auf einen Geldtransporter und der darauffolgenden Flucht der Verbrecherbande. Diese wird durch ein Netzwerk

---

51 Die Darstellung der Unterwerfung unter das Idol des Zahir weist ebenfalls eine Nähe zur Marx'schen Fetischismustheorie auf, die die geheimnisvolle Kraft der „Religion des Alltagslebens" (MEW 25, S. 838) mit eucharistischen Metaphern (Transsubstantiation) und religiösen Denkfiguren (‚Trinität') beschreibt.

52 Derrida, Jacques: *Marx' Gespenster. Der Staat der Schuld, die Trauerarbeit und die neue Internationale*. Suhrkamp: Frankfurt/Main 2004, S. 65. Derrida zitiert an dieser Stelle Marx' Auseinandersetzung mit dem Geld und die Einführung der Figur des Scheins, des Simulakrums und des Phantoms. Die Wendung des „sichtbaren Gottes" entlehnt Marx bei Shakespeare (vgl. Derrida 2004, S. 64ff.).

von Polizeibeamten und Politikern unterstützt und gedeckt, so dass sie zunächst in Buenos Aires untertauchen und später nach Montevideo (Uruguay) fliehen kann. Dort wird sie, nicht zuletzt wegen eines unvorsichtigen und allzu ausschweifenden Lebensstils, von der Polizei entdeckt und festgesetzt. In der ausweglosen Situation verbrennen die umstellten Delinquenten das von der Bank geraubte Geld und werfen die brennenden Geldscheine aus dem Fenster. Die Polizei stürmt schließlich den Rückzugsort der Gangster, von denen am Ende nur ein Mitglied überlebt.

Die Erzählung des Verbrechens, das sich 1965 tatsächlich zugetragen hat, bedient sich des populären Genres des Kriminalromans, doch unter offenem Bruch mit dessen Regeln. Weniger das Geschehen des Überfalls, der Flucht und des ‚Auffliegens' der Bande steht im Vordergrund als vielmehr die sprachliche Inszenierung und narrative Vermittlung der Geschichte. Piglia erzählt sie mittels einer verwirrenden Vielzahl von Stimmen. Zitierte Stimmen von Augenzeugen, der Polizei oder der Presse- und Medienberichterstattung kommentieren das Geschehen. Verschiedene Soziolekte und sprachliche Register werden verwendet, die Figurenrede der Delinquenten bedient sich eines randständigen Vokabulars, das auf irritierende Weise vom spezifischen Delinquentenjargon abweicht. Der häufige Gebrauch des Begriffs ‚gavilla' (dt. „Bande") zur Bezeichnung des Delinquentenmilieus, der im zeitgenössischen Argentinischen kaum mehr Verwendung findet, deutet jedoch auf einen Dialog mit dem literarischen Werk Roberto Arlts hin, bei dem dieser Begriff oftmals auftaucht.[53] Der Hinweis auf dieses indirekte Arlt-Zitat ist insofern bedeutsam, als Piglia ohnehin, wie er in Interviews und Essays zu erkennen gibt, ein großer Bewunderer des Arlt'schen Œuvres ist.[54] In *Plata quemada* kommen zahlreiche Motive von Piglias euphorischer Arlt-Rezeption wie z.B. die Magie und Fiktionalität des Geldes sowie die Thematik des delinquenten Gelderwerbs zur Anwendung, was Garabanos Interpretation, *Plata quemada* sei als Hommage an Arlt zu verstehen, bekräftigt.[55]

53 Vgl. hierzu Garabano, Sandra: „Homenaje a Roberto Arlt: crimen, falsificación y violencia en *Plata Quemada*". *Hispamérica* 96, 2003, S. 85–90, hier S. 88ff.

54 Vgl. Piglia 2013 und Piglia 1974.

55 Vgl. Garabano 2003, S. 87ff.

Geld ist als ersehntes Gut und eroberte Beute das zentrale Motiv der Handlung. Nicht nur der Titel, sondern auch das dem Roman vorangestellte Zitat aus der *Dreigroschenoper* Bertolt Brechts – „¿Qué es robar un banco comparado con fundarlo?" – stellt die zentrale Bedeutung der Geldthematik heraus, wenn auch ungewöhnliche Assoziationen hervorgerufen werden: brennendes Geld, Bank, Raub. Schon im ersten Kapitel, das die Ganoven bei den Vorbereitungen des Überfalls zeigt, wird die Bedeutung des Geldmotivs deutlich. Es wird die Figur der Blanca, eine attraktive, leicht bekleidete und fünfzehnjährige Person eingeführt; sie ist die Geliebte des gastgebenden Ganoven Mereles, bei dem sie auch lebt. Sie weiß von den kriminellen Machenschaften ihres Freundes, diese stören sie auch nicht weiter: „Al contrario, le gustó más, se calentó como loca con el pistolero que la llenaba de regalos y le hacía todos los gustos."[56] Mereles, der ihr eine Reise nach Brasilien versprochen hat, verfügt über Geld und Kokain und überrascht sie regelmäßig mit Geschenken. Mereles strahlt eine große Attraktivität aus, auch im Vergleich zu Blancas Vater, der einer geregelten Arbeit nachgeht, dessen Einkünfte aber gerade für ein bescheidenes Leben ausreichen. Blancas Mutter ist wegen ihres Mannes frustriert, sie weiß von der Beziehung ihrer Tochter zu Mereles, den auch sie attraktiv findet. In der Figurenkonstellation scheinen Arlt'sche Motive durch: Das männliche Familienoberhaupt, das durch reguläre Arbeit kein ausreichendes Einkommen verdient, steht im Schatten des glänzenden, finanzstarken und Abenteuer ausstrahlenden Gegenparts.

Geld wird im Roman schon früh als Konstituens männlicher Attraktivität und Medium des Begehrens eingeführt. Ebenso zeigt sich die illusionsfördernde Kraft des Geldes schon auf den ersten Seiten, so in der Vorfreude auf die Beute und im antizipierten Konsum: „Con cien mil dólares podía abrir el boliche en Nueva York. Un lugar para retirarse y vivir tranquilo."[57] Die Geldsumme der 100.000 Dollar erscheint als Garant für eine vielversprechende und sorgenfreie Zukunft, jenseits vom Hier und Jetzt. Zugleich wird in der Exposition des Romans Kokain als Droge eingeführt, die die Verbrecherclique, die obsessive Kokainkonsumenten sind, stets begleitet. Geld und Kokain haben eine vergleichbar berauschende

---

56 Piglia, Ricardo: *Plata quemada*. Anagrama: Barcelona 2000, S. 25.
57 Ebd., S. 23.

Wirkung, wie in folgender Szene, nach dem gelungenen Überfall, deutlich wird. Die Gangster entfernen sich mit hoher Geschwindigkeit vom Tatort und betasten das erbeutete Geld. Die euphorische Einschätzung – „Toda la guita del mundo“[58] – leitet den Drogenkonsum ein: Sie tragen das Kokain aufs Zahnfleisch auf, da sie es bei der hohen Geschwindigkeit des Fluchtfahrzeugs nicht durch die Nase ziehen können. In der mit schnellen Schnitten und filmischen Mitteln erzählten Szene fällt folgende Äußerung:

> La plata es como la droga, lo fundamental es *tenerla*, saber que está, ir, tocarla, revisar en el ropero, entre la ropa, la bolsa, ver que hay medio kilo, que hay cien mil mangos, quedarse tranquilo. Entonces recién se puede seguir viviendo.[59]

Der Vergleich der Rauschsubstanzen mündet in die Vision eines besseren Lebens im Norden, zu dem es nur noch zu fliehen gelte:

> No hay nada igual a volar en un auto preparado, con doble inyección y el acelerador al pie, la dirección pegada a las manos y llevar con uno la guita para vivir en Miami o en Caracas, a todo tren.[60]

Das Figurenensemble der Gangster ist vielschichtig gezeichnet. Der massive und variierte Drogengebrauch, der aufputschende Drogen mit Tranquilizern kombiniert, steht neben der skrupellosen Anwendung von Gewalt und der Missachtung der gesellschaftlichen Ordnung. Ihr Auftreten gegenüber der Polizei ist abenteuerlich und mutig, sie werden als „canas“ apostrophiert. Die ‚Eroberer‘ des Geldes sind in klassischer Hinsicht Outlaws und Außenseiterfiguren. Malito, Kopf und Denker der Truppe, der mit Anklängen an eine *guerrillero*-Figur gezeichnet ist,[61] hat den Überfall wie eine „militärische Operation“[62] geplant. Die Figur des Malito verrät deutliche Anleihen an das Figureninventar der romantisierenden Literatur über

58 Ebd., S. 40.
59 Ebd., S. 41 (Hervorhebung im Original).
60 Ebd.
61 Vgl. ebd., S. 121: „[N]o era un tipo cualquiera, era un *bandolero* al viejo estilo, un *idealista*, Malito, que podría convertirse en un héroe popular, como [...] todos los malandras que habían peleado por la causa nacional.“ (Hervorhebungen P.E.)
62 Ebd., S. 18f.

den „Sozialrebellen",[63] d.h. desjenigen Kriminellen, der die Mächtigen angreift und im Namen einer höheren Gerechtigkeit als Anwalt der Armen agiert.

Neben Malito ist Marcos Dorda eine herausgehobene Figur im Kreis der Gangster. Er wird zunächst als Gewalttätigster der Gruppe eingeführt – er plädiert vor dem Überfall dafür, sämtliche mögliche Zeugen zu töten[64] –, später jedoch erfährt er eine interessante Entwicklung. Dorda wird durch die Spitznamen ‚Gaucho rubio' und ‚Gaucho Dorda' mit der mythischen Figur des Gauchos und dem populären Genre der Gaucho-Literatur des ausgehenden 19. Jahrhunderts in Verbindung gebracht. Nicht nur diese Charakterisierung hebt ihn aus der Gruppe hervor, auch dramaturgisch sticht er hervor. Er ist nämlich der Einzige der Clique, der den Angriff der Polizei überlebt. Er nimmt gegen Ende der Erzählung eine zentrale Rolle ein. In der Situation der Umzingelung durch die Polizeieinheiten wird Dordas Sozialisation dargelegt. Im Rahmen der Fernsehübertragung des Geschehens werden rückblendende Kommentare eines Dr. Bunge eingespeist, der in einem medizinisch-psychiatrischen Gutachterstil von den Erziehungsmaßnahmen berichtet, mit denen er den auffällig gewordenen Jugendlichen zu normalisieren versuchte.[65] Zahlreiche Reform- und Erziehungsinstitutionen versuchten das verdächtige Subjekt Dorda zurechtzubiegen, doch die Insulinspritzen, Tablettenbehandlungen und Elektroshocks vermochten seine Zuneigung zu Männern nicht auszulöschen.[66] Kurz vor seiner Überwältigung als letzter Überlebender wird Dorda als extravaganter, devianter Charakter dargestellt, der Opfer brutaler disziplinierender Zurichtungsmaßnahmen wurde: „Siempre había sido objeto de interés para los médicos, los psiquiatras."[67]

Eine Wende in der Figurenzeichnung Dordas, die seinen Opferstatus hervorhebt, ereignet sich im Showdown, als es zu der unglaublichen Szene kommt, die dem Titel des Romans zugrunde liegt: Die beiden Ganoven

---

63 Vgl. Hobsbawm, Eric: *Die Banditen. Räuber als Sozialrebellen*. Hanser: München 2000.

64 Piglia: *Plata quemada*, S. 24: „–Hay que matarlos a todos – dijo Dorda de golpe –. Si dejás testigos te encanasten porque son todos guanacos."

65 Vgl. ebd., S. 203.

66 Vgl. ebd.

67 Ebd., S. 212.

Dorda und Nene, die ein Liebespaar sind, entschließen sich, das erbeutete Geld anzuzünden. Dorda streckt in einer filmreifen Szene einen Kommissar nieder, zündet einen 1000-Peso-Schein an und konstatiert: „Quemar plata es feo, es pecado",[68] während er in einen Spiegel schaut und lauthals zu lachen beginnt. Die Feststellung, dass ein Nachtwächter zwei Wochen arbeiten müsse, um einen dieser Scheine zu verdienen, versetzt die beiden stark unter Drogen- und Tabletteneinfluss Stehenden in Euphorie. Umgeben von einem Berg von Geldscheinen beginnen sie, die brennenden Geldscheine auf die Straße zu werfen.

Auf das Spektakel dieses Regens brennender Geldscheine folgen wütende Reaktionen der auf der Straße versammelten Menschenmenge. Der Akt des Geldverbrennens wird als „nihilistischer Akt", „Beispiel des reinen Terrorismus" und „Kannibalismus" kritisiert,[69] als „Erklärung des totalen Krieges",[70] der sich gegen die gesamte Gesellschaft richte. Schutzreflexe zur Rettung des Geldes, das als unschuldiges Opfer dargestellt wird, regen sich. Es wird eine Stimme zitiert, die betont, dass das Geld keine Schuld habe, es sei neutral und zudem ein Zeichen, das je nach Zwecksetzung des Benutzers verschiedene Verwendung finden könne.[71] Das Geld transformiert sich in ein angehimmeltes Objekt, das angesichts seiner drohenden Vernichtung als Zeichen der Zivilisation gegen ‚kannibalistische Bedrohungen' verteidigt werden müsse. Die gelehrte Stimme eines Philosophieprofessors erläutert zudem, dass dieser Akt der sinnlosen Verschwendung als anachronistische Opferhandlung zu interpretieren sei, die wiederum zeige „que no hay nada más valioso entre nosotros que el dinero".[72] Die Apotheose des Geldes im Angesicht seiner Bedrohung löst den richtenden Eingriff der Polizeikräfte aus, die den Rückzugsraum der Verbrecher erstürmen und Dorda, der den Angriff schwer verletzt überlebt, abführen. Auf der Straße angekommen, überkommt ihn der Volkszorn und er wird in einer Lynchstimmung zum Opfer zahlloser Schläge und Tritte. Wie

68 Ebd., S. 170.
69 Vgl. ebd., S. 174.
70 Ebd., S. 173.
71 Ebd.: „[E]l dinero es inocente [...] la plata quemada era un ejemplo de locura asesina."
72 Ebd., S. 174.

durch ein Wunder überlebt er diesen Gewaltsturm und wird schließlich von einer Ambulanz in ein Krankenhaus gebracht.

Die von der zitierten Stimme eines Philosophen eingeführte Opferthematik gibt den Schlüssel für eine abschließende Interpretation: Die Textpassagen im Umfeld der ‚Opferung' des Geldes evozieren weitere Opferassoziationen, so durch die Verwendung von Christusvergleichen. Zunächst wird der gerade von Gewehrsalven getroffene und im Sterben liegende Nene von seinem Geliebten Dorda wie Christus (als Opferfigur) in den Armen gehalten;[73] noch in einer anderen Szene erscheint Nene Dorda als Christusfigur, nämlich in einem Wachtraum. Die Christus- und Opferbilder werden ein letztes Mal bemüht, als auf Dorda die Gewalt der Menschenmenge hereinbricht. Die Zeitung *El Mundo* kommentiert diese Szene wie folgt: „Un Cristo […], el chivo expiatorio, el idiota que sufre el dolor de todos."[74] Die kollektive Gewaltentladung kann von der Polizei nicht eingedämmt werden, sie erscheint manchen sogar gerechtfertigt: „el descontrol colectivo se justificaba según algunos por el daño terrible y cruelmente causado a la sociedad y a sus leyes por los delincuentes."[75] Auf den Angriff auf das Heiligste der Gesellschaft, das Geld, folgt die Wiederherstellung der gesellschaftlichen Harmonie durch die gegen den Sündenbock gerichtete Gewalt. Es ist die Logik des Sündenbocks zu beobachten, wie sie René Girard in seiner Theorie der mimetischen Gewalt beschrieben hat:[76] Dorda wird als randständiger Verbrecher zum „pharmakos" und „Abschaum der Menschheit"[77] gemacht, seine kollektive Opferung hat die Funktion, die Harmonie der Gesellschaft wiederherzustellen.

In der Schlussszene sehen wir den *pharmakos* Dorda, wie er auf dem Weg ins Krankenhaus von einer letzten Nacht mit Nene, dem einzigen Menschen, den er je geliebt hat, träumt.[78] Im Zeichen des ‚barbarischen Angriffs' auf das Geld kehren sich die symbolischen Besetzungen um: Die zuvor als ‚Kannibalen' verachteten Ganoven erscheinen nun als Liebende

73 Ebd., S. 197: „el Gaucho Rubio lo mantuvo en sus brazos como quien sostiene a un Cristo."
74 Ebd., S. 217.
75 Ebd., S. 219.
76 Vgl. Girard, René: *Das Heilige und die Gewalt*. Fischer: Frankfurt/Main 1992.
77 Beide Zitate: ebd., S. 24.
78 Vgl. Piglia: *Plata quemada*, S. 220.

und Freunde des intensiven Lebens. Marginale Delinquenten verwandeln sich in christusähnliche Figuren. Das Verbrennen des Geldes macht anhand der provozierten Reaktionen seinen Stellenwert deutlich. Es wird als Anschlag auf das Geldsystem und die Grundfeste der modernen Zivilisation wahrgenommen: ein unerhörter Ikonoklasmus gegen den imaginären Gott des Geldes, der nicht toleriert werden kann. Es provoziert das konsequente Durchgreifen der Polizei, den Volkszorn sowie die intendierte Opferung des *pharmakos*. Das Verbrennen des Geldes evoziert zudem zwei starke Bilder, die eine Dissoziation der bislang im Roman eng miteinander verbundenen Rauschmittel, Geld und Kokain, nahe legt: „the drug-addicted bodies of criminals and the addicted social whole that depends on the materiality of money to sustain it."[79] Während die Körper der Delinquenten der Droge Kokain verfallen sind, erscheint der Gesellschaftskörper als von der Droge des Geldes besessen.

Die Gesellschaft erweist sich im Lichte des ikonoklastischen Anschlags und der hervorgerufenen Krise der Repräsentation als dem Geld materiell, imaginär und symbolisch unterworfen. Das Geldverbrennen bleibt notwendigerweise unverstanden und ruft entfesselte Gewalthandlungen hervor. Piglia hatte in der Gestaltung des Motivs des Geldverbrennens möglicherweise nicht nur ein Theaterstück Roberto Arlts[80] vor Augen, sondern auch die Aktion des britischen Künstlerkollektivs *KLF* (Kopyright Liberation Front), das im August 1994 in einer Nacht-und-Nebel-Aktion eine Millionen Sterling Pfund verbrannt hat. Bei der Veranstaltungstour, auf der eine Dokumentation dieser nicht öffentlich durchgeführten Aktion gezeigt wurde, schlugen dem Künstlerduo ähnlich hasserfüllte Reaktionen wegen ihres ‚Geldvandalismus' entgegen,[81] wie sie Piglia in *Plata quemada* zeigt. Der Hass, der den Künstlern ebenso intensiv entgegenschlug wie der

79 Masiello, Francine: *The Art of Transition. Latin American Culture and Neoliberal Crisis*. Duke University Press: London/Durham 2001, S. 206.

80 In Arlts Theaterstück *Prueba de amor* verbrennt der Protagonist Guinter Geld (das jedoch Falschgeld ist), um herauszufinden, ob die Liebe seiner Frau Frida echt ist (vgl. Gallego Cuiñas, S. 51).

81 Vgl. Dallach, Christoph: „Kuck mal, was da brennt". *Der Spiegel Extra: Das Kulturmagazin* 4, 1996, S. 16–18.

‚Künstlerfigur' Dorda,[82] macht deutlich, wie Häretikern begegnet wird, die es wagen, den heiligsten Fetisch der Gegenwartskultur zu entweihen.

5. Schluss

Den besprochenen Geldfiktionen liegen unterschiedliche Entstehungskontexte im argentinischen 20. Jahrhundert zugrunde. Sie manifestieren somit auch verschiedene Krisenszenarien, in denen das Geld als Chiffre, Denkfigur und Movens imaginiert wird. Die in *Siete locos* entfalteten literarischen Geldimaginationen sind eingebunden in eine düstere Skizze der modernen Großstadt, deren Bevölkerung entlang sozioökonomischer und kulturell-habitueller Grenzen gespalten ist. Der Fokus liegt auf der ‚ciudad canalla', bestehend aus Kleinkriminellen, Erfindern und Getriebenen, die in ihrer Beziehung zum Geld charakterisiert werden. In der Zeichnung der Figur des Erdosain wird sowohl das mit dem Geld verbundene Reich der Projektionen und Illusionen ausgemalt wie auch die kontextuell variierende Bedeutung des Geldes gezeigt, die sich im ausdifferenzierten Gebrauch des Geldes manifestiert. Das Geld ist je nach Gebrauch und Herkunft unterschiedlich ‚gefärbt' und nicht zuletzt, wie in Erdosains amourösen Phantasien deutlich wird, eng verbunden mit Begierde, Lust und Liebe. Es zirkuliert in der imaginierten urbanen Topographie ebenso rastlos wie die Figuren, die stets auf der Suche nach einträglichen, Gelderwerb versprechenden Gelegenheiten sind.

In Borges' Erzählung *El Zahir* ist die Parallelführung von Liebe und Geld das zentrale Thema, die libidinöse Besetzung beider Objekte wird im Spiel der Ersetzungen ausgeleuchtet. Auf den Verlust des geliebten Objekts (Teodolina) folgt eine ungleich stärkere Obsession: Der Zahir entfacht im Protagonisten Borges ein anwachsendes Delirium, das in der Kapitulation vor dem Wahn sein Ende findet. Die Überlegungen, die der besessene Erzähler über das Geld anstellt, reichen von der Abstraktheit und uneingeschränkten Tauschmöglichkeit des Geldes bis hin zur magischen Kraft, die es über Assoziationen, Bilder und Geschichten auf seine Benutzer ausübt. Nicht zuletzt wird die Semantik des Göttlichen ins Spiel gebracht, die die Götzendienerschaft im Angesicht der Magie des Geldes metaphorisch zum Ausdruck bringt.

---

82 Vgl. Fußnote 83.

Plata quemada entfaltet eine auf realen Begebenheiten basierende Ganovengeschichte, die multiperspektivisch erzählt wird; die Faszinationskraft, die das erbeutete Geld auf die als Außenseiter markierten Ganoven ausübt, wird dargelegt. Dabei ist die Engführung von Geld und Kokain ein auffälliges Merkmal. Der titelgebende Akt des Verbrennens der Beute bewirkt gegen Ende des Romans eine Umdeutung der aus der Gesellschaft verstoßenen Verbrecher, die nun mit Christusvergleichen und Opfersemantiken belegt werden. Zugleich wird die dem Zauber des Geldes wahnhaft verfallene Bevölkerung in ein kritisches Licht gerückt.

Alle drei Erzählungen spielen in einer urbanen Topographie, die durch das permanente Zirkulieren des Geldes und der handelnden Figuren gekennzeichnet ist. Während Arlt eine bedrohliche Großstadt zeichnet, in der die Figuren in deprimierenden Verhältnissen leben und durch halblegale, erfinderische Aktionen dem Elend zu entgehen, ‚aufzusteigen' oder wohlhabende Frauen zu erobern versuchen, verhandelt *El Zahir* die Geldthematik fernab einer gesellschaftlichen Rahmung und konzentriert sich auf die Phänomenologie der geldbezogenen Phantasmagorien und Obsessionen. *Plata quemada* erscheint auf den ersten Blick als literarisch-ästhetische Ausgestaltung eines Kriminalfalls, zeichnet jedoch entlang der Handlung und der dargelegten Exzesse der Protagonisten eine urbane Kartographie der Gier und des Begehrens. Das Verbrennen des Geldes ist in der Rezeption als starkes Symbol gelesen worden, nämlich als das Aufkündigen sämtlicher sozialer Pakte, die die Verbrecher noch mit der Gegenwartsgesellschaft verbanden.[83] Mit dem Geld wurde zugleich die ‚große Gottheit' bzw. die unhinterfragte Ikone der neoliberalen 1990er verbrannt.[84] Zugleich erscheinen die Ganoven im Lichte der Bedrohung fast schon als positive Identifikationsfiguren, die wie in *Los siete locos* eine Gegenwelt konstituieren, für deren Talente, Intelligenz und Einfallsreichtum es in der ‚normalen' bürgerlich-kapitalistischen Erwerbsgesellschaft

83 Vgl. Masiello 2001, S. 196–207; Dabove, Juan Pablo: „*Plata Quemada*: Banditry, Neoliberalism and the Dilemma of Literature at the End of the Twentieth Century". In: Gustafson, Bret / Moraña, Mabel (Hrsg.): *Rethinking Intellectuals in Latin America*, Iberoamericana: Madrid 2010, S. 149–170, hier S. 157ff.

84 Vgl. Melo, Adrián: *Historia de la literatura gay en Argentina. Representaciones sociales de la homosexualidad masculina en la ficción literaria*. Ediciones LEA: Buenos Aires 2011, S. 342.

keinen Platz gibt. Die rührenden und christologisch gezeichneten Bilder, die der Roman zum Ende hin vom Liebespaar Nene und Dorda entwirft, das sich in einer riesigen Blutlache in den Armen liegt, haben verschiedene Interpretationen inspiriert, die in der Verbrecherbande mal einen Gegenkomplott, mal einen avantgardistischen Einspruch gegen die geldfetischistische Moderne des Neoliberalismus sehen oder die den multipel drogenabhängigen Dorda gar als Reflexionsfigur auf die Existenzweise des Künstlers lesen.[85]

Die historischen Erfahrungshorizonte der untersuchten Geldfiktionen sind sehr unterschiedlich: die hyperdynamische Entwicklung der ‚peripheren Moderne' bei Arlt, die Nachwirkungen des Bebens der internationalen Weltwirtschaftskrise bei Borges und die wiederum dynamische, geld- und marktgläubige neoliberale Modernisierung bei Piglia. Im historischen Längsschnitt lassen sich mit Fredric Jameson verschiedene Etappen und Grade der Abstraktheit der Finanzsphäre und des Geldes ausmachen, die auch die kulturelle Konfiguration der ästhetisch-künstlerischen Darstellungen der Geld- und Finanzmotivik betreffen.[86] Für die kulturelle Konfiguration der Postmoderne sei, so Jameson, bestimmend, dass sich das Kapital von seinen zeitlichen und räumlichen Grenzen gelöst und das Abstraktum des Geldes sich noch weiter entreferenzialisiert habe. Es bringe als besondere Form von Abstraktion „new and unrepresentable symptoms in late-capitalist everyday life"[87] hervor. *Der brennende Zaster* bei Piglia kann auch in dieser Hinsicht interpretiert werden: Die zunehmende Abstraktheit

---

85 Vgl. Dieleke, Edgardo: „‚Lo real' en suspenso: narrativas excepcionales de la Argentina reciente". *Cuadernos de literatura* 32, Juli-Dezember 2012, S. 153–185, hier S. 165f. Entsprechende Interpretationen finden sich bei Dabove 2010, S. 155ff.; zu Dorda/Künstlerfigur Dabove 2010, S. 167f. Die positive Interpretation der Arlt'schen Figuren durch Piglia, der jene als *desparados* darstellt, die sich als strahlende Abenteurer von den blassen Kleinsparern abheben (Piglia 1974, S. 26), findet in *Plata quemada* ihren Widerhall in der Konstruktion des bunten Figureninventars der Ganovenclique, das sich motivisch bei der populären *Gaucho*-Literatur sowie den Figuren der Hobsbawm'schen Sozialrebellen bedient.

86 Vgl. Jameson, Fredric: „Culture and Finance Capital". In: Ders.: *The Cultural Turn. Selected Writings on the Postmodern. 1983–1998*. Verso: London/New York 1998, S. 136–161.

87 Ebd., S. 143.

und Entreferenzialisierung der Finanz- und Geldsphäre bringen neuartige kulturelle Konstellationen hervor, in denen die literarische Geldfiktion zunehmend die eigene Fiktionalität sowie die ihres Gegenstandes thematisiert. Piglias Geldfiktion reiht sich ein in jene argentinischen Geldnarrative der 1990er Jahre, die einen „cambio de régimen en la representación del dinero“[88] sichtbar machen: Hier taucht das Geld weder als Handels- und Zirkulationsmittel noch als territorialisierbares Wertzeichen oder als Spekulationsgeld auf, sondern erscheint losgelöst von jeglicher Materialität. Entweder wird es, wie in Sergio Chejfecs apokalyptischer Großstadtvision *El aire* (1992), durch Glas ersetzt oder es löst sich in reine Asche auf, wie in *Plata quemada*.

Literaturverzeichnis

Arlt, Roberto: „Don Juan Tenorio y los diez centavos“. In: Ders.: *Obras*, Bd. II. Losada: Buenos Aires 1998, S. 52–54.

Arlt, Roberto: *Los siete locos*. Cátedra: Madrid 2011.

Borges, Jorge Luis: *El Zahir*. In: Ders.: *El Aleph*. Sudamericana: Buenos Aires 2016, S. 127–140.

Dabove, Juan Pablo: „*Plata Quemada*: Banditry, Neoliberalism and the Dilemma of Literature at the End of the Twentieth Century“. In: Gustafson, Bret / Moraña, Mabel (Hrsg.): *Rethinking Intellectuals in Latin America*. Iberoamericana: Madrid 2010, S. 149–170.

Derrida, Jacques: *Marx' Gespenster. Der Staat der Schuld, die Trauerarbeit und die neue Internationale*. Suhrkamp: Frankfurt/ Main 2004.

Dallach, Christoph: „Kuck mal, was da brennt“. *Der Spiegel Extra: Kulturmagazin* 4, 1996, S. 16–18.

Dieleke, Edgardo: „‚Lo real‘ en suspenso: narrativas excepcionales de la Argentina reciente“. *Cuadernos de literatura* 32, Juli-Dezember 2012, S. 153–185.

Dove, Patrick: „Metaphor and Image in Borges's ‚El Zahir‘“. *Romanic Review* 98 (2–3), 2007, S. 169–187.

88 Laera 2010, S. 17.

Eser, Patrick: „Literarische Kapitalismuskritik in der Romania: apokalyptische Szenarien und utopische Gegenentwürfe im Zeichen des ‚kapitalistischen Realismus' ". In: Gonnermann, Annika et al. (Hrsg.): *Literarische Perspektiven auf den Kapitalismus: Fallbeispiele aus dem 21. Jahrhundert*. Narr Francke Attempto: Tübingen 2021, S. 231–253.

Frank, Stefan: „‚Es fehlt an Geld, nun gut, so schaff es denn' – Geldzauber und die Sehnsucht nach dem Überfluss". In: Künzel, Christine / Hempel, Dirk (Hrsg.): *Finanzen und Fiktionen. Grenzgänge zwischen Literatur und Wirtschaft*. Campus: Frankfurt/New York 2011, S. 155–162.

Gallego Cuiñas, Ana: „Poéticas del dinero falso en la literatura argentina". *Cuadernos del CILHA* 21, 2014, S. 38–58.

Garabano, Sandra: „Homenaje a Roberto Arlt: crimen, falsificación y violencia en *Plata Quemada*". *Hispamérica* 96, 2003, S. 85–90.

Girard, René: *Das Heilige und die Gewalt*. Fischer: Frankfurt/Main 1992.

Gómez Mango, Edmundo: „Duelo, oxímoron y objetos mágicos en la narrativa de Borges". In: Ders.: *Vida y muerte en la escritura. Literatura y psicoanálisis*. Trilce: Montevideo 1999, S. 51–64.

Hobsbawm, Eric: *Die Banditen. Räuber als Sozialrebellen*. Hanser: München 2000.

Hörisch, Jochen: *Kopf oder Zahl. Die Poesie des Geldes*. Suhrkamp: Frankfurt/Main 1998.

Jameson, Fredric: „Culture and Finance Capital". In: Ders.: *The Cultural Turn. Selected Writings on the Postmodern. 1983–1998*. Verso: London/New York 1998, S. 136–161.

Künzel, Christine: „Finanzen und Fiktionen. Eine Einleitung". In: Dies. / Hempel, Dirk (Hrsg.): *Finanzen und Fiktionen. Grenzgänge zwischen Literatur und Wirtschaft*. Campus: Frankfurt/New York 2011, S. 9–24.

Laera, Alejandra: *Ficciones del dinero: Argentina, 1890–2001*. Fondo de Cultura Económica: Buenos Aires 2010.

Masiello, Francine: *The Art of Transition. Latin American Culture and Neoliberal Crisis*. Duke University Press: London/Durham 2001.

Melo, Adrián: *Historia de la literatura gay en Argentina. Representaciones sociales de la homosexualidad masculina en la ficción literaria*. Ediciones LEA: Buenos Aires 2011.

MEW: *Marx-Engels-Werke*. Dietz: Berlin 1969ff.

Piglia, Ricardo: „Roberto Arlt: La ficción del dinero". *Hispamérica* 7, 1974, S. 25–28.

Piglia, Ricardo: *Plata quemada*. Anagrama: Barcelona 2000.

Piglia, Ricardo: „Sobre Robert Arlt". In: Ders.: *Crítica y ficción*. Debolsillo: Barcelona 2013, S. 20–27.

Pohrt, Wolfgang: *Der Geheimagent der Unzufriedenheit. Balzac. Rückblick auf die Moderne*. Tiamat: Berlin 1990.

Sablowski, Thomas / Alnasseri, Sabah: „Finanzgetriebenes Akkumulationsregime oder neue Ökonomie?". In: Candeias, Mario / Deppe, Frank (Hrsg.): *Ein neuer Kapitalismus? Akkumulationsregime – Shareholder Society – Neoliberalismus und Neue Sozialdemokratie*. VSA: Hamburg 2001, S. 131–149.

Schopenhauer, Arthur: *Parerga und Paralipomena. Kleine philosophische Schriften*, Erster Band. Brockhaus: Leipzig [2]1874.

Simmel, Georg: *Philosophie des Geldes*. In: Ders.: *Gesamtausgabe*, hrsg. von Otthein Rammstedt, Bd. 7. Suhrkamp: Frankfurt/Main 1996.

Simmel, Georg: „Die Großstädte und das Geistesleben". In: Ders.: *Gesamtausgabe*, hrsg. von Otthein Rammstedt, Bd. 7. Suhrkamp: Frankfurt/Main 1996, S. 116–131.

Vogl, Joseph: *Das Gespenst des Kapitals*. Diaphanes: Zürich [6]2012.

Williams, Raymond: *Marxism and Literature*. University Press: Oxford 1997.

Zelizer, Viviane: *The Social Meaning of Money*. Basic Books: New York 1994.

Krisenszenario IV: Zeitgenössische Insolvenzen

Stefan Müller

„C'est tout l'argent de notre famille" – Die mythographische Funktion des Geldes im Werk von Laurent Gaudé

Abstract: This article considers the semiotics of money as a mythographic basis for the plots and as psychological drive for the characters in Laurent Gaudé's (b. 1972) novels *Le soleil des Scorta* (2004) and *Eldorado* (2006), and the drama *Combats de possédés* (1999). *Le soleil des Scorta*, a concise saga of five generations of notorious descendants, deals with the tendency towards extreme and fearless (re)actions by at least one family member per generation as they struggle for both social acceptance and a tobacco business in the region of Puglia, which is known for its poverty and the reactionary traditionalism of its established family clans. *Eldorado* tells the story of the experienced frontier guard Salvatore Piracci in Lampedusa, whose superiority over the immigrants he is supposed to intercept, arrest and send back across the Mediterranean in order to 'protect' European prosperity, throws him into a psychological crisis. Two directions of movement – interwoven into a crescendo of alternating narratives – demonstrate the ambivalence of wealth: Piracci, tired of being a political puppet, moves further south, where the immigrant Souleiman strives for the 'El Dorado' of Europe. By chance, they meet before Piracci's tragic death and Souleiman's final battle at Ceuta's border fence. The epic drama *Combats de possédés* explores the employees' struggle against wealth as a form of abuse of power by their boss – an aloof, ruthless tycoon who runs an ultra-rich and mafia-like company – and shows that Gaudé's skilfully constructed situations of dilemma equate financial narratives with crisis narratives of the human condition.

Keywords: semiotics of money, financial mythography, ambivalence of wealth, capitalism, humanitarian crises, Laurent Gaudé

Laurent Gaudé ist ein ausgesprochener Liebhaber der antiken, afrikanischen und orientalischen Mythologien, die stets die Gegebenheiten seiner Werke bestimmen.[1] Der 1972 geborene Autor widmet sich aber auch mit

1 Vgl. insbesondere die Romane *La mort du roi Tsongor* (2002) und *Salina, les trois exils* (2018) sowie die Dramen *Médée Kali* (2003), *Onysos le Furieux* (2000) und *Le Tigre bleu de l'Euphrate* (2002).

ausnehmendem Engagement heiklen politischen Themen, legt seine Finger immer wieder in die Wunden eines kriselnden Europas und schaut auf die Herausforderungen, vor die eine globalisierte und technisch voll erschlossene Welt die Menschheit stellt.[2] Meist tut er dies mit einer Umsicht, die seine Anliegen auch oder gerade in der Folgezeit nach dem Erscheinen der Romane in den Fokus der allgemeinen Öffentlichkeit rücken. So erschien mit *Eldorado* bereits im Jahre 2006 ein Roman, der sich mit den humanitären Katastrophen der Flüchtlinge im Mittelmeerraum beschäftigt, die Europa nun auf eine Zerreißprobe stellen. Auch mit unverhohlener Kritik an radikalen islamistischen Strömungen spart Gaudé nicht, und das in einem Frankreich, das immer wieder im Visier von Extremisten ist.[3] Ein weiterer Interessensschwerpunkt seiner Arbeit ist die Untersuchung des menschlichen Gewaltpotentials und sozialer sowie interindividueller Krisen, denen er sich mit philosophischer und psychologischer Präzision nähert. Ihn interessieren dabei vor allem die Grenzüberschreitungen und extremen Handlungen, zu denen Menschen fähig sind.[4]

In einigen seiner bisher erschienenen Werke (derzeit 17 Dramen, 12 Romane und 2 Gedichtsammlungen) ist ein besonderes Augenmerk auf die Narration von und die Auseinandersetzung der Charaktere mit ökonomischen Krisen gelegt; insbesondere ist dies in drei Texten der Fall. So sollen Gaudés Finanz- und Krisennarrative – denn beide Komponenten gehen in seinem Werk immer wieder Hand in Hand, d.h. finanzielle Krisensituationen und deren Auswirkungen auf die Figuren sind omnipräsent – hier anhand zweier Romane (*Le soleil des Scorta*, 2004; *Eldorado*, 2006) und eines Dramas (*Combats de Possédés*, 1999) veranschaulicht werden.

Die Scorta: von Halunken zu anständigen Geschäftsleuten

Der 2004 mit dem *Prix Goncourt* ausgezeichnete Roman *Le soleil des Scorta* erzählt die Familiengeschichte der Scorta Mascalzone über fünf

---

2 Vgl. den Roman *Ouragan* (2010), der von den Auswirkungen des Hurricanes Katrina in New Orleans handelt (2005), oder den Roman *Danser les ombres* (2015), der hinter die Erdbebenkatastrophe in Haiti (2010) blickt.

3 Vgl. die Dramen *Salina* (2003), *Les Sacrifiés* (2004) und *Sofia Douleur* (2008).

4 Vgl. die Dramen *Combats de Possédés* (1999), *Pluie de cendres* (2001) und *Cendres sur les mains* (2002).

Generationen hinweg. Er spielt im fiktiven Dorf Montepuccio in Apulien, das auch heute noch eine vergleichsweise ärmliche Region Italiens ist. Die Familie der Protagonisten entspringt einer Vergewaltigung und ist daher von den Dorfbewohnern Montepuccios fast zeitlebens gesellschaftlich geächtet. Durch diesen gewaltsamen Eingriff in die Idylle des kleinen Dorfes treffen zwei gegensätzliche Familienlinien aufeinander, die die Familie auch typologisch prägen und immer wieder eine charakterliche Zerreißprobe darstellen.[5] Die Geschichte beleuchtet den mühsamen Werdegang einer Outlaw-Familie in einem geordneten gesellschaftlichen Alltag und lebt von einem Spannungsbogen, aufgezogen durch finanzielle Gegebenheiten, die Schwächen der führenden Clanmitglieder wie ihre Habgier und ihre Ambitionen, reich und finanziell unabhängig zu werden, sowie ihr Zurückgeworfensein durch die Tendenz zur Selbstzerstörung und damit verbundene Finanzkrisen. In *Le soleil des Scorta* fungiert das Geld als Motor und als Vision, sich aus der kriminellen Vergangenheit zu lösen, die der Familie anhaftet.

Der finanztheoretisch nachzeichenbare Werdegang der Scorta erfüllt alle Klischees eines ökonomisch kolorierten Entwicklungsromans, unter Verwendung von Schemata, die an die Machart spanischer Schelmenromane des Siglo de Oro und ihre Ableger erinnern: vom kriminellen Milieu über Gaunereien bis zu seriösen und geachteten Geschäftsleuten.[6] Die soziale Isolierung der Scorta geht – in vermögenspsychologischer Sicht – mit der finanziellen Isolierung und damit der relativen Armut der Scorta einher, um mit Tarek El Sehity zu sprechen:

> Tatsächlich macht uns der Geldbesitz zu etwas, noch bevor wir Gelegenheit dazu haben zu entscheiden, was wir mit dem Geld überhaupt machen wollen. Die Extreme verdeutlichen dies: Ohne Geld werden uns Türen und Tore verschlossen,

---

5 Liest man die beiden Teile des Familiennamens als sprechende Namen, so ergeben sich aus dem Italienischen die Bedeutungen ‚Eskorte'/‚Geleitschutz' (scorta) und ‚Halunke'/‚Schuft' (mascalzone).

6 Vgl. insbesondere *Lazarillo de Tormes* (1554) und Francisco de Quevedos *Buscón* (1626), deren zirkulär-paradigmatische Struktur jedoch von Gaudés Roman nicht mitgetragen, sondern durch die allmähliche und stete gesellschaftliche Etablierung ersetzt wird; siehe Anonym: *Lazarillo de Tormes*, hrsg. von Francisco Rico. Cátedra: Madrid 1997 sowie de Quevedo, Francisco: *El Buscón*, hrsg. von Domingo Ynduráin. Cátedra: Madrid 2005.

> von denen wir nicht einmal wissen, dass es sie überhaupt gibt. Nicht umsonst wird Armut seit einigen Jahrzehnten als ein Phänomen sozialer Isolierung angesehen und untersucht. Da verdeutlicht sich für den Geldpsychologen die Wirkung des Geldes – in seiner Abwesenheit![7]

Zunächst folgt die Geldbeschaffung dem ausschließlichen Überlebenszweck, entsprechend dem Ausgangsmilieu der Scorta: auf illegalem, auf kriminellem Wege. Die Familie ist berüchtigt, in den umliegenden Dörfern Raubzüge durchzuführen, pikanterweise mit einer Selbstverständlichkeit, die durchaus vergleichbar ist mit dem ‚traditionellen' Selbstverständnis der Devisenbeschaffung von Räubern und Wegelagerern des 17. und 18. Jahrhunderts, wie es auch im spanischen und französischen Schelmenroman zu finden ist.[8] Durch diese Anspielungen auf die literarische Tradition der Finanznarrative werden ökonomische Krisen und daraus resultierende prekäre familiäre und individuelle Situationen sowie die daher rührenden extremen Reaktionen der betroffenen Figuren zu einem Kernthema in Gaudés Werk.

Aus purer Verzweiflung über den schier unüberwindbaren Status der Outlaws widmen sich die Familienmitglieder der nachfolgenden Generationen dem Aufbau eines eigenen, mehr oder weniger ehrbaren Geschäftes: eines Tabakladens. Weitet man die Problematik einer finanziellen Grundlagenschaffung der Scorta auf die sie umgebenden Figuren aus, so steht die Familie nach Jahren der finanziellen Misere an einem Scheideweg, der eine eigentümliche, biblische Komponente erhält. Man kann diese Situation somit als Anspielung auf die Bergpredigt Jesu Christi sehen, sozusagen als Apologie der Ausgestoßenen. Im Matthäusevangelium heißt es: „Niemand kann zwei Herren dienen; er wird entweder den einen hassen und den andern lieben, oder er wird zu dem einen halten und den andern verachten. Ihr könnt nicht beiden dienen, Gott und dem Mammon".[9] An diesem

---

7 Hausensteiner, Heike / El Sehity, Tarek Josef: „Wie Geld die Menschen formt (Interview mit Tarek Josef el Sehity)". *Wiener Zeitung*, 10. November 2012, S. 38.

8 Vgl. Alain-René Lesage: *Histoire de Gil Blas de Santillane*, hrsg. von René Etiemble. Gallimard: Paris 1996, S. 32–39; Domínguez Ortiz, Antonio: „La sociedad española en el siglo XVII". In: Menéndez Pidal, Ramón (Hrsg.): *Historia de España*. Bd. XXIII. *La crisis del siglo XVII. La población, la economía, la sociedad*. Espasa-Calpe: Madrid 1989, S. 395–593, hier S. 551.

9 Mt 6, 24: *Die Bibel. Einheitsübersetzung. Altes und Neues Testament*. Herder: Freiburg 1980, S. 1094.

Punkt entscheiden sich die Scorta gegen die biblischen Ratschläge und sorgen sich ausschließlich um ihr körperliches Wohlergehen; sie stürzen sich förmlich in die *queste* nach Wohlstand und flüchten zugleich vor der frömmelnden dörflichen Masse der devoten, aber hypokritischen Kirchgänger, den Priester eingeschlossen, der ihnen ebenfalls nur mit Ablehnung begegnet. Die Scorta Mascalzone dienen folglich lieber dem Götzen Mammon und grenzen sich damit einmal mehr dezidiert von der duckmäuserischen Gemeinschaft der strenggläubigen Bewohner Montepuccios ab, die ihnen oft genug wie eine unüberwindbare Mauer entgegenstehen.

Getreu einem Finanznarrativ, das wie die pikaresken Vorgänger seine Motivation in der Prekarität hat, bleibt der Hang der Scorta zu illegalen Machenschaften über die gesamte Romanhandlung erhalten. Es ist zwar ein allmählicher Läuterungsprozess zu erkennen; dieser wird jedoch immer wieder von emotional motivierten Gewaltausbrüchen empfindlich gestört. So gehören die Scorta über 20 Jahre lang zu den erfolgreichsten Schmugglern des Mittelmeerraumes zwischen der südostitalienischen Küste und Albanien, ohne dass sie jemals ein Kontrollboot des italienischen Zolls aufgreift. Nach Jahren des Schmugglertums entdecken sie, wie viele andere neben ihnen, ein weitaus lukrativeres Geschäft: das illegale Einschleusen von albanischen Flüchtlingen.[10] Diese Entwicklung vom Schmuggler zum Schleuser und Menschenhändler ist wohl ein verbreitetes Karriereraster in diesem Milieu.[11] Donato, Repräsentant der vierten Scorta-Generation, erreicht im Vergleich mit seinen Vorfahren die höchste Stufe des professionellen Menschenhandels und entwickelt sich zu einem Schlepper, den auch Salvatore Piracci, der Kommandant eines italienischen Grenzpatrouillenbootes und Protagonist in *Eldorado* (2006), sicherlich auf seiner Fahndungsliste stehen hätte. Erst viel später, als das Image der notorischen Räuber und Schmuggler zu verblassen scheint und nur noch reminiszent im ohnehin meist nicht mehr verwendeten zweiten Familiennamen vorhanden

10 Vgl. Gaudé, Laurent: *Le soleil des Scorta*. Actes Sud: Arles 2004, S. 202–204.

11 Vgl. Wagner, Thomas: *Inklusion Exklusion. Darstellung einer systemtheoretischen Differenz und ihre Anwendung auf illegale Migration*. IKO: Frankfurt/Main 2006, S. 134–136, sowie Monheim, Rolf (Hrsg.): *Transkontinentale Migration im Mittelmeerraum*. Naturwissenschaftliche Gesellschaft: Bayreuth 2004, S. 67–69.

ist, bemühen sich die Scorta um die Akzeptanz in der Dorfgemeinschaft und um einen tadellosen Ruf.

Neben der nun beginnenden *lutte contre la pauvreté et l'infamie* und der ständigen Gefahr des Scheiterns, da man als Außenseitergruppe ein Tabakgeschäft betreibt, das auf wohlwollende Kundschaft angewiesen ist, gesellt sich als weiteres Hindernis der von Gaudé als genetisch angelegte Hang zu selbstzerstörerischen emotionalen Überreaktionen hinzu, die in der Mascalzone-Linie begründet liegt; ein Charakterbild, das durchaus an Hippolyte Taines positivistisches und in der Folge naturalistisches *race-milieu-moment*-Konzept erinnert.[12] Dieser autodestruktive Trieb, der einst den Vergewaltiger Rocco in den Freitod trieb, kommt, mit beinahe naturalistischer Genauigkeit, bei je einem Repräsentanten der Familie pro Generation zum Tragen – beispielsweise bei Elia, einem Sproß der vierten Generation. Die heiß entbrannte, jedoch stets unerwiderte Liebe zu Maria ist es, die Elia in einen Wutrausch versetzt, in dem er das Tabakgeschäft anzündet, an dem gleichwohl die Existenz der ganzen Familie hängt. Das Bild des brennenden Tabakgeschäfts potenziert die Zerstörung und die daraus resultierende Krise, vor allem für die Scorta, aber auch für die Dorfbewohner. Diese Szene ist getränkt von dionysischer Raserei – eine mythologische Untermauerung dieses genetisch angelegten Charakterzuges der Mascalzone-Linie, der somit, ähnlich wie bei Zola,[13] eine unausweichliche, ja fatalistische Komponente erhält:

> Elia hurla comme un fou et se mit à rire. Il était plein de l'esprit des Mascalzone et il rit de ce rire de destruction et de haine que la lignée se transmettait de génération en génération. Oui. Tout pouvait brûler. Il riait à gorge déployée et dansait dans la lueur de l'incendie au rythme fou de la tarentelle.[14]

Die Karriere in der Illegalität steht dem moralisch vielversprechenden Endpunkt der Entwicklung der jüngsten Repräsentanten der Familie in der

---

12 Vgl. Betz, Albrecht / Faber, Richard (Hrsg.): *Kultur, Literatur und Wissenschaft in Deutschland und Frankreich. Zum 100. Geburtstag von Robert Minder.* Königshausen & Neumann: Würzburg 2004, S. 87.

13 Vgl. etwa die furiose und für beide tödlich endende Schlägerei zwischen dem Lokomotivführer Jaques Lantier und dem betrunkenen Heizer Pequeux in Zola, Émile: *La bête humaine*, hrsg. von Henri Mitterand. Gallimard: Paris 2001, S. 505–512.

14 Gaudé: *Le soleil des Scorta*, S. 182.

legalen Welt gegenüber, nämlich die Beschaffung einer Lizenz zum Tabakverkauf.[15] Es ist der entscheidende Schritt aus der Illegalität und der Weg zu einer neuen Identität, welche die vollständige soziale Rehabilitation und Integration der Scorta in die Dorfgemeinschaft erfolgreich abschließt. Dem jedoch geht eine lange und entbehrungsreiche Phase harter körperlicher Arbeit voraus – unter anderem in der Fischerei, in der Gastronomie sowie beim Aufbau des eigenen Ladens –, zuzüglich eines finanziellen Risikos, das für die gesamte Familie über die volle Zeitspanne existenzbedrohend ist:

> Les Scorta avaient emprunté beaucoup d'argent pour faire vivre le tabac. Depuis qu'ils s'étaient lancés dans cette aventure, ils n'avaient cessé de s'endetter. C'est Carmela qui s'occupait des finances. Sans rien dire à ses frères, elle avait plongé dans le cercle vicieux de l'usure.[16]

Die hindernisreiche Erarbeitung des Eigentums erstreckt sich über drei Scorta-Generationen und erfolgt gleich durch eine ganze Reihe von Krediten, die Carmela von wohlhabenden Bewohnern Montepuccios bekommt – getreu der lokalen Sitte ohne schriftlichen Vertrag und ohne Zeugen. Nach süditalienischem Brauch legen die Gläubiger zudem selbst den Zinssatz fest und verlangen den gesamten entliehenen Betrag plus Zinsen an einem per Handschlag vereinbarten Tag ohne Aufschub wieder zurück – erbarmungslos und ohne Ausnahmeregelung, wie der Erzähler lakonisch feststellt: „Malheur à qui n'honorait pas ses dettes. Les guerres de familles étaient sanglantes et interminables."[17] Als sich der letzte Gläubiger mit seinem Geld entfernt, verspürt Carmela dementsprechend ein Gefühl der Befreiung, als hätte man ihr das Leben neu geschenkt.[18]

Etwas provokant mag der Begriff ‚Fetisch Geld', mit dem Arno Bammé einen seiner Forschungsaufsätze überschrieben hat, zunächst klingen; er ist jedoch in der Welt der Ökonomiekritik durchaus gängig.[19] In *Le soleil des Scorta* kann man gleich zweier Aspekte dieses Fetischs gewahr

15 Vgl. ebd., S. 105.

16 Ebd., S. 117.

17 Ebd.

18 Vgl. ebd., S. 118.

19 Vgl. Bammé, Arno: „Fetisch Geld". In: Kellermann, Paul (Hrsg.): *Geld und Gesellschaft. Interdisziplinäre Perspektiven*. Springer VS: Wiesbaden [2]2006, S. 9–82. Karl Marx prägte diesen Begriff, der bis heute in der kritischen Auseinandersetzung mit dem Kapitalismus regelmäßige Anwendung findet; vgl.

werden: einerseits seiner Ausprägung als Suchtpotential, als sündige Verlockung, die man sich nicht gerne eingesteht, aber ohne die man scheinbar nicht leben kann. Genauso anziehend wie für die Scorta ist für die Bürger Montepuccios der Tabak. Selbst als sich das Geschäft noch im Wiederaufbau befindet, reißen die Kunden den Scorta die wenigen Zigaretten förmlich aus der Hand, die sie notgedrungen auf der Straße verkaufen. Damit ist auch die gesellschaftliche Anerkennung der Scorta besiegelt.[20] Jedoch ist der relative Reichtum, der durch die Monopolstellung des Tabakgeschäfts in Montepuccio erreicht werden kann, für die Scorta nicht vergleichbar mit dem symbolisch-idealistischen Reiz des Geldbesitzes. Die Familienmitglieder denken stets an den Gemeinnutzen des Kapitals für die Familie als Gesamtheit und freuen sich über das, was man mit dem Geld in der Gemeinschaft machen kann: rauschende Feste feiern und feine Kleidung kaufen, die eine prestigefördernde Außenwirkung hat und diese auch tatsächlich nicht verfehlt.[21]

Andererseits sorgt der ‚Fetisch Geld' auch für eine Befriedigung, die er über die Akzeptanz als soziales Kommunikationsmedium ausstrahlt: nämlich das Zeichen der gesellschaftlichen Konformität. Dies wiederum verschleiert, worauf eigentlich diese soziale Mitgliedschaft der Scorta fußt – auf ‚schmutzigem', illegal erworbenem Geld oder, anders ausgedrückt, auf Geldwäsche. Damit spielt Gaudé auf ein Verhaltensmuster an, welches das Wohl der Familie im Einklang mit sozialem Ansehen derselben an die oberste Stelle setzt – wobei die Art und Weise des Erreichens dieses Status weitgehend unerheblich bleibt. So ergibt sich bei den Scorta, mentalitätstheoretisch gesehen, auch eine völlig andere Haltung zu Korruption und Geldwäsche, was in diesem süditalienischen Milieu eine ganz besondere Semiotik des Geldes erzeugt.[22]

In der narrativen Dynamik schaffen die gesellschaftliche Ächtung und die teilweise hieraus resultierende ökonomische Lage der Scorta als immer wiederkehrende Hindernisse die Grundlage für die *lutte contre la pauvreté*

Marx, Karl: *Das Kapital. Kritik der politischen Ökonomie*. Erster Band. Buch 1: *Der Produktionsprozeß des Kapitals*. Dietz: Berlin 1962, S. 85–98.

20 Vgl. Gaudé: *Le soleil des Scorta*, S. 189.

21 Vgl. ebd., S. 127–132.

22 Vgl. ebd., S. 208–210.

et l'infamie; diese wird noch am Ende der Saga, als die Familie endgültig im gesellschaftlichen Leben angekommen ist, durch den jeweils zwischen zwei Kapiteln eingestreuten Lebensbericht der Carmela immer wieder in Erinnerung gerufen, um die Scorta zu ermahnen, wie hart sie sich ihren Status in Montepuccio und Umgebung erarbeiten mussten.[23]

Kampf gegen ein Mafia-Imperium: *Combats de possédés*

Diese *lutte* ist auch ein grundlegender struktureller Bestandteil in *Combats de possédés* (1999), eines der ersten von Gaudé veröffentlichten Dramen. Das an die Despotismen des 20. Jahrhunderts erinnernde und zudem auf die Verschärfung eines hochspekulativen Zweiges des Kapitalismus vorausweisende Szenario entwirft ein korruptes System der rücksichtslosen Machtausübung durch Reichtum, das sich durch seine mafiösen Strukturen wie ein eigenes politisches System trägt, an einem weder zeitlich noch räumlich näher konkretisierten, dystopisch anmutenden Schauplatz. Es ist dies das Wirtschaftsimperium des Patron, das mit einem minutiös angelegten Kontrollapparat ausgestattet ist, von dem auf physiologischer und psychologischer Ebene ständig Gewalt ausgeht. Diese beklemmende Atmosphäre unterstützt Gaudé durch die Verwendung von entpersonalisierten Typen- oder Funktionsnamen (z.B. Patron, Fossoyeur, Garde du corps, Assassin). Lediglich die Antagonisten – die wenigen, die es wagen, sich gegen den Patron aufzulehnen – offenbaren in den Dialogen ihre eigentlichen Personennamen.[24] Die Angestellten des Patron treten zudem meist paarweise auf, um sich, wie vom Patron beabsichtigt, ständig gegenseitig zu überwachen.

Mag das Stück von seiner inhaltlichen Disposition eher düster und nüchtern anmuten, so zeigt es trotzdem emblematisch eine der favorisierten Vorgehensweisen des Autors Gaudé: die Vermischung von engagierter Literatur im Sinne Sartres,[25] die stets brisante politische Themen in den Fokus rückt, mit einer mythologischen Unterfütterung, die Gaudés Liebe zur Wiege der abendländischen Literatur unterstreicht. Zugleich erinnern

23 Vgl. ebd., S. 213–215.

24 Vgl. Gaudé, Laurent: *Combats de possédés*. Actes Sud: Arles 1999, S. 14 und 17.

25 Vgl. Sartre, Jean-Paul: *Qu'est-ce que la littérature?* Gallimard: Paris 1948, S. 45–72.

Gaudés Texte durch diese Verquickung von Problematisierung und mythologischer Überhöhung an den magischen Realismus, wie er in Lateinamerika federführend von Gabriel García Márquez praktiziert wurde.[26]

Vergleichbar mit einem mythisch-religiösen Götterkult ist das ehrfürchtige, unterwürfige Reden über ihren Patron und dessen unfassbaren Reichtum bei den Untergebenen an der Tagesordnung. Zudem tritt der Patron seinen Bediensteten fast ausschließlich aus der Distanz, d.h. in Form von Botschaftern oder Botschaften gegenüber und ist hauptsächlich über seine mediale Wirkung präsent; dies sind einerseits sein Geld und seine brutale Machtausübung sowie andererseits seine von den Untertanen verklärte, mythisierte ‚absolute Intelligenz'. Gaudés ebenfalls oft plakatives Vokabular tut sein Übriges, um den Machtapparat als Totalität darzustellen: Die häufige Verwendung von Begriffen wie „innombrable" und „infini", sowie die Steigerungswendungen „infiniment plus riche/intelligent" untermauern das Imperium des Patron auf der sprachlichen Ebene.[27]

Die Reputation des Patron beruht zudem auf den permanent von ihm veranlassten, der Einschüchterung dienenden Tötungsakten. So geht mit dem Schwelgen im Luxus stets die Angst vor der Rache der Feinde einher: „Je n'oublie jamais sur quoi j'ai construit ma richesse, d'où me vient cet argent qui déforme mes poches. Je n'oublie jamais mes ennemis. Ils sont là. Et ils sont innombrables."[28] Vielleicht sind diese Feinde bereits ähnlich unzählbar geworden wie das Geld, das der Patron angehäuft hat, das aber, getreu Gaudés Semiotik des Geldes, als unnahbares Konstrukt nie in konkreten Zahlen ausgedrückt wird. Vielmehr ist das Geld bei Gaudé stets mythisiert und mystifiziert zu einem unvorstellbar großen Konvolut an Macht, die mit Geld käuflich wird. Die Menge an Geld, das der Patron besitzt, wird nie genau spezifiziert, sondern verbreitet bei den involvierten Figuren allein für sich bereits Furcht. Die Darstellung finanzieller Krisen konstituiert sich in *Combats de possédés* aus zwei Perspektiven: einmal

---

26 Vgl. insbesondere das Hereinbrechen mythischer Sequenzen in die Beschreibung oder Handlung in *Onysos le furieux* (2000), *La porte des Enfers* (2008), *Eldorado* (2006), *Dans la nuit Mozambique* (2008) und *Les Oliviers du Négus* (2011). Zu oben angedeuteter Nähe vgl. beispielhaft García Márquez, Gabriel: *Cien años de soledad*, hrsg. von Jacques Joset. Cátedra: Madrid [4]1991.

27 Gaudé: *Combats de possédés*, S. 26.

28 Ebd., S. 52.

aus der Sicht der Untergebenen, die mit der enormen finanziellen Differenz zwischen ihnen und dem Patron zu kämpfen haben, und zum zweiten aus der den Untertanen weit entrückten Perspektive des Patron. Resultierend aus der pekuniären Abundanz ergibt sich eine Enthobenheit, die beim Patron ihrerseits eine tiefgreifende persönliche Krise auslöst. Der Patron ist dieser Krise durchaus gewahr und versucht, ihr mit einer ganz eigenen Strategie entgegenzuwirken.

Um nicht zu vergessen, was seine Position garantiert, betritt der Patron jeden Tag den *terrain vague*, eine weite Einöde außerhalb ‚seiner' Stadt, die er zum Verscharren der Getöteten vorgesehen hat. Auf einem dieser Gänge gibt er dem Assassin, den er getreu seinem Wunsch, einen Sohn zu haben, „fils" nennt, eine Apologie seines Selbstverständnisses:

> Tout est construit sur un tas de fumier. C'est ainsi. Ce n'est pas quelque chose de honteux qu'il faut oublier. Imagine un immense building de cinquante étages. [...] Et plus tu descends, plus les choses deviennent triviales. [...] C'est là qu'il faut aller voir, fils, c'est là qu'il ne faut pas craindre de descendre car tout repose sur cela: un tas de merde et de boue. Des égouts puants. A perte de vue. Immense comme l'étaient les salles de réception du quarante-neuvième étage. La merde du sous-sol, fils, j'y vais tous les jours. Le jour où j'oublierai ce terrain vague, le jour où je croirai que mon empire n'a pas besoin de ce terrain pour tenir, je serai perdu.[29]

Folglich weiß der Patron sehr wohl, dass seine Macht vielmehr auf Gewalt als auf schierem Geldbesitz fußt. So steigt mit jedem Auftragsmord das Misstrauen hinsichtlich möglicher Racheakte. Jeder Hinterbliebene, den der Patron nicht töten konnte, ist ein potentieller zukünftiger Widersacher. Paradebeispiel hierfür ist der Assassin selbst: Auch seine Eltern wurden durch den Tötungsapparat des Patron ermordet.[30] Daher auch der Versuch des Patron, den Assassin auf seine Seite zu ziehen und ihn zu seinem Adoptivsohn zu machen. Dass dies ein anspruchsvoller Wunsch ist, liegt nahe, da irgendwo auf dem *terrain vague* die gesamte Familie des Assassin liegt. Zudem versucht der Patron den Assassin einzig mit Geld zu locken; ein Beweis, dass bei ihm sämtliche Empathiefähigkeit verkümmert ist und er sich in zwischenmenschlichen Beziehungen nur noch materiell äußern

29 Ebd., S. 51f.
30 Die Bezeichnung ‚Assassin' dieser Figur verweist auf die Racheabsichten, die sie in Bezug auf den Patron hegt.

kann. Dies zeigt, dass bei Gaudé das Paradigma ‚Geld' eindeutig dem Paradigma ‚soziale / emotionale / familiäre Bindung' gegenübersteht und beide Begriffe für ihn nur über ein drittes Element, über ein Zeichen im Bartheschen Sinne[31] miteinander vereinbar sind.

Eine der Arbeitsanweisungen des Patron an die Totengräber verlangt das Fesseln der Leichen, was sein exzessives Misstrauen symbolisch darstellt.[32] Der Assassin antwortet auf dieses transzendentale Misstrauen des Patron, indem er den Toten die Fesseln wieder löst und damit einer grenzüberschreitenden, die Angstphantasien des Patron nährenden Vergeltung den Weg ebnet. Von dieser über den Tod hinausgehenden Paranoia, die den Patron zeitlebens auszeichnet, bleiben auch die übrigen Figuren nicht unberührt. So berichtet der Fossoyeur 1, dass er im Traum die Toten aus der Erde emporkommen sieht, und begründet dies damit, dass die Totengräber ihnen durch ihre ständigen Erdbewegungen keine Ruhe gönnen.[33] Der Fossoyeur zeichnet nicht nur mystische Szenarien, sondern zeigt mit der Interpretation seiner Träume ein düsteres Bild vom *thanatos* des Patron auf, der mit seinen Machenschaften gleichzeitig seinen Tötungszwang und seine Todesangst überspielen will.

Des Weiteren überspielt der Patron noch lange das, was die Bedienstetenpaare (Leibwächter und Totengräber) bereits längst bemerkt haben: den psychischen und physischen Ruin des Patron, der durch seinen steten Verfolgungswahn am Ende des Stückes auch am Ende seiner Kräfte ist. Nicht nur kann er hierdurch nicht im Geringsten seinen immensen Reichtum auskosten, vielmehr zerbricht er an der von ihm selbst hervorgerufenen emotionalen Distanz zu allen ihn umgebenden Menschen, besonders natürlich an der rigorosen Ablehnung des Assassin. Damit entwertet der Patron für sich sowohl den Wert seines Geldes als auch dessen symbolischen Gehalt, den der absoluten Macht über die Menschen in seiner Reichweite. Am Ende des Dramas steht so eine paradoxe Form des Ruins, der finanztheoretisch nur durch die Verbindlichkeiten des Patron bei seinem Killerkommando vorhanden ist, jedoch vom emotionalen Ruin vollständig überlagert wird.

---

31 Vgl. Barthes, Roland: *Mythologies*. Seuil: Paris 1970, S. 179–233.

32 Vgl. Gaudé: *Combats de possédés*, S. 27.

33 Vgl. ebd., S. 22.

Das, was Gaudés Patron in diesem bedrückenden Drama vorspielt, findet sich in den Worten des Wirtschaftsethikers Karl-Heinz Brodbeck wieder: „Wenn man glaubt, es gäbe so etwas wie Wert hinter dem Geld, dann erliegt man einer Illusion, die gerade in Krisen enttäuscht wird.“[34] Wenn also der Gegenwert des Geldes nicht mehr vorhanden ist, bricht das System zusammen; Geld hat folglich auf der einen Seite nur einen Zeichencharakter – es steht, ähnlich wie das sprachliche Zeichen nach Saussure, für etwas anderes in der außersprachlichen Wirklichkeit. Auf der anderen Seite können Gaudés Charaktere mit Geld nur dann psychischen und physischen Druck auf andere ausüben, wenn das Geld einen entsprechenden Gegenwert hat: sei es das Erkaufen von Emotionen oder die ‚Aushandlung‘ von Zugehörigkeit zu einer sozialen Gruppe. Letztendlich bricht dieses Imperium aus Luxus und Kontrollgehabe in *Combats de possédés* aber zusammen, da die einzelnen Unterdrückten, angeführt vom Assassin, erfolgreich aufbegehren und das finanzielle Machtkonstrukt des Patron endgültig aushebeln. Gleichwohl sorgt dies nicht für ein Happy End: Freilich ist die Gewaltbedrohung überwunden, die Misere eines zugrunde gegangenen Finanzimperiums ohne Nachfolger mahnt aber in Gestalt des *terrain vague* die miserablen Zustände der Überlebenden an.

Kapitale Erschütterung der (Finanz-)Festung Europa: *Eldorado*

In ähnlich eindringlicher Weise beklagen auch die Flüchtlinge in *Eldorado* (2006) miserable Lebensumstände. Europa fungiert in Gaudés viertem Roman, etwas überspitzt formuliert, als eine sich immer vehementer von Afrika abschirmende Festung der Wohlhabenden, die sich nach ihren kolonialen Beutezügen in die europäische Heimat zurückgezogen haben und nun die Augen vor ihrer eigenen Vergangenheit verschließen. Einer der

---

34 Kirschey, Rene / Hauer, Thomas: „Die scheinbare Sicherheit. Es fehlt der Gegenwert zum Geld“ (Fernsehsendung 3sat, März 2011), retrieved 11.7.2016, from https://www.3sat.de/page/?source=/scobel/152914/index.html. Vgl. auch Brodbeck, Karl-Heinz: *Gewinn und Moral. Beiträge zur Ethik der Finanzmärkte.* Shaker Verlag: Aachen 2006, S. 85–89; sowie Brodbeck, Karl-Heinz: *Die Herrschaft des Geldes. Geschichte und Systematik.* Wissenschaftliche Buchgesellschaft: Darmstadt ^{2}2012, S. 28–32 und S. 47–52.

beiden Protagonisten, Kommandant Salvatore Piracci, steht wider Willen für die Festung Europa, denn er ist nach Jahren der Nachtschichten auf einem Patrouillenboot der italienischen Grenzpolizei in der Umgebung von Lampedusa nicht nur arbeitsmüde, sondern beginnt, sich nun auch vor seiner Tätigkeit als Handlanger eines abweisenden Europas zu ekeln. Daher leidet Piracci unter einer permanenten Identitätskrise. Er absolviert eine ihm absurd anmutende Gratwanderung zwischen einem Lebensretter und einem Vollstrecker italienischer Staatsgewalt gegen Eindringlinge:

> Quel étrange métier… Nous sauvons des vies. Nous partons à la recherche d'hommes perdus qui se noieraient sans notre aide ou crèveraient de faim, des hommes qui nous espèrent de toute la force de leur vie et dès que nous les trouvons, chacun se regarde avec crainte. Ni embrassade, ni joie d'avoir été plus rapide que la mer. Nous cherchons des hommes sur les flots et dès que nous les trouvons, nous redevenons des policiers sévères. Aux arrêts. C'est cela qu'ils attendent. Que je les mette aux arrêts.[35]

Als leitender Beamter beauftragt, Flüchtlingsboote aufzuspüren, zu entern und die Flüchtlinge in Abschiebehaft zu nehmen, bis sie im Auffanglager auf Lampedusa in Schnellverfahren zur Abschiebung freigegeben werden, ärgert sich Piracci nun über seine Naivität, diesem System bereits lange Zeit auf den Leim gegangen zu sein. Er sieht sich von einem politisch-ökonomischen Apparat ausgenutzt, der ihn zur Wahrung einer konstruierten, niemals real existierenden Kollektividentität der Italiener missbraucht und zur Verteidigung eines Kapitalimperiums militärisch instrumentalisiert hat, wie die Häufung des martialischen Vokabulars in dieser Passage zeigt:

> Ils nous disaient que nous étions là pour garder les portes de la citadelle. Vous êtes la muraille de l'Europe. C'est cela qu'ils nous disaient. C'est une guerre, messieurs. Ne vous y trompez pas. Il n'y a ni coups de feu ni bombardements mais c'est une guerre et vous êtes en première ligne. Vous ne devez pas vous laisser submerger. Il faut tenir. Ils sont toujours plus nombreux et la forteresse Europe a besoin de vous.[36]

Deutlicher kann man den von Arno Bammé herausgearbeiteten Zusammenhang zwischen Geld und Gewalt kaum inszenieren,[37] denn bereits durch den Titel des Buches schwingt die Spannung eines Begriffes mit,

35 Gaudé, Laurent: *Eldorado*. Actes Sud: Arles 2006, S. 79f.
36 Ebd., S. 67.
37 Vgl. Bammé ^{2}2006, S. 9–12.

der für die arabischen und afrikanischen Auswanderer das höchste zu erstrebende Ziel und für die Europäer das höchste zu verteidigende Gut darstellt: das Eldorado, das goldene Land, voller Reichtum und sprichwörtlicher Sorglosigkeit. So ist bei Piraccis Arbeitskollegen stets die Angst der vermeintlich reichen Europäer zu spüren, von unzähligen armen Afrikanern nun überrannt und ihres hart erarbeiteten Lebensstandards entledigt zu werden.

Den Namen ‚Eldorado' (von span. ‚el dorado' – ‚der Goldene'/‚der goldene Mann') gaben einst spanische Chronisten dem Land ihrer Träume, das sie an unterschiedlichen Stellen irgendwo im Zentrum des nördlichen Südamerikas vermuteten. Sie entlehnten die Wunschvorstellung einem autochthonen Mythos und nahmen Bezug auf einen Initiationsritus der indigenen Chibcha bzw. Muisca.[38] In deren Gemeinschaften wurde der Häuptling bei seinem Amtsantritt mit Goldfarbe überzogen. Das von den Indiostämmen immer wieder dargestellte Traumland, in dem die Gewässer voller Gold sind, war vielen Spaniern die alleinige Antriebsfeder für eine Überfahrt nach Amerika. Selbst seiner Herkunft nach ist der Mythos vom Eldorado folglich ein Mythos, der aus der Verschmelzung der Wunschvorstellungen zweier Kulturen entstand, der einheimischen und der ankommenden bzw. kolonisierenden Kultur.

Das besondere Interesse an Gaudés *Eldorado* liegt nicht nur in der Poetizität des Sprachduktus, sondern auch im narrativen Aufbau begründet: Der Roman besteht aus zwei Handlungssträngen, die sich einander immer weiter annähern und schließlich überkreuzen. Zur Geschichte des Salvatore Piracci, der nach einer symbolhaften Begegnung mit einer Geflüchteten von Italien in Richtung Afrika aufbricht,[39] gesellt sich der Bericht eines gewissen Souleiman, ein Emigrant aus der arabischen Welt, dessen Herkunft wie Nachnamen Gaudé bewusst offenlässt. Beide Erzählstränge alternieren kapitelweise und unterbrechen sich somit gegenseitig. Mit den Handlungssträngen begegnen sich irgendwann auch die Protagonisten, die ihre Begnung jedoch erst weit im Nachhinein bewusst wahrnehmen. Piracci, des ständigen Drucks von oben und der permanenten

38 Vgl. Hagen, Victor von: *Auf der Suche nach dem Goldenen Mann*. Rowohlt: Hamburg 1979, S. 56–58.

39 Vgl. Gaudé: *Eldorado*, S. 18.

Gratwanderung zwischen Expulsion und Rettung der Flüchtlinge überdrüssig, entschließt sich, auf eigene Faust in den Kontinent zu reisen, von dem aus so viele Menschen flüchten und dort Antworten auf die ihn quälenden Fragen zu finden. In Algerien kreuzen sich die Wege der beiden, ohne dass sie sich direkt kennenlernen. Somit ist *Eldorado* auch eine Geschichte über die Queste nach den ursprünglichen Beweggründen des Aufbruchs in eine ersehnte Ferne, die sich auf zwei diametral gegenüberstehenden Auffassungen stützt.

Die permanente Gegenüberstellung der Reiserichtungen durch die mit den Kapiteln alternierenden Handlungsstränge ist ein zentrales strukturbildendes Merkmal von *Eldorado*. Gaudé lässt Piracci den umgekehrten Weg einschlagen, weg aus einem Europa, das den Grenzpolizisten psychisch einengt, in das große weite afrikanische Gebiet des Aufbruchs immenser Flüchtlingsströme. Das ‚Eldorado', wie die Flüchtlinge Europa nennen, befindet sich für Piracci gerade in der Region, der die afrikanischen Auswanderer den Rücken kehren – die Absurdität dieser Vorstellung ist Piracci zwar wohl bewusst, tut seiner Zielstrebigkeit jedoch keinen Abbruch:

> „Je suis nu, pensa-t-il. Comme seul un homme sans identité peut l'être." [...] Il repensa alors à ce qu'avait dit l'inconnu au cimetière: „L'herbe sera grasse et les arbres chargés de fruits... tout sera doux là-bas. Et la vie passera comme une caresse." L'Eldorado. Il ne pensait plus qu'à cela. Il savait bien qu'il allait au contre-courant des fleuves des émigrants. Qu'il allait au-devant des pays où la terre se craquelle de faim. Mais il y avait l'Eldorado tout de même, et il ne pouvait s'empêcher d'y rêver. La vie qui l'attendait ne lui offrirait ni or ni prospérité. Il le savait. Ce n'est pas cela qu'il cherchait. Il voulait autre chose. Il voulait que ses yeux brillent de cet éclat de volonté qu'il avait souvent lu avec envie dans le regard de ceux qu'il interceptait.[40]

Die beiden Richtungen, insbesondere Piraccis eingeschlagene Südroute und sein im obigen Zitat dargelegter Beweggrund, zeigen auf einer symbolischen Ebene, dass Europa in den gegenwärtigen und zukünftigen Krisensituationen nur eine Chance hat, diese zu meistern, wenn man einerseits die Süd-Nord-Bewegung zulässt und andererseits sich auf den Süden zubewegt, ihm auf Augenhöhe begegnet, seine Werte und Traditionen respektiert und im besten Falle auch die finanzielle Misere des afrikanischen

40 Gaudé: *Eldorado*, S. 147.

Kontinents zumindest nachzuvollziehen versucht – allein dann könnten sich Lösungen eröffnen. Eindrucksvoll ist dies durch die Begegnung der beiden Protagonisten auf dem Markt in der algerischen Oasenstadt Ghardaia belegt, in welcher mit einem Geschenk die Übergabe beider Traditionslinien besiegelt wird.[41] Durch das Amulett, das ihm Souleiman schenkt, ist es Piracci möglich, in dessen Mythenwelt einzutauchen.

Eldorado ist durchzogen von symbolträchtigen Szenen, die eine signifikante Verbindung der beiden, allmählich aufeinander zulaufenden Handlungsstränge ergeben. Das Amulett erhält Piracci deshalb, weil der Auswanderer Souleiman in Piracci den Schutzgott der Reisenden und Auswanderer erkennt, dem man nach der regionalen Tradition einen Glücksbringer darbringen soll, wenn man glaubt, ihm zu begegnen.[42] Die Todesszene Piraccis tut ihr Übriges, um die endgültige Aufnahme des Europäers in Mythos und Kultus Nordafrikas zu besiegeln. Ironischerweise wird Piracci von einem Lastwagen überfahren, der – übervoll mit auswanderungswilligen jungen Afrikanern – auf dem Weg zur Mittelmeerküste ist, um die Emigranten dort ihrem Schicksal zu überlassen. Mit dem Tod des italienischen Grenzpolizisten einher geht das sinnbildliche Begräbnis, das den Schluss des Romans bildet: Die Perlen der Halskette, die sich beim Zusammenprall löst, ordnen sich um den Leichnam Piraccis wie Grabschmuck an.[43]

Der Roman *Eldorado* thematisiert nicht nur eine gesamteuropäische ökonomische Krisensituation, er zeigt auch auf, wie die Verbindung zwischen Geld und seiner Symbolik beschaffen ist; deutlich wird, dass sich Geld und seine symbolische Wirkung getreu der Bartheschen Zeichentheorie[44] gegenseitig potenzieren. Es ist denn auch angebracht, Gaudés aktuellen Bezug auf die gegenwärtigen Finanz- und Sozialkrisen zu unterstreichen: So schaut *Eldorado*, schon 2006 veröffentlicht, in beeindruckender Weise auf die großen Flüchtlingsströme voraus, die Europa seit den letzten Jahren stetig auf die Probe stellen. Gaudé tut dies zudem, nicht ohne auf eine bereits seit Jahren existierende Bewegung zu verweisen, die

41 Vgl. ebd., S. 208f./225.
42 Vgl. ebd., S. 208f.
43 Vgl. ebd., S. 238.
44 Vgl. Barthes 1970, S. 179–233.

von den politischen Verantwortlichen lediglich solange ignoriert und aus der Öffentlichkeit verdrängt wird, bis sie explosionsartig ins Bewusstsein Europas drängt und dem ablenkenden Beiseiteschieben ein jähes Ende bereitet.

Darüber hinaus ist in Gaudés Roman die finanzielle und soziale Krise allgegenwärtig, weil er nicht nur über die kritische Reise vieler Flüchtlinge vom Sudan bis nach Ceuta und Melilla berichtet,[45] sondern auch die ‚Dauerkrise' des Salvatore Piracci, stellvertretend für die vielen zum Dienst nach Vorschrift bestellten italienischen ‚Grenzschützer', tiefgreifend thematisiert. Erst nach der Überschreitung des Grenzzaunes von Ceuta, die durch die intertextuelle Aufladung zu einer Initiation mittels eines dantesken *descensus ad inferos* wird, scheint das Eldorado für Boubakar und seinen Bruder Souleiman nähergerückt zu sein:

> Tout va commencer maintenant. Pour moi et Boubakar. Un continent est à venir. Nous laissons celui-là brûler, dans la nuit marocaine. Ces étincelles qui montent dans le ciel, ce sont nos années perdues dans la misère et les guerres intestines. Je vais monter dans le camion et je ne me retournerai pas. J'ai réussi. Je pense à celui que j'ai rencontré sur le marché de Ghardaïa. Celui à qui j'ai donné le collier de Jamal. Je le remercie en pensée. Je me mets doucement à pleurer de joie, pour la première fois de ma vie. J'ai hâte. Plus rien, maintenant, ne pourra m'arrêter.[46]

In Abwesenheit des Geldes sind es bisweilen synästhetisch ineinander wachsende Sinneseindrücke, die für den auf der Flucht befindlichen Souleiman den Befriedigungsfaktor des Geldes stellvertretend übernehmen. Wenn das Geld nicht mit essentiellem Sinn aufwartet, dann ist es beispielsweise der Duft der heimischen Datteln, die einen Moment der Glückseligkeit im gefährlichen Alltag eines Flüchtlings aufhellen.[47] In *Eldorado* fallen gleichwohl zwei Extreme zusammen: die absolute Armut des Souleiman, der mit aller Kraft in Europa ein besseres Leben beginnen und die ständige Armut in seinem Heimatstaat endlich hinter sich lassen will, sowie das Konzept des *Eldorado*, eines Platzes der absoluten Glückseligkeit, des absoluten Reichtums, des Ziels unruhiger irdischer Sehnsucht nach Sorglosigkeit. Dass auch die tiefste Misere als Kraftpotential für das Streben

45 Vgl. Gaudé: *Eldorado*, S. 219–224.
46 Ebd., S. 225.
47 Vgl. ebd., S. 51.

nach Reichtum dienen kann, haben nicht nur die Scorta mit ihrem mühevollen Aufstieg bewiesen. Auch in *Eldorado* ergibt sich die besondere Ausprägung der Identität aus der Krise und wird von Gaudé zu einer *conditio humana* erhoben, wie auch die Beschreibung einer Immigrantin belegt, die Piracci beim Aufbringen eines der unzähligen überfüllten Flüchtlingsboote vor Lampedusa begegnet und die bezeichnenderweise namenlos bleibt. Die Isotopien von Armut und Reichtum vervollständigen den Leseeindruck von Gaudés Krisennarrativen:

> C'était le visage de la vie humaine battue par le malheur. Elle avait été rouée de coups par le sort. Cela se voyait. Elle avait été durcie par mille offenses successives. Et il sentit que, malgré cette faiblesse physique qui la rendait peut-être incapable de se lever toute seule et de marcher sans aide, elle était infiniment plus forte que lui, parce que plus éprouvée et plus tenace. C'est pour cela, certainement, qu'il n'avait pu oublier ses traits.[48]

Konklusion: Multiple humanitäre Krisen als Mahnung

Aufgrund der Diversität der Krisenszenarien in Gaudés Werk – seien sie geldpsychologisch oder existenzialistisch motiviert – haben diese eine große Strahlkraft auf die gegenwärtige Alltagswelt; nämlich als mythologisch aufbereitete Reflexion der momentanen Realität, in der Finanzkrisen omnipräsent sind. Gaudés Stärke ist hierbei nicht nur, Geld in seiner symbolischen Wirkung zu sehen und seine mythologische Überhöhung einerseits und die Wertentleertheit andererseits zu beleuchten, sondern auch die untrennbare Verbindung zwischen finanziellen und psychologischen respektive sozialen Krisen zu suchen. Zusammengefasst bestätigt sich in Gaudés Werk die These, dass finanzielle Krisen hauptsächlich durch psychische oder zwischenmenschliche Krisen überhaupt erst ausgelöst werden.

Gaudés Unterdrückerfiguren – wie die ‚anständigen' Bürger Montepuccios in *Le soleil des Scorta*, der Patron in *Combats de possédés* oder die europäischen Behörden in *Eldorado* – instrumentalisieren Geld als Druckmittel und Unterscheidungsmerkmal gegenüber den Unterdrückten, verkennen jedoch grundsätzlich die damit bereits erfolgte Wert- wie Sinnentleerung und lassen die Erkenntnis vermissen, dass allein sie das Geld mit Bedeutung und Wert aufladen. Sie merken nicht, dass Geld, ähnlich

48 Ebd., S. 18.

wie in Hegels Herr-Knecht-Dialektik,[49] seine Bedeutung verliert, sobald die Unterdrückten, die bei Gaudé stets intelligenter als ihre Unterdrücker sind, der Täuschung von oben gewahr werden und ihr Verhältnis zu den Herrschenden durch Auflehnung aufkündigen.

An den vorgestellten Werken Gaudés ist gut abzulesen, dass Geld ein hochkomplexes Medium ist, das konkret, aber auch höchst abstrakt sein kann. Es hat wie kein anderes Medium gleichermaßen ideellen, kulturellen und materiellen Wert und die damit in Verbindung stehenden semantischen Funktionen. Geld kann zudem Abstraktes konkretisieren (Reichtum, Erfolg) und zugleich Konkretes abstrahieren, was besonders in *Combats de possédés* deutlich wird. Die Wertigkeit des Geldes ist eine rein semiotische Qualität, d.h. sie hängt davon ab, welcher *signifié* dem Geld zugewiesen wird. Somit bleibt das Geld bei Gaudé stets ein Platzhalter für ein psychisches, soziales oder emotionales Defizit seiner Roman- und Dramenfiguren.

Wenn Geld in seiner Semiotik etwas mit Macht und Reichtum, aber auch mit Glückseligkeit zu tun hat, dann muss man es immer in Bezug auf extreme Situationen der *conditio humana* sehen: extreme Aktionen und Reaktionen, Krisen des Menschseins – genau diese Grenzsituationen sind es, die Gaudé ständig beleuchtet. Das Geld ist bei Gaudé folglich stets ein Verweis auf eine übergeordnete, idealistische Bedeutsamkeit, weshalb seine Abwesenheit oder aber seine Abundanz grundlegendes Handlungsmovens für die Figuren ist. Damit wird auch das Verhalten der Unterdrückerfiguren, wenngleich sie ihren Opfern intellektuell oft unterlegen sind, nachvollziehbar und psychologisch auswertbar. Mit diesen narrativen Qualitäten lässt sich schlussendlich Gaudés soziokognitive Begabung begründen, Krisen früh zu erkennen, sie explizit, aber auch poetisch und mythologisch beschreiben zu können, ihre Auswirkungen literarisch-kreativ, aber auch mit einem scharfen Blick auf die momentane und zukünftige Realität zu verarbeiten und so seine Finger recht behutsam, aber äußerst versiert in die Wunden einer modernen und im Umbruch befindlichen Gesellschaft zu legen.

---

49 Vgl. Hegel, Georg W. F.: *Werke*, Bd. 3: *Phänomenologie des Geistes*. Suhrkamp: Frankfurt/Main [4]1993.

Literaturverzeichnis

Anonym: *Lazarillo de Tormes*, hrsg. von Francisco Rico. Cátedra: Madrid 1997.

Bammé, Arno: „Fetisch Geld". In: Kellermann, Paul (Hrsg.): *Geld und Gesellschaft. Interdisziplinäre Perspektiven.* Springer VS: Wiesbaden ²2006, S. 9–82.

Barthes, Roland: *Mythologies.* Seuil: Paris 1970.

Betz, Albrecht / Faber, Richard (Hrsg.): *Kultur, Literatur und Wissenschaft in Deutschland und Frankreich. Zum 100. Geburtstag von Robert Minder.* Königshausen & Neumann: Würzburg 2004.

Borges, Jorge Luis: *El Aleph.* Alianza: Madrid 2003.

Brodbeck, Karl-Heinz: *Die Herrschaft des Geldes. Geschichte und Systematik.* Wissenschaftliche Buchgesellschaft: Darmstadt ²2012.

Brodbeck, Karl-Heinz: *Gewinn und Moral. Beiträge zur Ethik der Finanzmärkte.* Shaker Verlag: Aachen 2006.

Die Bibel. Einheitsübersetzung. Altes und Neues Testament. Herder: Freiburg 1980.

Domínguez Ortiz, Antonio: „La sociedad española en el siglo XVII". In: Menéndez Pidal, Ramón (Hrsg.): *Historia de España.* Bd. XXIII. *La crisis del siglo XVII. La población, la economía, la sociedad.* Espasa-Calpe: Madrid 1989, S. 395–593.

García Márquez, Gabriel: *Cien años de soledad*, hrsg. von Jacques Joset. Cátedra: Madrid ⁴1991.

Gaudé, Laurent: *Caillasses.* Actes Sud: Arles 2012.

Gaudé, Laurent: *Cendres sur les mains.* Actes Sud: Arles 2002.

Gaudé, Laurent: *Combats de possédés.* Actes Sud: Arles 1999.

Gaudé, Laurent: *Cris.* Actes Sud: Arles 2001.

Gaudé, Laurent: *Dans la nuit Mozambique.* Actes Sud: Arles 2008.

Gaudé, Laurent: *Danse, Morob.* Actes Sud: Arles 2016.

Gaudé, Laurent: *Danser les ombres.* Actes Sud: Arles 2015.

Gaudé, Laurent: *Daral Shaga* suivi de *Maudits les Innocents.* Actes Sud: Arles 2014.

Gaudé, Laurent: *De Sang et de lumière. Poésie.* Actes Sud: Arles 2017.

Gaudé, Laurent: *Ecoutez nos défaites.* Actes Sud: Arles 2016.

Gaudé, Laurent: *Eldorado*. Actes Sud: Arles 2006.

Gaudé, Laurent: *Et les colosses tomberont*. Actes Sud: Arles 2018.

Gaudé, Laurent: *La mort du roi Tsongor*. Actes Sud: Arles 2002.

Gaudé, Laurent: *La porte des Enfers*. Actes Sud: Arles 2008.

Gaudé, Laurent: *Le soleil des Scorta*. Actes Sud: Arles 2004.

Gaudé, Laurent: *Le Tigre bleu de l'Euphrate*. Actes Sud: Arles 2002.

Gaudé, Laurent: *Les Oliviers du Négus*. Actes Sud: Arles 2011.

Gaudé, Laurent: *Les Sacrifiés*. Actes Sud: Arles 2004.

Gaudé, Laurent: *Médée Kali*. Actes Sud: Arles 2003.

Gaudé, Laurent: *Mille Orphelins* suivi de *Les enfants fleuve*. Actes Sud: Arles 2011.

Gaudé, Laurent: *Nous, l'Europe. Banquet des peuples*. Actes Sud: Arles 2019.

Gaudé, Laurent: *Onysos le Furieux*. Actes Sud: Arles 2000.

Gaudé, Laurent: *Ouragan*. Actes Sud: Arles 2010.

Gaudé, Laurent: *Paris, mille vies*. Actes Sud: Arles 2020.

Gaudé, Laurent: *Pluie de cendres*. Actes Sud: Arles 2001.

Gaudé, Laurent: *Pour seul cortège*. Actes Sud: Arles 2012.

Gaudé, Laurent: *Salina*. Actes Sud: Arles 2003.

Gaudé, Laurent: *Salina, les trois exils*. Actes Sud: Arles 2018.

Gaudé, Laurent: *Sodome ma douce*. Actes Sud: Arles 2009.

Gaudé, Laurent: *Sofia Douleur*. Actes Sud: Arles 2008.

Hagen, Victor von: *Auf der Suche nach dem Goldenen Mann*. Rowohlt: Hamburg 1979.

Hausensteiner, Heike / el Sehity, Tarek Josef: „Wie Geld die Menschen formt (Interview mit Tarek Josef el Sehity)". *Wiener Zeitung*, 10.11.2012, S. 38, retrieved 24.09.2020, from https://www.wienerzeitung.at/nachrichten/reflexionen/zeitgenossen/500003_Tarek-Josef-el-Sehity.html.

Hegel, Georg Wilhelm Friedrich: *Werke*, Bd. 3: *Phänomenologie des Geistes*. Suhrkamp: Frankfurt/Main [4]1993.

Kellermann, Paul: *Soziologie des Geldes. Grundlegende und zeithistorische Einsichten*. Springer VS: Wiesbaden 2014.

Kirschey, Rene / Hauer, Thomas: „Die scheinbare Sicherheit. Es fehlt der Gegenwert zum Geld“ (Fernsehsendung 3sat, März 2011), retrieved 11.7.2016, from https://www.3sat.de/page/?source=/scobel/152914/index.html.

Lesage, Alain-René: *Histoire de Gil Blas de Santillane*, hrsg. von Roger Laufer. Garnier-Flammarion: Paris 1977.

Marx, Karl: *Das Kapital. Kritik der politischen Ökonomie*. Erster Band. Buch 1: *Der Produktionsprozeß des Kapitals*. Dietz: Berlin 1962.

Monheim, Rolf (Hrsg.): *Transkontinentale Migration im Mittelmeerraum*. Naturwissenschaftliche Gesellschaft: Bayreuth 2004.

Müller, Stefan: *Dionysische Mythopoiesis im dramatischen Werk von Laurent Gaudé. Eine Poetik des rauschhaften Umsturzes*. Francke: Tübingen 2019.

Müller, Stefan: „Laurent Gaudé“. In: *Kritisches Lexikon zur fremdsprachigen Gegenwartsliteratur*. Edition Text und Kritik: München 2019.

Müller, Stefan: „Laurent Gaudés Mittelmeerromane – Identitätskult und Identitätskrisen an der Südseite des Stiefels“. In: Arend, Elisabeth et al. (Hrsg.): *Mittelmeerdiskurse in Literatur und Film – La Méditerranée: représentation littéraires et cinématographiques*. Lang: Frankfurt a. M. (et al.) 2010, S. 131–154.

Quevedo, Francisco de: *El Buscón*, hrsg. von Domingo Ynduráin. Cátedra: Madrid 2005.

Sartre, Jean-Paul: *Qu’est-ce que la littérature?* Gallimard: Paris 1948.

Schlitte, Anja: *Die Macht des Geldes und die Symbolik der Kultur: Georg Simmels Philosophie des Geldes*. W. Fink: Paderborn 2012.

Wagner, Thomas: *Inklusion Exklusion. Darstellung einer systemtheoretischen Differenz und ihre Anwendung auf illegale Migration*. IKO: Frankfurt/Main 2006.

Zola, Émile: *La bête humaine*, hrsg. von Henri Mitterand. Gallimard: Paris 2001.

Sara Izzo

Theatrale Dynamiken des finanziellen Kollapses in David Lescots *Le Système de Ponzi*

Abstract: Focusing on David Lescot's play *Le système de Ponzi* (2012), this paper examines the entanglements of theatre and economy as two systems based on performance art. Lescot's parable about the financial crisis of 2007 stages the rise and fall of the inventor of the so-called Ponzi-scheme, a fraudulent pyramid scheme used by Bernard Madoff, and aiming at the acquisition of investors. The play not only shows that the moment of crisis is anchored in performativity, but also that the structure of the parable can be considered an economic response to the excesses of the financial market.

Keywords: parable, Ponzi-scheme, financial crisis, make-believe, performance, David Lescot

1. Einleitung

> Des hommes, du diable ou du bon Dieu, saurons-nous jamais, en effet, qui a rédigé cet inénarrable scénario qui oscille entre la tragédie et la pantalonnade? J'en étais là de mes réflexions quand, au hasard des recherches pour préparer cet ouvrage, je suis tombé sur l'histoire de celui à qui l'on attribue l'invention des produits financiers à l'origine du désastre. J'avoue y avoir vu une parabole assez plaisante à rapporter.[1]

Die hier aufgeworfene Frage nach der Erzählbarkeit der Finanzkrise, ihr Vergleich mit Drama oder Possenspiel und der parabolische Rekurs auf einen nicht unmittelbar in die Krise verwickelten Urheber, die der französische Richter und Vize-Präsident des Pariser Zivilgerichts Jean de Maillard seiner Untersuchung zur Verankerung der Kriminalität im legalen Finanzsystem voranstellt, eröffnen nicht nur das transdisziplinäre Potential einer

1 Maillard, Jean de: *L'Arnaque. La finance au-dessus des lois et des règles*. Gallimard: Paris 2010, S. 7.

Verschränkung von Literatur und Ökonomie.[2] Darüber hinaus werden nämlich interessanterweise auch prägnant die Merkmale jener von Martial Poirson als „dramaturgie économique“[3] bezeichneten Tendenz der zeitgenössischen französischen Theaterszene aufgezählt, welche als Reaktion auf die 2007 ausgelöste *Subprime*-Krise begriffen werden kann. Poirson grenzt diese „dramaturgie économique“ terminologisch von einer „dramaturgie de l'économie“[4] ab, indem er zwischen einer Objekt- und einer Metaebene unterscheidet. Denn über die thematische Darstellung der Finanzkrise im Theater hinaus konstatiert er als Grundkonstante dieser Dramenästhetik vor allem eine homologe Beziehung zwischen Spektakel und Ökonomie als zwei performative Praktiken, welche ihren Ausgangspunkt in dem offenbar auch von Jean de Maillard diagnostizierten „potentiel dramatique inhérent à la fiction économique“[5] hat. Unter dieser Prämisse einer Homologie zwischen Theater und Ökonomie kann man sich fragen, inwieweit die Krise in der Fiktionalität des Finanzmarktes verwurzelt ist. Denn wenn Künzel betont, dass „es [...] der fiktionale Charakter bestimmter Aspekte der Finanzökonomie selbst [ist], der durch die Krise der Finanzwirtschaft in den Vordergrund getreten ist“,[6] legt der Umkehrschluss nahe, dass auch gerade die Fiktionalität die Krise sichtbar macht. Dieser Zusammenhang eines Finanztheaters als Krisentheater soll unter Bezug auf das 2012 veröffentlichte Drama von David Lescot mit dem Titel *Le Système de*

2 Vgl. Pichler, Doris: „The Inter- and Transdisciplinary Potential of Literary Studies: *Law, Economics & Literature* – Reflections on a Possible Liaison“. In: Knaller, Susanne / Pichler, Doris (Hrsg.): *Literaturwissenschaft heute. Gegenstand, Positionen, Relevanz.* V&R unipress: Göttingen 2013, S. 215–238.

3 Poirson, Martial: „La crise du change dans le théâtre contemporain: affabulations théâtrales et allégorisation de l'économie“. In: Sciotte, Geneviève et al. (Hrsg.): *Fiction et économie. Représentations de l'économie dans la littérature et les arts du spectacle, XIXe-XXIe siècles.* Presses de l'Université de Laval: Montréal 2013, S. 183–217, hier S. 185.

4 Ebd.

5 Poirson, Martial: „Théâtres européens de crise (2008–2011): faire voir et entendre le néolibéralisme autrement“. *Revue suisse des littératures romanes* 58, 2011, S. 105–127, hier S. 108.

6 Künzel, Christine: „Finanzen und Fiktionen. Eine Einleitung“. In: Künzel, Christine / Hempel, Dirk (Hrsg.): *Finanzen und Fiktionen. Grenzgänge zwischen Literatur und Wirtschaft.* Campus: Frankfurt/Main 2011, S. 9–24, hier S. 11.

Ponzi[7] ergründet werden, das einer ‚dramaturgie économique' nach Poirson zugeordnet werden kann. Mit seinem Theaterstück entwirft Lescot eine spezifische Antwort auf den medial konstruierten Krisendiskurs, sodass mit Urbani der Begriff der „Medienkonkurrenz"[8] angeführt werden kann: „Aujourd'hui, on a accès à tellement d'informations sur la crise, sur ses conséquences, qu'il faut trouver une voie de contrebande pour se défaire de ce discours journalistique omniprésent."[9] Ausgehend von dem Anspruch einer Inkarnation der Krise mit dramatischen Mitteln – „[i]l me fallait incarner cette crise, trouver un fonctionnement dramatique qui permette de la mettre en scène"[10] – wird der Dramaturg durch den Betrugsfall von Bernard Madoff inspiriert, den Chavagneux in seiner Studie zur Entstehung der Finanzkrise als einen der für sie exemplarischen Nebeneffekte beschreibt.[11] Madoff hatte einen Investmentfonds nach einem so genannten Ponzi-Schema betrieben und wurde dafür 2009 zu 150 Jahren Haft verurteilt. Statt der Persönlichkeit von Madoff wendet sich Lescot in Form einer Parabel dem vermeintlichen Urheber und Namensgeber des von diesem in den 1920er Jahren verwendeten Betrugssystems zu, dem italienischen Immigranten in den USA Charles Ponzi.

Im Weiteren soll zunächst die Erzählbarkeit der Finanzkrise im Drama näher betrachtet werden. Lescots Personifizierung der zeitgenössischen Finanzkrise durch die historische Persönlichkeit des Finanzbetrügers Charles Ponzi schreibt sich in eine bestimmte Dramenästhetik des französischen Gegenwartstheaters ein, welche das Prinzip der Sparsamkeit zum Leitsatz erklärt. Dabei soll der dramatischen Form der Parabel auch in Hinblick auf die Homologie von Ökonomie und Spektakel Rechnung

7 Lescot, David: *Le Système de Ponzi*. Actes Sud: Arles 2012.

8 Urbani, Nadja: *Medienkonkurrenzen um 2000. Affekte, Finanzkrisen und Geschlechtermythen in Roman, Film und Theater*. Transcript: Bielefeld 2015. Die Medienkonkurrenz differenziert sich nicht nur zwischen den einzelnen literarischen Medien des Romans, des Films und des Theaters aus, sondern manifestiert sich auf einer übergeordneten Ebene auch gegenüber der faktualen medialen Berichterstattung. Vgl. dazu ebd., S. 246.

9 Chavagneux, Christian et al.: „La finance sur les planches. Table ronde". *Esprit* 385, 2012, S. 72–81, hier S. 74.

10 Ebd.

11 Vgl. Chavagneux, Christian: *Une brève histoire des crises financières. Des tulipes aux subprimes*. La Découverte: Paris 2013, S. 137.

getragen werden, wobei diese in Lescots Fall um die Variable des Betruges erweitert werden muss. In einem zweiten Schritt werden die performative Dimension des Finanzdiskurses und die Mechanismen des finanziellen Kollapses innerhalb der Handlung untersucht.

2. Die Finanzkrise im Spiegel ihrer dramatischen Erzählbarkeit

2.1. Der Mehrwert von Sparsamkeit: Die Parabel als „ökonomischer Umweg"

„[J]e ne voulais pas être trop proche du contemporain, en prenant par exemple le personnage de Bernard Madoff, ou de Jérôme Kerviel. Je crois au théâtre comme art du détour."[12] Die hier postulierte ‚Kunst des Umwegs' äußert sich in Lescots Theaterstück durch eine metaphorische Dimension, insofern die Finanzkrise emblematisch durch Aufstieg und Fall des Finanzbetrügers Charles Ponzi personifiziert wird. In *Le Système de Ponzi* geleitet als narrative bzw. epische Instanz ein Chor[13] den Zuschauer mit den Worten in das Stück: „Il nous faut un personnage. [...] Un grand. Un vrai. [...] Un pur. Plus grand que vrai. Plus vrai que nature. C'est une histoire de personnage. Un personnage. Grand comme un siècle."[14] Die gleichnishafte Inszenierung von Ponzis Biographie steht unter dem Einfluss der Dramenkritik von Jean-Pierre Sarrazac. Mit direktem Bezug auf diesen beschreibt Lescot seine Annäherung an die Realität mithilfe des mythologischen Kampfes von Perseus gegen die Medusa:

> Pour employer une métaphore mythologique qui me vient de Jean-Pierre Sarrazac, qui fut mon professeur, le rapport entre la réalité et la représentation est pour moi semblable à celui qu'entretient Persée avec la Gorgone. S'il la regarde

---

12 Chavagneux 2012, S. 74.

13 Nicht nur die episch-musikalische Instanz des Chores, sondern auch die Kulisse der 1920er Jahre in Lescots Stück wirken wie eine Reminiszenz an das Theater von Bertolt Brecht (und insbesondere an *Der aufhaltsame Aufstieg des Arturo Ui*), zu dessen Werk Lescot selbst eine kurze Kritik verfasst hat. Vgl. Lescot, David: „Bertolt Brecht (1898–1956)". In: Ryngaert, Jean-Pierre et al. (Hrsg.): *Nouveaux territoires du dialogue*. Actes Sud: Arles 2005, S. 81–86.

14 Lescot: *Le Système de Ponzi*, S. 7.

en face, elle le pétrifie. Pour le vaincre, il lui faut passer par le biais du miroir, de l'indirect.[15]

In seiner Untersuchung zur dramatischen Parabel problematisiert Sarrazac unter Rekurs auf dieses mythologische Bild, welches er selbst wiederum von Italo Calvino übernimmt, das Prinzip der Abkehr vom wirklichkeitsbezogenen Darstellungsgegenstand.[16] Um einer Versteinerung durch eine frontale Bezugnahme zur Realität zu entgehen, fordert er die Ästhetik einer indirekten Vision ein, welche bei Calvino durch das Prinzip der Leichtigkeit in Abgrenzung zur Schwere hergeleitet wird:

Per tagliare la testa di Medusa senza lasciarsi pietrificare, Perseo si sostiene su ciò che vi è di più leggero, i venti e le nuvole; e spinge il suo sguardo su ciò che può rivelarglisi solo in una visione indiretta, in un'immagine catturata da uno specchio. Subito sento la tentazione di trovare in questo mito un'allegoria del rapporto del poeta col mondo, una lezione del metodo da seguire scrivendo.[17]

Calvino begreift den Mythos der Medusa selbst als allegorischen Zugang zu einer schriftstellerischen Methode, die auf einem Entzug von Schwere beruht: „[L]a mia operazione è stata il più delle volte una sottrazione di peso; ho cercato di togliere peso ora alle figure umane, ora ai corpi celesti, ora alle città; sopratutto ho cercato di togliere peso alla struttura del racconto e al linguaggio."[18] Die so beschriebene Vorgehensweise einer ‚Ausdünnung' wird bei Sarrazac zu einer Form von Sparsamkeit umgedeutet. Denn auch er widmet sich der Frage des Umwegs in Hinblick auf die Entwicklung einer eigenen Methode, die wiederum als ökonomisches Prinzip verstanden wird: „[...] comment faire du détour non pas une perte de l'objet mais une méthode [...] permettant de mieux le cerner et l'atteindre?"[19] Denn seine „économie du détour"[20] basiert auf der Vorstellung einer Emblematisierung und einer thematischen Verdichtung:

15 Chavagneux 2012, S. 74.
16 Vgl. Sarrazac, Jean-Pierre: *La Parabole ou l'enfance du théâtre.* Circé: Belfort 2002, S. 20.
17 Calvino, Italo: *Lezioni americane: sei proposte per il prossimo millenio.* Mondadori: Milano 1993, S. 8.
18 Ebd., S. 7.
19 Sarrazac 2002, S. 25.
20 Ebd.

> L'art du détour propose en vérité, le meilleur antidote à cette pléthore naturaliste qui engorge d'une foule de détails insignifiants, de corollaires abusifs, la représentation et le texte théâtraux. En s'étayant sur une économie – voire sur une parcimonie – de la forme, l'art du détour indique le chemin escarpé par lequel le drame moderne, rompant avec les catégories du vrai, du vraisemblable, du naturel, pour atteindre aux valeurs du symbolique, du nécessaire, de l'emblématique.[21]

In ihrer gleichnishaften Exemplarität reproduziert die Parabel einen suggestiv operierenden Realismus: An die Stelle des naturalistischen Detailwuchers tritt eine symbolische Verkürzung der Realität. Durch die der Parabel inhärente Vergleichsebene werden beim Zuschauer Effekte der Wiedererkennung produziert, auf denen der induktive Analogieschluss begründet liegt. Die so erzeugte offene und mehrdeutige Interpretierbarkeit hebt auch Lescot als besonderen Mehrwert der Parabel hervor: „C'est évidemment ce qui m'intéresse dans la parabole: je ne suis pas totalement sûr qu'elle désigne autre chose qu'elle-même, et pourtant je suis invité par elle à produire à l'infini des interprétations."[22]

Ausgangspunkt von *Le Système de Ponzi* ist die den Klappentext säumende Aussage von Bernard Madoff, mit der Lescot nicht nur eine Parallele zwischen zwei Finanzbetrügern zieht, sondern auch eine Ableitung der aktuellen Krise aus den finanzökonomischen Entwicklungen der 1920er Jahre vornimmt: „Mon système, c'était une chaîne de Ponzi." Das Theaterstück endet nicht nur mit dem Tod des Protagonisten, sondern auch mit der Etablierung des nach ihm benannten Betrugssystems, welches auf die Finanzkrise von 2007 vorausweist. Interessant erscheint dabei, dass die Darstellung von Ponzis Sozialisation zum Finanzbetrüger einen beinahe dokumentarischen Charakter hat und sich eng an der Ponzi-Biographie von Mitchell Zuckoff orientiert.[23]

---

21 Sarrazac, Jean-Pierre: *L'Avenir du drame. Écritures dramatiques contemporaines*. Circé: Belfort 1999, S. 152f.

22 Lescot, David: „‚Un détour, quitte à s'égarer'. Entretien avec Olivier Neveux". In: Callies, Gregoire (Hrsg.): *Le réel à l'épreuve des arts*. L'Harmattan: Paris 2008, S. 47–60, hier S. 57.

23 Vgl. Zuckoff, Mitchell: *Ponzi's Scheme. The True Story of a Financial Legend*. Random House: New York 2006.

2.2. Fiktionalität als Betrugsformel

Durch die biographisch operationalisierte Inszenierung des Ponzi-Schemas als Emblem der Finanzkrise greift Lescot mit dramatischen Mitteln eine Annahme auf, die auch der Wirtschaftsdiskurs hervorgebracht hat, nämlich dass das *Subprime*-System, in dessen Ursprung die Finanzkrise von 2007 liegt, nur eine „variante à grande échelle d'une assez classique escroquerie que l'on appelle la ‚boule de neige' ou la pyramide, et en Amérique, un schéma de ponzi"[24] sei. Ohne eine offen militante Botschaft zu vermitteln, wirft Lescot folglich die Frage auf, inwieweit gemäß der These von Jean de Maillard der Betrug als systemischer Bestandteil des Finanzwesens, als „une variable d'ajustement de l'économie et de la finance [et] un mode de gestion de ces dernières"[25] betrachtet werden kann. So kann man in Anlehnung an Joseph Vogl feststellen, dass es einen Unterschied für die Bewertung des Finanzsystems macht, ob spekulative Fehlgriffe „dem vereinzelten Tun vereinzelter Täter zu[ge]rechne[t] werden"[26] oder ob man sie als den Finanzmärkten inhärent betrachtet.

Das Ponzi-Schema, dessen Entwicklung in Lescots Theaterstück nachgezeichnet wird, basiert auf einer spekulativen Blasenbildung. Es handelt sich um ein Anlagesystem, bei dem Investoren durch hohe Renditeaussichten angeworben werden, tatsächlich aber keine Steigerung ihrer Kapitalanlage erzielt wird. Die Renditen werden alleine mit den Einlagen nachfolgender Anleger ausgezahlt, wohingegen das eingezahlte Kapital dem privaten Nutzen des Anlegenden zufließt. Verglichen werden kann diese Betrugsform folglich mit einem pyramidalen System, dem der eigene Kollaps immanent ist:

> Ponzi scheme, fraudulent and illegal investment operation that promises quick, easy, and significant returns on investment with little or no risk. A Ponzi scheme is a type of pyramid scheme in which the operator, at the pyramid's top, acquires a small group of investors that is initially provided with tremendous investment returns via funds secured from a second group of investors. The second group,

---

24 Maillard 2010, S. 129.

25 Ebd., S. 19.

26 Vogl, Joseph: *Das Gespenst des Kapitals*. Diaphanes: Zürich 2010/2012, S. 112f.

> in turn, is paid with funds obtained from a third group of investors, and so on until the number of potential investors is exhausted and the scheme collapses.[27]

Wie aus dieser Definition hervorgeht, bricht das auf einer Verkettung fundierte Anlagesystem in sich zusammen, sobald die Anzahl der potentiellen Investoren ausgeschöpft ist. Mit Bezug auf den Ökonomen Patrick Artus und dessen Diagnose einer „Ponzi Finance“[28] klassifiziert Maillard das gesamte Finanzwesen als systemischen Betrug. Dazu zieht er auch die Hypothese der finanziellen Instabilität nach Minsky heran, welche im Zuge der Finanzkrise an Aktualität gewinnt und wonach der Finanzierungskreislauf durch drei miteinander verbundene Finanzierungsformen bestimmt wird, nämlich die abgesicherte Finanzierung, die spekulative Finanzierung und die Ponzi-Finanzierung, welche schließlich die Spekulationsblase zum Platzen bringt.[29] Neben diesem systemimmanenten Kollaps kommt in Lescots Theaterstück insbesondere der Fiktivität eine bedeutende Rolle zu, wie die zum Ende des Textes ausgeführte Definition des Ponzi-Schemas aus dem *Oxford English Dictionnary* zeigt:

> 1957 Chaîne de Ponzi: Forme de fraude dans laquelle les perspectives de bénéfice d'une entreprise fictive sont promues par le paiement rapide d'intérêts aux premiers investisseurs avec l'argent des suivants. Oxfory English Dictionnary.[30]

Das hier genannte fiktive Unternehmen, welches von Maillard als Strategie der Dissimulation beschrieben wird,[31] kennzeichnet zum einen den Kern der für das zeitgenössische französische Theater typischen Homologie

---

27 Nolen, Jeannette L.: „Ponzi scheme“. *Encyclopædia Britannica. Britannica Academic*, o.S., retrieved 27.6.2016, from http://academic.eb.com/EBchecked/topic/1568561/Ponzi-scheme.

28 Artus, Patrick: „Les excès de la Ponzi Finance“. *Les Échos*, 14.9.2007, o.S., retrieved 3.7.2016, from http://m.lesechos.fr/redirect_article.php?id=20004-528-ECH&fw=1#.

29 Vgl. Minsky, Hyman P.: *Instabilität und Kapitalismus*, hrsg. und mit einer Vorbemerkung von Joseph Vogl, aus dem Englischen von Michaela Grabinger und Florian Oppermann. Diaphanes: Zürich 2011. Minsky erläutert darin auch, dass er mit der Bezeichnung der Ponzi-Finanzierung zunächst das Betrügerische und Blasenartige des Finanztyps hervorheben wollte, ihn schließlich aber als normal funktionierenden endogenen Faktor bewertet, der den Instabilitätsbereich der Wirtschaft markiert (vgl. ebd., S. 39).

30 Lescot: *Le Système de Ponzi*, S. 100.

31 Vgl. Maillard 2010, S. 131.

zwischen Ökonomie und Spektakel. Zum anderen wird durch die performative Täuschungsstrategie des Protagonisten nicht nur der fiktionale Charakter der Finanzökonomie aufgezeigt, sondern auch ihre Affinität zum Betrug. Der Betrüger, so Lescot, sei vor allem ein Schauspieler, dessen Schwindel solange fortwährt, wie seiner Performanz Glauben geschenkt wird: „L'escroc, finalement, est avant tout un acteur. Il ne vit que parce qu'on croit à sa performance".[32] Ebendiese Scheinhaftigkeit des Finanzsystems gerät in den Fokus, wenn im Theaterstück Ponzis Entwicklung zum performativen Virtuosen einer Kunst des Schauspiels, der Verführung und der Illusion ins Werk gesetzt wird. In der nachfolgenden Analyse soll aufgezeigt werden, dass im Moment des finanziellen Kollapses auch ein theatraler Illusionsbruch angelegt ist: Die Enttarnung des Spiels fällt mit der Zersprengung des Systems zusammen. Ponzis Fall hat dabei in Hinblick auf die Finanzkrise von 2007 eine exemplarische Funktion und es liegt beim Zuschauer, die Effekte der Analogie zu entschlüsseln.

3. Die performative Dimension des Finanzdiskurses und die Mechanismen des finanziellen Kollapses in *Le Système de Ponzi*

3.1. Von der amerikanischen Sprache zur Finanzrhetorik

Im Nachfolgenden soll gezeigt werden, dass in *Le Système de Ponzi* die Sozialisation des Protagonisten zum Finanzbetrüger als ein Anpassungsprozess der Figur innerhalb einer wirtschafts- und gewinnorientierten Gesellschaft gestaltet wird. Sein Betrugssystem wird aus dem wirtschaftsliberalen Dogma der industriellen und finanzkapitalistischen Dynamik in den USA der ersten Jahrzehnte des 20. Jahrhunderts generiert. Diese Akkulturation erfolgt insbesondere über das Erlernen der amerikanischen Sprache, welches emblematisch mit einer ersten beruflichen Erfahrung im Finanzwesen zusammenfällt.

In der gesamten Ouvertüre, die als „constitution du personnage"[33] umschrieben wird, tritt Charles Ponzi nicht als aktive Figur in Erscheinung, sondern wird entweder auktorial durch den Chor oder aber durch

32 Chavagneux 2012, S. 78.
33 Lescot: *Le Système de Ponzi*, S. 7.

die Kommentare seiner Mutter Imelde Ponzi als Verschwender charakterisiert. Statt das Erbe seines Vaters für sein Studium in Rom zu nutzen, investiert er es in Kleidung, Liebschaften und Glücksspiele und steht vor einem ersten Bankrott, so dass seine Mutter ihn schließlich zu seinem Onkel nach Amerika schickt. Ponzi bleibt solange eine passive und fremdbestimmte Figur, bis er sich schließlich die amerikanische Sprache zu eigen macht: „Quatre ans de métiers manuels. Déterioration de la garde-robe. Une seule acquisition notable: La maîtrise de la langue locale.“[34] Ponzi nutzt diesen sprachlichen Zugewinn, um in Montreal seine erste Anstellung im Bankwesen zu finden. Beim Anwerben von Kunden stellt er als Künstler der Sprache, des Verhandelns und Verführens sein Können unter Beweis:

> Chère madame, sachez que je compte chaque soir personnellement le montant de vos intérêts et je puis vous assurer que tout cela prolifère, prolifère. Puis-je avoir l'indélicatesse d'oser infliger à vos doigts féeriques le contact de cette plume indigne d'eux afin qu'ils exécutent au bas de notre contrat une de ses voltigeantes arabesques que le commun qui n'a pas la joie de vous connaître appelle si platement ‚signature'?[35]

Das Erlernen der Landessprache bildet die Grundlage für seine Genese zum Finanzbetrüger, wie Lescot in einem Interview erläutert: „Lorsqu'il acquiert le langage américain, en revanche, il devient virtuose. C'est là que se croisent les principes du théâtre et ceux de la vie réelle: l'illusion, la fascination, la séduction.“[36] Ponzis performative Kunst der Überzeugung und Illusionsbildung stützt die 6 % Rendite, mit denen sein Arbeitgeber Zarossi wirbt und die sich als betrügerisches Versprechen herausstellen. Bevor er gerichtlich belangt werden kann, setzt sich Zarossi mit dem Geld ab und lässt nicht nur seine Frau, sondern auch Ponzi zurück, der mit Bedauern feststellt: „C'est l'époque, ça. On est dans une époque individualiste.“[37]

Dieser Zusammenhang zwischen individuellem Verhalten und gesellschaftlichem Gefüge manifestiert sich noch deutlicher in seiner Begegnung

---

34 Ebd., S. 17.
35 Ebd., S. 20.
36 Chavagneux 2012, S. 78.
37 Lescot: *Le Système de Ponzi*, S. 21.

mit dem Börsenspekulanten Charles Morse. Denn nach dem kurzen beruflichen Erfolgserlebnis bei Zarossi befindet sich Ponzi erneut auf der Suche nach einer Einnahmequelle, wird schließlich für das Fälschen eines Schecks angeklagt, inhaftiert und kurz darauf für das Schmuggeln italienischer Immigranten von Kanada in die USA erneut eingesperrt. Bei diesem zweiten Gefängnisaufenthalt trifft er auf den Insassen Charles Morse, auch bekannt als ‚The Ice King', der durch seine Monopolisierung von Eis Preiswucher betrieben hat und mit seinem System des *chain banking* 1907 eine Börsenpanik verursacht.[38] Seine Geschichte wird durch den Chor als „fable du Morse et de la Glace" in das Drama integriert, wobei die Moral der Fabel gleich zu Beginn von Morse selbst genannt wird: „[D]ans ce pays, si tu es riche, ou si tu l'as été, et qu'on pense que tu pourras le redevenir, eh bien tu bénéficies d'un statut tout à fait privilégié."[39] Tatsächlich sitzt Morse nur zwei Jahre seiner fünfzehnjährigen Gefängnisstrafe ab. In *Le Système de Ponzi* wird gerade im ersten Teil eine Überkreuzung von Biographien inszeniert, die sich einerseits dem „Get-Rich-Quick"-Mythos zuordnen lassen, wie er beispielsweise in der Novelle von Chester von 1908 zelebriert wird.[40] Darüber hinaus aber zeugt sie von jenem „Laissez-faire-Kapitalismus [... des] ungehinderten Wettbewerb[s]"[41] zu Beginn des 20. Jahrhunderts, der erst langsam durch den staatlichen Progressivismus unter Wilsons Präsidentschaft (1913–1921) in die Schranken verwiesen wurde. Zarossi und Morse haben eine paradigmatische Funktion für Ponzis Genese zum Betrüger und verkörpern darüber hinaus eine gewinnorientierte Gesellschaft. Erst durch den mithilfe seines Betrugssystems erzielten finanziellen Erfolg beginnt für Ponzi eine kurzweilige Integration in die amerikanische Gesellschaft. Interessant erscheint dabei auch, wie stark im Stück das Konzept der amerikanischen Identität an den ökonomischen Erfolg geknüpft ist. Denn Ponzi will die amerikanische Staatsbürgerschaft

38 Vgl. Chavagneux 2013, S. 62.

39 Lescot: *Le Système de Ponzi*, S. 27.

40 Vgl. Zuckoff 2006, S. 153. Zuckoff stellt heraus, dass die Novelle von George Randolph Chester mit dem Titel *Get-Rich-Quick Wallingfort: The Cheerful Account of the Raise and Fall of an American Business Buccaneer* die damalige amerikanische Populärkultur prägte.

41 Gassert, Philipp et al.: *Kleine Geschichte der USA*. Reclam: Stuttgart 2008, S. 376.

erst nach seinem vermeintlichen Geschäftsdurchbruch beantragen: „Il suffit de trouver l'idée. Je vais la trouver. Et quand je l'aurai trouvée, là j'aurai les moyens. Et quand j'aurai les moyens, là je demanderai la nationalité américaine."[42]

3.2. Die Strategie des *Make-Believe*

In ihrem Beitrag zur Virtualität und Fiktionalität der Finanzwelt zieht Anna Burgdorf sehr gewinnbringend die Theorie des amerikanischen Philosophen Walton heran, der Fiktionalität in Kunst und Literatur als Spielform eines ‚Make-Believe' begreift, wodurch fiktionale Wahrheiten produziert und ein eigener Vorstellungsraum geschaffen werden.[43] Es handelt sich um eine Form der Repräsentation, die sich auch auf Ponzis Dissimulationsspiel übertragen lässt. Wie Maillard in Bezug auf das Ponzi-Schema darlegt, „[p]our être plus discrète, une pyramide de ce genre peut se dissimuler derrière une prestation fictive, habilement présentée".[44] Diese fiktive Leistung ist in Ponzis Ursprungsmodell durch Post-Coupons sichergestellt. Denn nach weiteren gescheiterten Geschäftsideen entdeckt Ponzi die internationalen Antwortscheine der Post, welche zu Beginn des 20. Jahrhunderts den internationalen Postverkehr sicherten und deren Geldwert an die Währung des jeweiligen Landes geknüpft war. In einem Moment geistigen Schöpfertums verknoten sich einzelne Aussagenfragmente zu einer Idee, welche schließlich zur Maske seines Betrugssystems mutiert:

> Et là en une seconde quelque chose se met en place.
> LE BANQUIER DE MASELLIS: Il y a moyen de spéculer sur la chute de certaines monnaies européennes.
> Se rassemble.
> ROSE: Tu les aimes plus que moi tes timbres.
> Dans la tête.

---

42 Lescot: *Le Système de Ponzi*, S. 45.

43 Vgl. Burgdorf, Anna: „Virtualität und Fiktionalität – Überlegungen zur Finanzwelt als ‚Vorstellungsraum'". In: Künzel, Christine / Hempel, Dirk (Hrsg.): *Finanzen und Fiktionen. Grenzgänge zwischen Literatur und Wirtschaft*. Campus: Frankfurt/Main 2011, S. 107–117. Sie bezieht sich dabei auf Walton, Kendall L.: *Mimesis as Make-Believe. On the Foundation of the Representational Arts*. Harvard University Press: Cambridge 1990.

44 Maillard 2010, S. 131.

Ponzi: Je tiens ça de mon père, postier parmesan.
On ne sait pas comment ça vient, les idées, les pensées.
Charles Morse: Et dans ce pays, si tu es riche, ou si tu l'as été, et qu'on pense que tu pourrais le redevenir,
Mais ce qui est sûr c'est que ça vient instantanément, en une seconde.
Charles Morse: Eh bien tu bénéficies d'un statut tout à fait privilégié.
Le temps des idées, c'est un temps court, un temps rapide.[45]

Die Idee der Investition in diese internationalen Antwortscheine, welche aufgrund der nach dem Ersten Weltkrieg geschwächten europäischen Währungen gegenüber dem starken amerikanischen Dollar eine große Gewinnmarge versprechen, trägt in sich jedoch den Keim des Kollapses. Dies wird durch die sich an eine Diskussion über das Prinzip der Antwortscheine anschließende Frage des Chores signalisiert, die von Ponzi faktisch unbeantwortet bleibt: „Et comment faire pour échanger les coupons contre du cash? Ponzi: Ça c'est mon business.“[46] Ohne eine praktische Lösung für dieses Problem zu finden, bringt er seine Geschäftsidee in Umlauf, die sich insbesondere unter Kleininvestoren wie ein Lauffeuer verbreitet. Obgleich in der fehlenden Antwort auf die Frage, wie die Antwortscheine in Bargeld umgetauscht werden, der Moment der Krise begründet liegt, werden sie zugleich zum performativen Motor seiner Geschäftsidee beim Anwerben von Anlegern. Das Überzeugungsspiel mit dem Kunden zeigt sich dabei in einer simultan dialogisch und monologisch gestalteten Rede:

Ponzi *(à un quidam)*. Comment? Ça c'est mon business. Si je dis comment je n'ai plus qu'à fermer boutique (laisse-le venir laisse-le venir). Du coup ça me permet de garantir des taux d'intérêt de 50 %. En quatre-vingt-dix jours (ne lui propose pas d'entrer dedans laisse-lui te demander). Et encore je dis quatre-vingt-dix jours mais pour vous ce sera quarante-cinq jours (si tu ne lui propose pas c'est lui qui va te demander).[47]

Neben dem sprachlichen Überzeugungsspiel setzt er auch eine Imagekampagne in Gang, die ihn als Wohltäter und Spender inszeniert. Mit Ponzis Gründung der *Securities Exchange Company* beginnt sein Aufstieg, den Lescot in einer Sequenz mit dem Titel „Calendrier du Cash“[48] von

45 Lescot: *Le Système de Ponzi*, S. 52.
46 Ebd., S. 54.
47 Ebd., S. 58.
48 Ebd., S. 59.

Januar bis Juli 1920 als kontinuierlichen Zuwachs von Anlegern, Kapitaleinlagen, Reichtum und vor allem Popularität dokumentiert. Ponzi wird von der Bevölkerung als Held und als Verkörperung des amerikanischen Mythos des sozialen Aufstiegs gefeiert, wie durch das stete Skandieren seines Namens und die Einforderungen „Pon-zi maire de Boston! Ponzi gou-verneur!“[49] zum Ausdruck gebracht wird. Zwar hat er nicht die amerikanische Nationalität, aber die amerikanische Popularität, so seine Argumentation.[50]

Seine Strategie des *Make-Believe* basiert auf einer Steigerung seiner Glaubwürdigkeit, durch welche er die Akquisition neuer Kunden sichert, um seine Pyramide im Gleichgewicht zu halten. Wie Lescot selbst betont, gelingt ihm die Vermarktung eines Tricks, wodurch in der Gesellschaft eine irrationale Bereitschaft aktiviert werde, sich betrügen zu lassen.[51] Denn das Versprechen von 50 % Zinsen widerspricht jeglichen Gesetzen des Möglichen. Ponzis sozialer und finanzieller Aufstieg schließt seinen Fall aber immer schon mit ein. Das Zerplatzen der fiktiven Blase wird durch Vorzeichen angekündigt, welche symbolisch ein Magengeschwür beim Protagonisten auslösen, wie zum Beispiel das Antwortschreiben der Post, dass die Coupons nicht gegen Bargeld eingelöst werden können und auch nicht als Spekulationsmedium verwendet werden dürfen,[52] das Einstellen der Antwortschreiben durch die italienische, französische und rumänische Post im April 1920,[53] und schließlich eine Kontrolle durch die Post im Juni 1920.[54] In den Regieanweisungen findet sich an den entsprechenden Textstellen in unterschiedlichen Varianten der Hinweis: „*Ponzi est victime d'une crise d'ulcère et se tord de douleur, essayant d'attraper une bouteille de lait.*“[55] Es handelt sich um Ereignisse, welche die Fiktionalität und Inkonsistenz seines Anlagesystems aufzudecken drohen, das von der narrativ erzeugten

49 Ebd., S. 82.
50 Vgl. ebd.
51 Vgl. Schirrmeister, Benno: „Dieses irrationale Fieber. Interview mit David Lescot“. *TAZ*, 31.10.2012, o.S., retrieved 6.8.2019, from https://taz.de/!545918/.
52 Vgl. Lescot: *Le Système de Ponzi*, S. 65.
53 Vgl. ebd., S. 68.
54 Vgl. ebd., S. 75.
55 Ebd., S. 65, Kursivierung im Original.

Illusion eines Ankaufs und Umtauschs von Antwortscheinen gegen Bargeld getragen wird. Die Dynamik des ständigen finanziellen Zugewinns, der im progressiven Zulauf von Kunden und in der Akkumulation eines Gewinns von wöchentlich einer Million Dollar im Juli 1920 illustriert wird, wird von einer gegenläufigen Dynamik des kapitalen Zusammenbruchs unterspült. Dieser kündigt sich nicht nur durch das faktische Ende des postalischen Coupon-Systems, sondern auch auf der medial-performativen Ebene an. Denn durch die Klage des irischen Möbelverkäufers Daniels wird eine negative Presse ausgelöst, die schließlich das Interesse der Regierung auf Ponzi lenkt und eine Finanzkontrolle seiner Geschäfte bewirkt.[56]

Wie stark die performative Dimension seines Betrugsschemas ist, zeigt sich in Ponzis Reaktion auf die Kontrollmaßnahme. Denn in diesem Moment beginnt für ihn vor allem ein Kampf gegen einen Image- und Vertrauensverlust, wodurch er versucht, den Wegfall von Kunden und den nahenden Zusammenbruch seines Betrugssystems zu retardieren. Zu Beginn glaubt Ponzi noch daran, die Negativschlagzeilen zu seinen eigenen Gunsten ausnutzen zu können, in dem er die Bevölkerung vom Gegenteil überzeugt: „On tient parole, Lucy Meli, on leur rend. Ils vont revenir, et ils vont ramener du monde. On ne crée pas l'envie, on fait mieux: on dissipe la peur. C'est le sommet de la publicité gratuite.“[57] In derselben Logik bezahlt er auch einen Journalisten bei der *Boston Post* für seine positiven Artikel, sammelt durch wohltätige Spenden Sympathien und engagiert den persönlichen Barden James Francis Morelli, der das Vertrauen der Kunden stabilisieren soll, wie der Auftakt seines Liedes verdeutlicht:

> *Patience Confiance dans l'azur surchauffé*
> *Les notes de Charles Ponzi sont plus fiables que les billets verts*
> *[...] Les autorités jalouses*
> *L'ont forcé à mettre ses terres grasses en jachère*
> *[...] Et quand la vérité sera faite*
> *Un nouveau printemps pécuniaire*
> *Fera refleurir les billets*
> *Dans les poches des heureux Bostoniens.*[58]

---

56 Vgl. ebd., S. 76–81.
57 Ebd., S. 76.
58 Ebd., S. 89f., Kursivierung im Original.

All diese Maßnahmen im Wettlauf gegen die Aufdeckung der Betrugsmaske können den Zusammenbruch seines Systems jedoch nicht aufhalten. Dieser manifestiert sich im faktischen Ergebnis der Finanzkontrolle, welche einer Enthüllung seiner Performanz gleichkommt: „Charles Ponzi est dans le rouge d'au moins deux millions de dollars. Et il n'a jamais acheté un seul coupon-réponse à l'étranger."[59] Denn wie Lescot konkretisiert: „L'escroc, finalement, est avant tout un acteur. Il ne vit que parce qu'on croit à sa performance."[60]

4. Fazit

In *Le Système de Ponzi* inszeniert Lescot vor allem die Fiktionalität von Ponzis Betrugsschema, in dem sich sein „potentiel prémonitoire"[61] zeigt und das in seiner Instabilität auf aktuelle Börsenspekulationen vorausweist. Programmatisch erscheint dahingehend Ponzis während seines Prozesses 1922 formulierte Verteidigung: „Une promesse de profit n'est pas un crime. Les circonstances changent et brisent les conditions de la promesse."[62] Diese Formel führt prägnant die „temporale Verwerfung einer Geld-jetzt-für-Geld-später-Korrelation"[63] vor Augen. Wie Vogl mit Bezug auf Minskys Theorie erläutert, werden „Investitionsentscheidungen [...] stets unter der *Bedingung von Unsicherheit* getroffen."[64] Mit den dramatischen Mitteln der Parabel schafft Lescot eine Analogie zwischen der Kreation des Ponzi-Schemas in den zwanziger Jahren und den aktuellen Mechanismen der spekulativen Blasenbildung, wie sie die *Subprime*-Krise 2007 prägten. Dabei zeigt er auf, inwieweit die Ethik des Finanzwesens sich in den Werten der Gesellschaft spiegelt. So liest sich Ponzis Genese zum Betrüger als Zusammenwachsen der Figur mit einem finanzkapitalistischen

59 Ebd., S. 91.

60 Chavagneux 2012, S. 78.

61 Ebd., S. 74.

62 Lescot: *Le Système de Ponzi*, S. 97.

63 Vogl, Joseph: „Vorbemerkung". In: Minsky, Hyman P.: *Instabilität und Kapitalismus*, hrsg. und mit einer Vorbemerkung von Joseph Vogl, aus dem Englischen von Michaela Grabinger und Florian Oppermann. Diaphanes: Zürich 2011, S. 7–21, hier S. 9.

64 Ebd., Kursivierung im Original.

System, das im Erlernen einer spezifischen Finanzrhetorik kulminiert. Diese bildet auch die Grundlage einer geschickten Dissimulationsstrategie zur Aufrechterhaltung seiner Fiktion, in welcher jedoch das Moment der Krise strukturell angelegt ist. Indem Lescot den Finanzbetrug als mediale Performanz erfahrbar macht, zeigt er auch die theatralen Dynamiken des finanziellen Kollapses auf.

Literaturverzeichnis

Artus, Patrick: „Les excès de la Ponzi Finance". *Les Échos*, 14.9.2007, o.S., retrieved 3.7.2016, from http://m.lesechos.fr/redirect_article.php?id=20004-528-ECH&fw=1#.

Burgdorf, Anna: „Virtualität und Fiktionalität – Überlegungen zur Finanzwelt als ‚Vorstellungsraum' ". In: Künzel, Christine / Hempel, Dirk (Hrsg.): *Finanzen und Fiktionen. Grenzgänge zwischen Literatur und Wirtschaft*. Campus: Frankfurt/Main 2011, S. 107–117.

Calvino, Italo: *Lezioni americane: sei proposte per il prossimo millenio*. Mondadori: Milano 1993.

Chavagneux, Christian et al.: „La finance sur les planches. Table ronde". *Esprit* 385, 2012, S. 72–81.

Chavagneux, Christian: *Une brève histoire des crises financières. Des tulipes aux subprimes*. La Découverte: Paris 2013.

Gassert, Philipp et al.: *Kleine Geschichte der USA*. Reclam: Stuttgart 2008.

Künzel, Christine: „Finanzen und Fiktionen. Eine Einleitung". In: Künzel, Christine / Hempel, Dirk (Hrsg.): *Finanzen und Fiktionen. Grenzgänge zwischen Literatur und Wirtschaft*. Campus: Frankfurt/Main 2011, S. 9–24.

Lescot, David: „Bertolt Brecht (1898–1956)". In: Ryngaert, Jean-Pierre et al. (Hrsg.): *Nouveaux territoires du dialogue*. Actes Sud: Arles 2005, S. 81–86.

Lescot, David: „‚Un détour, quitte à s'égarer'. Entretien avec Olivier Neveux". In: Callies, Gregoire (Hrsg.): *Le réel à l'épreuve des arts*. L'Harmattan: Paris 2008, S. 47–60.

Lescot, David: *Le Système de Ponzi*. Actes Sud: Arles 2012.

Maillard, Jean de: *L'Arnaque. La finance au-dessus des lois et des règles*. Gallimard: Paris 2010.

Minsky, Hyman P.: *Instabilität und Kapitalismus*, hrsg. und mit einer Vorbemerkung von Joseph Vogl, aus dem Englischen von Michaela Grabinger und Florian Oppermann. Diaphanes: Zürich 2011.

Nolen, Jeannette L.: „Ponzi scheme". *Encyclopædia Britannica. Britannica Academic*, o.S., retrieved 27.6.2016, from http://academic.eb.com/EBchecked/topic/1568561/Ponzi-scheme.

Pichler, Doris: „The Inter- and Transdisciplinary Potential of Literary Studies: *Law, Economics & Literature* – Reflections on a Possible Liaison". In: Knaller, Susanne / Pichler, Doris (Hrsg.): *Literaturwissenschaft heute. Gegenstand, Positionen, Relevanz*. V&R unipress: Göttingen 2013, S. 215–238.

Poirson, Martial: „La crise du change dans le théâtre contemporain: affabulations théâtrales et allégorisation de l'économie". In: Sciotte, Geneviève et al. (Hrsg.): *Fiction et économie. Représentations de l'économie dans la littérature et les arts du spectacle, XIXe-XXIe siècles*. Presses de l'Université de Laval: Montréal 2013, S. 183–217.

Poirson, Martial: „Théâtres européens de crise (2008–2011): faire voir et entendre le néolibéralisme autrement". *Revue suisse des littératures romanes* 58, 2011, S. 105–127.

Sarrazac, Jean-Pierre: *L'Avenir du drame. Écritures dramatiques contemporaines*. Circé: Belfort 1999.

Sarrazac, Jean-Pierre: *La Parabole ou l'enfance du théâtre*. Circé: Belfort 2002.

Schirrmeister, Benno: „Dieses irrationale Fieber. Interview mit David Lescot". *TAZ*, 31.10.2012, o.S., retrieved 6.8.2019, from https://taz.de/!545918/.

Urbani, Nadja: *Medienkonkurrenzen um 2000. Affekte, Finanzkrisen und Geschlechtermythen in Roman, Film und Theater*. Transcript: Bielefeld 2015.

Vogl, Joseph: *Das Gespenst des Kapitals*. Diaphanes: Zürich 2010/2012.

Vogl, Joseph: „Vorbemerkung". In: Minsky, Hyman P.: *Instabilität und Kapitalismus*, hrsg. und mit einer Vorbemerkung von Joseph Vogl, aus dem Englischen von Michaela Grabinger und Florian Oppermann. Diaphanes: Zürich 2011, S. 7–21.

Walton, Kendall L.: *Mimesis as Make-Believe. On the Foundation of the Representational Arts*. Harvard University Press: Cambridge 1990.

Zuckoff, Mitchell: *Ponzi's Scheme. The True Story of a Financial Legend*. Random House: New York 2006.

Elena Görtz

Literarische Krisen-Modellierungen – Der zeitgenössische historische Roman als überzeitliches politisches Mittel: *Q* von Luther Blissett/Wu Ming[1]

Abstract: According to the Luther Blissett Project (later Wu Ming), the historical novel as literary genre is an instrument to present serious irregularities or crises in our society. This article draws on Luther Blissett's novel *Q* to exemplify their methodology. *Q* displays numerous parallels to our reality; back references that are used purposefully and appeal to political indifference, our age's decline in value and the non-binding character of postmodern literature. *Q* is part of the *New Italian Epic* (*NIE*), Wu Ming's attempt to list the characteristics of Italian literature since 1993. Understanding their work as collaborative, Wu Ming want to give it back to the collective and publish all their writings as free downloads on their website – a publishing and distributing method they refer to as copyleft. Since the group is to be understood as a collective body, they use the joint pseudonym Luther Blissett, and later Wu Ming, Mandarin for either 'nameless' or 'five names'. The group members vary, but their purpose remains the same: building awareness as communication guerrillas.

Keywords: *New Italian Epic (NIE)*, historic novel, copyleft, Luther Blissett Project, Wu Ming, *Q*

„Molte soggettività delle colonne italiane del Luther Blissett Project hanno deciso di iniziare il millennio con un *seppuku,* un suicidio rituale."[2] Mit

1 Der vorliegende Aufsatz ist zu einem Zeitpunkt entstanden, als der Buchstabe/Titel ‚Q' noch keine Verbindung zu heute bekannten Verschwörungstheorien evozierte. Als Autorin dieses literaturwissenschaftlichen Beitrags distanziere ich mich dennoch mit Nachdruck von sämtlichen politischen Verschwörungstheorien. Außerdem verweise ich auf die Stellungnahme zum Roman von Wu Ming 1, der im März 2021 erscheinen soll; retrieved 1.2.21, from https://www.wumingfoundation.com/giap/2020/12/la-q-di-qomplotto/.

2 Luther Blissett: „Totò, Peppino e la guerra psichica". (Release 2.0). Prefazione a ripubblicazione di TP&LGP, 2000, retrieved 2.9.2020, from http://www.lutherblissett.net/archive/478_it.html.

dieser Ankündigung im Jahr 1999 geht eine Periode von fünf Jahren für die Bologneser Autoren Roberto Bui, Giovanni Cattabriga, Luca Di Meo und Federico Guglielmi[3] zu Ende, die sich des offenen Pseudonyms Luther Blissett bedienten. Solch ein Pseudonym kann sich jeder aneignen und mit einer beliebigen Biographie füllen.[4] Nicht nur in Italien, sondern auch in England und Deutschland nutzen Künstler und Aktivisten seit 1994 diesen multiplen Namen,[5] um ihre Aktivitäten zu anonymisieren. Der tiefere Sinn eines multiplen Namens besteht allerdings nicht nur in der Anonymisierung des Individuums, sondern auch in der Aufhebung der Individualität, die Grenze zwischen dem Einen und der Gruppe ist aufgehoben. Es ist ein Werkzeug der Kommunikationsguerilla,[6] der die vier Bologneser als Luther Blissett angehören.

Im Rahmen des Luther Blissett Project übt die Gruppe aus Bologna durch unterschiedliche Aktionen Kritik an der italienischen Medienlandschaft und somit auch am politischen System der Zeit, welche durch die Person des Silvio Berlusconi in einer Figur vereint sind.[7] Eine erste Performance, an der die späteren Mitglieder der Gruppe als bestellte Schaulustige

---

3 Vgl. Luther Blissett: „Che cos'è la Wu Ming Foundation", Giap, 2018, retrieved 2.9.2020, from http://www.wumingfoundation.com/italiano/biografia.htm.

4 Laut dem italienischen Kollektiv war Luther Blissett ursprünglich ein englischer Fußballspieler mit jamaikanischen Wurzeln, der in den 1970er und 80er Jahren unter anderem für den AC Mailand spielte. Vgl. Pagani, Malcom: „Luther Blissett". *L'Unità*, 2018, retrieved 2.9.2020, from http://www.wumingfoundation.com/italiano/Giap/giap5_IXa.htm#intervista_blissett; Longhi, Lorenzo: „Chi è Luther Blissett? In principio era il calciatore", *Treccani*, 2015, retrieved 2.9.2020, from http://www.treccani.it/magazine/atlante/societa/Chi_e_Luther_Blissett_In_principio_era_il_calciatore.html.; Players index: „Luther Blissett". *England Football Online*, 2013, retrieved 2.9.2020, from http://www.englandfootballonline.com/TeamPlyrsBios/PlayersB/BioBlissettLL.html.

5 Vgl. autonome a.f.r.i.k.a. gruppe et al.: *Handbuch der Kommunikationsguerilla. Wenn möglich, bitte wenden!* Assoziation A: Berlin/Hamburg [5]2011, S. 38.

6 Sie selbst nennen es ‚guerriglia mediatica' und bezeichnen es nur als Teil der Kommunikationsguerilla; vgl. Luther Blissett: „Totò, Peppino e la guerra psichica", o.S.

7 Vgl. Brütting, Richard (Hrsg.): *Italien-Lexikon. Schlüsselbegriffe zu Geschichte, Gesellschaft, Wirtschaft, Politik, Justiz, Gesundheitswesen, Verkehr, Presse, Rundfunk, Kultur und Bildungseinrichtungen*. Schmidt: Berlin 1997, S. 123 (Artikel „Berlusconi, Silvio").

teilnahmen, ist die Ausweidung von Paccosi.[8] Hierbei handelte es sich um die Aktion eines Schauspielers namens Riccardo Paccosi, welcher der Theatergruppe Pneumatica[9] angehört. Mitten in Bolognas Altstadt und am helllichten Tag gab er vor, zu krampfen und zusammenzubrechen, und als er auf dem Boden lag, rutschte ein Rinderdarm unter seinem Hemd hervor. Anprangern wollte er damit die Ausweidung des Einzelnen durch den Kapitalismus. Dem vorangegangen waren wohlplatzierte Falschmeldungen in Form von empörten Leserbriefen an die Presse, in denen Vorfälle beklagt wurden, die das Auffinden von tierischen Innereien im Stadtgebiet betrafen. Diese Berichte rissen auch nach der Performance nicht ab, so dass Leserbriefe in *La Repubblica* und im *Resto del Carlino* abgedruckt wurden. Für das Phänomen wurde von den Medien sogar ein Begriff geprägt: *Orrorismo*.[10]

Durch diese „prova generale“[11] des medialen Systems ist es Luther Blissett möglich, dort eine erste Krise zu verorten. Die Schwächen der Medienlandschaft zeigen sich deutlich und ebendiese werden Luther Blissett in den kommenden Jahren für sich nutzen, indem sie die Kommunikationswerkzeuge der Massenmedien identifizieren und gegen sie verwenden. Dahinter steht die Überzeugung, dass man ein System nur aus dem Inneren heraus bekämpfen kann.[12] Als erste Aktion des Luther Blissett Project gilt die Suche nach Harry Kipper,[13] einem britischen Performance-Künstler, der bei dem Versuch, italienische Städte mit dem Fahrrad abzufahren, um mit den gedachten Verbindungslinien das Wort ‚ART‘ entstehen zu lassen, verschwand. Seine besorgten Freunde, die durch einen Aufruf in

---

8 Vgl. Muchetti, Luca: *Storytelling. L'informazione secondo Luther Blissett*. Arcipelago: Mailand 2013, S. 202.

9 Vgl. Paccosi, Riccardo: „Amorevole Compagnia Pneumatica“, 2020, retrieved 2.9.2020, from http://www.amorevolecompagniapneumatica.it/.

10 Vgl. Luther Blissett: „Totò, Peppino e la guerra psichica“, o.S.

11 Vgl. „Prova generale di sistema: quello che puoi fare con qualche francobollo e un passaggio in macelleria.“ (Luther Blissett: „Totò, Peppino e la guerra psichica“, o.S.).

12 Vgl. „Da sempre l'obiettivo di Blissett è di entrare nel *mainstream* come cavallo di Troia e aprire le porte a molteplici esperienze.“ (Luther Blisset: „Totò, Peppino e la guerra psichica“, o.S.).

13 Harry Kipper ist ebenfalls ein multipler Name, der dem Neoismus entspringt (vgl. autonome a.f.r.i.k.a. gruppe et al. 2011, S. 39).

einem lokalen Radiosender in Bologna die Medienmaschinerie ins Rollen brachten, waren Teil des Luther Blissett Project. Sie agierten zwischen den Städten Bologna, Udine und London und woben das Netz der Falschmeldungen durch real existierende Zeugen so dicht, dass sich zuletzt sogar die Sendung *Chi l'ha visto?*[14] einschaltete. Ein Anruf bei der britischen Botschaft verhinderte zwar in letzter Minute die Ausstrahlung der aufwendig recherchierten Sendung,[15] aber dennoch lässt sich der Erfolg für Luther Blissett nicht von der Hand weisen, ihre Medienguerillataktik ist aufgegangen.[16] Weitere derartige Aktionen folgten,[17] bevor 1999 das Pseudonym in der Aktivistenszene kollektiv begraben wurde.

Von Luther Blissett zu Wu Ming

Die vier Bologneser begehen dabei als Luther Blissett symbolisch *Seppuku*, den ritualisierten Suizid der Samurai, und im Jahr 2000 entsteht, zusammen mit Riccardo Pedrini, Wu Ming. Je nach Betonung der ersten Silbe hat der mandarin-chinesische Begriff entweder die Bedeutung ‚ohne Namen' (wú míng) oder ‚fünf Namen' (wŭ míng). Entsprechend nummerieren die Mitglieder der Gruppe in alphabetischer Reihenfolge ihre Klarnamen von Wu Ming 1 bis 5 durch und bleiben so gleichzeitig namenlos.[18] Neben dem neuen Pseudonym benutzt die Gruppe die entsprechenden chinesischen Schriftzeichen als Logo. Sie bleiben aber auch gesichtslos, wie der Schriftzug „this revolution is faceless", der gleichzeitig als Motto zu verstehen ist, zeigt. Er erscheint zunächst über dem Foto von fünf Männern,

---

14 Vergleichbar mit der ZDF-Fernsehsendung *Aktenzeichen XY… ungelöst.*

15 Vgl. Luther Blisset: „Totò, Peppino e la guerra psichica", o.S.

16 Vgl. ebd.: „L'azione di guerriglia mediatica deve sempre trovare spunti nella realtà, nell'accaduto; lo spaccio di notizie false, la truffa mediatica, non può basarsi solo sulla fantasia: occorre modificare la realtà, ovvero *in-formarla,* ma senza che il cacciatore di notizie possa accorgersene. Questi non deve poter distinguere tra realtà e fabulazione, occorre fargli credere di avere il controllo assoluto sul materiale a disposizione. Occorre insomma sfruttare la sua stessa presunzione professionale."

17 Vgl. ebd. und Muchetti 2013, S. 123–129.

18 Wu Ming 1 = Roberto Bui, Wu Ming 2 = Giovanni Cattabriga, Wu Ming 3 = Luca Di Meo, Wu Ming 4 = Federico Guglielmi, Wu Ming 5 = Riccardo Pedrini.

deren Gesichter ausgeschnitten sind.[19] Nachdem 2008 Luca Di Meo (Wu Ming 3) die Gruppe verlässt, verändern sie das Bild zu einer Fotomontage einer vierköpfigen Band, deren Mitglieder alle dasselbe Gesicht haben.[20] Seit dem Jahr 2015 sind sie nur noch zu dritt, Riccardo Pedrini (Wu Ming 5) ist ebenfalls nicht mehr Teil der Gruppe. Das nun verwendete Porträt ist eine Zeichnung aus einer *graphic reportage*, auf der drei Männer mit Scaramouche-Masken zu sehen sind.[21] Ihre Kleidung zeigt eine linkspolitische Ausrichtung, so steht der Anarchist neben dem Skin und daneben reckt der Maoist die Faust in die Luft. In allen Fällen bleibt stets die Identität der Mitglieder verborgen, es kann also kein Starkult um einen bestimmten Autor und dessen Foto entstehen, was die Texte wieder in den Vordergrund rückt.[22]

Dieses Abrücken von der Bedeutung des Autors bzw. das Hervorheben der jeweiligen Werke bei deren literarischer Einordnung ist ein zentraler Aspekt ihres Memorandums zur zeitgenössischen ‚Italienischen Epik' nach 1993 mit dem Titel *New Italian Epic*. Ursprünglich wurden die Überlegungen von Wu Ming 1 (Roberto Bui) im Rahmen eines Workshops an der McGill Universität in Montreal entwickelt, welcher dort im März 2008 stattfand und auf dem der Begriff *New Italian Epic* (*NIE*) geprägt wurde.[23] Im April 2008 erschien dann, nach Rücksprache mit den restlichen Mitgliedern von Wu Ming, eine erste Onlineversion des Memorandums; im

---

19 Vgl. das offizielle Logo der Gruppe Wu Ming von 2001 bis 2008: https://de.wikipedia.org/wiki/Wu_Ming#/media/Datei:Photo_wuming.jpg (retrieved 2.9.2020).

20 Vgl. die Fotomontage nach dem Ausscheiden von Wu Ming 3 im Jahr 2008: http://www.wumingfoundation.com/images/wu-ming-official-portrait.jpg (retrieved 2.9.2020).

21 Vgl. die Porträtzeichnung nach dem Ausscheiden von Wu Ming 5 im Jahr 2015: http://www.wumingfoundation.com/images/WM_Power_Trio.png (retrieved 2.9.2020).

22 Zum Thema Starkult ist bereits mehrfach angemerkt worden, dass durch die Verwendung eines Logos und eines Slogans eine gewisse Markenähnlichkeit vorliegt (vgl. dazu Muchetti 2013). Jedoch wäre zu bedenken, dass dies auch als Taktik verstanden werden kann, abermals die Waffen des Feindes gegen ihn zu richten.

23 Vgl. Wu Ming: *New Italian Epic. Letteratura, sguardo oblique, ritorno al futuro*. Einaudi: Turin 2009, S. 10.

September desselben Jahres dann eine um ein Vorwort und eine Postille erweiterte Version und 2009 schließlich die dritte Version als Druckausgabe bei Einaudi mit dem vollständigen Titel *New Italian Epic 3.0, Memorandum 1993–2008.*[24]

New Italian Epic

Im Vorwort der Druckausgabe heißt es, dass das Konzept des *New Italian Epic* als vorläufiger Versuch einer theoretischen Zusammenfassung von Merkmalen verstanden werden will, die in der italienischen Literatur seit 1993 erkennbar sind und deren Entwicklung noch nicht abgeschlossen ist.[25] Das Jahr 1993 bringt mit dem Ende der *prima repubblica* einen historischen Einschnitt auf nationaler Ebene,[26] der sich auch auf Literaturschaffende auswirkt.[27] Wu Ming beschreiben es als einen Atmosphärenwechsel, der durch die Vorkommnisse des G8-Gipfels in Genua im Juli 2001 und die Ereignisse des 11. Septembers 2001 noch verstärkt wird, welche wiederum einen ‚doppio momento-chiave' darstellen.[28] Für Wu Ming stellen diese Daten Wendepunkte in der Wahrnehmung der Beziehung zwischen Literatur und Gesellschaft dar.[29] Darüber hinaus markiert die Tragödie des 11. Septembers für die Gruppe das Ende der Postmoderne und damit einen weiteren Krisenpunkt:

> Nulla di nuovo poteva piú [*sic*] darsi sotto il cielo,[30] e in molti si convinsero che l'unica cosa da fare era scaldarsi al sole tiepido del già-creato. Di conseguenza: orgia di citazioni, strizzare l'occhio, parodie, *pastiches*, remake, revival

---

24 Vgl. dazu auch Schaefer, Christina: „Wu Ming, New Italian Epic und der Entwurf eines neuen Italien". In: Föcking Marc / Schwarze, Michael (Hrsg.): *Una gente di lingua, di memorie e di cor. Italienische Literatur und schwierige nationale Einheit von Machiavelli bis Wu Ming*. Winter: Heidelberg 2015, S. 187–204, hier S. 191.

25 Vgl. Wu Ming: *New Italian Epic*, S. VII und S. 13.

26 Vgl. ebd., S. 79.

27 Vgl. ebd., S. 80.

28 Ebd., S. VIII.

29 Vgl. ebd., S. VIII.

30 Vgl. Koh 1,9, *Die Heilige Schrift* (Einheitsübersetzung), hrsg. von Deutscher Bibelgesellschaft. Patmos: Stuttgart 1984: „Was geschehen ist, wird wieder geschehen, / was man getan hat, wird man wieder tun: / Es gibt nichts Neues unter der Sonne."

ironici, trash, distacco, postmodernismi da quattro soldi. L'11 settembre polverizzò tutte le statuette di vetro.[31]

Die Abgrenzung von dieser Strömung ist ein Hauptmerkmal der Werke, die unter *New Italian Epic* einzuordnen sind. Wu Ming fasst dies als Aufforderung: „Don't keep it cool-and-dry".[32] Damit ist gemeint, dass es vor allem um eine Vermeidung von destruktiver Ironie,[33] abgenutzten Topoi und leeren Klischees geht.[34] Es soll wieder eine „*etica* del narrare" entstehen, die eine neuerliche „*fiducia nella parola*"[35] ermöglicht. Inhaltlich ist es demnach wichtig, sich auf das zu konzentrieren, was als „giusto e serio"[36] erscheint, wobei der Aspekt des Humors dabei nicht ausgeklammert werden soll:

> Le opere del New Italian Epic non mancano di *humour* [...]. In queste narrazioni c'è un calore, o comunque una presa di posizione e assunzione di responsabilità, che le traghetta oltre la *playfulness* obbligatoria del passato recente [...] come unica linea di condotta.[37]

Auch das Attribut *Epic* ist nicht nur in Bezug auf die Gattungszugehörigkeit der Werke zu verstehen, sondern vor allem in Bezug auf inhaltliche Aspekte wie „imprese storiche o mitiche, eroiche o comunque avventurose".[38] So ergibt sich eine Häufung historischer Romane, die der *New Italian Epic* zuzuordnen sind und für die sich Italien als Entstehungsort besonders eignet, weil Italien ein „paese ricco di storia e storie"[39] ist. Darüber hinaus gibt es aber auch sogenannte „oggetti narrativi non-identificati"[40] oder kurz UNO (= unidentified narrative objects). Diese bezeichnen Texte ohne klare Abgrenzung einzelner narrativer Formen, welche sich einer literaturwissenschaftlichen Zuordnung entziehen. Wu Ming meint, in den traditionellen Definitionen eine gewisse Nutzlosigkeit zu erkennen.[41] Es handele

31 Wu Ming: *New Italian Epic*, S. 7.
32 Ebd., S. 22.
33 Vgl. ebd., S. 23.
34 Vgl. ebd., S. 24.
35 Beide vorangehenden Zitate: ebd., Kursivierung im Original.
36 Ebd., S. 23, Kursivierung im Original.
37 Ebd., Kursivierung im Original.
38 Ebd., S. 14, Kursivierung im Original.
39 Ebd., S. 16.
40 Ebd., S. 41.
41 Vgl. ebd., S. 42.

sich bei diesen Mischformen nicht um „operazioni narratologiche“, sondern um „tentativi di raccontare storie nel modo che si ritiene più giusto“.[42] Bekanntestes Beispiel eines solchen UNO ist *Gomorra* von Roberto Saviano, welches sich zwischen journalistischem Bericht und literarischem Ausdruck bewegt.[43]

Ein weiteres Merkmal der *New Italian Epic* ist der „sguardo obliquo“,[44] also eine ungewöhnliche Erzählperspektive, wie beispielsweise die aus der Sicht eines Fernsehers oder einer Bar.[45] Andere Besonderheiten betreffen die Verwendung von Sprache, indem Wörter ausgelassen werden, ein bestimmtes Wort überstrapaziert wird oder aber rhetorische Figuren Anwendung finden, die anders verstanden werden als üblich.[46] Der Leser wird mit einer „complessità narrativa“ konfrontiert, die jedoch nicht auf Kosten der ‚leggibilità‘ geht:[47] „Il lettore deve avere l'impressione che in ogni istante molte cose possono accadere, dimenticare che ‚la fine è nota‘ o comunque vedere il *continuum* con nuovi occhi.“[48] Die geistige Leistung, welche die Lektüre erfordert, führt beim Leser somit vielmehr zu einem kathartischen Erlebnis.[49]

Der prägnanteste Aspekt der Texte der *New Italian Epic* ist ihre Transmedialität,[50] sei es eine, die ohne Einfluss des Autors entsteht, oder eine, die bewusst vom Autor mitkonzipiert wird. Bei den Werken von Wu Ming finden sich beide Formen der Transmedialität. So heben sie selbst den Roman *Manituana* als ein transmediales Projekt hervor, indem sie in ihrer *NIE* auf eine Internetseite verweisen, in die sich sowohl Wu Ming als auch

42 Beide vorangehenden Zitate: ebd.
43 Vgl. ebd., S. 92.
44 Ebd., S. 26.
45 Vgl. ebd., S. 28. Hier wird beispielhaft auf den Roman *54* von Wu Ming hingewiesen.
46 Vgl. ebd., S. 37f./40.
47 Vgl. ebd., S. 33.
48 Ebd., S. 35, Kursivierung im Original.
49 Vgl. ebd., S. 33.
50 Der Begriff geht auf den Medienwissenschaftler Henry Jenkins zurück. Wu Ming verweisen in einer Fußnote direkt auf ihn und sein Werk (vgl. Jenkins, Henry: *Convergence Culture: Where Old and New Media Collide*. New York University Press: New York 2006; vgl. auch Wu Ming 2009, S. 44–46).

ihre Leser mit narrativen Beiträgen einbringen können.[51] Aber auch das Luther Blissett Project hat schon transmedial gearbeitet, wenngleich nicht so konzeptuell, wie es nun Wu Ming tun.[52]

> Al giro di boa nel secolo eravamo reduci dal Luther Blissett Project. L'Lbp era quanto di piú [*sic*] transmediale si potesse immaginare, ma lo era in maniera caotica, ‚rizomatica' e non organizzata. Il passaggio da un medium all'altro poteva avvenire in qualunque punto e in qualunque momento, e le pratiche testuali erano vissute come intercambiabili: una trasmissione radiofonica valeva una performance di strada, una beffa mediatica valeva un libro. La stesura di *Q* (1995–98) era certo di grande importanza strategica, ma la forma-romanzo era vista come una delle tante forme utilizzate da Blissett. Una volta sciolto l'Lbp e fondato il collettivo Wu Ming, ci ponemmo il problema di come continuare a essere transmediali, ma stavolta partendo dallo specifico della scrittura, della letteratura, del raccontare storie. L'attività di scrittori e la forma-romanzo dovevano essere al centro del progetto.[53]

Der historische Roman *Q*

Stellvertretend für die Subgattung des historischen Romans soll hier nun *Q*[54] betrachtet werden, der noch unter dem Pseudonym Luther Blissett verfasst worden ist. Nicht nur *Q*, auch alle weiteren literarischen Erzeugnisse der Gruppe Wu Ming, werden von ihnen selbst aus unterschiedlichen Gründen zur *New Italian Epic* gezählt. Bei *Q* ist es über die Gattungszugehörigkeit hinaus noch ein weiteres Merkmal, das ihn zum Vertreter der *NIE* macht, die bereits oben beschriebene „Sovversione ‚nascosta' di linguaggio e stile".[55] Auf syntaktischer Ebene fällt bei *Q* der Gebrauch von Ellipsen auf,[56] die eine gewisse Geschwindigkeit transportieren.[57] Der

---

51 Vgl. Wu Ming: *New Italian Epic*, S. 45f.; vgl. auch Alberti, Andrea: „Progetto grafico e trailer", 2007, retrieved 2.9.2020, from http://www.manituana.com/.

52 Vgl. Wu Ming: *New Italian Epic*, S. 46.

53 Ebd.

54 *Q* erschien in der deutschen Übersetzung zunächst 1999 im Piper-Verlag. Eine Neuauflage der gleichen Übersetzung erschien im Februar 2016 im Verlag Assoziation A.

55 Wu Ming 2009, S. 37, Anführungszeichen im Original.

56 Vgl. „Il cielo arde a ponente. Ogni anfratto del corpo brucia; incrostato di merda e fango: vivo." (Luther Blissett: *Q*. Einaudi: Turin 2014, S. 9).

57 Zur *inquietudine* im Roman *Q* vgl. Tiller, Elisabeth: „‚Non c'è niente di nuovo sotto il sole?' Politische Unruhe und Literatur zur Jahrtausendwende". In: Behrens, Rudolf / Stillers, Rainer (Hrsg.): *Inquietudini. Gestalt, Funktion*

historische Zeitpunkt, der den Hintergrund bildet, vor dem sich die *histoire* des Romans entwickelt, trägt ebenfalls zu einer solchen Wahrnehmung bei. Es handelt sich um die erste Hälfte des 16. Jahrhunderts, welche von politischer Instabilität und sowohl sozialen als auch religiösen Aufständen und Krisen geprägt ist. Beginnend bei den Auswirkungen der Veröffentlichung der 95 Thesen Luthers 1517 über den deutschen Bauernkrieg unter Thomas Müntzer und dessen Niederschlagung in Frankenhausen 1525 bis hin zum Täuferreich von Münster in den 1530er Jahren, springt die Handlung vom deutschen Kulturraum dann nach Antwerpen, von dort nach Venedig und endet schließlich in Konstantinopel. Die Erzählweise verläuft dabei nicht chronologisch, sondern ist von Beginn des Romans an als Rückschau eines Ich-Erzählers angelegt. Mit jedem der zahlreichen Ortswechsel des Ich-Erzählers geht für ihn auch immer ein Namenswechsel einher. Im Gegensatz zur Autorengruppe, die sich mit Luther Blissett als eine Person versteht, ist der Protagonist viele,[58] auch in Bezug auf seine Identität; denn kaum ändert sich die Umgebung, gerät er unter den Einfluss unterschiedlichster Leitfiguren und Ideengeber.

Unterbrochen werden die Erinnerungen des Ich-Erzählers durch Briefe und später zusätzlich durch Tagebucheinträge des titelgebenden Antagonisten Q oder Qoèlet.[59] Dieser spioniert und intrigiert gegen die Aufständischen im Auftrag des Kardinals Carafa,[60] dem er regelmäßig Bericht erstattet. Im Laufe der *histoire* bewegen sich die beiden Antagonisten immer rascher aufeinander zu, zunächst noch unbewusst und ungesteuert, später dann aktiv und geplant. Diese Annäherung wird auch ganz plastisch am Text vollzogen, indem sich die Textsorten immer häufiger abwechseln.

---

und Darstellung eines affektiven Musters in der italienischen Literatur. Winter: Heidelberg 2010, S. 269–293. Tiller verweist auf einen weiteren interessanten Aspekt der im Roman verwendeten Sprache. Dem historischen Kontext zum Trotz drücken sich die Figuren in zeitgenössischer Alltagssprache aus, was die *histoire* näher an die Lebenswirklichkeit der Leser rückt.

58 Die Namen des Ich-Erzählers beinhalten einerseits Referenzen auf die Vergangenheit, denn oftmals übernimmt er sie von ehemaligen Weggefährten; andererseits gibt es aber auch sprechende Namen: Gustav Metzger, Lucas Niemanson, Thomas Puel, Lienhard Jost, Hans Grüeb, Gerrit Boekbinder (Brunnengert), Lot, Ludwig Schaliedecker.

59 Der biblische Qoèlet ist hier mitgedacht, vgl. Tiller 2010, S. 286f.

60 Kardinal Carafa ist der spätere Papst Paul IV. (1555–1559).

Die Kapitel aus der Sicht des Protagonisten und die Briefe und Tagebucheinträge des Antagonisten nähern sich auf textueller Ebene so an, wie die beiden Gegenspieler auf der Ebene der *histoire*. Die entstandenen Perspektivwechsel münden schließlich im Zusammentreffen der beiden, welches den Höhepunkt des Romans bildet. Bereits im Prolog sind die Abhängigkeit der Gegenspieler voneinander und ihre Relevanz für den Fortgang der Geschichte angelegt.[61] Auf ihren sehr unterschiedlichen idealistischen Wegen, die sie dabei beschreiten, durchlaufen beide eine Entwicklung, welche im Folgenden aufgezeigt werden soll.

Neben Prolog und Epilog besteht der Roman aus drei Teilen. Das erste Kapitel des ersten Teils beginnt mit den Wirren nach dem Bauernaufstand in Frankenhausen am Nachmittag des 15.5.1525. Gleich zu Beginn befindet sich der Protagonist in einer ausweglosen Situation. Mit seinem Helfer Elias versucht er vergeblich, Thomas Müntzer vor den Landknechten zu retten. Das Einzige, was ihm von Müntzer bleibt, ist ein Sack voller Briefe, die er von diesem Zeitpunkt an immer bei sich tragen wird. Wie sich später herausstellen wird, sind diese Briefe ebenfalls aus der Feder Qs, der auf diesem Weg den *Coniatore*, wie er in der Überschrift zum ersten Teil genannt wird, und seine Anhänger in die Niederlage von Frankenhausen getrieben hat. Über den Ich-Erzähler erfährt man, dass er ein Schwert trägt, 25 Jahre alt ist und Latein spricht.[62] Durch weitere Zeitsprünge wird deutlich, dass er 1519 in Wittenberg studiert hat und seit 1522 zum engsten Kreis um Thomas Müntzer gehört.[63] Aus diesem Zusammentreffen mit Müntzer ergibt sich ein jahrelanger Kampf gegen das bestehende System, der zunächst mit Mitteln wie Flugblättern geführt wird, aber schließlich im blutigen Bauernaufstand endet.[64] Hier vollzieht sich die erste Entwicklung des Protagonisten, denn er sieht sich auf seiner Flucht gezwungen, Menschen zu töten.[65] Dies kommt einem Initiations-

61 „Un punto d'origine. Memorie che ricompongono i frammenti di un'epoca. La mia. E quella del mio nemico: Q." (Luther Blissett: *Q*, Prologo, VIII).

62 Vgl. ebd., S. 5/19.

63 Vgl. ebd., S. 29–32/49.

64 Vgl. ebd., S. 81–83/118–120.

65 Vgl. ebd., S. 11–13.

moment gleich: Aus dem gelehrten Idealisten wird ein Kämpfer mit dem Schwert.[66]

Im zweiten Teil des Romans setzt die Handlung im Jahr 1538 wieder ein. Der Protagonist befindet sich in Antwerpen und hat sich einer Gruppe um einen Täufer namens Eloi angeschlossen. Dort bekommt er den Namen Lot „[..] come colui che non si volta indietro!“,[67] doch auch in diesem zweiten Teil kommt es zur Rückschau. In langen Gesprächen offenbart der Ich-Erzähler Eloi seine Geschichte, was ihm mit der Zeit immer leichter fällt.[68] So wird die Lücke zwischen den Jahren 1525 und 1538 geschlossen, in denen der Protagonist durch mehrere Verwicklungen nach Münster gelangt ist und die Schrecken des Täuferreichs erlebt hat. Er fühlt sich „[..] troppo vecchio per imparare un mestiere e troppo stanco per riprendere a lottare. Forse il bulino, o il tornio, ma la spada no, quella la lascio alla ruggine del canale in cui l'ho gettata.“[69]

In Eloi findet er nicht nur einen guten Zuhörer, sondern auch jemanden, der einem begabten Geschichtenerzähler eine neue Aufgabe geben kann.[70] Er macht ihn zum Komplizen eines auf fünf Jahre angelegten Betruges, im Rahmen dessen sie mit der Hilfe von Gotz Polnitz,[71] einem ehemaligen Mitarbeiter der Fugger, ebendiesen einen Schaden in Höhe von 300.000 Gulden zufügen. Bis zu diesem Zeitpunkt waren sowohl Banken als auch das daran geknüpfte System für den Ich-Erzähler unbekannt; entsprechend reagiert er, als er davon erfährt:

> Faccio qualche passo verso il centro della strada, scruto la costruzione anonima, massiccia, poi mi guardo intorno un po' confuso, sentimenti opposti mi si accavallano dentro, rabbia, stupore, anche ironia. Mi fermo e ad alta voce butto fuori tutto quanto: – Perché nessuno mi ha mai parlato delle banche?[72]

---

66 Vgl. ebd., S. 200: Hier beschreibt der Ich-Erzähler, wie er sich fühlt, sobald er wieder ein Schwert in Händen hält.

67 Vgl. Gen 19 und Luther Blissett: *Q*, S. 151.

68 Vgl. ebd., S. 160–162/185.

69 Ebd., S. 353.

70 Vgl. ebd., S. 160: „Ci vuole qualcuno in gamba, che sia capace di fingere e sussurrare le parole giuste alle giuste orecchie“, und S. 348: „È la storia piú [sic.] grandiosa che abbia mai ascoltato. E senza dubbio tu sei la persona che stavo cercando.“

71 Gotz Polnitz ist eigentlich Lazarus Tucher.

72 Luther Blissett: *Q*, S. 360.

Eloi macht ihm klar, dass er bisher nicht gegen den wirklichen ‚Antichristen' gekämpft hat. Es sind die Bankiers, die mit ihrem Einfluss die Geschicke der Regierenden lenken, bei ihnen liegt die Macht über das Geld und damit auch die Macht über die politischen Entscheidungen.[73]

> Da quel momento, di tutto quello che viene prodotto i banchieri otterranno una parte cospicua. Vedi, Carlo V e i principi sono un ceto di parassiti che non produce niente, ma ha un bisogno enorme di sperperare denaro: guerre, corti, concubine, figli, tornei, ambascerie...L'unico modo che hanno di saldare i debiti che contraggono con i banchieri è di fare loro delle concessioni, di lasciare a loro l'usufrutto di miniere, opifici, terre, regioni intere. In questo modo i banchieri sono sempre piú [*sic*] ricchi e i potenti sempre piú [*sic*] dipendenti dal loro denaro. È un circolo vizioso.[74]

Sie versuchen diesen Teufelskreis zu durchbrechen, indem sie gefälschte Kreditbriefe in Umlauf bringen und so nicht nur auf eine entsprechende Summe Geld hoffen, sondern auch darauf, dem Ansehen der Fugger zu schaden. Sie lassen das Geld für sich arbeiten, oder anders gesagt, „Il denaro genera denaro".[75] Der Kampf gegen das System hat sich nun also auf eine andere Ebene verlagert, die Waffen des Feindes werden gegen ihn gewandt.[76] Entsprechend durchläuft das Selbstverständnis des Ich-Erzählers hier erneut eine Entwicklung, vom Kämpfer mit dem Schwert wird er zu einem Kämpfer im Untergrund, der den Feind aus dem Inneren heraus bekämpft. Auch seinem persönlichen Feind kommt der Ich-Erzähler wieder etwas näher. Polnitz begegnet als Mitarbeiter der Fugger in Köln 1534 Q, der einen unbegrenzten Kredit bei den Fuggern hat.[77] Er hebt bei Polnitz Bargeld ab, um dieses nach Münster zu bringen. In diesem Zusammenhang fällt zum ersten Mal das Wort ‚Spion',[78] und dem Ich-Erzähler wird klar, dass er und Q sich in Münster begegnet sein müssen.

---

73 Vgl. ebd., S. 359.

74 Ebd., S. 360.

75 Ebd., S. 365.

76 Wie bereits erwähnt, handelt es sich hierbei um eine Maxime des Luther Blissett Project, die von Wu Ming ebenfalls beherzigt wird.

77 Vgl. Luther Blissett: *Q*, S. 374: „alcuni anni prima, da Roma è stato aperto un credito illimitato presso le casse dei Fugger per un agente segreto attivo nei territori imperiali. ‚Messer Q', lo chiamavano i contabili delle filiali tedesche. – Una spia."

78 Zur *spy-novel* vgl. Tiller 2010, S. 291.

Auch die Briefe an Müntzer fügen sich nun ins Bild. Verliefen ihre Wege bislang unbewusst nebeneinander, so entwickelt sich die Jagd auf Q für den Protagonisten ab diesem Zeitpunkt der *histoire* zur Lebensaufgabe.

Nachdem er als Einziger unter den Komplizen erfolgreich mit seinem Teil des Geldes aus dem Fugger-Betrug entkommen konnte, erfährt er von einer Schrift, dem *Beneficio di Cristo*.[79] Diese soll bald auf den Index der verbotenen Bücher gelangen, da die Autoren Reformgedanken für die katholische Kirche unterstützen. Indem er von Venedig aus deren Druck und Verbreitung zum Leidwesen der Zensur erfolgreich vorantreibt, die sich in der Inquisition zu organisieren beginnt, landet er einen weiteren Schlag gegen das System. Unterstützung erfährt er dabei von dem italienischen Buchhändler Perna und den portugiesischen Brüdern João und Bernardo Miquez, die als ehemalige Bankiers des Königs ein beachtliches Vermögen ihr Eigen nennen können. Ebenso wie ihre Tante Beatrice de Luna, die spätere Geliebte des Ich-Erzählers, sind die beiden Portugiesen konvertierte Juden. Die Gruppe investiert nun also in die Verbreitung der besagten Schrift und bedient sich dabei des aufkommenden Wirtschaftszweigs des Buchdrucks. Die Bedeutung des neuen Mediums fasst João folgendermaßen zusammen:

> La stampa è l'affare del momento. E non è importante solo per il profitto: veicola le idee, feconda le menti e, cosa non trascurabile, rafforza i rapporti tra gli uomini. Per una famiglia importante eppure sempre a rischio come la mia, ma forse piú [sic] in generale per tutti i Giudei, può essere decisivo intessere relazioni con uomini di lettere, studiosi, persone riconosciute e credibili che possono influenzarne altre, nelle loro comunità di appartenenza [...] Incoraggiamo la passione per le lettere.[80]

Auch in diesem Zitat mischen sich wieder Fiktion und politische Intention von Luther Blissett und Wu Ming. In der Absicht, den Feind mit den eigenen Waffen zu schlagen und dabei das Medium Text zu nutzen, bedienen sie sich des Internets, eines Mediums, welches hinsichtlich seiner kulturellen Bedeutung häufig mit dem Buchdruck gleichgesetzt wird. Auf ihrer

79 Tiller verweist auf die Forschungen von Carlo Ginzburg und Adriano Prosperi, Historiker der Universität Bologna, an denen sich Luther Blissett in Bezug auf die Hintergründe zum *Beneficio* orientieren, vgl. Tiller 2010, S. 278.

80 Luther Blissett: *Q*, S. 438.

Homepage stellen sie ihre literarischen und theoretischen Texte über das Prinzip des *Copyleft*[81] kostenlos zur Verfügung und entziehen sich so dem kommerziellen Buchmarkt, da sie das Schreiben als Kollektivarbeit wieder an das Kollektiv zurückgeben, oder um es mit Müntzer zu sagen: „Omnia sunt communia".[82] Dennoch erscheinen ihre Texte auch in Buchform beim Verlag Einaudi,[83] welcher über das Verlagsunternehmen Mondadori wiederum zum Medienimperium Silvio Berlusconis gehört. Dieses scheinbare Kooperieren mit dem Feind kontern sie mit der Aussage, dass man das System nur von innen heraus verändern könne.[84] Bei Erscheinen von *Q* gelingt Luther Blissett/Wu Ming mit dem Abdruck des folgenden Textes im Impressum tatsächlich eine kleine Revolution aus dem Inneren heraus:

> Si consentono la riproduzione parziale o totale dell'opera e la sua diffusione per via telematica, purché non a scopi commerciali e a condizione che questa dicitura sia riprodotta. [...] Gli autori difendono la gratuità del prestito bibliotecario e sono contrari a norme o direttive che, monetizzando tale servizio, limitino l'accesso alla cultura. Gli autori e l'editore rinunciano a riscuotere eventuali royalties derivanti dal prestito bibliotecario di quest'opera.[85]

Die Urheber- und Nutzungsrechte verbleiben also bei den Autoren, und dem Verlag fallen nur nichtexklusive Nutzungsrechte des gedruckten Buchs zu. Auf Einnahmen durch Bibliotheksexemplare verzichten sowohl der Verlag als auch die Autoren. Der Text selbst kann so weiterhin online kostenlos zur Verfügung gestellt werden, und auch ein Abändern des Textes bleibt für Wu Ming jederzeit möglich. Aus rein ökonomischer Sicht ist eine völlige Unabhängigkeit vom Buchmarkt auf Dauer für einen Autor nicht rentabel, und so müssen auch Wu Ming in ihrem system- und

81 Vgl. Wu Ming: „Archivio dei interventi su copyright, proprietà intellettuale e ‚pirateria'", 2000–2008, retrieved 2.9.2020, from https://www.wumingfoundation.com/italiano/outtakes/tematico_copyright.html.

82 Vgl. Blickle, Peter: *Die Revolution von 1525*. Oldenbourg: München ^{4}2004, S. 228.

83 Zu den Verkaufszahlen vgl. Wu Ming: „Operazione Glasnost", 2014, retrieved 2.9.2020, from http://www.wumingfoundation.com/giap/?p=17957.

84 Vgl. Wu Ming: „Operazione Glasnost", o.S. und Wu Ming 1: „L'annosa questione Mondadori", 2004, retrieved 2.9.2020, from https://www.carmillaonline.com/2004/09/03/lannosa-questione-mondadori-appunti-2004/.

85 Luther Blissett: *Q*, Impressum.

gesellschaftskritischen Blog *Giap*[86] an ihre Leser appellieren, ihr Projekt mit Spenden zu unterstützen.[87]

Aber kommen wir wieder zurück auf die *histoire* des Romans *Q* und knüpfen wir wieder an die Episode über das Schicksal des *Beneficio di Cristo* an: Dem Ich-Erzähler reicht es nicht, diese von einem Verbot bedrohte Schrift zu verbreiten, er wird sie vielmehr dazu nutzen, seinen Rivalen aus der Deckung zu locken. Er nimmt eine weitere Identität an und beginnt als Tiziano il battista auf der Basis des *Beneficio* zu taufen.[88] Damit erhöht er die Bedeutung der Schrift in einem solchen Maß, dass er den Inquisitoren eine Reaktion abringt, die Q auf den Plan ruft. Durch die Tagebucheinträge Qs wird deutlich, dass diesem ebenfalls bewusst wird, wer ihn herausfordert.[89] Dennoch tappt er in die Falle, welche ihm vom Protagonisten und dessen Komplizen gestellt wird.[90] Das Zusammentreffen der beiden auf dem Friedhof San Michele[91] ist dann schließlich nicht

86 „*Giap* è il nostro blog, ma è anche una comunità di lettrici e lettori, è il luogo dove si incontrano e intrecciano i filoni e progetti elencati sopra (e non solo quelli), ed è molte altre cose." (Wu Ming: „Giap", 2016, retrieved 15.7.2016, from http://www.wumingfoundation.com/giap/?page_id=25159).

87 „Download gratuito, come sempre, fin dagli anni Novanta. Ora: se pensi che questo sforzo di apertura, questa politica che portiamo avanti da tanto tempo meriti una ricompensa, un incoraggiamento, un feedback, un… ‚controdono', puoi usare il bottone qui sotto per mandarci qualche scellino. Non per ‚pagare' i download, che sono gratis, ma come sostegno per lo sbattimento, per l'impegno che profondiamo ogni giorno da tanti anni, sul web e per le strade […]. Se scegli di fare una donazione, tieni conto che €5 sono già più di quanto ricaviamo da ogni copia cartacea venduta. P.S. Finché dura, noi sbarchiamo ancora il lunario grazie alle vendite delle edizioni cartacee. Ogni anno è più difficile, ma abbiamo uno zoccolo duro di lettrici e lettori, e finora siamo riusciti a fare il nostro mestiere. Di questi tempi è già molto. Questo per dire che comprare un buon vecchio libro di fattura classica, oggetto rodato da secoli d'utilizzo e tradizione, rimane un modo virtuoso e solido di sostenere il progetto Wu Ming. Magari compralo in una libreria della tua città. Magari in una libreria indipendente. Chiaramente, la donazione via PayPal puoi farcela comunque. Le due cose mica si escludono." (Wu Ming: „Giap").

88 Vgl. Luther Blissett: *Q*, S. 481.

89 Vgl. ebd., S. 579.

90 Vgl. ebd., S. 606–609.

91 Vgl. ebd., S. 610.

der finale Kampf erbitterter Erzfeinde, auf den sie sich vorbereitet haben,[92] sondern besteht in einem Gespräch zweier alter Männer, die sich an eine gemeinsame Vergangenheit erinnern.[93] Sie stellen fest, dass sie in Carafa nun sogar einen gemeinsamen Feind haben, denn aufgrund der Informationen, die Q über die Jahre im Dienste Carafas sammeln konnte, ist er für diesen zur Gefahr geworden. Q schlägt vor, Carafa mit Hilfe eines internen Schriftstücks zu Fall zu bringen.[94] Der Spion wandelt sich also vom ehemals treuen Diener zum Mitverschwörer der Aufständischen. Doch dieser Plan scheitert, Q wird Opfer eines Feuers und das Dokument verbrennt mit ihm,[95] der Ich-Erzähler und seine Freunde können entkommen.

Hat sich der Ich-Erzähler zu Beginn des Romans durch Schlamm und Exkremente kämpfen müssen, so kann er sich im Jahr 1555 in Konstantinopel als alternder ‚Revoluzzer' über den Komfort eines Bades freuen.[96] Die narrative Rückschau seiner Lebensgeschichte schließt versöhnlich. Für Wu Ming geht das zielgerichtete Engagement gegen die politische Indifferenz und den Werteverfall unserer Zeit und gegen die Unverbindlichkeit in der postmodernen Literatur jedoch weiter. Ein wirksames Instrument für die Darstellung dieser Missstände oder, kurz gesagt, der Krise war für sie lange Zeit der historische Roman, wie sich an den herausgearbeiteten Parallelen zur aktuellen Realität erkennen lässt. Seit 2014 erproben sie weitere Literaturformen, dabei vor allem solche, die in der *NIE* als *oggetti narrativi non-identificati* bezeichnet werden. Diesem „campo di sperimentazione"[97] widmen sich Wu Ming 1 und 2. Darüber hinaus betreut Wu Ming 1 noch die Reihe Quinto Tipo,[98] welche die Ergebnisse aus der *NIE* weiterführt und sie damit gleichzeitig ablöst. Wu Ming 4 hat sich

92 Vgl. ebd., S. 542 und 584.
93 Der Protagonist und Q sind sich bereits in Münster begegnet und haben zu dieser Zeit als Gert del Pozzo und Heinrich Gresbeck (= Q) sogar gemeinsam gekämpft (vgl. ebd., S. 269).
94 Hierbei handelt es sich um ein Verhörprotokoll der Inquisition, welches belastende Informationen gegen Carafa enthält (vgl. ebd., S. 622–23).
95 Vgl. ebd., S. 631/635.
96 Vgl. ebd., S. 9–11; Epilog: S. 641/643: „Ci spetta il tepore dei bagni. Possano i giorni trascorrere senza meta. Non si prosegua l'azione secondo un piano."
97 Wu Ming: „Giap".
98 Vgl. ebd.

fantastischer Literatur und Jugendliteratur zugewandt und war an der Gründung der *AIST* (*Associazione Italiana Studi Tolkeniani*) beteiligt. Als weitere Ausdrucksform hat sich im Sinne der Transmedialität die Musik erwiesen. Zahlreiche Bands haben aus den Romanen von Wu Ming Inspiration bezogen. Des Weiteren organisieren Wu Ming selbst auch Konzerte, die sie mit Lesungen kombinieren. Weitere Kooperationen, darunter auch mit einer Theatergruppe, machen die Absichten der Wu Ming Foundation einem immer größeren Publikum bekannt. Das Konzept der weiten Verzweigung von Projekten ist aufgegangen und noch lange nicht beendet. Das Power Trio,[99] wie sie sich selbst nennen, hat noch einen interessanten Weg vor sich.

Literaturverzeichnis

Alberti, Andrea: „Progetto grafico e trailer", 2007, retrieved 2.9.2020, from http://www.manituana.com/.

autonome a.f.r.i.k.a. gruppe et al.: *Handbuch der Kommunikationsguerilla. Wenn möglich, bitte wenden!* Assoziation A: Berlin/Hamburg [5]2011.

Blickle, Peter: *Die Revolution von 1525.* Oldenbourg: München [4]2004.

Brütting, Richard (Hrsg.): *Italien-Lexikon. Schlüsselbegriffe zu Geschichte, Gesellschaft, Wirtschaft, Politik, Justiz, Gesundheitswesen, Verkehr, Presse, Rundfunk, Kultur und Bildungseinrichtungen.* Schmidt: Berlin 1997.

Die Heilige Schrift (Einheitsübersetzung), hrsg. von Deutscher Bibelgesellschaft. Patmos: Stuttgart 1984.

Jenkins, Henry: *Convergence Culture: Where Old and New Media Collide.* New York University Press: New York 2006.

Longhi, Lorenzo: „Chi è Luther Blissett? In principio era il calciatore". *Treccani*, 2015, retrieved 2.9.2020, from http://www.treccani.it/magazine/atlante/societa/Chi_e_Luther_Blissett_In_principio_era_il_calciatore.html.

---

99 Wu Ming verweisen in ihrer Selbstbeschreibung auf folgenden Wikipedia-Artikel: „Power trio", https://it.wikipedia.org/wiki/Power_trio (retrieved 2.9.2020).

Luther Blissett: *Q*. Einaudi: Turin 2014.

Luther Blissett: „Che cos'è la Wu Ming Foundation", *Giap*, 2018, retrieved 2.9.2020, from http://www.wumingfoundation.com/italiano/biografia.htm.

Luther Blissett: „Totò, Peppino e la guerra psichica". (Release 2.0). Prefazione a ripubblicazione di TP&LGP, 2000, retrieved 2.9.2020, from http://www.lutherblissett.net/archive/478_it.html.

Muchetti, Luca: *Storytelling. L'informazione secondo Luther Blissett.* Arcipelago: Mailand 2013.

Paccosi, Riccardo: „Amorevole Compagnia Pneumatica", 2020, retrieved 2.9.2020, from http://www.amorevolecompagniapneumatica.it/.

Pagani, Malcom: „Luther Blissett", *L'Unità*, 2018, retrieved 2.9.2020, from http://www.wumingfoundation.com/italiano/Giap/giap5_IXa.htm#intervista_blissett.

Players index: „Luther Blissett". *England Football Online*, 2013, retrieved 2.9.2020, from http://www.englandfootballonline.com/TeamPlyrsBios/PlayersB/BioBlissettLL.html.

Schaefer, Christina: „Wu Ming, New Italian Epic und der Entwurf eines neuen Italien". In: Föcking Marc / Schwarze, Michael (Hrsg.): *Una gente di lingua, di memorie e di cor. Italienische Literatur und schwierige nationale Einheit von Machiavelli bis Wu Ming*. Winter: Heidelberg 2015, S. 187–204.

Tiller, Elisabeth: „‚Non c'è niente di nuovo sotto il sole?' Politische Unruhe und Literatur zur Jahrtausendwende". In: Behrens, Rudolf / Stillers, Rainer (Hrsg.): *Inquietudini. Gestalt, Funktion und Darstellung eines affektiven Musters in der italienischen Literatur*. Winter: Heidelberg 2010, S. 269–293.

Wikipedia: „Power trio", retrieved 2.9.2020, from https://it.wikipedia.org/wiki/Power_trio.

Wu Ming: „Archivio dei interventi su copyright, proprietà intellettuale e ‚pirateria' ", 2000–2008, retrieved 2.9.2020, from https://www.wumingfoundation.com/italiano/outtakes/tematico_copyright.html.

Wu Ming: Offizielles Logo der Gruppe Wu Ming 2001–2008, retrieved 2.9.2020, from https://de.wikipedia.org/wiki/Wu_Ming#/media/Datei:Photo_wuming.jpg.

Wu Ming 1: „L'annosa questione Mondadori", 2004, retrieved 2.9.2020, from https://www.carmillaonline.com/2004/09/03/lannosa-questione-mondadori-appunti-2004/.

Wu Ming: Fotomontage, 2008, retrieved 2.9.2020, from http://www.wumingfoundation.com/images/wu-ming-official-portrait.jpg.

Wu Ming: *New Italian Epic. Letteratura, sguardo oblique, ritorno al futuro*. Einaudi: Turin 2009.

Wu Ming: „Operazione Glasnost", 2014, retrieved 2.9.2020, from http://www.wumingfoundation.com/giap/?p=17957.

Wu Ming: Porträtzeichnung, 2015, retrieved 2.9.2020, from http://www.wumingfoundation.com/images/WM_Power_Trio.png.

Wu Ming: „Giap". 2016, retrieved 15.7.2016, from http://www.wumingfoundation.com/giap/?p=19281.

Wu Ming: „Giap", 2016, retrieved 15.7.2016, from http://www.wumingfoundation.com/giap/?page_id=25159.

Wu Ming: „Giap", 2016, retrieved 15.7.2016, from http://www.wumingfoundation.com/giap/?page_id=6338.

Matthias Hausmann

Scheiternde Abschottung gegen die Krise: Lateinamerikanische *gated communities* in Literatur und Film am Beispiel von *Las viudas de los jueves*

Abstract: In the last decades, the number of gated communities around the world has risen enormously, especially in Latin America. Such 'countries', as they are called in Argentina, are built with the explicit aim of keeping out all those aspects outside the country considered unpleasant by the residents. Economic crises, however, harshly prove that in our connected society even the most sophisticated security systems are incapable to protect the residents from the problems of the outside world. Using the example of Claudia Piñeiro's novel *Las viudas de los jueves* and the eponymous movie adaptation by Marcelo Piñeyro, this article – based on reflections about the (anti-)utopian tradition, Marc Augé's concept of the *non-lieu* and Lotman's sujet model – shows that the representations of gated communities in literature and film not only reveal that the intended isolation from the surrounding world does not work, but also insinuate that the alleged paradise inside walls is often much more dreadful than the feared world outside.

Keywords: Argentina, gated communities, crisis, (anti-)utopia, *non-lieu*, Claudia Piñeiro, Marcelo Piñeyro, *Las viudas de los jueves*

In einer der ersten Szenen von Claudia Llosas *Madeinusa* (2005) streut die Protagonistin Gift, um Ratten von ihrem Elternhaus fernzuhalten,[1] was sich als wesentliche Vorausdeutung des Films erweist, da die Bevölkerung des abgelegenen Andendorfs, in dem Madeinusa lebt, alles unternimmt, damit kein Fremder ihren Ort betritt. Was dem einen Ratten und Fremde sind, können einem nächsten Kinder sein, wenn man so politisch unkorrekt ist, wie es das Markenzeichen des heute wohl bekanntesten lebenden französischen Autors ist: Michel Houellebecq ersinnt in seinem ebenfalls 2005 erschienenen Roman *La possibilité d'une île* ‚childfree zones', die

1 Vgl. *Madeinusa*, Regie: Claudia Llosa, Peru / Spanien 2005, 02:47–04:10.

sein Anti-Held Daniel wie folgt beschreibt: „résidences de standing à destination de trentenaires décomplexés qui avouaient sans ambages ne plus pouvoir supporter les hurlements, la bave, les excréments, enfin les inconvénients environnementaux qui accompagnent d'ordinaire la *marmaille*."[2]

Mit diesem Zitat richtet sich der Blick von den Ärmsten, wie sie die Bewohner abgelegener Andenregionen darstellen, zum anderen Ende der kapitalistischen Nahrungskette, da der Franzose mit seinen erdachten kinderfreien Gemeinden eine zugespitzte Form einer *gated community* darstellt, und man sollte seine – natürlich bewusst provokant formulierte – Sonderform nicht vorschnell abtun, da sich Houellebecq – ungeachtet aller Polemiken um seine Person – schon mehrfach als scharfer Beobachter sozialer Entwicklungen erwiesen hat. Daher ist es auch kein Zufall, dass er seine spezielle *gated community* in Florida ansiedelt, denn diese geschlossenen Siedlungen befinden sich auch in der Realität in erster Linie auf dem amerikanischen Kontinent, und zwar insbesondere auch in Lateinamerika. Dort sollen sie zwar nicht – oder vielleicht noch nicht? – Kinder fernhalten, wohl aber andere, aus Sicht ihrer Bewohner ‚unliebsame' Aspekte der jeweiligen Landesgesellschaft.[3]

Diese von den *barrios cerrados* praktizierte gezielte Abkoppelung von der den eigenen Ort umschließenden historischen Wirklichkeit lässt unmittelbar an das Grundprinzip der Utopie denken, und in diesem Zusammenhang kann man daran erinnern, dass die erste literarische Utopie der Neuzeit, Thomas Morus' gleichnamiger Staat, mitnichten von Anfang an eine Insel war; vielmehr trennt erst Utopus die vorherige Halbinsel durch eine Grabung vom Festland ab,[4] wodurch die bewusste Abgrenzung vom

2 Houellebecq, Michel: *La possibilité d'une île.* J'ai lu: Paris 2013, S. 65f., Kursivierung im Original.

3 Zu diesen zählen nicht zuletzt Menschen, die aus Gegenden stammen, wie sie *Madeinusa* zeigt, und die viele Bewohner von *barrios cerrados* nicht in ihrer Nähe haben wollen. Auf diese Thematik geht Claudia Llosa in ihrem zweiten Film *La teta asustada* ein, welcher in gewisser Weise als Fortsetzung des Erstlings gesehen werden kann und thematisiert, wie problematisch das Los von oftmals nahezu mittellosen Andenbewohnern ist, die von ihren Heimatdörfern in die modernen Großstädte Südamerikas aufgebrochen sind.

4 Vgl. Morus, Thomas: *Utopia*, übers. von Gerhard Ritter und mit einem Nachwort von Eberhard Jäckel. Reclam: Stuttgart 2009, S. 59: „Übrigens war dieses Land […] in alter Zeit noch nicht rings vom Meere umgeben. Vielmehr hat erst Utopus […] das Land zur Insel gemacht. Sobald er nämlich, kaum dort

Rest der Welt am Beginn der neuzeitlichen Gattungsgeschichte steht. Damit ist ein Hauptbestreben der *gated communities* benannt: sich von äußeren Einflüssen abschotten, um einen Raum zu schaffen, der die Probleme anderer Orte vermeidet. Interessant ist weiterhin, dass die *Utopia* in der Frühzeit des Kapitalismus entsteht,[5] zu dessen Folgen man die *gated community* rechnen kann, wobei sich die Vorzeichen umgekehrt haben: Verbannte Utopus individuellen Besitz von seiner Insel und machte den Kollektivbesitz zur Basis der Gesellschaft, so entstehen die *gated communities*, um das eigene Privatvermögen zu sichern. Der Zugang zu ihnen ist in der Regel mit finanzieller Potenz verbunden, und die in den letzten Jahren entstandenen narrativen Modellierungen dieser meist hermetisch abgeriegelten Gemeinschaften eignen sich in idealer Weise für das Erkenntnisinteresse des vorliegenden Buches, da sie erlauben, den „menschlichen Umgang mit Geld und dessen inhärente Neigung zum Dilemma“[6] durchzudeklinieren, wie es die dem Band zugrunde liegende Sektionsbeschreibung formuliert.

Es wird mithin offenkundig, dass die Gattung der Utopie einen lohnenden ersten Ansatz für eine Auseinandersetzung mit Darstellungen von *gated communities* in Literatur und Film liefern kann, und eine solche sei im Folgenden anhand eines rezenten Beispiels aus Argentinien versucht, wobei ebenso Konzepte von Juri Lotman und Marc Augé einbezogen und Verbindungslinien zu weiteren Filmen und dem sich aktuell entwickelnden postnationalen Kino sichtbar gemacht werden sollen.[7] Für dieses Vorhaben

---

gelandet, Sieger geworden war, ließ er fünfzehn Meilen Landes auf der Seite, wo die Halbinsel mit dem Festland zusammenhing, ausstechen und führte so das Meer ringsherum.“

5 Was speziell in Hythlodeus' Ausführungen zu den englischen Schafen unübersehbar ist, die „so gefräßig und wild zu werden [angefangen haben], daß sie sogar Menschen fressen, Länder, Häuser, Städte verwüsten und entvölkern“, damit „ein einziger Prasser“ davon profitiert (Morus 2009, S. 27f.).

6 Hahn, Kurt / Liebermann, Marita: „Finanznarrative als Krisennarrative: Literarische / Filmische Modellierungen ‚kapitaler‘ Erschütterungen“, 2015, o.S., retrieved 20.2.2017, from http://www.romanistentag.de/index.php?id=922 (nicht mehr im Netz verfügbar).

7 Mittlerweile hat Christian von Tschilschke maßgebliche Beobachtungen zur ästhetischen Darstellung lateinamerikanischer *gated communities* in zeitgenössischen Romanen und Filmen in zwei Beiträgen veröffentlicht, deren Lektüre wärmstens empfohlen sei: „Betreten verboten! Gated communities in der Literatur und im Film Lateinamerikas“. In: Hülk, Walburga / Schwerter, Stephanie

ist vorweg bereits der Befund aufschlussreich, dass die Behandlung von *barrios privados* im neueren spanischsprachigen Film *en vogue* ist: Seit 2006 sind wiederholt Filme entstanden, die dieses Thema aufgreifen.[8] Unter diesen hat insbesondere der mexikanisch-spanische Film *La zona* von Rodrigo Plá aus dem Jahr 2007 große Bekanntheit erlangt, der unter anderem immer wieder Einstellungen der Sicherheitskameras integriert und so ein filmisches Mittel nutzt, welches gleichermaßen den Zustand des *huis clos* der Gemeinschaft wie die Paranoia ihrer Bewohner unterstreicht, die in der ständigen Angst vor Eindringlingen von außen leben.

Neben *La zona* wurde der 2009 fertiggestellte Film *Las viudas de los jueves* von Marcelo Piñeyro stark beachtet, eine Adaption von Claudia Piñeiros gleichnamigem Roman von 2005, und diese beiden Werke stehen im Zentrum der folgenden Überlegungen. Claudia Piñeiro, die bezeichnenderweise Wirtschaftswissenschaften studiert hat,[9] siedelt ihren Roman zeitlich im Jahr 2001, mithin inmitten der argentinischen Finanzkrise,[10]

(Hrsg.): *Mauern, Grenzen, Zonen. Geteilte Städte in Literatur und Film*. Winter: Heidelberg 2018, S. 109–124 sowie „El ‚barrio cerrado' en la literatura y el cine hispanohablantes: un reto a la idea de diversidad". In: Hartwig, Susanne (Hrsg.): *Diversidad cultural – ficcional – ¿moral?*. Vervuert: Madrid 2018, S. 281–303.

8 Neben anderen kann man nennen: *Cara de queso* (Regie: Ariel Winograd, Argentinien 2006), *Una semana solos* (Regie: Celina Murga, Argentinien 2009) sowie *Pájaros muertos* (Regie: Guillermo und Jorge Sempere, Spanien 2009). Diese Beispiele verdeutlichen, gemeinsam mit dem nun zu besprechenden Film Piñeyros, dass dem Themenkomplex nicht zuletzt in Argentinien große Bedeutung zugemessen wird, was wohl auch mit der Erfahrung der Finanzkrise zusammenhängt, die nicht nur in Piñeiros Roman und Piñeyros Film eine Schlüsselrolle einnimmt. Für die jüngere Generation argentinischer Filmemacher und Autoren scheint der Staatsbankrott eine ähnlich prägende Rolle zu spielen wie für die vorhergehende Generation die Militärdiktatur und der Falklandkrieg.

9 Piñeiro war auch längere Zeit im Wirtschaftssektor tätig, was ein Grund dafür sein mag, dass den Themen Geld und (Wirtschafts-)Krise eine hervorgehobene Rolle in ihrem Werk zukommt. Mit *Las viudas de los jueves*, prämiert mit dem prestigeträchtigen *Premio Clarín*, gelang ihr der Durchbruch als Schriftstellerin.

10 Im Film, dessen Handlung mit der des Romans praktisch identisch ist, wird dies schon durch die erste Einblendung unmissverständlich offengelegt, die „madrugada del 17 de diciembre de 2001" lautet und die Handlung somit unmittelbar vor dem Höhepunkt der Krise situiert (*Las viudas de los jueves*, Regie: Marcelo Piñeyro, Argentinien / Spanien 2009, 01:16; alle Szenenangaben sind dieser

und örtlich im fiktiven „country" *Altos de la Cascada* an, einer rund 50 Kilometer von Buenos Aires entfernt liegenden *gated community*.[11] Dort treffen sich die Ehemänner von vier (mehr oder minder befreundeten) Paaren jeden Donnerstagabend, um sich auszutauschen und zu trinken, bis eines Abends drei der Männer den Tod finden, woraufhin der vierte wenig später mit seiner Familie die *gated community* für immer verlässt.

Beginnt man die Analyse mit der angesprochenen erhellenden Verbindung von *barrios cerrados* und Utopien, so ist zunächst die fragmentierte Darstellungsweise des Romans zu beachten. Bekanntermaßen besteht Morus' *Utopia* aus zwei Teilen, deren erster vornehmlich Europa

---

Version entnommen). Auch der Roman nennt schon auf seiner ersten Seite 2001 als zeitlichen Hintergrund des Plots.

11 Zur spezifisch argentinischen Ausformung der *gated communities*, die in Piñeiros Roman wie in Piñeyros Film dargestellt werden und sich auch im realen Argentinien vor allem im Nordwesten von Buenos Aires befinden, vgl. insbesondere Janoschka, Michael: *Wohlstand hinter Mauern. Private Urbanisierungen in Buenos Aires*. Verlag der Österreichischen Akademie der Wissenschaften: Wien 2002. Janoschka beschreibt den gewaltigen Boom dieser Wohnform in Argentinien seit den 1990er-Jahren (vgl. insbesondere S. 9: „Der Trend zum gesicherten und bewachten Wohnen hat sich zum bestimmenden Faktor des Flächenwachstums der Metropole [Buenos Aires] gewandelt. Über 90% der städtischen Expansion der 1990er Jahre konzentrieren sich auf die *Barrios Privados*.") und setzt sich auch mit der Benennung dieser Gemeinschaften auseinander, die in Lateinamerika unter anderem als „country club", „barrio privado", „barrio cerrado" oder „urbanización cerrada" bekannt sind. Der Begriff „gated community" gilt ihm als für den lateinamerikanischen Kontext „problematisch" (27f.), wird in diesem Beitrag aber als eingeführter Terminus parallel zu den spanischsprachigen Bezeichnungen verwendet, zumal er in der aktuellen Forschung weiterhin präsent ist, wie etwa das Beispiel von James Scorer belegt, der sich ebenfalls mit derartigen Gemeinschaften in Argentinien beschäftigt und dabei ausdrücklich darauf verweist, dass die Zahl der permanent in *gated communities* lebenden Argentinier in den letzten Jahren ständig und radikal im Steigen begriffen ist (vgl. *City in Common: Culture and Community in Buenos Aires*. State University of New York Press: Albany 2016, 106). Vgl. zu diesem Komplex außerdem Schlickers, Sabine: „Radiografía de la urbe. La configuración estética de Buenos Aires y de otras ciudades argentinas en el nuevo milenio". *Amerika* 9, Themenheft: *Villes américaines du XXIème siècle: réalités et représentations sociales, culturelles et linguistiques*, 2013, retrieved 15.2.2017, from http://amerika.revues.org/4158, wo auch auf einige weitere fiktionale Gestaltungen argentinischer *countries* der letzten Jahre eingegangen wird.

behandelt und aus einem Streitgespräch zwischen dem fiktiven Morus und Hythlodeus besteht. Der zweite Teil, der die Utopia selbst beschreibt, wird dagegen ausschließlich von der Stimme des Reisenden erzählt – die Einheitlichkeit der Stimme spiegelt die Harmonie des Ortes.[12] Dagegen wird *Las viudas de los jueves* mehrstimmig erzählt, was bereits auf der *discours*-Ebene andeutet, dass die, gerade von der Wir-Stimme vehement vertretene, vorgebliche Harmonie der Gemeinschaft auch auf der Ebene der *histoire* nicht besteht.[13] Dies wird noch durch flagrante Widersprüche zwischen den insgesamt drei Erzählstimmen betont, die sich in unregelmäßiger

---

12 Allerdings sei angemerkt (ohne dies in diesem Rahmen vertiefen zu können), dass nicht zuletzt in dieser monolithischen Stimme auch ein nicht zu unterschätzendes Indiz für die Tendenz vieler Utopien zu erkennen ist, ins Totalitäre umzuschlagen. Während die zwei konkurrierenden Stimmen des ersten Teils der *Utopia* zwar einerseits mit ihren Diskrepanzen die konfliktiven Zustände in Europa spiegeln, so lassen sie doch andererseits über die Form des Dialogs auch die Möglichkeit des gleichberechtigten Austausches und des Aushandelns von Positionen erkennen, wohingegen der monologische zweite Teil *in nuce* auch die Diktatur einer einzigen Auffassung andeutet. Das intrikate Verhältnis von Utopie und Anti-Utopie, zwei Schwestergattungen, zwischen denen Trennlinien oft nicht klar zu ziehen sind und die viele Texte umfassen, die von der einen – mitunter scheinbar unvermittelt – in die andere wechseln (wofür Samjatins *Wir* vielleicht das bezeichnendste Beispiel bildet, wo der hymnische Auftakt immer deutlicher einer unerträglichen Welt weicht), sollte wohl auch stärker im Hinblick auf diese Gesprächs- bzw. Erzählsituation untersucht werden (wobei Samjatins Titelwort „Wir" eine ähnlich zweischneidige Rolle zwischen solidarischer Harmonie und unmenschlicher Intoleranz zukommt). Dass Morus' Text über die Schilderung eines idealen Gemeinwesens hinaus durch die geschickte Gestaltung der Erzählsituation auch deren mögliches Umschlagen in ein diktatorisches Regime andeutet, verdeutlicht einmal mehr seine grundlegende Stellung in der Geschichte der Gattung, die nur als Geschichte einer Doppelgattung angemessen aufzufassen ist.

13 Neben die verschiedenen Erzählstimmen treten auch viele Zeitsprünge, welche sich unter anderem darin äußern, dass das erste Kapitel für lange Zeit das chronologisch späteste ist. Dieses narrative Verfahren, das sich mit dem der Geschichte zugrunde liegenden Kriminalplot (was hat den Tod der drei Männer verursacht?) verbindet, den Leser in eine Detektivrolle drängt und damit zu einer aktiven Lektüre anregt, ist auch in diesem Zusammenhang zu sehen: Es liegt eine Fragmentierung auf mehrfacher Ebene vor (die Kategorie der Stimme wie die der Ordnung betreffend), welche die keineswegs einheitliche Gemeinschaft innerhalb der Mauern des *country* auf der Vermittlungsebene zum Ausdruck bringt.

Folge abwechseln: Neben die Ich-Erzählerin Virginia, die bezeichnenderweise Immobilienmaklerin ist und so das Streben der *socios* nach weithin sichtbarem materiellen Besitz idealtypisch verkörpert, tritt ein personaler Er-Erzähler, der einmal dieser, einmal jener Figur folgt, und die bereits erwähnte Wir-Stimme, welche stets darum bemüht ist, *Altos de la Cascada* als Vorzeige-Community darzustellen. Diese Stimme, die zunächst der Perspektivträger einer traditionellen positiven Utopie zu sein scheint,[14] wird durch all die negativen Aspekte, die man den Berichten der beiden anderen Erzählinstanzen entnehmen kann, zunehmend unglaubwürdiger und kann letztlich eindeutig als Ausdruck der Scheinheiligkeit der Bewohner der *gated community* identifiziert werden. Ebendiese Scheinheiligkeit wird durch die Diskrepanz des hymnischen Lobens der Gemeinschaft durch die Wir-Stimme und den Blick hinter die Kulissen durch die anderen Instanzen performativ vorgeführt.[15]

Die Diskrepanz zwischen äußerem Schein und Wahrheit, die dieser Stimme eingeschrieben ist, wird bereits im ersten Kapitel aktualisiert, das von diesem Wir erzählt wird (dem zweiten des Romans) und das die Leser erstmals mit den drei Todesfällen konfrontiert, die den Plot bestimmen. Die Toten werden nämlich zunächst überhaupt nicht bemerkt: Eine der Ehefrauen der Männerrunde räumt rund um ihren hauseigenen Pool auf „sin saber [...] que debajo de esa agua tibia, en el fondo de su pileta, se hundían los cuerpos de su marido y dos de sus amigos, muertos."[16] Die glatte Oberfläche des luxuriösen Pools, an dessen Grund das Grauen lauert, ist eine nur allzu deutliche Metapher für die das Anwesen umgebende

14 Man denke etwa an den weisen Führer, der dem träumenden Protagonisten in Merciers *L'An deux mille quatre cent quarante* die Welt der Zukunft erklärt und dabei immer wieder die Wir-Perspektive einnimmt.

15 Überdies lässt diese scheinheilige Wir-Stimme an das vergleichbare *nosotros* in Goytisolos *Señas de identidad* denken: Wie im Roman des Spaniers sieht man sich auch hier dem Ausdruck einer gesichtslosen Masse gegenüber, die jede Individualität unterdrückt, gegen jede Abweichung scharf vorgeht und dabei eine verlogene Konformität zur Schau stellt.

16 Piñeiro, Claudia: *Las viudas de los jueves*. Alfaguara: Madrid 2010, S. 21. Alle Zitate sind dieser Ausgabe entnommen und werden im Folgenden mit Seitenangabe in Klammern direkt im Anschluss belegt.

gated community, in der sich hinter strahlenden Fassaden tiefe Abgründe auftun.[17]

Dabei ist der im Tod der drei Männer manifest werdende Schrecken noch weit größer, als es ohnehin schon den Anschein hat, denn nach und nach enthüllt sich, dass es sich mitnichten um einen Unfall handelt, sondern vielmehr um einen konzertierten Selbstmord, da alle drei finanziell ruiniert waren. Doch selbst dies ist noch nicht die ganze Wahrheit, wie man im abschließenden Kapitel erfährt: Nicht alle drei haben ihr Leben selbst beendet, vielmehr wird einer gegen seinen Willen ins Becken gezogen und mithin ermordet. Diese letzte Wendung erfährt der Leser gemeinsam mit Ronie, dem einzigen Überlebenden der Vierergruppe und Ehemann von Virginia, durch ein Video, das sein Sohn Juani und dessen Freundin Romina heimlich gedreht haben. Dies gibt einen ersten Fingerzeig darauf, dass das Konstruieren einer eigenen Realität und Wahrheit innerhalb der Mauern der *gated community* durch moderne Techniken unterlaufen wird, was uns noch eingehender beschäftigen wird und wozu wir uns nun erstmals der Verfilmung von Marcelo Piñeyro näher zuwenden wollen.

Dessen Film zeigt mehrfach Aufnahmen einer Überwachungskamera, womit er *La zona* folgt, wofür ein Beispiel gegeben sei, das für unsere Analyse von großem Interesse ist: Trina (die Romina des Romans) wähnt sich im folgenden Film-Still (Abb.1) an einem Ort, der nicht von den Kameras erfasst wird, was sie u.a. für den Verkauf von Drogen nutzt. Tatsächlich wird sie aber vom Sicherheitspersonal deutlich gesehen, und der Wachmann, dessen Reflexion in der Einstellung neben den beiden arglosen Jugendlichen zu erkennen ist, wird sein Wissen später ausnutzen und Trina vergewaltigen. Die unbemerkte Überwachung und mehr noch freilich die Vergewaltigung zeigen, wie schnell vermeintliche Sicherheit in ihr Gegenteil umschlagen kann,[18]

17 Alle *socios* sind überaus darauf bedacht, den äußeren Schein zu wahren, der in der Wir-Stimme seinen plastischen Ausdruck findet, doch der Leser erfährt über die anderen Erzähler rasch, dass der private Alltag vieler Bewohner von häuslicher Gewalt, Drogenkonsum, Gefühlskälte und Vernachlässigung der Kinder geprägt ist.

18 Dies wird im Film unverhohlen ironisch thematisiert, indem Virginia in ihrer Rolle als Immobilienmaklerin anfangs gegenüber Neulingen in der Siedlung ausdrücklich betont, dass die *socios* keine Überwachung, sondern Sicherheit wollen, in der Folge aber zunehmend klarer wird, dass den Kameras eine prononcierte Überwachungsfunktion zukommt, sodass die Bewohner teilweise eher wie Gefangene denn wie Geschützte erscheinen.

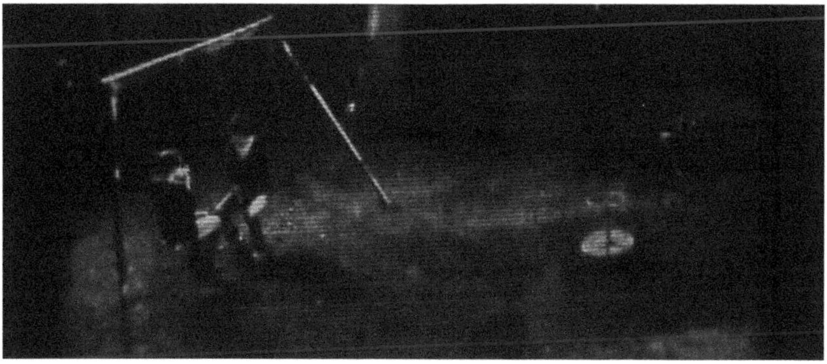

Abb. 1: Gewünschter Schutz oder ungewollte Überwachung? (*Las viudas de los jueves*, 33:42).

wobei sich erneut eine Brücke zur Gattung der Utopie schlagen lässt, da bekanntermaßen der Grad zwischen der positiven Utopie und ihrer negativen Schwestergattung, der Anti-Utopie, äußerst schmal und der Weg von einem scheinbar paradiesischen Ort in eine Höllenwelt häufig kürzer als gedacht ist, ja sich oftmals unter einer zunächst utopisch wirkenden Gesellschaft der Schrecken einer unmenschlichen Welt verbirgt.[19] Hier kann man auch noch einmal das oben zitierte Bild des ruhigen Pools mit den am Boden treibenden

19 Diese ebenso enge wie komplexe Beziehung zwischen den beiden Schwestergattungen, auf die der Roman unmittelbar zu rekurrieren scheint (Piñeiro: *Las viudas de los jueves*, S. 93: „[...] hay que reconocer que [La Casacada] está alejado de otros mundos, y lo que para unos puede ser la mejor virtud, para otros se convierte en una pesadilla"), wurde bereits in Anmerkung 12 angesprochen, die noch um die häufig gestellte Frage ergänzt sei, ob der Utopie die sich so oft realisierende Möglichkeit des Umschlagens in die Anti-Utopie aufgrund ihres Absolutheitsanspruchs nicht inhärent ist, wie es unter anderem Adorno und Horkheimer in ihrer Utopiekritik darstellen; vgl. dazu etwa Ventarola, Barbara: „Einleitung: Literarische Stadtutopien als Anschauungsobjekte und Experimentierfelder sozialer Phantasie. Für eine Re-Definition des Utopischen als liminaler Diskurs". In: Dies. (Hrsg.): *Literarische Stadtutopien zwischen totalitärer Gewalt und Ästhetisierung*. Meidenbauer: München 2001, S. 16: „[...] diese Neigung zum Totalitären, die dem Wunsch nach Vollkommenheit und idealischer Geordnetheit [...] strukturell innewohnt". Blickt man zurück auf die *barrios privados*, so wird auch die etymologische Nähe zwischen Paradies und

Leichen bemühen, das eine Betrachtung des Romans unter dem Blickwinkel der stets zwischen den Polen der Verheißung und Verzweiflung oszillierenden Geschichte der (Anti-)Utopie erst recht erhellend erscheinen lässt, wobei nicht zuletzt in dieser Perspektive die Gestaltung dieser Sequenz in der Adaption Piñeyros beachtenswert ist, der diesen Kontrast durch ein genuin filmisches Mittel, einen *match cut*, in Szene setzt: Auf eine minutenlange Einstellung der drei leblosen Männer im Wasser (während derer die Credits eingeblendet werden) folgt eine Rückblende, die just über den Pool eingeleitet wird, der indes nicht nur eine örtliche Verbindung zwischen den Szenen, sondern vor allem auch eine kausale herstellt: Ist der Pool in der Vergangenheit offensichtliches Zeichen des Reichtums der Männergruppe (und speziell ihrer Führungsfigur, ‚el Tano', in dessen Anwesen die drei Männer umkommen), so wird der Verlust des Geldes zum Antrieb für den Selbstmord dieser Männer, für die ein Leben ohne materielle Vorzüge nicht vorstellbar ist und die daher im Symbol ihres (einstigen) Wohlstands ihre Existenz beenden.[20]

Die Ambivalenz, die man im Pool als Zeichen des Reichtums wie des Todes und in den Überwachungskameras als Mechanismen des erhofften Schutzes wie der unerwünschten Überwachung erkennen kann, wird

---

gated community samt deren ironischer Dimension, die sich etwa darin äußert, dass das vermeintliche Idyll der Letzteren mitunter Nähen zu einem Konzentrationslager aufweist, von Sabine Schlickers untersucht (vgl. Anm. 11), die auch kurz auf *Las viudas de los jueves* eingeht sowie auf *Betibú*, einen weiteren Roman Piñeiros, der in einem *country* angesiedelt ist. Man könnte darauf aufbauend wiederum eine Verbindung zur Gattung der Utopie ziehen, denn dass die absolute Abschottung der utopischen Gesellschaften seit Morus' *Utopia* nicht nur den Wunsch ihrer Bewohner nach Isolation ausdrückt, sondern zugleich auf die seit dem Mittelalter verbreiteten Schutzbegrenzungen des irdischen Paradieses verweist, wurde vor Kurzem von Corin Braga herausgearbeitet: *Du paradis perdu à l'anti-utopie aux XVI*ᵉ *– XVIII*ᵉ *siècles*. Garnier: Paris 2010, S. 70–78, insbesondere S. 75.

20 Die Bedeutung des Geldes für diese Personen wird schon durch die erste Aussage des „Tano" im Film offenkundig, als er vehement festhält, dass er nur an einen Wert, nämlich Geld, glaube: „Cuando era chico creía en Dios. Decían que nunca me iba a decepcionar. Pero cuando lo necesité, no estuvo. [...] ¿Sabes en lo que creo ahora? En la guita. El verdadero idioma internacional. Con plata en el bolsillo, te entienden en todas partes. Si te tenés fe, la guita aparece, siempre. En cambio Dios..." (8:47–9:22). Zur fortwährenden Thematisierung des Kapitalismus in Film und Roman vgl. auch die Anm. 29 unten.

am stärksten von der scharf bewachten Grenzbefestigung verkörpert, die der Film immer wieder ins Bild rückt und mit der er bezeichnenderweise beginnt und schließt. Diese Mauer trennt die *gated community* vom Rest der Welt ab, organisiert ein Innen und Außen, das im Roman wie im Film auch von den Figuren mehrfach thematisiert wird.[21] Innerhalb der Mauer soll alles von der Gemeinschaft selbst geregelt werden, ohne dass ‚die draußen' eingreifen dürfen. Das gilt auch für höchst problematische Aspekte, wie ein Zitat aus dem Roman unterstreichen mag (S. 187):

> Y siempre se habla de infracciones y no de delitos. Porque, técnicamente, en Altos de la Cascada no los hay. Excepto que fuera cometido por personal de maestranza, domésticas u otro tipo de trabajadores, pero entonces la cosa va por otros carriles. Si se trata de los socios de La Cascada, si alguno de ellos, o sus hijos, o parientes o amigos comete un delito, no se hace denuncia formal ante ninguna autoridad fuera de las barreras del barrio. Se trata de resolver lo que sea puertas adentro. Barreras adentro.

Mithin wird ein Mikrokosmos aufgebaut, in dem staatlichen Institutionen keinerlei Einfluss mehr zukommt, was auch das Ende von Roman und Film verdeutlicht, als eine ernsthafte Untersuchung der Todesfälle durch die Polizei unbedingt verhindert werden soll. Man sieht sich hier mit einem typischen Beispiel für eine aktuelle Richtung gerade der lateinamerikanischen Filmproduktion konfrontiert, die nicht zuletzt von Christian Wehr als ‚postnationales Kino' bezeichnet wird:[22] Filmen, die sich mit Parallelwelten auseinandersetzen, welche übliche staatliche Einrichtungen überspielen und sich selbst Funktionen zuschreiben, die allein

---

21 Hier muss man ergänzen, dass Roman und Film oft nicht sehr subtil sind. So spricht Trina im Film von einem „afuera de verdad" (32:31), und im Roman fertigt Juani im Rahmen eines Spiels mit Romina (die im Text Trinas Rolle innehat) eine Zeichnung an, die er in der Folge beschreibt und deren Aussage nicht klarer sein könnte (S. 143f.): „Él dibuja un círculo y dentro del círculo dos puntos. […] ‚Somos nosotros dos', dice Juani señalando los dos puntos, ‚detrás de la pared'." Überdies sprechen die beiden Jugendlichen im Anschluss noch lange darüber, wie die Mauer ein „adentro" und ein „afuera" organisiert.

22 Vgl. Wehr, Christian: „Tácticas urbanas, escenario posnacional y constelación emblemática: investigaciones sobre la crisis en *Un oso rojo* de Adrián Caetano (2002)". In: Ders. / Nitsch, Wolfram (Hrsg.): *Cine de investigación: paradigmas de la revelación y del ocultamiento en el cine argentino*. AVM: München 2017, S. 291–306 sowie Wehr, Christian / Satarain, Mónica (Hrsg.): *Escenarios*

dem Staat zukommen. Diese Filme, die die Fragmentierung einer vormaligen nationalen Einheit offen zutage treten lassen und die man speziell in Argentinien mit den Folgen der neoliberalen Wirtschaftspolitik der 1990er Jahre mit ihrem Plädoyer für einen Rückzug des Staates in Beziehung setzen kann, stellen auffallend oft das Thema der Selbstjustiz ins Zentrum, das auch im eben zitierten Erzählerkommentar anklang und für das der schon angesprochene Film *La zona* ein weiteres prägnantes Beispiel bildet, wo die Bewohner einer *gated community* ebenfalls als Richter auftreten, die sich inhärent dem Staat zukommende Sanktionsmechanismen anmaßen. Dies mag andeuten, dass gerade fiktionale Verarbeitungen von *gated communities* einen lohnenden Untersuchungsgegenstand für den Komplex des Postnationalen innerhalb der Kunst bilden,[23] da sich in ihnen die Verschiebung von relevanten Grenzen und maßgeblichen Strafinstanzen von der Ebene des Staates hin zu kleineren Einheiten ausgezeichnet illustrieren lässt.

Zudem zeigen das Zitat und die ständig thematisierte Mauer, dass hier zwei klar definierte Räume aufgebaut werden, die jeweils gänzlich anders semantisiert sind und durch eine Grenze voneinander geschieden sind, die für Nicht-Mitglieder der *gated community* schier unüberwindlich ist, was dafür spricht, das bekannte Instrumentarium von Jurij M. Lotman anzuwenden.[24] Dies gilt umso mehr, als nicht zuletzt in dieser Hinsicht *Las viudas de los jueves* für das Erkenntnisinteresse dieses Bandes einen besonders bedeutungsvollen Fall darzustellen scheint, denn nach Lotman setzt ein Sujet ein, wenn doch jemand die Grenze überwindet, wofür die fiktionalen Auseinandersetzungen mit den *barrios cerrados* ein idealtypisches Beispiel bilden. Auch dies lässt sich gerade an *La zona* zeigen, dessen Handlung dadurch ausgelöst wird, dass es einem Jugendlichen gelingt, eine Beschädigung der scheinbar perfekt gesicherten Anlage auszunutzen, um in das umzäunte Viertel zu gelangen. In *Las viudas de los jueves* wird

---

postnacionales en el Nuevo Cine Latinoamericano. Argentina – México – Chile – Perú – Cuba. AVM: München 2020.

23 Dies gilt umso mehr, als die enormen Zuwächse der *gated communities* in unmittelbarem Zusammenhang mit neoliberaler Wirtschaftspolitik stehen (vgl. Janoschka 2002, S. 106).

24 Vgl. Lotman, Jurij M.: *Die Struktur literarischer Texte.* Fink: München ^{4}1993, S. 311–347.

die Handlung ebenfalls durch einen Eindringling in die *gated community* ausgelöst, allerdings einen, der keinerlei Schwachstelle der Sicherungsmechanismen benötigt und selbst durch den ausgeklügeltsten Schutzwall nicht abgehalten werden kann: die ökonomische Krise.[25] Diese stellt das treibende Element der Handlung dar, womit den Rezipienten nur zu deutlich zu verstehen gegeben wird, dass eine Abschottung gegenüber den wirtschaftlichen Rahmenbedingungen unmöglich ist und die Anstrengungen der Bewohner letztlich sinnlos sind.[26]

Die Krise, die unerbittlich die schönen Fassaden innerhalb der Gemeinschaft zum Einsturz und die dunklen Seiten ihrer Bewohner zum Vorschein bringt, wird in Piñeyros Film durch eine Doppelstrategie versinnbildlicht: Wichtiger noch als die Berichte der Protagonisten, die allesamt keine Jobs mehr finden, ist ein technisches Medium, das ebenfalls in der Lage ist, jede Grenze zu überwinden: das Fernsehen. Die Krise findet nämlich ihren sichtbarsten Ausdruck in den Bildern von Plünderungen, die gegen Ende des Films oft als (Fernseh-)Film im Film aufscheinen.

Damit wird zum einen die Macht der Bilder in einem Bildmedium thematisiert, was auf eine wichtige Selbstreflexivität der Adaption Piñeyros verweist, die auch zur Reflexion über die Wirkung des Films anregen soll (Abb. 2). Kann dieser auf den Zuseher einen ähnlich verstörenden Effekt ausüben

25 Auswirkungen der Krise durchziehen bereits das erste Kapitel des Romans, in welchem die Ich-Erzählerin Virginia direkt darauf zu sprechen kommt, dass ihr Mann keine Arbeit mehr hat und sie sich wesentlich weniger leisten können als vorher. Dabei ist von zentraler Bedeutung, dass Virginia klar macht, dass die Krise alle betrifft (Piñeiro: *Las viudas de los jueves*, S. 12: „Veníamos de varios meses de crisis económica, algunos lo disimulaban mejor que otros, pero a todos de una manera u otra nos había cambiado la vida.") und mehr noch, dass die ökonomische Krise von Krisenphänomenen in vielen anderen Bereichen begleitet wird. In ihrem Fall ist speziell ihre Ehe betroffen, was die Abhängigkeit von Tabletten zur Folge hat, mit denen sie eine diffuse Angst bekämpft, die vor einigen Monaten aufgetreten ist und sie seitdem nicht mehr verlassen hat (ebd., S. 14: „[e]l miedo que había aparecido hacía unos meses y que no me dejaba ni de día ni de noche"), womit man sie als Leser ebenfalls als Auswirkung der Krise werten muss.

26 Dies verdeutlicht der Film zudem in der finalen Gesprächsrunde vor der Entscheidung zum kollektiven Selbstmord, als Martín von der Krise als „peste negra" spricht und mithin ein klares Bild für ihre Unaufhaltsamkeit formuliert.

Abb. 2: Die Krise überwindet, auch dank technischer Mittel, jede Grenze (*Las viudas de los jueves*, 1:28:19).[27]

wie die Fernsehbilder, die die Figuren in der fiktiven Welt sehen, und zu einem Umdenken führen? Zum anderen wird so unmissverständlich klar gemacht, dass eine Abschottung gegen die äußere Realität in der heutigen, durch und durch von Technologie und speziell Übertragungsmedien durchzogenen Welt, schwerlich möglich ist (weshalb es auch so bedeutsam ist, dass die Wahrheit über die Todesfälle durch eine Videoaufnahme und mithin ein weiteres Aufnahme- und Diffusionsmedium ans Licht kommt).[28] Stellt man unter diesem Gesichtspunkt erneut die Verbindung zur Utopie her und bedenkt, dass in Morus' *Utopia* technische Weiterentwicklung bekanntermaßen keine Rolle spielt, so wird ein wesentlicher

27 Dass Ronie den Fernseher lautlos geschaltet hat, wie auf dem Standbild zu erkennen ist, mag man als letzten verzweifelten Versuch werten, die Krise noch nicht gänzlich in den eigenen vier Wänden ankommen zu lassen.

28 Für diese Dimension ist ebenso zu beachten, dass Martín, und zwar als er in einem Stau vor einer Tankstelle steckt, der ein weiteres unübersehbares Anzeichen der Krise ist, im Autoradio von den Ausschreitungen in der Hauptstadt erfährt (1:29:33–1:30:05). Wie das Fernsehen überschreitet auch das Radio alle Grenzen und macht eine Abschottung gegen das, was man nicht erfahren will, nahezu unmöglich, wobei der Film diesen Zusammenhang ein weiteres Mal klar ausstellt, indem ein Bild des toten „Tano" von einem Radiobericht über Krisenphänomene begleitet (1:00:40–1:00:47) und so ein Zusammenhang zwischen seinem Tod und der Krise hergestellt wird.

Grund ersichtlich, warum kaum noch Ortsutopien geschrieben werden, einigen Gegenbeispielen, wie manchen Romanen Le Clézios, zum Trotz.

Zudem drängt sich hier eine klare Verbindung zur Anti-Utopie auf, denn es ist nicht zufällig Ronie, den wir beim Betrachten der Fernsehbilder der Krise außerhalb sehen. Er, der Außenseiter im *barrio cerrado*, hat noch einen Blick für die Welt außerhalb der Mauern und hält zugleich in ihrem Inneren die richtigen Werte hoch, was in erster Linie eine antikapitalistische Einstellung bedeutet, wie man anhand vieler Diskussionen sieht, in der er den Turbo-Kapitalismus ablehnt, den die anderen *socios* ausnahmslos vertreten.[29] Den gesamten Handlungsbogen über wird Ronie von den Anderen verspottet und gilt als ‚Versager', erweist sich aber letztlich als Stimme der Vernunft, was sich gerade an der Ablehnung des kollektiven Selbstmords zeigt. Er, der am wenigsten von der Idee des Kapitalismus Infizierte (der bezeichnenderweise auch der Ärmste ist), kann sich aus der Überbewertung des Blicks der Anderen lösen, der sonst alles in diesem Mikrokosmos dominiert. In der abgeschlossenen Welt der *gated community* findet Sartres, nicht zufällig einem anderen *huis clos* entstammendes ‚l'enfer, c'est les autres' eine bedeutsame Aktualisierung, welche wesentlich die gleich noch zu erläuternde, immer weitere Abschottung der Personen innerhalb der abgeriegelten Gemeinschaft erklärt.

29 Den krassesten Ausdruck findet dieser Kapitalismus in dem Projekt, das der „Tano" entwickelt, nachdem er aufgrund der Krise keinen Job mehr findet: „la *viaticación*", die darin besteht, Geschäfte mit den Lebensversicherungen Todgeweihter zu machen, was die menschenverachtende Einstellung der rein am materiellen Erfolg interessierten Anti-Helden, die die *gated community* bevölkern, scharf zum Ausdruck bringt. Generell wird die extreme Form des Kapitalismus, die letztlich die gesamte Gemeinschaft in ihr Unglück stürzt, im Film wie im Roman am stärksten vom „Tano" vertreten. Dabei deutet der Roman an, dass dieser von seinem Vater die Ansicht vorgelebt bekommen hat, dass allein ein guter (in seinem Verständnis: gut bezahlter) Job Selbstwert gibt. Unauflöslich mit der Einstellung des ‚immer mehr' gepaart, manövriert dieses Ideal ihn schlussendlich in eine ausweglose Lage, womit insinuiert wird, dass sich die verhängnisvolle Meinung über Jahre in den argentinischen Köpfen festgesetzt hat. Vgl. Piñeiro: *Las viudas de los jueves*, S. 164f.: „El orgullo se lo daba tener ese trabajo, no cualquiera, ése. U otro mejor. No uno igual, porque nadie cambia un trabajo por otro igual, como le había enseñado su padre. Uno cambia para mejorar, para progresar, para seguir avanzando. Así había sido siempre. Y así tenía que ser. Para su padre, y para él."

Abb. 3: Der Außenseiter innerhalb der Mauern als Perspektivträger der Rezipienten (*Las viudas de los jueves*, 1:48:58).

Die Bedeutung des Blick(winkel)s wird im Film an einer Schlüsselszene verdeutlicht, als nämlich Ronie den drei Witwen berichtet, dass der Tod ihrer Ehemänner keineswegs ein Unfall war, wobei hier die Perspektive bezeichnend ist, die der Regisseur wählt. Wir sehen diese Szene aus Sicht des Außenseiters, der die Werte vertritt, die auch wir Zuschauer vertreten sollen, und sitzen somit den den Kapitalismus und die Scheinheiligkeit verkörpernden Frauen frontal gegenüber (Abb. 3).

Hier ist zu ergänzen, dass Juani und Romina, deren Video die ganze Wahrheit über die Todesnacht enthüllt, in derselben Weise wie Ronie stets Außenseiter in der Gemeinschaft waren[30] – und ohne Zweifel als Identifikationsfolien für den Leser bzw. Zuseher dienen sollen. Auch das ist typisch für Anti-Utopien, wo stets die Außenseiter die richtigen Werte vertreten und gegen die herrschende Ordnung ihrer Gesellschaft revoltieren, man denke nur an Orwells *1984* oder Huxleys *Brave New World*.[31]

30 Auch dies wird im Roman wenig subtil hervorgehoben (Piñeiro: *Las viudas de los jueves*, S. 195): „En La Cascada Romina se siente una extraña. Juani también se siente un extraño."

31 Auch in den französischen Anti-Utopien des 19. Jahrhunderts, die bereits rund hundert Jahre vor den bekanntesten Gattungsvertretern des 20. Jahrhunderts viele ihrer Schemata vorwegnehmen, findet sich diese Struktur, wofür Emile Souvestres *Le monde tel qu'il sera* oder Jules Vernes *Paris au XX*[e] *siècle* prototypisch sind.

Ebenfalls typisch für die Anti-Utopie ist, dass sie diesen Werten in der feindlichen Welt keine Geltung verschaffen können, wie es Ronie hier mit der Wahrheit erleben muss. Die drei Witwen wollen seinen Bericht nicht wahrhaben, und zwar aus Angst, die Lebensversicherungen zu verlieren, womit wieder finanzielle Aspekte zentral sind. Überhaupt soll mit der Geheimhaltung das Scheitern der Männer vertuscht werden, das vor allem ein finanzielles Scheitern ist, was auf die bereits zitierte Sektionsbeschreibung verweist, die dem vorliegenden Band als Grundlage diente und in der man liest, dass „gerade dort, wo Geld- und Kreditgeschäfte aus dem Ruder zu laufen und sich zu verselbstständigen drohen, die Einbildungskraft auf den Plan [tritt und] Logiken konstruier[t], die es nicht gibt".[32] Ebendies wird in unseren Beispielen in der intradiegetischen Welt vorgeführt, in der sich die Einwohner des *country* eine Traumwelt aufbauen, an der unbedingt festgehalten werden muss, auch wenn die Fakten eine ganz andere Sprache sprechen. Verlust von Jobs, finanzieller Niedergang oder Unsicherheit angesichts der Zukunft – nichts davon hat innerhalb der *gated community* zu existieren, da diese Dinge allein der Sphäre jenseits der Mauern zugeordnet sind. Diese fragile Illusion wird nicht zuletzt durch das Los der titelgebenden ‚viudas' verdeutlicht, der Ehefrauen der vier befreundeten Männer. Denn eine wesentliche Ironie unserer Werke, die über den Titel klar ausgestellt wird, liegt darin, dass drei der vier ‚donnerstäglichen Strohwitwen' zu echten Witwen werden. Jedoch ist dies nur eine oberflächliche Dimension, insofern Text wie Film unmissverständlich nahelegen, dass die Frauen schon vor den Todesfällen praktisch verwitwet waren, da sie keinerlei echte Beziehung zu ihren Männern mehr unterhielten und von deren wahren Lebensumständen, Problemen und Sorgen keine Vorstellungen hatten.[33] Dies verweist entschieden darauf, dass sich innerhalb der abgeschotteten Gemeinschaft die einzelnen Mitglieder wiederum von den Anderen abschotten, was im Roman klar benannt wird (S. 110): „En La Cascada no es raro no saber del otro, de lo que fue antes

32 Hahn / Liebermann 2015, o.S.

33 Dies findet seinen deutlichsten Ausdruck darin, dass die Frauen, die oft schon vorher nicht oder zumindest nicht genau wussten, welchen Tätigkeiten ihre Männer nachgingen, lange gar nicht erfahren, dass sie entlassen wurden und nur noch zum Schein jeden Tag in ihre Büros gehen.

de venir acá, incluso de lo que es en el presente, en la intimidad, una vez que se cierra la puerta de su casa." Mithin wird deutlich, dass man sich innerhalb der *gated communities* den Menschen, mit denen man sich von der eigenen Landesgesellschaft abgewandt hat, keineswegs offenbart, sondern sich vielmehr auch von diesen scharf abgrenzt und dass sich folglich derartige Systeme nach innen hin perpetuieren.[34]

Aufgrund dieser Abschottungs- und Manipulationsstrategien löst sich der Tod der drei Männer nur für den Zuschauer bzw. Leser auf, während er in der intradiegetischen Welt von *Altos de la Cascada* folgenlos bleibt. Innerhalb der *gated community* wird trotz dieser Tragödie alles weiter seinen gewohnten Lauf gehen: Der Tod von drei Männern hat nicht das Geringste in der Gemeinschaft verändert, ja er darf aufgrund ihrer Struktur nichts verändern. Dies unterstreicht, dass im Inneren der *gated community* kein echtes Leben möglich ist, weshalb die Flucht nach außen, trotz der schweren Krise, die einzige Lösung darstellt. Daher verlässt Ronie *Altos de la Cascada* und mit ihm gehen seine Frau, vor allem aber auch die beiden anderen Außenseiter der Gesellschaft, Juani und Romina/Trina, die stets eine positive Gegenfolie zur Welt drinnen gebildet haben und nun zum maßgeblichen Antrieb für die Entscheidung zum Verlassen der *gated community* werden.[35]

Bei ihrer letzten Fahrt aus der *community* legt der Film einen weiteren Aspekt offen, der auch im Roman stets zu greifen ist, nämlich dass *gated communities non-lieux* par excellence nach Marc Augé sind. Dies ergibt sich schon aus ihrem dezidierten Versuch, sich von der nationalen historischen Wirklichkeit abzukoppeln,[36] wobei ihr Status als *non-lieux* gerade

---

34 Dafür bildet das bisher größte *barrio privado* in Argentinien, das *Nordelta*, eine komplette Stadt nahe Tigre, ein klares Beispiel, da es wiederum in eine „Vielzahl in sich geschlossener Nachbarschaften" gegliedert ist, was zum System „einer mehrfachen Kontrolle" durch private Sicherheitsfirmen führt (Janoschka 2002, S. 50).

35 In dieser Perspektive ist auch der Drogen- bzw. Alkoholmissbrauch zu sehen, der all diese Figuren eint: Ohne Drogen ist die falsche Welt innerhalb der Mauern nicht zu ertragen. Überdies wird insinuiert, dass selbst die Illusion des Drogenrausches immer noch wahrhafter ist als die falsche Fassade innerhalb der *community*.

36 Es sei an die Definition erinnert, die Marc Augé dem *non-lieu* zugrunde legt (*Non-Lieux. Introduction à une anthropologie de la surmodernité.* Seuil: Paris 1992, S. 100): „Si un lieu peut se définir comme identitaire, relationnel et

in der Schlussszene der Verfilmung besonders prononciert dargestellt wird und dies auf doppelte Weise: Zum einen lenkt Virginia den Wagen mit ihrer Familie durch eine Siedlung, die gleichermaßen gesichtslos wie geschichtslos ist (Abb. 4).[37]

Vor allem aber wird der *non-lieu* im Vergleich dazu sichtbar, wohin der Weg aus dem *country* die Familie führt: Sie fährt in die Hauptstadt, in der zwar das Chaos tobt – welches wiederum durch TV-Bilder in die Haushalte der *gated communities* transportiert wird, womit unmittelbar vor dem Ende des Films noch einmal die unaufhaltsame Macht der modernen Kommunikationsmittel evoziert wird, die sich nicht aussperren lassen –, in der aber die wahre Geschichte lebt, symbolisiert auf den Fernsehbildern durch eines der bekanntesten argentinischen Monumente, den Obelisk. Vom *non-lieu* geht es zurück in die reale Welt (Abb. 5).

Es lohnt, für eine Analyse der argentinischen *barrios cerrados*, wie sie uns in Piñeiros Roman und Piñeyros Film begegnen, noch einen Moment bei den Befunden Augés zu verweilen,[38] wobei als erstes ins Auge fällt, dass

historique, un espace qui ne peut se définir ni comme identitaire, ni comme relationnel, ni comme historique définira un non-lieu." Diese Tendenzen sind in den realen *gated communities* Argentiniens schon an deren Werbung zu erkennen, welche „ein optisch verzerrtes Bild der Bewohner [liefern]: Die Kinder sind durchgängig strohblond, und auch die Eltern verkörpern ein physisches Ideal, das wesentlich stärker an Nordeuropäern als an der lokalen oberen Mittelschicht ausgerichtet ist" bzw. „einem Prospekt für Segelschiffe an der deutschen Ostseeküste entnommen sein" (Janoschka 2002, S. 52/54) könnte.

37 Die Geschichtslosigkeit der *gated communities* wird auch von Scorer konstatiert, der sie wiederum mit der Bedeutung des Kapitalismus in Zusammenhang bringt und dabei auch noch einmal die enorme Bedeutung dieser neuen Gemeinschaftsform für Argentinien betont: „the sharing of products rather than history are especially evident in gated communities, which [...] are perhaps the archetypal urban development of post-dictatorship Argentina" (Scorer 2016, S. 105). Er verweist auch auf den Versuch, dort ein ewiges Präsens zu etablieren (ebd.: „The community is [...] based on an eternal present."), was sich wiederum gut mit der Gattungsgeschichte der Utopie verbinden lässt.

38 Zumal dieser auch auf die alles durchdringende Wirkung des Fernsehens verweist, die man inzwischen freilich um die des Internets erweitern muss, das in der Verfilmung Piñeyros durch Juanis ständige Benutzung seines Computers evoziert wird und das nicht zuletzt durch die Übertragung von Bildern so wirkmächtig ist (vgl. Augé 1992, S. 45: „l'image [...] exerce une influence, possède une puissance qui excède de loin l'information objective dont elle est porteuse").

Abb. 4: Die *gated community* als *non-lieu*: *Las viudas de los jueves* (1:52:48).[39]

der französische Anthropologe hervorhebt, dass der Zugang zu *non-lieux* in aller Regel mit einem Akt des Sich-Ausweisens verbunden ist,[40] was für das Betreten von *Altos de la Cascada* ebenfalls zwingend erforderlich ist, wie gerade der Film mehrfach zeigt. Dabei kann kaum überschätzt werden, dass laut Augé dieser kontrollierte Zugang dazu dienen soll, sich der ‚innocence' der ‚Benutzer' (in unserem Fall: Bewohner) zu versichern[41] und

39 Die Reichensiedlung, die – abgesehen vom durch die Fernsehbilder einbezogenen Buenos Aires – den einzigen Schauplatz der Handlung bildet, hat nichts Argentinisches an sich; vielmehr scheint es sich um eine Kopie von Lebens- und Wohnverhältnissen aus den USA zu handeln (wofür freilich schon die argentinische Bezeichnung der *gated communities* als *country* bezeichnend ist, die auch im Roman immer wieder aufgenommen wird). Dabei drängt sich gerade bei den auf der Schlussfahrt eingefangenen Straßen und Häusern ein Vergleich mit der US-amerikanischen Serie *Breaking Bad* auf, in der ähnliche Fahrten durch Wohngebiete gezeigt werden (vgl. etwa Folge 3 der ersten Staffel 40:09–40:33); eine Anspielung auf diese im Jahr vor der Produktion von Piñeyros Film erstmals ausgestrahlte Serie ist auch daher zu vermuten, da hier ebenfalls gutbürgerliche Fassaden dunkle Geheimnisse verdecken, die denen in *Altos de la Cascada* eng verwandt sind, insbesondere Drogen und Eheprobleme. Vgl. dazu auch obige Anmerkung 17.

40 Vgl. Augé 1992, S. 128.

41 Vgl. ebd., S. 128f., Kursivierung im Original: „D'une certaine manière, l'utilisateur du non-lieu est toujours tenu de prouver son innocence. Le contrôle *a priori* ou *a posteriori* de l'identité et du contrat place l'espace de la consommation contemporaine sous le signe du non-lieu: on n'y accède qu'innocent."

Abb. 5: Die Rückkehr in die Realität Argentiniens: *Las viudas de los jueves* (1:51:27).

mithin der Eigenschaft, welche die auf Sicherheit bedachten Mitglieder der *gated communities* als zentral ansehen. Zugleich meint diese ,innocence' für denjenigen, der sich an einen *non-lieu* begibt, eine Abtrennung von seinem bisherigen Leben, von seinem Leben jenseits der Grenzen des *non-lieu*, und ebendies wird in Piñeiros Roman mehrfach als wesentlicher Beweggrund für die Entscheidung, sich in *Altos de la Cascada* niederzulassen, aufgegriffen, wie etwa das Ende des 3. Kapitels bezeugt (26): „El ingreso a La Cascada produce cierto mágico olvido del pasado. [...] Como si fuera posible, a cierta edad, arrancar las hojas de un diario y empezar a escribir uno nuevo."

Doch gleichzeitig ist der kontrollierte Zutritt zu jedwedem *barrio privado* ein Zeichen dafür, dass man mit dem betretenen Gebiet lediglich über eine ,relation contractuelle' verbunden ist, wie Augé das nennt,[42] und dies ist ein erstes untrügliches Zeichen dafür, dass eine *gated community* wie jeder *non-lieu* in erster Linie Einsamkeit erzeugt. Ein *barrio cerrado* ist ein treffliches Beispiel für Augés Thesen, ist sein Bewohner doch ein typischer ,utilisateur du non-lieu': „seul mais semblable aux autres".[43] Diese Einsamkeit hatten wir in unseren Werken etwa daran gesehen, dass sich niemand den Anderen mitteilt, was verdeutlicht, dass man es hier mit einem

42 Ebd., S. 128.
43 Ebd., S. 127.

Ort zu tun hat, der eine Gruppe von Personen versammelt, die zwar nach außen homogen scheinen, aber keinerlei echte Beziehung untereinander unterhalten und einsam vor sich hin leben, was ihn als klassischen ‚Nicht-Ort' ausweist.[44] In diesem Zusammenhang soll ein letztes Mal die Verbindung von *gated communities* und Utopie gezogen werden, denn auch dafür sind Augés Beobachtungen höchst aufschlussreich, halten sie doch unmissverständlich fest: „Le non-lieu est le contraire de l'utopie: il existe et il n'abrite aucune société organique".[45] Ebendies kann man an dem Roman und dem Film, die uns hier beschäftigt haben, ersehen: Beide legen ihren Fokus darauf, dass es sich bei den argentinischen *gated communities* um den Ausdruck der Auflösung sozialer Gemeinschaften handelt, und zwar nicht nur gegenüber der Außenwelt, sondern auch in ihrem Inneren. Es handelt sich um entsozialisierte Räume, die mithin all ihren Aspirationen zum Trotz das Gegenteil einer Utopie bedeuten, und in der sich nur der erste Teil ihrer englischen Bezeichnung erfüllt (und auch dieser wie gesehen nur teilweise), keineswegs aber der zweite.

Im Hinblick auf eine abschließende summarische Einordnung der erzielten Erkenntnisse zur Darstellung einer *gated community* in der romanesken und filmischen Version von *Las viudas de los jueves* in einen größeren Kontext fällt zunächst auf, dass die Verunmöglichung der Schaffung einer zeitgenössischen Utopie durch moderne Medien in einem weiteren argentinischen Film der jüngeren Zeit prononciert ausagiert wird, in *El niño pez* von Lucía Puenzo. In diesem Spielfilm, der im selben Jahr wie Piñeyros Film erschien und ebenfalls auf einer Romanvorlage basiert,[46] versuchen zwei junge Frauen aus einem überaus kalt und unmenschlich gezeichneten Buenos Aires zu fliehen, um sich in Paraguay ein privates Idyll zu schaffen. Dem Zuseher wird jedoch rasch klar, dass der aus der Ferne so paradiesisch scheinende Ort im Nachbarland bei genauerem Hinsehen dieselben traumatischen Erfahrungen bereit hält wie Argentiniens Hauptstadt,

---

44 Vgl. ebd., S. 130: „L'espace du non-lieu ne crée ni identité singulière, ni relation, mais solitude et similitude."

45 Ebd., S. 40.

46 Es handelt sich um den ebenso seltenen wie interessanten Fall der Verfilmung eines Romans durch die Autorin selbst, da Lucía Puenzo gleichermaßen Schriftstellerin und Regisseurin ist, die hier erstmals einen eigenen Text für die Leinwand adaptiert, was sie mit ihrem Roman *Wakolda* wiederholt.

wofür den modernen audiovisuellen Medien eine wesentliche Verantwortung zukommt.[47]

Lucía Puenzo ist nicht nur genauso alt wie Claudia Llosa, vielmehr weisen die Filme der beiden Regisseurinnen, die zu den prägenden Filmemacherinnen Lateinamerikas der letzten Jahre zu zählen sind, weitere bedeutsame Parallelen auf,[48] und damit möchten wir zu unserem Ausgangspunkt zurückkommen. Llosas anfangs angesprochener Erstlingsfilm *Madeinusa* zeigt eine ähnlich hermetisch abgeriegelte Gemeinschaft, wie wir sie für die *gated communities* kennengelernt haben,[49] weshalb

47 Die junge Ailín tötet in ihrer Heimat Paraguay ihr Kind, nachdem sie von ihrem eigenen Vater geschwängert wurde, wobei sich dieser sexuelle Übergriff in Buenos Aires durch das Verhältnis wiederholt, das ihr der Vater des Haushalts aufzwingt, in dem sie als Hausmädchen arbeitet. Diese erste Spiegelung der beiden anfangs so gegensätzlich scheinenden Räume wird durch die Tötung des reichen Argentiniers durch seine eigene Tochter komplettiert, die die Tötung des Kindes durch die Mutter variiert aufnimmt. Die höchst negative Rolle der Medien in beiden Räumen wird durch den Beruf von Ailíns Vater, eines ehemaligen Stars einer *telenovela*, wie die starke Präsenz ihres späteren Arbeitgebers im argentinischen Fernsehen versinnbildlicht. Im Roman ist diese Mediendurchdringung, die beide Räume vergiftet, noch prononcierter, da Ailíns Freundin in Paraguay an einem ausführlich geschilderten Essen mit Schauspielern teilnimmt und in Buenos Aires in die Dreharbeiten zu einer *telenovela* gerät, wobei beide Szenen von düsterer Absurdität geprägt sind.

48 Vgl. dazu Hausmann, Matthias: „*El niño pez* de Lucía Puenzo: ¿El mundo indígena como contra-espacio a las grandes ciudades latinoamericanas?". In: Gimeno Ugalde, Esther / Poe Lang, Karen (Hrsg.): *Representaciones del mundo indígena en el cine hispanoamericano (documental y ficción)*. UCR: San José 2017, S. 117–134.

49 Ähnliches gilt für die *villas miseria*, die ebenso eine in mancher Hinsicht vollkommen konträre, in anderer Hinsicht aber auch erstaunlich ähnliche Vergleichsfolie zu den *gated communities* am entgegengesetzten Ende der Wohlstandspyramide bilden, wobei die Ähnlichkeit nicht zuletzt in der scharfen Abgrenzung gegen außen besteht (vgl. auch Janoschka 2002, S. 48). Daher wäre eine Gegenüberstellung unserer Werke mit einer jüngeren Darstellung der *villas miseria* ausgesprochen interessant, zumal im Roman, wie auch in der Verfilmung, die *villas* immer wieder angesprochen werden und den Bewohnern von *Altos de la Cascada* als gefürchtete Gegenwelt gelten. Ein aufschlussreicher Vergleichstext für Piñeiros Roman wäre etwa Ariel Magnus' *La 31 (Una novela precaria)* aus dem Jahr 2012, der die bekannteste *villa miseria* Argentiniens schon im Titel ins Zentrum stellt und mit dem weiteren Titelwort „precaria" die größte Angst der Bewohner der *barrios cerrados* ventiliert: den sozialen Abstieg. Ein Vergleich

Überlegungen zu ihrem fiktiven Ort und dessen künstlerischer Ausgestaltung auf vergleichbar fruchtbare Weise von Ansätzen der Utopieforschung profitieren können, was der Film zusätzlich dadurch nahelegt, dass der Name der fiktiven Gemeinde, Manayaycuna, auf Quechua „Ort, den man nicht betreten kann" bedeutet, und sich so die Verbindung zum Genre der (Anti-)Utopie diskret eingearbeitet findet.[50] Für unseren Beitrag ist von speziellem Interesse, dass zwar gänzlich andere Mitglieder und Aspekte der umliegenden Welt wie im Falle der *barrios privados* vom Betreten des abgeschirmten Raums abgehalten werden sollen, das Ergebnis einer Grenzüberschreitung aber absolut identische Folgen zeitigt. Hier kann insbesondere Plás bereits erwähnter Film *La zona* als Vergleichsfolie dienen, welcher die unter umgekehrten Vorzeichen stehende, aber mit demselben Ergebnis endende drastische Abwehrhaltung dieser Gemeinschaftsmodelle illustriert: Dringt in *La zona* ein armer Jugendlicher in ein abgeriegeltes Reichenviertel der mexikanischen Hauptstadt ein, so verschlägt es in *Madeinusa* einen gut ausgebildeten jungen Erwachsenen in ein abgeschiedenes Andendorf, doch ihr Schicksal unterscheidet sich in keiner Weise: Beide ‚Fremde' werden von einem aufgebrachten Mob der Bewohner der abgeschotteten Gemeinschaften gelyncht.[51] Somit zeigen beide Filme einerseits

---

scheint umso interessanter, als Magnus selbst, in einer klar metapoetischen Passage, einen Bezug seines Textes zu „*novelas country*" herstellt (Magnus, Ariel: *La 31 (Una novela precaria)*. Interzona: Buenos Aires 2012, S. 161), und generell selbstreflexiven Elementen große Bedeutung zukommt, die wir hier vor allem für die Verfilmung von *Las viudas de los jueves* beschrieben haben. Überdies wird am Ende des kurzen Romans die Haltung problematisiert, die *villas* immer nur von außen und aus gemütlicher Distanz (etwa in einem Buch) sehen zu wollen, die sich bestens zur Einstellung der Bewohner von *Altos de la Cascada* in Beziehung setzen lässt, die permanent eine falsche Wohltätigkeit gegenüber Ärmeren zelebrieren, ohne auch nur den Versuch zu unternehmen, sich wirklich mit deren Alltag auseinanderzusetzen.

50 Bezeichnenderweise kommt Salvador, der männliche Protagonist von Llosas Film, nur durch einen Zufall in den abgeschotteten Ort, was seit jeher typisch für die (Anti-)Utopie ist, wie zahllose Texte der Gattungsgeschichte belegen, unter denen Voltaires wohl gar nicht so fern von Manayaycuna gelegenes Eldorado ein besonders plastisches Beispiel darstellt.

51 Dies wird im Falle von *Madeinusa* nur angedeutet – dass sich jedoch in der vorletzten Szene Salvadors Kamera, die sein zentrales Erkennungsmerkmal im Film darstellt, unter religiösen Geschenkgaben der Ortsbewohner befindet (und von

die Selbstjustiz, die für die Filme des oben skizzierten postnationalen Kinos typisch ist und dem tiefen Misstrauen gegenüber den offiziellen staatlichen Sanktionsapparaten klaren Ausdruck verleiht, welches in Lateinamerika weite Teile der Bevölkerung erfasst hat und wohl als wesentlicher Grund für die Ausbildung dieses Kinos zu sehen ist.[52]

Andererseits decken diese Filme mithin auf, dass an den äußersten Polen des gegenwärtigen Wohlstandsgefälles liegende Gemeinschaften oftmals ganz ähnliche Exklusionsmechanismen nutzen, stellen aber zugleich – und dies ist noch wichtiger – in einer positiveren und den Filmen dezidiert eingeschriebenen Lesart ein Plädoyer gegen jede Art der Abschottung dar. Stattdessen treten diese Filme – mehr oder weniger subtil – dafür ein, sich in offenen Formen des Zusammenlebens und innerhalb der Solidargemeinschaft den Problemen der Gegenwart zu stellen, was nicht allein für Lateinamerika interessant scheint – man denke nur an die vielen Stimmen in der aktuellen Debatte innerhalb der EU zum Umgang mit Flüchtlingen, die Europa in eine *gated community* verwandeln zu wollen scheinen.[53]

Literaturverzeichnis

Augé, Marc: *Non-Lieux. Introduction à une anthropologie de la surmodernité.* Seuil: Paris 1992.

Braga, Corin: *Du paradis perdu à l'anti-utopie aux XVIe – XVIIIe siècles.* Garnier: Paris 2010.

diesen fast erdrückt wird), lässt keinen Zweifel, dass er in Manayaycuna sein Leben gelassen hat.

52 Das Thema der Selbstjustiz durchzieht etwa auch die beiden erfolgreichsten argentinischen Filme der letzten Jahre, die weltweit höchste Beachtung fanden: *El secreto de sus ojos* und *Relatos salvajes.*

53 Diese Problematik spricht Augé schon 1992 in seinem Essay an, der sich erneut als wichtige Referenz für dieses Thema erweist und in dem der Franzose auch auf die Gründe eingeht, warum „les immigrés inquiètent si fort" (S. 148) und allgemein festhält, dass „nous vivons dans une époque [...] paradoxale: au moment même où l'unité de l'espace terrestre devient pensable et où se renforcent les grands réseaux multinationaux, s'amplifie la clameur des particularismes" (S. 48), für welche die *gated communities* ein wesentliches und bedenkliches Beispiel darstellen.

Hahn, Kurt / Liebermann, Marita: „Finanznarrative als Krisennarrative: Literarische/Filmische Modellierungen ‚kapitaler' Erschütterungen", 2015, o.S., retrieved 20.2.2017, from http://www.romanistentag.de/index.php?id=922 [nicht mehr im Netz verfügbar].

Hausmann, Matthias: „*El niño pez* de Lucía Puenzo: ¿El mundo indígena como contra-espacio a las grandes ciudades latinoamericanas?". In: Gimeno Ugalde, Esther / Poe Lang, Karen (Hrsg.): *Representaciones del mundo indígena en el cine hispanoamericano (documental y ficción)*. UCR: San José 2017, S. 117–134.

Houellebecq, Michel: *La possibilité d'une île*. J'ai lu: Paris 2013.

Janoschka, Michael: *Wohlstand hinter Mauern. Private Urbanisierungen in Buenos Aires*. Verlag der Österreichischen Akademie der Wissenschaften: Wien 2002.

Lotman, Jurij M.: *Die Struktur literarischer Texte*. Fink: München ^{4}1993.

Magnus, Ariel: *La 31 (Una novela precaria)*. Interzona: Buenos Aires 2012.

Morus, Thomas: *Utopia*, übers. von Gerhard Ritter und mit einem Nachwort von Eberhard Jäckel. Reclam: Stuttgart 2009.

Piñeiro, Claudia: *Las viudas de los jueves*. Alfaguara: Madrid 2010.

Schlickers, Sabine: „Radiografía de la urbe. La configuración estética de Buenos Aires y de otras ciudades argentinas en el nuevo milenio". *Amerika* 9, 2013, Themenheft: *Villes américaines du XXIème siècle: réalités et représentations sociales, culturelles et linguistique*s, retrieved 15.2.2017, from http://amerika.revues.org/4158.

Tschilschke, Christian von: „Betreten verboten! Gated communities in der Literatur und im Film Lateinamerikas". In: Hülk, Walburga / Schwerter, Stephanie (Hrsg.): *Mauern, Grenzen, Zonen. Geteilte Städte in Literatur und Film*. Winter: Heidelberg 2018, S. 109–124.

Tschilschke, Christian von: „El ‚barrio cerrado' en la literatura y el cine hispanohablantes: un reto a la idea de diversidad". In: Hartwig, Susanne (Hrsg.): *Diversidad cultural – ficcional – ¿moral?*. Vervuert: Madrid 2018, S. 281–303.

Scorer, James: *City in Common: Culture and Community in Buenos Aires*. State University of New York Press: Albany 2016.

Ventarola, Barbara: „Einleitung: Literarische Stadtutopien als Anschauungsobjekte und Experimentierfelder sozialer Phantasie. Für eine Re-Definition des Utopischen als liminaler Diskurs“. In: Dies. (Hrsg.): *Literarische Stadtutopien zwischen totalitärer Gewalt und Ästhetisierung*, Meidenbauer: München 2001, S. 7–49.

Wehr, Christian: „Tácticas urbanas, escenario posnacional y constelación emblemática: investigaciones sobre la crisis en *Un oso rojo* de Adrián Caetano (2002)“. In: Ders. / Nitsch, Wolfram (Hrsg.): *Cine de investigación: paradigmas de la revelación y del ocultamiento en el cine argentino*. AVM: München 2017, S. 291–306.

Wehr, Christian / Satarain, Mónica (Hrsg.): *Escenarios postnacionales en el Nuevo Cine Latinoamericano. Argentina – México – Chile – Perú – Cuba*. AVM: München 2020.

Filmographie

Breaking Bad, Staffel 1, produziert von Vince Gilligan und Mark Johnson, USA 2008.

La zona, Regie: Rodrigo Plá, Mexiko / Spanien 2007.

Las viudas de los jueves, Regie: Marcelo Piñeyro, Argentinien / Spanien 2009.

Madeinusa, Regie: Claudia Llosa, Peru / Spanien 2005.

Literatur – Kultur – Ökonomie
Literature – Culture – Economy

Herausgegeben von / Edited by
Christine Künzel, Axel Haunschild, Birger P. Priddat,
Thomas Rommel, Franziska Schößler und / and Yvette Sánchez

Vol. 1 Franziska Schößler: Femina Oeconomica: Arbeit, Konsum und Geschlecht in der Literatur. Von Goethe bis Händler. 2017.

Vol. 2 Yvette Sánchez (Hrsg.): Business-Fiktionen und Management-Inszenierungen. 2018.

Vol. 3 Manuel Pombo: Trueques discursivos entre Literatura y *Management*. 2019.

Vol. 4 Franziska Jekel / Anna-Katharina Krüger / Myriam-Naomi Walburg (eds.): Writing (for) the Market. Narratives of the Global Economy. 2020.

Vol. 5 Ulrich Fritsche / Roman Köster / Laetitia Lenel (eds.): Futures Past. Economic Forecasting in the 20th and 21st Century. 2020

Vol. 6 Lucas Alt: Genuss und Arbeit im Angestelltenroman. Von Irmgard Keun bis Elfriede Jelinek. 2021.

Vol. 7 Silke Schmidt: Narrative Change Management in American Studies. A Pragmatic Reading. 2021.

Vol. 8 Kurt Hahn / Marita Liebermann (Hrsg.): Finanznarrative als Krisennarrative. Literarische und filmische Modellierungen *kapitaler* Erschütterungen in der Romania. 2021.

www.peterlang.com

www.ingramcontent.com/pod-product-compliance
Ingram Content Group UK Ltd.
Pitfield, Milton Keynes, MK11 3LW, UK
UKHW021815051026
8980IPUK00042B/195

9 783631 805053